新 控辩审三人谈

新控辩审三人谈

张军 姜伟 田文昌 著

北京大学出版社

图书在版编目(CIP)数据

新控辩审三人谈/张军,姜伟,田文昌著.—北京:北京大学出版社,2014.1
ISBN 978-7-301-23504-1

Ⅰ.①新… Ⅱ.①张…②姜…③田… Ⅲ.①刑事诉讼-诉讼程序-研究-中国 Ⅳ.①D925.218.04

中国版本图书馆 CIP 数据核字(2013)第 280358 号

书　　　　名:	新控辩审三人谈
著作责任者:	张　军　姜　伟　田文昌　著
策 划 编 辑:	蒋　浩　曾　健
责 任 编 辑:	杨玉洁
标 准 书 号:	ISBN 978-7-301-23504-1/D·3465
出 版 发 行:	北京大学出版社
地　　　　址:	北京市海淀区成府路 205 号　100871
网　　　　址:	http://www.yandayuanzhao.com
新 浪 微 博:	@北京大学出版社　@北大出版社燕大元照法律图书
电 子 信 箱:	yandayuanzhao@163.com
电　　　　话:	邮购部 62752015　发行部 62750672　编辑部 62117788
	出版部 62754962
印 刷 者:	三河市北燕印装有限公司
经 销 者:	新华书店
	965 毫米×1300 毫米　16 开本　29.5 印张　366 千字
	2014 年 1 月第 1 版　**2020 年 3 月第 5 次印刷**
定　　　　价:	68.00 元

未经许可,不得以任何方式复制或抄袭本书之部分或全部内容。
版权所有,侵权必究
举报电话:010-62752024　电子信箱:fd@pup.pku.edu.cn

序　　一

十年瞬间。《刑事诉讼：控、辩、审三人谈》在2001年出版时，这种形式的著述在当时系属首创。该书以其自然融入的现场感、辩驳求真的可读性、不同观点交锋碰撞的全景式呈现，让不同的读者能够各自撷取有用成分，得到了法律人和广大读者的认可。如今我们又重聚首再谈刑事诉讼法，中国的法治建设、司法环境、法律共同体的培养乃至民众的法律素养都有了长足进步，已与十几年前不可同日而语，这既为我们的聚谈提供了"水涨"的条件，也提出了"船高"的要求。

这十多年来，我们三人，分别作为律师（中华全国律师协会刑事专业委员会主任）、检察官（最高人民检察院公诉厅厅长）、法官（最高人民法院刑事审判庭庭长），年龄在增加，阅历也在增长。现在只有文昌律师还在铁肩担道义，活跃在法律工作第一线，我和姜伟转岗几次，都已离开了司法工作岗位。这些年，蒋浩先生和一些学人曾多次建议对《刑事诉讼：控、辩、审三人谈》进行及时修订再版，但是因为工作、个人原因，都没能实现。是这次《刑事诉讼法》修订的契机和蒋浩先生的热心催促，让我们终于有了十几年后的重聚再谈。

刑事诉讼法被称为"小宪法"，因与公民权利保护息息相关，故而2012年《刑事诉讼法》修改引起了社会广泛关注。这中间，既有法律人职业性、专业性的关注，也有刑事案件当事人感同身受的体会，还有普通社会公众对热点的讨论。我和姜伟虽都已不在司法机关任职，但职业的敏感、法治的情怀一如既往。过往的职业经历和阅历的积累，加之对新的工作岗位的体悟，特别是姜伟在政法岗位担任重要领导职务，可能更有助于我们作为曾经的职业法律人、如今的党务工作者，从不同的站位、角度，对这部不断修订、更加符合国情、逐步臻于完善的《刑事诉讼法》有更全面、更深切的认识；对体会立法精神，回应社会公众关切之所思、所虑、所述，也许会更有独特意义。

正是基于这些考虑，虽然姜伟当时已离开最高人民检察院，我们仍然启动了这项工作，仍然从控、辩、审三方的角度展开讨论。哪曾想，在讨论进行了一轮以后，我也离开了最高人民法院的工作岗位。

就我个人而言，与《刑事诉讼法》结缘颇深。1996 年、2012 年两次代表最高人民法院参与《刑事诉讼法》的修改，并主持了最高人民法院有史以来条文最多、篇幅最长的司法解释——《最高人民法院关于适用〈中华人民共和国刑事诉讼法〉的解释》制定的前半段工作。在此过程中，我与刑事审判庭和研究室的同事们，秉持忠实立法、客观公正的立场，尽最大努力通过制定司法解释来规范审判权的行使、促进程序公正的实现，以体现确保司法公正、推动法治进步的立法精神。在最高人民法院所承担的工作的性质，以及对《刑事诉讼法》有效惩罚犯罪和有力保障人权的作用的理解，使我对审判权的行使更加审慎，始终战战兢兢，如临深渊，如履薄冰，不敢有丝毫疏忽懈怠。

近年来，一些地方出现的"赵作海案""二张案"等重大冤假错案，引发了社会高度关注，也使一般民众对通过刑事诉讼改革预防冤假错案产生了相当大的期待。

我国目前的刑事诉讼结构、制度和程序及其背后承载的法律价值和社会功能，是我们在"三人谈"中面对疑难和争议问题时求取共识的最重要基础。而针对修法后的新情况、新问题，我们力求在深度和广度上都能在原作基础上作出更有力度的拓展和延伸。这次聚谈，我们三人既有老友重逢的默契和驾轻就熟，也有对新著付梓的盼望。谈论中相合处会心微笑，相争时面红耳赤，屡屡擦出思想火花，我们为之陶醉，也期待能引起读者诸君的共鸣。

法的生命在于实施。希望我们这本书能有益于新《刑事诉讼法》及相关司法解释、规范的实施，能为控、辩、审法律共同体，为实务界、理论界学人和社会大众，提供一种探究《刑事诉讼法》的三维视角。中国法治发展仍在继续，也必将越来越好。这次"三人谈"，也算是我们为中国法治发展所尽的绵薄之力。

张　军

序　　二

　　距上一次我们三人谈论控、辩、审,时间已经过十余年。2012 年《刑事诉讼法》的修改使我们又聚到一起。三位老友,几盏清茶,谈论关于刑事诉讼老话题的新问题,是一件幸事。

　　如今,虽然我和张军的工作有了变化,不再从事司法工作,但我们关注司法公正的情怀从未改变。酝酿《新控辩审三人谈》时,我尚在检察院工作,而讨论开始时,我已不再是控、辩、审的一方。我曾经犹豫过,是否继续参与这个课题,而张军、文昌的挽留和劝导,使我决定留下并参与其间,分享他们的研法心得。其实,我们的司法实践经验,需要这样的机会进行梳理。于是,历经一年之久,我们断断续续地完成了这个课题。

　　刑事诉讼是多方主体参与、多元利益交织、多维价值共融的司法活动。在刑事诉讼中,如何维护司法公正,兼顾各方权益,提高诉讼效率,是我们讨论每个问题时都会涉及的三大主题。可以说,控、辩、审的诉讼活动就是围绕着这三大主题展开的。关键是在处理控、辩、审三方关系时,怎么平衡这三大主题。

　　"三人谈"是交流的过程,也是争论的过程,更是学习的过程、提高的过程。我们有不同的职业经历,扮演不同的诉讼角色,考虑问题的视角不同,在一些问题上见仁见智、激烈争论是难以避免的。经过不同观点的碰撞、思想风暴的冲击,我从中获益良多。好在我们不仅追求理想,而且遵循理性,在一些重大问题上,往往能够根据法治精神和诉讼规律达成共识。

　　上一次"三人谈",我与张军正在公诉厅和刑事审判庭的工作岗位上,诉讼角色的色彩较浓,与文昌律师之间,各种观点的交锋可能更直接一些。这次再谈,我与张军已先后离开了司法岗位,也许我们曾经的工作经历,会让我们自觉或不自觉地站在控方或者审判的立场讨论问题,但是,由于我们已经身处诉讼活动之外,所以我们能更加客观、更加理性地审视控、辩、审的立场,根据司法实务的需求,感悟刑事诉讼法的要求。

张军不仅是我的同学,而且是我的"同床",是睡在我下铺的兄弟。论法学功底、审判经验,他是全国法院的翘楚。他主持刑事审判业务和刑事司法解释工作多年,对于刑事诉讼的理论与实务如数家珍。"三人谈"中他也往往充当审判长的角色,在纠结的话题中起到一锤定音的作用。

文昌律师被称为"刑事辩护第一人",长期活跃在诉讼一线,他的经历、感悟最多。我们讨论的很多话题都是由文昌律师的问题展开的。也许没有文昌律师的参与,就不会产生这些接地气的话题,也难以形成一些兼具针对性和指导性的对策。

感谢北京大学出版社的蒋浩先生。他的编辑素养、职业精神和服务意识,在法律出版界一直有口皆碑。如果不是他的倡导、组织、敦促,不会有十年前的"三人谈",也不会有现在的"三人谈"。

不知下次《刑事诉讼法》修改时,我们还能"三人谈"否?这是我的愿景,是否也是我们的愿景?

姜　伟

序　　三

《刑事诉讼：控、辩、审三人谈》自 2001 年面世以来，受到法律界同行的广泛关注，这使我们深感欣慰！我以为，这本书突出的特点，就在于作者角度的多重性和理论与实务的交融性。当时，张军是最高人民法院刑二庭庭长，姜伟是最高人民检察院公诉厅厅长，我是中华全国律师协会刑事专业委员会主任。我们三人各自从不同的角度出发，对刑事诉讼理论与实务的问题进行评价、提出建议，有共识，也有争议，在一定程度上反映了对刑事诉讼制度的全方位思考。尤其是在对话中因观点的碰撞而闪现出的思路和观点，是闭门思考的时候难以捕捉的。另外，我们三人研究的是同一个专业，又在各自的实务领域亲力亲为，在理论与实务的结合点上都有较深的体会和思考。所以，正是这些，使"三人谈"具备了较强的可读性。

今天，张军与姜伟的工作都已有所变动，但法律人的身份仍然没有改变。出于求真与探索的共同愿望，以《刑事诉讼法》的修订为契机，我们又进行一次新的对话，这是我们三人之间的讨论，也是与广大同行的讨论。希望我们的对话成为一块引玉之砖，能够激发起更加闪亮的火花。

十几年过去了，我们的法治进步了，理论和实务的水平提升了，但与此同时，暴露的问题和引发的思考也更多了。所以，讨论中所遇到的困惑也比以前更多了，而其中最突出的就是法治理念的问题。如果说，前一次"三人谈"的内容主要是侧重于具体的刑事诉讼制度，这次"三人谈"的内容则更加侧重于理念问题。前后两次对话在内容上可以体现出一个由浅入深的过程。正因为如此，在讨论问题的同时,甚至在激烈争论的同时,我们自己也有许多困惑。所以,我们对话的本身也是一种求教的方式,希望通过本书的问世,求教于更多的同行,引发出更多的思考。

由于我国法治建设的历史太短,我们的刑事诉讼制度和理念还相对落后,但是,任何事物的发展都是需要争取和推动的,对于诉讼制度改革的深化不可能一蹴而就。历史的车轮必然会向前行进,这是不以人的意志为转移的,但是,历史前进的速度却与人们的努力推动密切相关。所以,希望有更多的人成为历史发展的积极推动者。

在探索中前进,在前进中探索;在争论中发展,在发展中争论;在探索和争论中共同提升。这正是我们对话的初衷和目标。

田文昌

目 录

序一 张军 001
序二 姜伟 005
序三 田文昌 007

第一编 总论 001

一、刑事诉讼法修改背景 001
二、如何贯彻落实好修改后的刑事诉讼法 011
三、贯彻落实新刑事诉讼法，制定司法解释 017

第二编 辩护制度 019

一、委托辩护人（第33条） 019
二、刑事法律援助（第34条） 037
三、辩护人的举证责任问题（第35条） 043
四、辩护律师在侦查期间的工作职责和权限（第36条） 043
五、辩护人同在押的犯罪嫌疑人、被告人会见和通信的规定（第37条） 046
六、辩护人阅卷（第38条） 051
七、辩护人申请调取无罪或罪轻证据（第39条） 052
八、辩护人将有关无罪证据告知公安机关、人民检察院（第40条） 053

	九、辩护律师收集证据的规定（第 41 条）	057
	十、对辩护人违法取证的处理（第 42 条）	060
	十一、辩护律师的保密义务（第 46 条）	064
	十二、辩护权利的救济（第 47 条）	068

第三编 | 证据制度 077

	一、证据种类（第 48 条）	077
	二、举证责任（第 49 条）	104
	三、依法收集证据（第 50 条）	112
	四、行政机关收集的证据材料在刑事诉讼中作为证据使用的规定（第 52 条）	119
	五、证明标准（第 53 条）	125
	六、非法证据排除（第 54—58 条、第 182 条第 2 款）	139
	七、对证人的特别保护（第 62 条）	183

第四编 | 附带民事诉讼 197

	一、附带民事诉讼的提起（第 99 条）	197
	二、刑事附带民事诉讼的调解（第 101 条）	208
	三、附带民事诉讼审判程序（第 102 条）	216

第五编 | 提起公诉 221

	一、检察机关在审查起诉中对证据合法性审查的责任（第 171 条）	221
	二、审查起诉中补充侦查的规定（第 171 条）	230

第六编 审判制度 239

三、全案移送案卷材料、证据的规定（第172条） ... 232

四、没有犯罪事实不起诉（第173条） ... 237

一、树立庭审中心主义意识 ... 239

第一审程序 ... 250

二、庭前程序——庭前会议（第182条） ... 250

三、涉及商业秘密不公开审理（第183条） ... 262

四、举证质证（第190条） ... 264

五、专家证人出庭（第192条） ... 267

六、量刑程序（第193条） ... 273

七、撤回起诉 ... 278

八、简易程序（第208—215条） ... 281

第二审程序 ... 293

九、二审开庭审理（第223条） ... 293

十、二审检察机关阅卷时间的规定（第224条） ... 298

十一、审限 ... 301

十二、发回重审（第225条） ... 303

十三、上诉不加刑（第226条） ... 308

死刑复核程序 ... 313

十四、最高人民法院不核准死刑的案件处理规定（第239条） ... 313

十五、关于死刑复核程序中讯问被告人、听取辩护律师意见以及最高人民检察院可以提出意见的规定（第240条） ... 314

第七编 特别程序 328	一、未成年犯罪案件诉讼程序（第266—276条）	328
	二、当事人和解的公诉案件诉讼程序（第277—279条）	348
	三、犯罪嫌疑人、被告人逃匿、死亡案件违法所得的没收程序（第280—283条）	358
	四、依法不负刑事责任的精神病人的强制医疗程序（第284—289条）	368

第八编 关于新刑事诉讼法的司法解释的对话 375	一、司法解释出台的背景介绍	375
	二、辩护律师的调查权问题	383
	三、采取技术侦查措施收集的材料作为证据使用以及相关保护措施的规定	390
	四、收集程序、方式有瑕疵的证人证言的补正	400
	五、证人出庭	403
	六、监所外提讯的供述能否作为定案根据	409
	七、非法证据排除	413
	八、强制措施	433
	九、当庭提交证据	434
	十、如何应对破坏法庭秩序的问题	436
	十一、被告人委托辩护人的次数	441
	十二、二审开庭	442
	十三、再审程序	445
	十四、庭审直播问题	449
	十五、对速裁程序的探讨	452

编后记　454

第一编 总论

一、刑事诉讼法修改背景

张军

　　这次刑事诉讼法修改,受到了国内外的高度关注,是1979年《刑事诉讼法》颁布33年后的第二次修改。第一次修改是在1996年。与上一次的修法相比较,无论是司法机关,还是学术界、法律界,乃至全社会都认为这次修法有非常大的进步,无论是尊重和保障人权写入新法,还是一些很具体的规定的变化,都是对依法治国、建设社会主义法治国家宪法原则的落实,体现了法律的进步。我觉得这次刑诉法再修改绝不仅仅是表面能看得出来的立法技术或者法律条款的变化,它更深刻地反映了我们国家经济、社会的发展和变化。

　　这次修改中的许多内容,我们参加1996年《刑事诉讼法》修改的时候,也提出来过,当时觉得有些是天方夜谭,不可能被规定下来;有些是明显的超前,不符合我们国家的实际,没有被采纳;有些甚至当时都不可能想到。比方说简易程序,当时首次由人民法院提出设置简易程序,专家学者、检察机关、立法机关都觉得不需要、不可能,经过非常大的努力,才向前蹒跚了一小步。但这次很顺畅,几乎没有任何阻力地把简易程序的适用范围扩大到 15 年以下有期徒刑的案件，基层法院审理的大多数案件都可以适用了。还有上次想也不敢想，提也不可能提的技术侦查获取证据的法庭使用问题，这次也被明确地提出并规定下来。这里面既有我们法治进步的背景，还有科技发展的促进，也有国际社会对我们的一些影响。比方说"9·11"之后，美国把对恐怖分子的打击、防范，采取秘密手段的跟踪、窃听完全公开，对我们也是有影响的。

我讲这段的意思，就是说刑事诉讼法的这次修改，得到社会方方面面的高度肯定、认同，这并非完全是靠法律技术的进步，司法实践提供的经验，更重要的是依靠我们国家经济社会文化的发展进步，依法治国方略的落实，当然也离不开实施刑事诉讼法的司法实践过程中经验和教训的积累。比方说赵作海案，促成和催生了最高人民法院、最高人民检察院、公安部、国家安全部、司法部《关于办理死刑案件审查判断证据若干问题的规定》《关于办理刑事案件排除非法证据若干问题的规定》（以下简称"两个证据规定"）的出台，"两个证据规定"中的有关内容也纳入到这次修法当中来。

总体上讲，我觉得我们只有首先深刻认识这次修法的大背景，看到社会的发展与进步，才能够在具体理解适用修改后的刑事诉讼法的时候，头脑里把握一个纲，有一个基本的思想指引，才能够把它理解、贯彻、落实、执行好。

姜伟 这次刑事诉讼法修改，我觉得更重要的是体现了刑事诉讼的平衡规则。因为刑事诉讼涉及方方面面，有被告人、被害人、控方、辩方、侦查机关、公诉机关、审判机关等，所以，刑事诉讼法的规定不能片面追求单一的价值，而要体现它的平衡性，就是要体现价值的多元化。我觉得这次刑事诉讼法修改的最大特点就是体现了平衡性，能够充分考虑刑事诉讼追求的价值多元这样一个倾向。

平衡性主要体现在以下四个方面：

第一，体现了程序公正与诉讼效率之间的平衡。刑事诉讼首先要追求程序公正，但是又不能为了追求公正，而使案件久拖不决，对犯罪嫌疑人、被告人久押不放。要在保证程序公正的同时体现效率。所以，这次修法在提高诉讼效率方面规定得比较多，比如扩大简易程序适用范围，在刑事诉讼案件上体现繁简分流，重大疑难复杂的案件，按正常程序审理，一些轻微刑事案件，允许当事人和解，这样可以节约诉讼资源，这是一种平衡。

第二，体现了惩治犯罪与保护人权之间的平衡。犯罪是对社会秩序的破坏，是对公民人身、财产等合法权益的损害。刑事诉讼的目标是要追诉犯罪，在追诉犯罪的过程当中，难免要对一些犯罪嫌疑人、被告人采取强制措施或者侦查手段，二者之间怎么平衡，这也是一直困扰我国刑事诉讼法几次修改的最大难题。这次修法，我们把尊重和保障人权写入刑事诉讼法，明确规定禁止强迫自证其罪，规定非法证据排除规则，第一次把宪法原则写在部门法中强调并遵循，在保障人权、保证诉讼当事人的人身权利、诉讼权利方面，应该讲是一个最大的改变。同时，惩治犯罪的手段也得到了相应强化，比如张军刚才讲到的，技术侦查措施写入法律。技术侦查各国都有，原来尽管我国的刑事诉讼法里没规定，但实践中也都在用，因为它是惩治犯罪的专门侦查措施，不使用不现实。但实践中广泛使用却不入法，确实也不规范，所以为了惩治犯罪，这次在立法中专门规定了技术侦查的措施，把它合法化、规范化。再比如对特殊犯罪，有一些例外的措施，这也是世界各国的通例，像恐怖犯罪，危害国家安全犯罪，这些犯罪往往是有组织犯罪。现在社会上有一些人提出来所谓"秘密失踪"，这种观点是对法律和打击犯罪的特殊性不了解，因为有组织犯罪涉及公共利益的安全，比如恐怖犯罪，只要一通知同伙，就会带来很严重的危害后果，所以需要用特别手段，这对于惩治犯罪和保护公共安全是必要的。

第三,体现了控方与辩方之间的平衡。诉讼必然涉及控辩双方的平衡,理论上叫平等武装。在这次刑事诉讼法修改中,增加了律师的权利,比如侦查期间的介入权、会见权、调查取证权,都比上次修改有了很大进步。反过来对控方呢?也有规定,既有对控方权力的限制性规定,也有对律师义务性的规定,比如涉及犯罪嫌疑人、被告人无罪的证据,不具备刑事责任能力的证据,律师如果发现了,要提早告知办案机关,不要用作"伏击证据"。本来律师早说能够让当事人早解脱,但有些律师为了在法庭上出风头,搞伏击证据,当庭才抛出这个"炸弹",既浪费了诉讼资源,又损害了当事人的利益。所以,这样一方面提高了效率,另一方面对辩方有一个义务要求,体现出了控辩的平衡。

第四,体现了公、检、法相互配合、相互制约、加强监督的平衡。这次刑事诉讼法修改最大的特点,是强化了检察机关对侦查活动、审判活动的监督权,同时公安机关、审判机关、检察机关的制约关系也得到进一步具体化。诉讼毕竟要经过侦查机关、公诉机关、审判机关三个环节,同时还要发挥检察机关作为一个法律监督机关的作用,所以这几家需要既配合又制约,而这次修法,正体现了对几家权力之间的进一步规范。

综合以上四点,我认为这次修法最大特点就是体现了价值多元化,是我们国家立法技术的一个进步和完善。

田文昌 我有幸全程参加了这次刑诉法修改的研讨活动,应当说这也是律师界第一次能够有机会全程参与刑事诉讼法的修改。这次刑事诉讼法修改的过程很长,下的工夫很大,全国人大常委会法工委在修改刑事诉讼法过程中,广泛征求意见,研讨会、论证会、征求意见会,开了至少有几十次。此次修法的一个最突出的特点,就是得到了全社会的高度关注,其关注的广度和深度都是空前的,而且由此形成了丰硕的理论成果,先后出现了四部修改建议稿:中国政法大学陈光中教授主编的《专家意见稿与论证》、西南政法大学徐静村教授主编的《学者拟制稿及立法理由》、人民大学陈卫东教授主编的《模范刑事诉讼法典》,以及我和陈瑞华教授主编的,以全国律师协会名义向立法机关提交的《律师建议稿与论证》。这四部建议稿不仅提交到了立法机关,而且正式出版发行,在社会各界产生了比较大的影响。律师界本身也是对此次修法表现出空前的关注,全国的刑辩律师都积极参与进来。全国律协刑委会在编写律师建议稿的时候,给每个省律协刑委会都布置了任务,分配了研究专题,然后汇总上来,之后,全国律协刑委会又前前后后组织律师、官员、专家学者召开了大小研讨会议近二十次,历时两年多时间,最终形成了系统的修改意见并出版成书。除了法院、检察院、公安、律师、学者这几个方面之外,社会各界也都很关注,在人大开会期间公开征求意见的时候,收到许多的反馈意见,就充分说明了这一点。

为什么这次修法会引起如此空前的关注?我觉得这恰恰反映出一种需求。1979年《刑事诉讼法》颁布实施,1996年第一次修改,经过这么多年的实践,仍然有很多问题亟待解决,所以在这次修改过程当中产生了这种空前热烈的讨论。

那么这次刑诉法修改的成果如何?刚才张军、姜伟两位都讲了,有很多突破性的进展,比如在保障人权方面增加了很多具体规定;比如我们律师界比较关心的刑诉法和律师法的衔接,除了个别问题以外,基本上实现了两法的衔接,最典型的是律师的会见权、阅卷权、调查权这些多年来一直受到严重阻碍的问题,这次基本上得到了解决;还比如核对证据的问题,这也是我一直在呼吁的问题,律师在会见嫌疑人、被告人时能不能向嫌疑人、被告人出示卷宗内容,核对证据?

以及如何出示？如何核对？这个问题原来没有明确规定,曾经有律师在会见时向嫌疑人、被告人出示案卷内容,结果被以泄密罪追究刑事责任。经过多方呼吁,这次修法明确规定了律师可以向嫌疑人、被告人核对证据,确定了嫌疑人、被告人对案卷的知情权。这样不仅对律师会见有保障,而且能够保障嫌疑人、被告人的基本诉讼权利,同时能够保证庭审顺利进行,提高庭审效率。这些都是有明显积极意义的改进。

在肯定其积极意义的同时,我也关注到另一面的问题。比如我们这次刑诉法修改虽然提出了很多突破性的理念,作出了一些突破性的规定,但是如何保证这些规定能够得以实施？怎样将其落实？新法在这方面还有一些缺憾,缺少相应的保障机制,缺少具体的救济条款。当然,这有各方面的原因,有的是我们的准备还不足,也有的是认识上还存有争议。我也很清楚,在立法和修法活动中对这些问题是有争论的,落到实处的时候,就会涉及很多具体问题。我曾经在《民主与法制》上发表过一篇文章,题目叫《理念的进步与保障的缺失》,核心问题就是谈对刑事诉讼法修正案的喜与忧,在肯定刑诉法修正案提出许多先进理念,具有非常可喜的重大进步的同时,还指出其缺少相应的保障性条款这一令人担忧的状况。我在文中指出,修正案在下一步的具体实施过程中,可能会遇到很多的问题,还有待于进一步出台相应的司法解释,通过司法解释来弥补。

客观地说,立法过程中的争论甚至冲突存在一定的必然性,和我们国家的现实状况有关。但是,在存在那么多争论的情况下,这次修法仍然能够提出这么多先进的理念,这种进步我认为也反映了一种时代的潮流。正是因为这次修正案提出了一些新的理念,有了一些新的内容,同时又存在一些缺憾,所以,我们这次《新控辩审三人谈》需要结合刑事诉讼法修改涉及的一系列问题,也包括还没有涉及的问题,进行更深一步的讨论。这种讨论不仅很有必要,而且还能推动我们在这次的《新控辩审三人谈》中碰撞出新的火花、提出新的问题,而不致令人乏味。

张军　　与 1996 年修法在内部讨论的时候相比,我们有一个很明显的感受,这次参与修法的无论是学界、司法机关还是律师们,都更加理性,坐在一起更容易形成共识,这是这次修法在内部讨论中很顺利的一个最主要的原因。我想这个变化反映出很多问题:一是我们对于法治进步的共同追求;二是对于社会需求的共同认识;三是对于经验教训总结的认识趋同。上一次修法公、检、法在内部讨论的时候,争论得是不亦乐乎,我们自己半开玩笑半批评地讲,是屁股指挥脑袋。这一次修法,各个司法机关从各自角度提出意见,对刑诉法加以完善,这是必然的。但是同时,在国家法治的进步、体现诉讼规律、体现人权保障的进步、体现程序公正这些方面,无论是公安机关、安全机关、司法行政机关、检察机关、人民法院还是律师,共性问题、共同语言更多,思想理念更为一致,作为学者、专家就更不用说了,这是令我们感到非常欣喜的。

　　这样的一些变化,我想也表明或者也由于立法机关对这次修法过程做了更加充分的准备,立法意见稿中提出的一些建议主张,是在经过广泛发扬民主,认真仔细听取各方面不同意见,充分调查研究,深思熟虑后提出来的。比如说法工委郎胜副主任带队分别到各地听取公安机关、检察机关、法院的意见,形成相对成熟的意见后,又找相对司法经验更丰富、学术理论更专业的部门和学界的同志们一起讨论。2011 年 8 月,我和姜伟就一起在杭州参加了法工委召集的研讨会,进行了认真的讨论。对于讨论当中遇到的一些难题,司法机关有关方面提出来不同的意见,立法机关觉得还是不尽成熟,或者说一时难以考虑采纳,也不是轻易不再提及,而是耐心地听取更仔细更专业的意见。比如我们最高人民法院提出附带民事诉讼赔偿范围、赔偿标准在司法实践中比较混乱,亟需立法加以明确、完善的问题,要求修法更明确地把立法一贯的本质要求写出来,只对被害人的物质损失不包括精神损害给予赔偿。对这个问题立法机关很谨慎。因为这个问题和众多受害人、当事人的利益密切相关,稍微不慎,可能会影响立法,影响今后的司法,影响公正。但是各方面都没有放弃解决问题的希望。仅仅就这一个专题,立法机关提议,邀请公、检、法、司、专家、学者参加,在泰安召开了一个专题研讨会。会上各方意见冲突很大,最终立法机关在完全了解了存在的问题,平衡考虑各方面不同意见之后,将这个问题落实在这次修改后的刑诉法当中,使之有了一个相对更明确、更有指导意义的规定。这个过程,充分表明了这次立法的民主性、公开性、广泛听取意见,使公、检、法、司各方面理念认识渐趋统一,为这次修法能够取得各方充分肯定的效果奠定了一个很坚实的基础。同时这个良好的修法基础,为新法实施后,我们可以更准确地把握立法精神,在司法实践中统一理解运用新法奠定了一个坚实的基础。

姜伟 讲到这次修法过程,我赞同两位刚才讲的意见。我觉得从另一个角度来讲,这次修改过程可以用"三个立足"来评价:

第一,立足于理性。理性的第一个表现是有争论但不极端。刑事诉讼法涉及不同的诉讼主体、不同的司法机关,各方面所处的立场不同,看问题的角度不同,涉及各自的权利(权力)义务主张也不同。因此,这次修法过程中有争论,但是这种争论与上一次修法相比不极端,不再只从某一个诉讼主体的本部门利益出发,这是理性的第一个表现;理性的第二个表现是有借鉴但不盲目。这次修改与上次比之所以更加理性,是因为以前有人盲目追求西方欧美国家的一些法治理念、法治模式,在刑诉法条文中援用西方的个别制度,存在盲目性。

张军　我插一句，有时候可能一步迈过了，就是诉讼一本主义，那就不符合我们的国情了。

姜伟　经过这么多年，我们对国外的诉讼机制、诉讼模式有了更加充分的了解，在借鉴它们的时候对利弊得失考虑得更加全面，所以这次不再盲目。理性的第三个表现是不同的职业之间除了考虑各自的工作需求，同时也更多兼顾对方的需求，提出的观点不那么片面。理性主要体现在这样三个方面。这次修法的过程确实是一个相互沟通、相互倾听、相互理解，最后相互妥协的过程，之所以改动这么大，涉及条文这么多，我想首先是理性的关系。

第二，立足于国情。中国的法治建设，法律制度的调整，一定要从中国的国情出发。主要有这么几个方面：一是法治传统；二是文化背景；三是中国司法人员的素质；四是法治意识程度。国外有很多先进的理念，为什么搬到我们国家不行？刚才张军提到的一本主义，外国法官庭前不阅卷，到法庭一听双方的举证、质证和辩论，当场就能作出判决，但在我国还做不到。为什么？因为在中国，政治经济文化发展不平衡，在很多偏远地区，有相当一部分基层法院、检察院，连一个国民教育系列的本科生都没有。我在黑龙江工作过，现在黑龙江还有几十个检察院没有国民教育系列的法律本科生。为什么呢？因为太偏远，大学毕业生不愿意去，招考没人报名。在这种状况下，搞一本主义，当场就判，可能做不到。所以我认为，这次修法更多地考虑到了国情。前面讲到的，可能有些国外很好的理念，比如对被害人的救助，对犯罪嫌疑人的法律援助，以中国目前的发展水平还不能普及。我们这样一个人民民主专政的国家，人民共和国，当然愿意给人民做实事，但是还没发展到那个地步。除了一本主义不行，上次刑诉法修改提出的复印证据材料的物质条件在全国也还达不到，有些经济欠发达地区的基层法院、检察院，连复印机、复印纸都没有，我们援藏援疆,援助了复印机,但当地缺少打印纸,这就是经济发展不平衡,经济条件达不到。所以我认为,这次修法立足于国情。

第三,立足于可行。我们这次刑诉法修改,不是从理念出发,也不是从哪一个特定的模式出发,而是更注重可操作性。主要体现在两个方面:一是保障人权具有可行性;二是查明犯罪、惩办犯罪具有可行性。我国原来有些法律法规,可操作性不强,很多条文被束之高阁,但是这次修法很注重可行性,注重解决实践中提出的问题。刚才张军同志讲到了,这次不仅是法工委,而且是公、检、法、司,包括律师系统全体总动员,共同研究我们在执行刑诉法中出现的问题,把问题说清楚之后,针对问题来修改法律。这就是我讲的平衡,我们针对实践中的问题来修改法律,目的是要解决问题,所以我们注意到平衡性,既解决保障人权的需求,也解决侦查犯罪、证明犯罪的一些必要手段,比如必要证人出庭、强化侦查措施等具体规定。这是立足于可行。

这次修改刑诉法,大家可以有这样那样的评价,但是我个人认为,这次修法,立足于理性,立足于国情,立足于可行,会在操作中起到好的效果,所以,我个人认为它进步的意义比较大。

田文昌 大家都说到立法机关在这次修法中的作用,我也体会到这次修法立法机关确实功不可没,其广泛全面、深入细致、反复多次、不厌其烦地认真听取各方面的意见,给我的印象非常深刻。正是因为我们的立法机关如此重视,如此下工夫,才使得这次修法取得了一些非常难得的成果,增加了许多突破性的规定。对于这次修法除了刚才两位概括的几个方面以外,我个人认为还有三个比较明显的特点。

第一,充分体现了立法的民主性。以前的立法、修法过程开放程度比较小,主要是一些相关部门在一起研究立法。这次修法广泛征求全社会的意见,而且得到了全社会的广泛关注,确实体现出立法活动较高的民主性。

第二,充分体现了讨论的充分性。因为我切身参加了多次讨论,整个讨论过程确实非常激烈,论证得是比较充分的。所以我认为,这次修法经过反复倾听了解,广泛征求意见,来来回回地研究论证,最终才形成了修法草案。

第三,充分体现了立法经验和立法技术的不断成熟。与西方国家相比,我国法治发展的历史太短,立法经验非常缺乏,立法技术也比较薄弱。这次修法和原来的立法相比,在立法经验上、立法技术上都逐渐趋于成熟。

这三个特点充分反映出这次修法的不同以往之处,这些特点也是值得一说,应当予以关注的。

二、如何贯彻落实好修改后的刑事诉讼法

张军

这次整个修法涉及的条文内容非常丰富,非常全面。如果仅仅从这次修改的条文内容去看,字面化、文义化地去理解,对于执行、贯彻修改后的刑事诉讼法当然是毫无问题的,这既需要也必要。但是要想真正地理解好、贯彻好修改后的刑事诉讼法,我觉得还要站位更高,要从思想上、认识上更准确更深刻地把握这次立法的指导思想、主导意识、立法取向,只有这样才能够更深刻地理解,更准确地把握,更扎实地贯彻落实好刑诉法。我想我们原则上还是站在控、辩、审三方不同的角度,姜伟站在检察官的角度,站在更客观、全局的位置提示我们一些必要的考虑,我主要从司法审判工作的角度来说,田律师从律师的角度去讲,以此体现控、辩、审三方的对话。

在刑诉法修正案公布后两周,最高人民法院召开了全国法院刑事审判法官、审判委员会全体委员参加的电视电话会,王胜俊院长专题发表了一篇关于贯彻实施好修改后刑事诉讼法的文章,《法制日

报》《人民法院报》都有刊载,引起了高度的重视。在这次电视电话会上我们请朗胜同志作了一个很好的辅导报告,我在会上也作了一个关于深化理解、加强贯彻修改后的刑事诉讼法的讲话。我着重强调的核心思想是,全国法官要从思想上、理念上加深对这次修法的价值取向的理解,而不是仅仅就法条讲法条,就修改谈修改。就修改谈相关的变化,那是技术问题,有需要,但是更重要的是理解认识理念上的问题,所以我在会上主要讲了六个要进一步深化的意识。

第一,要进一步深化人权保障的意识。全国法院法官在学习贯彻理解修改后的刑事诉讼法的时候,要加深对这次修法的人权保障价值取向的理解,认识到这次修法更注重落实尊重和保障人权的宪法原则,尤其是对嫌疑人、被告人诉讼权益的依法保障,在这些方面,修改后的刑事诉讼法作出了一系列新的规定,这也是刑事诉讼法被一些人形象地比喻为"小宪法"的原因。只有理解了人权保障这个立法的出发点和价值取向,才能够在司法实践当中更主动更认真地落实好相关的规范。

第二,要进一步深化程序公正的意识。多年来我们一直在引领、教育刑事法官在司法审判中要做到实体和程序并重,但是实践中仍然存在重实体轻程序的司法倾向。在这次修法的最后时刻,十一届人大五次会议上常委们讨论的时候,又有涉及法院工作的条文内容的重要变化,就是在死刑罪犯复核过程当中,原来规定"可以"提讯,现在改为"应当"提讯,这就是程序公正的一个重要体现。"可以"提讯就是也可以不提讯。死刑复核案件,到了最高人民法院最后的审查阶段,要对被告人决定生杀予夺,为什么有的可以不提讯、不见面?不见面,当事人的权利如何保证?程序的正义、正当、一视同仁怎么体现?所以,这次修法,我认为适用实体法在程序公正方面增加了很多丰富的内容,要充分认识其保证司法公正的意义。

第三,要进一步深化证据裁判的意识。我们自 1979 年、1996 年以来适用刑事诉讼法审理了大量的案件，越来越深刻地意识到要坚持证据裁判而不能先入为主。这是因为一些案件的错误裁判给当事人的合法权益造成了重大损害，甚至是不可挽回的损害，这些经验教训，让我们从方方面面进一步坚定了证据裁判的意识。"两个证据规定"里面把这个写得更清楚了，这次修法也对此加以吸收采纳，进一步细化了证明的标准，确立了非法证据排除规则、对证人的保护、强制证人到庭，其中二审开庭审理，界定了哪些案件二审应当开庭审理，不开庭成为例外，等等，这一系列新的重要规则，都体现了对证据裁判原则的高度重视和充分肯定。

　　第四，要进一步深化庭审中心的意识。这个意识我前两年在一次会上就讲到过。当时说的是"审判中心意识"，我们一位老领导就讲，你说的都不错，但是别提"审判中心"，还是讲以事实为根据，以法律为准绳。斟酌了很长时间，后来我把它称为"庭审中心"。这个庭审中心绝不是以法院为中心，也不是以审判为中心，而是以法庭为中心。因为法庭是我们共同参加的，控辩审三方、诉讼参与人都在场。在排除非法证据的时候，有时侦查人员也要到庭，而且广大社会公众可以旁听，所以这是一个公开质证、辩论，在社会和法律监督机关的监督下进行开庭审理的过程。有了庭审中心的意识，法官能做更充分的准备，把与事实证据和量刑相关的问题，最大限度地在法庭上解决，而不是在评议的时候，在审判委员会非公开讨论的时候，再去补查补证，再去决定重要的审判事项，那就违背了刑事诉讼法规定开庭审理，在法庭上进行质证的最基本的要求。同时，树立庭审中心这样一个意识，能够逐步使相关部门在诉讼各个环节考虑得更周详，在侦、诉等环节就要考虑到，侦查的事实、起诉的证据最终将会拿到法庭上去审理，要在法庭上进行质证、辩论，就会促使各个相关部门把本环节的工作落在实处，更加规范，这样庭审需要补查补证、撤回起诉的情况就会大大减少，从而能够使人权保障、程序公正、证据裁判这些原则更好地落实。

第五,要进一步深化审判效率的意识。这次修法明显延长了一审、二审的审限。延长审限是对人权的保障、是对司法公正的保障,绝不是法院有了更多的权力,可以松懈下来办案,而是要求我们针对法律规定的特定案件,更加扎实、更加仔细、更加高效地办案。有了审判效率的意识,有了迟到的公正为非公正的理念,才能够把修法的精神贯彻执行好,而不会错误地认为原一审审限两个月变为三个月,三加三再加若干是简单地延长了诉讼期限,使得修法的进步性变为对当事人不利的规定。只有树立这样一个审判效率的意识,才能够将延长审限的修改运用好,保证进一步提高案件审判质量而不是有意无意地拖延审理。

第六,要进一步深化接受监督的意识。这次修法对接受社会公众的监督、接受检察机关的监督事项都有了更加充分的规定,法院正在贯彻落实当中。树立这样一个意识,就能够做到更好地理解运用相关的条款,主动接受监督。在这样的意识指导下,把刑诉法的各项规范及理念理解好、落实好、执行好,比如在死刑复核程序中,怎样向检察机关报告复核的情况,监督机关提出了意见如何客观公正地落实好、反馈好,这都是对我们提出的新要求。在工作当中要树立一个正确的理念,更加自觉地把刑事诉讼法落实好。

姜伟 张军院长刚才讲到刑诉法的贯彻落实,我觉得非常必要。因为刑事诉讼法涉及公、检、法、司、安各个司法机关,而且诉讼活动关系到每个公民的切身利益,每个公民都可能成为诉讼参与人,即使不成为犯罪嫌疑人、被害人,也有可能成为证人。正是因为它涉及每一个公民的切身利益,所以我们的首要任务就是把刑诉法宣传好、执行好。我认为对修改后的刑事诉讼法我们首先要尊重,然后是执行。在这个时候我倒是倾向于遵循一句法律格言:"法律不是嘲讽的对象。"为什么这样说？因为刑诉法刚刚修改完,我们作为执法人员也好,学者也好,不去学习领会,不去贯彻执行,而是到处指责这个法律哪里修改得不好,哪个地方要再修改,这不现实。一部法律,经过十几年的酝酿,经过向全社会广泛征求意见,反复研讨,好不容易出台了,刚刚经立法机关表决通过,就讨论如何再修改,那是对法律的不尊重。

关于执行,我这样认为,作为检察官、公诉机关、法律监督机关,在执行这部法律的过程中,应该遵循理性、平和、文明、规范的执法理念。

第一,要理性执法。检察机关既是公诉机关,又是法律监督机关,千万不能仅仅局限于追诉方的立场,片面收集证明被告人有罪、罪重的证据。这次刑诉法修改明确要求,检察机关要全面收集证据,所以,我们要站在法治的立场,站在国家的立场来执行法律,要注意搜集犯罪嫌疑人无罪的证据,倾听其无罪的辩解,特别要倾听律师的辩护意见,不倾听就是非理性。所以我们讲要把理性放在第一位,反对感情用事、意气用事;反对片面化,避免只听一方面的证据;反对简单化,办理案件,只机械地依程序来办,好像走了程序就合法了,其实这都是非理性的。执法办案固然要程序合法,但是,还要求实体公正,要注重发现真相,明辨是非。

第二,要平和执法。平和执法主要强调检察官的心态和对人的态度,不能因为是国家公诉人,是法律监督者,就盛气凌人,高人一等,到处指手画脚。要明确认识到公诉人在法庭上是法庭诉讼结构的一方,审判长是主持者,要服从审判长的指挥,同时要注意耐心听取辩护人的意见,绝对不能在法庭上耍特权,这点要予以注意。特别是这次刑诉法修改中明确规定了对公诉案件公诉人有举证责任,举证责任并不是简单罗列证据,关键要有说服力,举证的证据得说服审判长,说服庭审的旁听人员,被认定是合法的,是与事实相关联的,这对检察机关来说是一个挑战,特别对公诉人来说,证据的说服力是最主要的。以前我在基层检察院做公诉人时,有些人把证据一读就完了。其实,举证责任要求:一要说明证据的合法性;二要证明证据与事实相关;三要证明证据内容的客观性。这次刑事诉讼法修改规定,公诉人还要说明证据达到了认定被告人有罪的证明标准,排除了一切合理怀疑,这才是证据确实充分。所以我觉得平和特别重要,在法庭上千万不能靠声高,靠强调自己是国家公诉人,是国家法律监督机关工作人员,而去压制对方,要以理服人。

第三,要文明执法。公诉人在法庭上也好,在庭下的取证工作也好,要语言温和、举止文明,要注意公诉人作为法律职业者,作为法律监督机关的良好形象。

第四,要规范执法。刑事诉讼法是程序法,程序法就是规范行为的,我们发现现在很多案件执法有瑕疵,主要是程序上执法不规范、有缺陷。我觉得程序规范首先是细节规范,每个细节都把握住了,程序才可能规范,而不是简单按照法律规定按部就班就行了,所以这次刑诉法在细节方面有很多规定,对公诉人提出了新的要求。

总体来讲,就是我们要理性执法、平和执法、文明执法、规范执法,这是这次贯彻落实刑事诉讼法的基本要求,达到这四项基本要求之后,才能达到我们一贯讲的,办理公诉案件经得起法律的检验,经得起历史的检验。刚才张军同志讲的一个观点我很赞同,对于公诉人来讲,办理一个案件,在法律检验、历史检验之前还要经过两个检验,一个是证据的检验,因为举证责任在检察机关;另一个是庭审的检验。为什么强调庭审检验?因为公诉人的证据体系、指控主张在庭审中要受到辩方的质疑和被告人的辩解。经过庭审检验后,控方的证据体系、指控主张仍然成立,这个公诉才算真正胜诉。经受不起庭审的检验,到法庭上辩护人一提出质疑,证据链条就断裂了,证据体系就不完整了,指控主张就不成立了,指控证据不足,法庭就会宣告无罪。所以经得起法庭的检验,是对公诉人提出的基本要求。检察机关和检察干警应该认真学习新的刑事诉讼法。目前我感觉,检察机关需要克服本领恐慌,解决能力不足的问题,我们要迎接这个挑战。如果我们经受住了这个挑战,反过来也是对提高公诉人素质的一个激励,促进检索机关的公诉水平大大提高。公诉水平的提高不仅仅是检察机关的事,公诉人水平提高了,就会减少冤假错案,所以它更是公民的最大福祉,是社会的福祉,而且最重要的是提高了执法公信力。

田文昌 修改后的刑事诉讼法的贯彻落实问题,显然是我们这次谈话的主要内容,它既涉及如何贯彻落实,又涉及在贯彻落实过程中会发现、遇到什么样的问题,也涉及我们应当如何解决这些问题,而且会进一步涉及对我们这次修法仍然没有彻底解决的一些问题应当提出什么样新的考虑,这些都非常重要。

其中,一个亟待解决的问题就是要尽快作出相关的司法解释。这是因为,一方面,如前面所说的,刑诉法的有些内容还缺乏可操作性,尤其是缺乏保障性条款。另一方面,由于现阶段司法人员观念的相对滞后和水平的不尽如人意,很需要通过尽可能细化的解释和厘清界限,防止理解上的偏差。同时,对控、辩、审三方面人员的系统培训也是一个不可忽视的重要问题。应当通过培训使大家能够正确理解刑诉法修正案的立法本意,避免在执行中出现偏差和冲突。实事求是地讲,每次修法都会面临这样的问题,如果解决不好,就会严重影响新法的贯彻实施。

三、贯彻落实新刑事诉讼法,制定司法解释

张军 对涉及指控、辩护、法院审判三方关系,包括警察出庭等情况下和公安机关的关系问题,最高人民法院已经正式向全国人大常委会

法工委提出,要参照 1996 年修改刑诉法以后的做法,由人大常委会法工委牵头,会同公、检、法、司、安共同搞一个执行刑事诉讼法若干问题的统一规定,对庭前会议制度、非法证据排除、证人保护等问题作出具体的规定,保障修改后的刑事诉讼法的贯彻落实。比如证人保护问题,按照现在的规定,法院、检察院、公安机关都可以作出决定对证人给予特殊保护,但法院、检察院都没有能力去执行,类似这样的问题如何落实,如何解决？如果没有一个具体的规定,是没有办法落实的。

田文昌 有几次刑法学年会,有学者提出司法解释越权太多。我同意司法解释太多、有点越权的说法,但同时我认为,在现状下,司法解释不多不行,否则立法就执行不了。现在这种情况下,只能靠各种解释来解决执行当中的问题,否则就会乱。所以我的观点是在当前条件下,各种解释、各种标准越细越好。当然,大前提是司法解释不能背离立法原则,这个底限不能突破。

姜伟 我赞同文昌说的,实践中我们确实需要司法解释来明确很多基础化的标准。我认为,司法解释只要不违背立法精神,就是科学的、合理的,立法有些抽象、模糊,司法解释把它理清了、明确了,有利于我们把法律执行好。什么叫越权？这涉及立法解释和司法解释的权限问题,现在对我们来讲,最关键的是如何保证法律统一、正确实施,这是首要问题。所以我非常赞同在刑诉法修改以后,就贯彻落实修改后的刑事诉讼法梳理出若干的司法解释,这是目前亟须解决的现实问题。

第二编 辩护制度

一、委托辩护人（第 33 条）

修改前	修改后
第三十三条 公诉案件自案件移送审查起诉之日起，犯罪嫌疑人有权委托辩护人。自诉案件的被告人有权随时委托辩护人。 人民检察院自收到移送审查起诉的案件材料之日起三日以内，应当告知犯罪嫌疑人有权委托辩护人。人民法院自受理自诉案件之日起三日以内，应当告知被告人有权委托辩护人。	**第三十三条** 犯罪嫌疑人自被侦查机关第一次讯问或者采取强制措施之日起，有权委托辩护人；在侦查期间，只能委托律师作为辩护人。被告人有权随时委托辩护人。 侦查机关在第一次讯问犯罪嫌疑人或者对犯罪嫌疑人采取强制措施的时候，应当告知犯罪嫌疑人有权委托辩护人。人民检察院自收到移送审查起诉的案件材料之日起三日以内，应当告知犯罪嫌疑人有权委托辩护人。人民法院自受理案件之日起三日以内，应当告知被告人有权委托辩护人。犯罪嫌疑人、被告人在押期间要求委托辩护人的，人民法院、人民检察院和公安机关应当及时转达其要求。 犯罪嫌疑人、被告人在押的，也可以由其监护人、近亲属代为委托辩护人。 辩护人接受犯罪嫌疑人、被告人委托后，应当及时告知办理案件的机关。

问题 1　确立侦查阶段律师的辩护人身份

田文昌　在辩护人身份方面,这次修法有两个重大突破:一是明确了律师在侦查阶段的身份是辩护人,这一点很重要。原来规定律师在侦查阶段只是提供法律帮助的人,没有辩护人身份,这使得律师在侦查阶段的处境很尴尬。其实,在刑事案件中,律师自接受委托之时所进行的就是辩护活动,这一次修法明确下来是很重要的。二是增加了"侦查机关在第一次讯问犯罪嫌疑人或者对犯罪嫌疑人采取强制措施的时候,应当告知犯罪嫌疑人有权委托辩护人",从而明确强调了侦查机关的告知义务,这都是明显进步。

张军　这是一个有特别含义的规定,是在修法的时候由法院提出来的,侦查阶段委托他人提供法律帮助,不能一般地写成"辩护人",一定要写成"辩护律师",明确只能是律师参与,因为这个时候辩护律师要接触相关涉及诉讼秘密的材料,以便其更充分地行使好辩护权,更有效地维护当事人的合法权益。

田文昌　按照原来的规定律师也不是辩护人,只能是提供法律帮助的人,现在律师有辩护人身份了,客观说是一个进步,是件好事,直接带来了两个后果:一是侦查阶段律师可以以辩护人身份说话,有了辩护人的基本权利;二是侦查阶段律师有了调查权。原来最纠结的问题是因为没有辩护人身份,侦查阶段的调查取证被视为是不合法的,现在合法了。

姜伟　法条上似乎没有直接规定可以调查取证了。

田文昌　调查权是与律师的辩护人身份相联系的,原来的规定是在审查起诉阶段,律师才是辩护人,由于法律规定辩护人可以调查取证,所以，当律师没有辩护人身份的时候，调查权就受到了质疑。有人就说，律师在侦查阶段因为不是辩护人所以不能调查取证。这次修法明确律师有辩护人身份了，所以就可以调查取证了。

张军　从理论上、实践中看，这个阶段是可以调查取证的，这也有利于侦查机关尽早地全面了解案情。

问题2　监护人、近亲属以外的人能否代为委托辩护人

田文昌　本条第3款规定：犯罪嫌疑人、被告人在押的，也可以由其监护人、近亲属代为委托辩护人。立法强调的是"监护人、近亲属"可以代为委托，《刑事诉讼法》第106条第6项，对近亲属还规定了明确的范围，立法规定实际限制了委托人的范围。实践中，对于被羁押的嫌疑人、被告人委托律师，现在的做法都是家属委托，委托之后律师会见时由本人确认。现在遇到的现实问题是，很多农民工、外来务工人员因涉嫌犯罪被羁押了，却找不到近亲属，或者近亲属离这里太远了，家里太穷，来不了，又无法代为委托辩护人，这个规定对被告人很不利。我们经常碰到办案机关对委托不认可，认为非监护人、近亲属的委托无效，不予接受。针对这种情况，在立法讨论的时候，我就提出来是不是代为委托的范围可以适当扩大到亲友即亲属和朋友。因为这类委托在性质上是代为委托，最终还需要本人确认，扩大范围并不会影响当事人的委托权，而且能够方便很多人。这是一个很现实的问题，也是亟待解决的问题，立法没有解决能不能在司法解释上有一个说法。

姜伟　文昌说的这个问题，技术上可以解决，就是要绕个弯儿。比如农民工，在北京出了事，老家在河南，他可能就近联系他的工友、老乡，

由他告诉办案人员工友、老乡的联系方式,我们就联系他的工友、老乡,再由他们去和他的近亲属联系,等于就是拐了个弯儿。

张军 从这次修法的规定看,进一步扩大了法律援助的范围。不仅犯罪嫌疑人、被告人是盲、聋、哑人,或者是尚未完全丧失辨认或者控制自己行为能力的精神病人,没有委托辩护人的,公安司法机关应当通知法律援助机构指派律师为其提供辩护,在符合法律援助条件的经济困难或者有其他原因没有委托辩护人的犯罪嫌疑人、被告人提出申请后,法律援助机构也应当指派律师为其提供辩护。对于可能被判处无期徒刑以上刑罚的人没有委托辩护人的,公安、司法机关也必须通知法律援助机构指派律师为其提供辩护。这从立法精神看,就是要尽量扩大犯罪嫌疑人、被告人的辩护权、委托辩护权。

田文昌 现实当中也有工友、老乡联系不到亲属的情况啊,如果允许亲友代为委托就好办了。

姜伟 这个我赞同,只要当事人实质上的辩护权能够实现,形式可以忽略。作为侦查机关可以转达当事人的请求,你说要找张三我们帮你联系张三,你说要找李四我们就帮你联系李四。

田文昌 现在实践中的问题是,交手续或者会见的时候办案机关或看守所要求验证身份关系,有时候必须有结婚证、户口本,如果没有亲属关系就认为委托不合法,拒绝接受,这很麻烦。

姜伟 我认为还是要以当事人实质的辩护权为根本。因为家属距离远过不来,委托朋友或其他亲属代请律师,说是代表近亲属来的,是近亲属委托的，因为近亲属在外地来不了，委托人来了，完全可以，技术上可以这么操作。

田文昌 从道理上完全讲得通，但在实际操作中就有不同理解啦，有的说行，有的就说不行。

张军 这就涉及我们刚才讲到的，要转变观念，在理念上认识到这次修法更加注重对当事人权利的保护。凡是委托辩护人的，都要重视并积极给予其行使权利的便利。办案机关可以积极配合一下，比如打电话问一下"你是委托张三来的吗？"嫌疑人的父亲说是，那就可以办手续。

姜伟 这属于技术环节的问题，实践中应该能解决。

问题3 辩护人接受委托后及时告知办案机关的可行性及必要性

田文昌 修改后的《刑事诉讼法》第33条第4款规定："辩护人接受犯罪嫌疑人、被告人委托后，应当及时告知办理案件的机关。"对这一条规定我持反对意见。首先，我认为这一条规定没有必要。律师办理任何案件，接受委托后在程序上必须告知办案机关，到办案机关递交相关手续，才可能进行会见、调查、阅卷、出庭等辩护工作，否则就什么也干不了。其实，没有这条规定，实践中律师也是这么做的，而且也是必须这么做的。其次，这样规定以后，反而容易产生歧义，什么叫做"及时告知"？公安局、检察院就可能抓住这条规定，以律师没有"及时告知"为由，不让律师会见、阅卷等。最后，如何"及时告知"？找谁"及时告知"？我办案子有体会，实践中律师接受委托后，要交手续却找不到办案人的情况非常多,好不容易查到办案人是谁,办公电话是多少,但办公电话连续打好几天、好几个星期都没人接的情况多得是,在本地的案子还好,律师可以辛苦点,多跑几趟。外地的案子,大老远的跑过去了找不到人怎么办?不仅浪费律师的时间,也给委托人增加了很多费用。所以我认为这一款本身就是没有必要的规定,规定了还可能导致一些办案机关的错误理解和操作。

张军　我理解这个"及时告知",就是当辩护人到犯罪嫌疑人被羁押处去会见,到法院、检察机关去查阅案卷材料,或者是到这三个机关提交调取的嫌疑人、被告人无罪或者是有不在现场证据的材料,提交律师意见,或者超期羁押了申请取保候审,申请履行辩护权利的时候,需要与办案单位交涉的时候,就要告知。否则,怎么履行以上辩护、维护嫌疑人、被告人权利的职责?还有一种情况要"及时告知",就是辩护律师搜集有利于嫌疑人、被告人的证据材料,履行《刑事诉讼法》第41条规定的权利,也必须及时、先行告知办案机关,以获得检察院、法院的许可,向特定人收集与本案有关的材料。

田文昌　如果所有的办案机关都像张军这样理解就没有任何问题了;但是,如果都这么理解了,这条规定就更没有必要了。

姜伟　这一条肯定是侦查机关在司法实践中提出来的,立法上写不写"告知",辩护人都肯定要告知,这是没有异议的。但为什么仍然提出这个问题,主要是为了解决实践中的多头请律师的情况。比如被告人在看守所里告诉办案人员要请律师,办案机关就会问他向谁转达,有的是通知朋友,有的是通知同学、同事,有的是通知单位,办案机关就会转达这个请求。结果办案机关通知完之后,他的父母兄弟姐妹也着急,也请了律师,就会出现一个案子请了两拨儿律师,而且超过了法定的辩护人数量要求的情况。所以,接受委托后及时告知是有意义的。

张军 如果前面已经来了两个合法委托的律师了,后面的委托律师就不能来了,虽然多请也是委托人自己花钱,但超出法定委托辩护律师的规定人数,办案机关依法不予接受,也就没有必要告知了吗?

田文昌 姜伟说的这种情况确实有,我在实践中也遇到过,现在的关键问题是我们要把这个矛盾放在谁那解决。我认为这个问题完全可以由看守所来解决,看守所也有责任解决,有能力解决。怎么解决?问嫌疑人、被告人,本人认可哪一个,先来了一个又来一个,又来了三个四个,不管多少个,由他自己来确认用哪一个。这就涉及委托权的问题了,所以最终还是要由本人来确认委托。我举一个我亲身经历的案子,是北京通州的,在审判阶段,当事人托朋友委托了我,当事人家属委托了别人,就是姜伟说的那种情况,多头请而且发生冲突了。法官就派书记员到看守所去问当事人,本人确认请哪一个?结果他说请我,那就我代理啦,关键是决定权应当在当事人手里。

姜伟 现在的主要问题是到看守所提讯,来了三个、五个、或七八个律师,都说自己是辩护人,都要求会见,要跟当事人聊一聊。那就乱了,到底让哪一个见呢?辩护也得有秩序。

田文昌 那就问当事人接受哪一个就可以啦!可以由当事人当面确认。

张军 这个也不存在"及时"问题。比如我是办案机关,姜伟是辩护人,他在接受委托的第二天就来告诉我了,我登记在案,姜伟等两人接受委托了,这算是及时。过了5天,又来了两个律师,我对当事人讲:

"你家属在外边又给你委托了田律师等两位律师,和原来的姜律师两个人之间你得选一个",作为办案机关我只能这么做。但假如第一个辩护人接受委托之后过了15天才来,另一个过了25天来了,还是一样的情况啊,及时的意义在哪儿呢?

姜伟 首先我们要明确要不要"告知",然后再讲"及时",有告知的必要才有及时性问题。我认为,告知是有必要的,告知办案机关了,看守所才能接待。

张军 这个告知我们都认为必须有,如前面讲过的,否则律师难以履行辩护职责,所以要告知办案机关。

姜伟 看守所外面来了八个律师,要求见同一个嫌疑人、被告人,能不能让他们都见?会见要有个先来后到,谁告知了看守所就认谁。所以,告知是必要的。

另外,告知可以保障办案机关和辩护人能随时联系,刑事诉讼中控辩双方需要互动,修改后的刑诉法也要求侦查机关、检察机关要及时听取辩护人的意见并相互交换意见,不告知就不能交换意见,有什么都上法庭去辩论,对诉讼的效率、效果也不好。告知越早,和侦查机关、公诉机关的互动时间就越早,过程就越长,所以告知是有意义的。

至于怎么告知,告知的方式这些具体问题可以再研究。

田文昌 关键是怎么理解"及时告知",什么叫及时?及时的意义又是什么?

张军 法工委对刑诉法修改的条文说明、立法理由当中也没有对"及时告知"的具体阐述,只是说明必须要告知,不告知没办法履行被委托律师的职责。

姜伟 告知越早越好,我们也好及早听取律师意见,证据有问题的要抓紧放人。所以律师也要负责任,要及时告知。

田文昌 办案机关提出及时告知,最主要的是为了解决告知才能会见的问题,这一点我们都理解,也肯定告知的必要。但我一再强调的是"及时告知"没有必要,因为这里涉及一个基本的理念,律师接受委托的决定权是在办案机关还是在委托人,办案机关有没有权力干预律师的先来后到。假如先来了两个律师,告知了,后来换律师了,又委托了两个,办案机关有权控制吗?但是立法一旦规定"及时告知",可能就会对委托权的行使造成障碍。

张军 立法机关在立法理由里面讲到,考虑到辩护人要履行职责,如接受委托后向侦查机关了解犯罪嫌疑人涉嫌的罪名等,需要先向办案机关提交有关委托手续,而办案机关如果有某些事项需要通知辩护人,或者听取辩护人意见的,也需要掌握有关委托辩护人的情况,所以本条增加了辩护人接受委托后应当及时告知办案机关的规定。

田文昌 从80年代初期我国律师制度恢复的那天起,律师事务所侦查、审查起诉、审判阶段都有统一的法律文书,如事务所所函、会见函等。律师接受委托后按照阶段要求向办案机关递交委托手续,而且律师要主动和办案机关取得联系,不联系就无法介入办案,这是没有异议的。也就是说,即使立法不规定告知,实践中也是这样做的,这完全没有问题。因为你不告知就没有人接待你。但要求及时告知就会有问题。最重要的是会见问题,刑诉法已经明确规定律师凭"三证"就能会见,会见权与告知办案机关是没有关系的。但是,"及时告知"的规定则容易成为有些办案机关阻止律师会见的借口。

姜伟　这一规定和另外一条有联系，修改后的《刑事诉讼法》第 37 条第 2 款规定："辩护律师持律师执业证书、律师事务所证明和委托书或者法律援助公函要求会见在押的犯罪嫌疑人、被告人的，看守所应当及时安排会见，至迟不得超过四十八小时。"也就是说，律师会见犯罪嫌疑人不需要办案机关批准，只需要拿着相关手续去看守所。而看守所并不是办案机关，它只是羁押场所、管理机关，这个人是不是嫌疑人、被告人的辩护人，看守所并不清楚，如果只要律师拿着会见介绍信就可以会见，实践中就会有一些可能不是辩护人的律师或者是以律师的名义进去的人。

张军　那是看守所没管理好，没有委托手续怎么能会见呢？

姜伟　正是因为实践中有这种情况发生，所以侦查机关有必要知道是谁来见，要核准律师是不是这个案件的辩护人。

张军　如果律师没有告知办案机关就去了看守所，而看守所不知道你是不是在押嫌疑人、被告人委托的辩护人，就不会给你办手续，法律依据就是这一条，因为你没有告知办案机关，办案机关没有通知看守所。所以这条是有必要的。

田文昌　这就形成障碍了。我说几点理由：第一，1996 年《刑事诉讼法》修改以前，律师都不需要办案机关的许可，凭三证可以直接去看守所会见，从来也没有发生过什么问题。第二，前面说了，委托权在于当事人，其他任何机关和个人都干涉不了。委托谁由他说了算，超过法定人数了，由他来定最终留下哪个。第三，由看守所去询问当事人确定选择哪一个律师。我在北京就遇到过一次，在二审期间律师到看守所会见，看守所说要市高级人民法院盖章，否则不能见。就是说我得告知法院我是二审辩护人之后，法院通知看守所，律师才能会见。这就与凭三证会见的规定不一致了。

姜伟　当然需要告知，到二审了，法院还不知道你是二审辩护人，就直接来见行吗？要告知你是哪个案件的二审辩护人，高级法院通知看守所，然后你再来会见。

田文昌　难道二审中委托辩护人的权利是要经法院批准才能行使的吗？

姜伟　委托权是当事人的，但委托之后，辩护人要通知高级人民法院一声。

田文昌　我肯定是要通知的啊，但早一天晚一天不行吗？我见完再通知法院不行吗？为什么要先通知法院才能再会见呢？

姜伟　这是一种管理秩序。

张军　按照法律规定，律师现在不用经办案机关批准，凭三证直接到看守所就可以会见了，但前提是你得是受委托的律师。

田文昌　但要求要办案机关盖章才能会见，不是和立法相违背吗？

张军　这种盖章应当是确认该律师是受委托的辩护人，而不应是允许会见的。其他地方的情况呢？

田文昌　其他地方这种情况很少，基本没有，律师直接拿手续到看守所就可以了。现在的问题是，按照有些人的理解，律师不告知办案机关就见不了当事人，委托就不生效。

姜伟　委托肯定是生效的。

田文昌　怎么生效呢？看守所不承认啊！

姜伟　我们先明确一个问题，是委托手续还没办就要会见呢？还是办完手续不通知办案机关要会见呢？

田文昌　是家属或其他人代为委托，办好了委托手续，但还没有见到本人。

姜伟　咱们说的是两个问题，我说的是律师已经见过本人了，并且得到本人的委托确认之后再通知办案机关，我讲的是这个意思。

田文昌　问题就在于实践中我遇到了这种情况，家属代为委托，还没见到本人，必须先通知办案机关才能见本人。

　　至于会见之后当然是要告知办案机关的，而且你不告知办案机关也不可能参与案件啊。其实问题就在于，律师要想进行辩护活动就必须同办案机关打交道，否则无法进入程序，而办案机关不同律师打交道也照样可以办案。所以，规定律师向办案机关的告知义务显然是没有必要的。

姜伟　实际上我们的观点是一致的，法律规定也很明确，辩护人接受嫌疑人、被告人委托之后，要及时告知。家属委托是代委托，还不是实质的委托，需要经当事人本人确认。

张军　现在就要明确地理解成,辩护人接受家属委托之后要告诉办案机关,然后办案机关再通知看守所,律师才能去会见。

田文昌　所以,这条肯定会被利用,虽然按照法律规定,不需要通知也能会见,但是实践中就是有地方不按法律规定办,甚至就在北京还有歪曲执行的。事实上律师接受委托之后,肯定是会积极地尽早地联系办案机关,越早告诉越好,否则律师也就没有辩护人身份,不能开展工作。但如果加上了及时告知的义务,就可能会被误读,被利用。

张军　《刑事诉讼法》第33条第3款规定:"犯罪嫌疑人、被告人在押的,也可以由其监护人、近亲属代为委托辩护人。"第4款规定:"辩护人接受犯罪嫌疑人、被告人委托后,应当及时告知办理案件的机关。"也就是说,第4款的委托应当包括犯罪嫌疑人、被告人的监护人、近亲属的代为委托,应该这么理解。

姜伟　不是,不一样,监护人、近亲属的委托是代为委托,因为本人被羁押,所以家属在外面帮他找了一个律师,但他接不接受,还需要律师和他见面当场确认,委托书上还需要有犯罪嫌疑人、被告人本人签名,最终入卷的应该是嫌疑人、被告人本人签名的委托书。

田文昌　实践中律师一般都要让本人在委托书上签字确认,也有不签字确认的,但是很多法院或者检察院也不一定需要本人签字那一份,家属签字那一份也是可以的。当庭法官也会问一下本人,是不是同意这个律师给你辩护。

我们下一步还是要考虑怎样作出一个具体的解释来,保证立法不被人钻空子。

问题 4　对律师在场权的探讨

张军　修改前的《刑事诉讼法》第 33 条规定,公诉案件自案件移送审查起诉之日起,犯罪嫌疑人有权委托辩护人,修改后规定,自被侦查机关第一次讯问或者采取强制措施之日起有权委托辩护人。能够看出修改后的第 33 条跟之前比的变化,对保护嫌疑人的权益和律师的介入作了更明确、更有利的规定,嫌疑人、被告人的人权保障有了进一步的发展,尊重和保障他们的权利,更有利于落实宪法的原则,是修改后的《刑事诉讼法》总则第 2 条的原则性规定在分则条款中的具体体现与落实。在实践中,我们的办案机关应当更充分地领会、理解立法精神,在具体运用当中把它执行好、落实好。

国外往往是在第一次讯问的时候就要明确告知嫌疑人:"你可以保持沉默,你现在讲的每一句话都可能作为不利于你的证据在法庭上使用。"律师如果不到场,嫌疑人可以说:"我要请律师,律师不到场我不回答问题。"我们现在还没有这样的规定。但我觉得随着司法实践的发展,宪法尊重和保障人权的规定进一步深入人心,司法办案机关的素质、能力进一步提升,律师素质进一步提高,看守所的管理越来越规范,犯罪嫌疑人在第一次被讯问的时候,最终会拥有这个权利,就是可以要求律师在现场,律师不在现场可以不回答问题。这会需要一个过程,但将来一定会实现。

田文昌　如果能够实现律师在场,将会是一个巨大的进步,立法讨论的时候我们也提出过律师在场的问题,也考虑过设立值班律师制度,但这个问题现阶段想要实现恐怕难度还比较大。我认为主要的障碍还是观念问题,在机制设计上是有条件解决的。

张军　为什么我要提出这个问题?因为法律只要规定讯问时律师必须

在场，或者律师不在场不得讯问，就不需要录音录像了。每一份讯问笔录，都须有在场律师签字，法院审理案件的时候，被告人的供述作为证据使用的效力将大大增强。实际上这不仅仅是方便律师，更是方便了司法机关。我们现在没有这样的规定，有些证据公诉机关不敢用，只能在其他客观性证据、言词性证据的收集上花更多的工夫，造成司法资源浪费，最终还可能因为其他客观性的证据难以收集，导致要么不能定罪，要么不敢依法判处应当判处的刑罚，也就要留有很大的余地，不利于依法办案、依法追究刑事责任。如果辩护人在场，这些问题就能够解决了，即使其他客观性证据欠缺一些，但我们对被告人自认有罪的供述会更放心一些。

姜伟 张军刚才讲的观点我和文昌都赞同，当然第一次讯问律师在场最好，但在中国目前的条件下，实践中还做不到，为什么？第一，现在在中心城市，比如北京、上海，律师力量充足，但是，在全国至今仍有二百多个县一个执业律师都没有，不具备律师在场的条件；第二，按照我国现行法律规定，委托律师需要一个过程，而拘留转逮捕的时间有限，拿到案件之后还得等当事人委托律师，律师到场之后再进行第一次讯问，实践中做不到。但是这个事我觉得可以推进，能不能像文昌刚才说的搞一个律师值班制度，可以先搞一些试点，这和现有的诉讼制度也不冲突。当然目前的问题，律师的配合是一方面，最大的阻力可能还在侦查机关。

田文昌 我们曾经提出两个措施，其中一个就是值班律师制度，值班律师不一定是办案的律师，可以由当地司法局统一排班。

张军 比如看守所有 15 个讯问室，有一个值班律师，就在走廊里溜达巡视，注意是不是有惨叫声，是不是有刑讯逼供，甚至可以就坐着看各讯问室内的监控录像。

田文昌 　第二个措施，是先实现有限的律师在场。比如说两个嫌疑人，一个有律师，另一个没有，没有律师的没办法要求律师在场，但有律师的如果要求在场，就允许律师在场。这是权利，不是义务，这样也可以解决一部分问题。至少是一种尝试，待条件成熟时逐步推开。所以值班律师和有限的律师在场是可以做到的，关键问题还是办案机关在观念上不想让你去做，以各种条件不具备作为理由来反对。

姜伟 　原来说不能实施，因为看守所那么多，犯罪嫌疑人那么多，操作起来有困难。但现在技术都能解决，看守所里都有监控录像，每个审讯室的情况从监控室大屏幕都能看到。告知犯罪嫌疑人，有律师在场，要是受到刑讯逼供了就举手示意。这样值班律师一看监控问题就全解决了。

张军 　一切事物都是一分为二的，这个问题需要从哲学角度辩证地来认识。第一，让律师在场，表面上看，好像是对办案人员不放心，需要让律师来看着他们；第二，本来办案人员态度虽然狠一点，但不存在刑讯也不存在强迫，只是讯问的技巧问题，现在有律师在场，可能就会对办案人员有所约束，某种程度上会影响办案的力度。但是从另一方面看，我们调查取证、讯问被告人、录取口供的目的是什么？在法庭上出示被告人供述的目的是什么？是为了证明其有罪，让法庭能够信任、使用这些证据。如果律师不在场，全程录音录像又有这样那样的难处，公诉机关拿出来了口供，被告人、辩护人提出各种各样的理由辩解那不是自愿供述，法庭最终不敢使用，那你做这些工作还有什么意义呢？所以，律师在场，对办案人员既是一种约束，更是一种保护，将来在法庭上，如果被告人提出有刑讯逼供而拒绝承认口供，只要值班律师出庭作证就能解决了。

田文昌　实际上还加大了律师的责任。

姜伟　张军讲的我非常赞同，律师在场的好处，一是，避免刑讯逼供；二是，保证取证的合法性；三是，对侦查人员是个保护。将来在法庭上就证据合法性提出质疑的时候，值班律师可以出庭作证，证明效力比警察出庭高得多。

但这个制度在实践中为什么推行不开？我想原因主要有以下几点：一是，律师分布不均衡；二是，审讯的案件比较多，大批律师在看守所24小时值班，现场见证难以操作；三是，最大的问题恐怕还是侦查人员对律师还不是很信任，怕律师碍手碍脚，而且这里有一个冠冕堂皇的理由：律师在场可能泄露侦查秘密，这样的担忧不无道理。

所以我想，实践中我们能不能把双方的考虑综合一下，通过技术手段来解决双方顾虑，比如通过监视屏幕，不听声音只看图像，打不打人都能看见，同时要告诉犯罪嫌疑人："我在现场，他有违法行为你举手示意我，我马上到审讯室去。"

通过技术环节解决一下，这样做对保障人权、保护侦查人员、维护法治形象都有利。

张军　我讲个实例：为了保障律师会见嫌疑人权利的落实，保护公安机关不被犯罪嫌疑人以刑讯逼供诬陷，落实侦查中对犯罪嫌疑人权利的保障，樊崇义老师四五年前组织过一个课题，找了北京市海淀区公安局、甘肃省白银市公安局等四五个基层公安机关，试点律师在场制度。一开始公安干警们并不是很愿意配合，但局长非常支持，觉得律师在场监督是在帮助他们履行和落实相关规定。后来慢慢地公安干警也接受了，因为他们发现本来办案没问题的，但一提起刑讯逼供就说不清楚了。而律师在场能帮助他们说清问题，所以他们后来就接受并予以配合了，效果非常好。

姜伟　为推动这项工作,可以举办执法规范化研讨会,展示执法规范的成果,这样的试点就可以展示出来,让专家学者去点评一下,这就是法治进步。

张军　在值班律师的选择上,一要找公职律师;二要签订保密协议。找公职律师,一般来说他们更愿意履行这一收入不会太高、责任又很重大的职责;签保密协议,是防止律师对其知晓的尚未进行公开审理的案情对外公开。

姜伟　一个班两个律师当值,一个在楼道巡视,一个看闭路电视、监控录像,经费算到法律援助里面。

张军　指派值班律师应当由律协、司法行政机关负责,跟公安没关系,由司法行政机关去落实。

姜伟　甚至律协可以成立这样一个协会,由公职律师组成,定期到看守所值班。

张军　每周或者每月轮换一次,让值班律师总是新面孔。这样做的代价很低,但公安的形象马上就能归位,法院认可口供,司法公正得到保证。

田文昌　看来关于律师在场权的问题我们三个人的认识是一致的。其实,这不仅是防止非法取证,保障证人、被告人权利的重大措施,而且,在操作层面上也没有不可克服的保障。但是,为什么在多次修法时都没有得到解决?主要原因还是理念问题和部门主义问题。我觉得我们将来还是要充分论证和强烈呼吁解决这个问题。这是重大原则问题,必须尽快解决。

二、刑事法律援助(第34条)

修改前	修改后
第三十四条　公诉人出庭公诉的案件,被告人因经济困难或者其他原因没有委托辩护人的,人民法院可以指定承担法律援助义务的律师为其提供辩护。 被告人是盲、聋、哑或者未成年人而没有委托辩护人的,人民法院应当指定承担法律援助义务的律师为其提供辩护。 被告人可能被判处死刑而没有委托辩护人的,人民法院应当指定承担法律援助义务的律师为其提供辩护。	第三十四条　犯罪嫌疑人、被告人因经济困难或者其他原因没有委托辩护人的,本人及其近亲属可以向法律援助机构提出申请。对符合法律援助条件的,法律援助机构应当指派律师为其提供辩护。 犯罪嫌疑人、被告人是盲、聋、哑人,或者是尚未完全丧失辨认或者控制自己行为能力的精神病人,没有委托辩护人的,人民法院、人民检察院和公安机关应当通知法律援助机构指派律师为其提供辩护。 犯罪嫌疑人、被告人可能被判处无期徒刑、死刑,没有委托辩护人的,人民法院、人民检察院和公安机关应当通知法律援助机构指派律师为其提供辩护。

问题1　指定辩护范围的扩大

修改后的《刑事诉讼法》第34条,扩大了法院、检察院、公安机关通知法律援助机构指派辩护律师提供法律帮助的范围。第2款增加了"尚未完全丧失辨认或者控制自己行为能力的精神病人",第3款增加了"可能被判处无期徒刑",充分体现了尊重和保障人权,在司法实践中的具体落实不应该有什么障碍。

姜伟 更重要的是,增加的一系列规定体现了权利救济原则。权利救济的核心是法律怎么对弱者提供特别保护。现在社会上一种普遍认识是,有权有钱的人能收集到更多证据,得到更好的辩护,但弱者、家庭贫困的人、没有经济能力的人,因为没有钱请律师或得不到法律援助而无法收集证据或得不到辩护。所以这次刑诉法的修改,在弱者的权利保障方面作了相应的规定,非常必要,特别是将指定辩护的范围扩大到无期徒刑,尤为重要。因为越是可能受到重刑的人越需要程序公正,越需要我们把案件办成铁案,使之能够经得起法律的检验、历史的检验。什么叫历史的检验?有些案件,审判长、领导一拍板,就定案了,过一段时间领导换了、审判长换了,当事人一申诉,案件就翻了。所以我们讲经得起历史的检验,也就是要经得住证据和法律的检验,不管将来谁来查这个案件,都翻不了案,这才叫真正的铁案。

田文昌 在刑事案件中,被判处重刑的多数人还是社会底层人群,没有能力自行聘请律师的也正是这些人。所以,对这些人的法律援助问题历来是一个值得重视的社会问题。在英、美等法治发达国家,绝大部分刑事案件当事人都是由政府购买法律服务的方式得到律师服务的。我们国家目前还不能达到这种程度,但首先对重刑案件和一些弱势群体的当事人扩大指定辩护的范围是非常必要的。尤其是在我国目前律师参与刑事辩护的比率还相当低的情况下,扩大指定辩护的范围就更加重要。因为只有这样,才有利于保证这些群体的嫌疑人和被告人更充分地行使辩护权,有利于贯彻法律面前人人平等的原则。这一点,应当是扩大指定辩护范围的重要价值目标。

问题 2　法律援助阶段的提前

田文昌　还有一个变化,原来指定辩护只是法院的义务,现在是公安机关、检察院、法院共有的义务,这样就把法律援助提前到了侦查阶段。

姜伟　律师在侦查阶段介入很重要,律师及早介入,有意见及早提出来,有助于侦查机关全面收集有罪、无罪、罪轻、罪重的证据。如果律师介入晚了,有些证据等律师提出来再收集,可能已经灭失了,证人也找不到了。

田文昌　姜伟说得很对,律师在侦查阶段介入,不仅有助于向侦查机关提出意见,有助于侦查机关全面、客观地收集证据,同时,律师本身在侦查阶段的及时取证也非常重要。我说一个真实的案例:好多年前,在北京的一个市场上,一帮小伙子追打一个卖肉的小伙子,打了一阵儿,小伙子跑了,那帮人又追上去打,最后,其中有一个人拿了一个很重的铁凳子往卖肉的小伙子头上砸,这个小伙子一看不行了,操起两把剔肉刀一通乱捅,造成两死一伤。这个案子的律师取证就非常及时,当时公安机关没有注意到这个铁凳子,律师调查取证时把铁凳子保留下来了,到法庭上以铁凳子作为重要证据,证明打击的力度和受到侵害的程度。结果这个案子以防卫过当辩护成功了,被告人被判了10年。

姜伟　如果律师不介入,而且不是在侦查阶段及早介入,及时取证,这个案子的被告人可能就得判死刑了。

张军　应当说修改后的刑诉法,不仅扩大了法律援助指派律师辩护的范围,进一步体现尊重和保障人权,更重要的是提前了律师介入的时间阶段,明确了在侦查起诉阶段就要律师辩护的帮助。从审判实践看，对于盲、聋、哑人案件甚至死刑案件，被告人没有委托辩护人，按照法律规定法院应当为他指派法律援助律师提供辩护，但是法院没有落实的情况时有发生。最高人民法院在死刑复核案件中曾发现这样的问题，当然决定要发回重审，要么回去改判无期徒刑以下刑罚，要么依法指派辩护律师重新开庭。问题是什么呢？公安机关也可能会有疏漏，特别是对于符合《刑事诉讼法》第34条第2款、第3款的犯罪嫌疑人、被告人是尚未完全丧失辨认或者控制自己行为能力的精神病人，以及可能被判处无期徒刑以上刑罚的情形，公安机关在侦查、起诉阶段有时可能难以发现、评估，结果没有为他们提供辩护，可以预见，这种情形在新刑诉法实行后会大量出现。对于这种情形，我觉得在刑诉法实行最初一段时间内不能够过于求全责备，也就是说在侦查起诉阶段，应当给嫌疑人指派律师辩护而没有指派的，不应当影响下一个诉讼程序，也就是不应当影响法庭的审理。但是法庭在审理的时候，应当特别注意在侦查阶段讯问的时候有没有违法取证的情形，非法证据排除的审理程序应当更加严格，确保虽然没有依法指派法律援助律师但也不存在违法取证情形，这是一个基本的原则。所以，我觉得这是一个既促进《刑事诉讼法》第34条修改精神的落实，又不影响依法公正办案的考虑因素。

问题3 指定辩护适用条件的判断

张军　我还有一个考虑，就是对可能判处无期徒刑以上刑罚的认识判断问题。对于这个问题，往往在侦查阶段未必就能认识到，而随着进一步的证据收集工作，办案人员的认识也会发生变化。比如在侦查阶段认为可能判处十年有期徒刑，所以没有指派法律援助律师，到了审查起诉的时候却认为至少要判无期或者死缓。认识上的变化，导致客观上在侦查阶段应该给当事人指派辩护律师而没有指派，法院就不能因为侦查阶段没有指派辩护人而认为公安机关违反了第34条的规定。这和我们刚才讲到的是不一样的,前面那个是违反了第34条的规定,这个情形是随着侦查后期进一步的证据收集认识上发生了变化。

还有一个同样需要注意的因素就是第34条第2款规定,为尚未完全丧失辨认或者控制自己行为能力的精神病人指派辩护人,如果侦查机关认为他就是一个精神健全的人,而到了起诉阶段或者在审判阶段,发现他有可能是丧失行为能力的精神病人,这个时候才进行司法鉴定,这种情形和前一类情形一样,也是认识发展、变化问题,不能认为前一个环节就出错了。

姜伟 我赞成张军刚才提出的几点建议,这体现了诉讼过程中实事求是的原则。因为刑事诉讼从侦查环节展开,但是对犯罪嫌疑人个人身体特征的客观、全面的认识需要一个过程。比如对生理缺陷、精神状况的逐步认识,对案件事实的逐步了解都需要一个过程。所以我们不能机械地使用这一条。一个案件的被告人最后判了无期徒刑,回头看,认为公安机关作为义务机关在侦查环节应当为其指定辩护人而没有指定,不能因此认为这是一个程序的缺失。这个时候没有指定不能成为必然的抗辩理由,也就是说,这种工作中的符合常理常情的认识的失误不能成为抗辩理由。但如果有证据表明此案当初是作为无期徒刑或者是死刑案件侦查的,当时就认识到是无期徒刑或死刑案件,但为了规避法律而有意未为其指定辩护律师,这种情况建议应当采取一定的措施,或者发回重审,或者特别注意审查证据。当然这个程序的缺陷能不能作为质疑判决结果的理由,还值得进一步研究。

田文昌 这条规定本身无疑是一个很大的进步,其一,这是对重罪的嫌疑人、被告人在程序上的特殊保护;其二,两位刚才说的问题也是非常现实的，任何一个犯罪的侦查都是一个逐步深入的过程，可能开始没有发现这严重的情况，后来逐步发现了，这是个很客观的情况；其三，如何认定侦查机关究竟是逐步发现的还是发现了没有去做的，这一点在认识上可能难免会有分歧，在界定上恐怕难以认定。

张军 认识上的分歧可以存在，但是不应该影响法院审理这个案件。作为律师可以更严格地提出自己的怀疑，但法庭还是应该从更宽的角度去认同侦查机关、起诉机关提出的当时没有认识到的理由。那么作为律师，就应当更充分地提出取证程序有无违法的证据，法庭应当更加严格地执行排除非法证据的程序，以此来达到一个平衡。

田文昌 这不是最关键的问题，因为有些可能是模糊不清的，有些是可以找到理由的，有些是比较明显却是有意掩盖的，当然还是应遵循无罪推定原则。

姜伟 文昌的顾虑也有道理，因为关于指定律师辩护的范围，现在规定的是以判决结果论，在实践中肯定会有模糊性，肯定会有争议。如果指定律师直接以案件性质论，比如命案、故意杀人案件，不管结果怎么判，必须指定律师，这样就容易明确了。

田文昌 我也赞同，必要时还得搞一个框框出来，要不然真说不清楚。

张军 下一步，我想针对这些公安机关、检察机关、法院都会涉及的共同规定的条款，还是要作出具体的解释来，比如规定命案必须指定律师，毒品犯罪达到多少克必须指定律师，这样实践中更好操作和落实。

三、辩护人的举证责任问题（第35条）

修改前	修改后
第三十五条　辩护人的责任是根据事实和法律，提出证明犯罪嫌疑人、被告人无罪、罪轻或者减轻、免除其刑事责任的材料和意见，维护犯罪嫌疑人、被告人的合法权益。	第三十五条　辩护人的责任是根据事实和法律，提出犯罪嫌疑人、被告人无罪、罪轻或者减轻、免除其刑事责任的材料和意见，维护犯罪嫌疑人、被告人的诉讼权利和其他合法权益。

问题　第35条条文表述是否免除了辩方的举证责任

田文昌　修改后的《刑事诉讼法》第35条，对辩护人责任的描述，将原"提出证明……的材料和意见"中"证明"二字删除了，这其实很重要。原来规定"证明"，相当于规定辩方有举证责任，把"证明"二字去掉，等于去除掉了辩方的举证责任，辩方只需要提出材料和意见，陈述理由就可以了。这就要求我们法院在今后的审判活动当中，在认定犯罪事实的时候，不能再让辩方举证，并且不能以辩方理由没有证据支持为由，判决对辩方观点不予支持。更重要的是，将来在判决书上也要避免再出现"辩护理由没有证据支持"之类的表述。

张军　我同意你的观点。

四、辩护律师在侦查期间的工作职责和权限（第36条）

修改前	修改后
无	第三十六条　辩护律师在侦查期间可以为犯罪嫌疑人提供法律帮助；代理申诉、控告；申请变更强制措施；向侦查机关了解犯罪嫌疑人涉嫌的罪名和案件有关情况，提出意见。

问题　侦查机关向辩护人提供案件有关情况的范围

姜伟　修改后的《刑事诉讼法》第36条规定了辩护律师在侦查期间的职责和权限,其中最后一项提出"向侦查机关了解犯罪嫌疑人涉嫌的罪名和案件有关情况","罪名"比较好理解,也很明确,但"案件有关情况"的范围是什么?很难把握,作为律师当然是想知道得越多越好,但办案机关出于侦办案件的考虑不能全都告知,实践中肯定会有争议,怎么解决?

张军　你作为公诉人的一方觉得应该怎么做?

姜伟　原来法律规定律师在侦查环节是提供法律帮助的人,没有辩护权,现在立法明确了律师在侦查阶段辩护人的身份,因此律师当然有权向侦查机关了解案件的罪名和有关情况。但现在条款中出现了"案件有关情况"的表述,我想下一步可能还需要司法解释把这个范围大致界定出来。因为这个问题确实存在两难:一方面,我们要维护犯罪嫌疑人的合法权益,为辩护人辩护提供便利条件,要提供案件有关情况;但另一方面,根据侦查工作的需要,有些侦查信息、侦查情况可能还需要保密,因此不能把所有的侦查情况都向律师和盘托出。实践中律师当然希望了解的情况越多越好,因为这样有利于为其下一步调查取证工作提供线索,但我认为,在这种情况下,向律师提供哪些案件情况的主动权应当在侦查机关。

张军　我同意姜伟讲的原则,提供哪些案件情况的主动权应在侦查机关。同时,我认为"案件有关情况"的范围,还得依据《刑事诉讼法》第36条的修改,以能够落实第36条规定中的律师职责为原则。第36条规定的律师法定职责是为犯罪嫌疑人提供法律帮助,代理申诉、控告,申请变更强制措施。律师只有了解了这个案件的性质,了解了基本的案情，才有可能履行自己的法定职责。就侦查机关而言，侦查机关已经羁押、讯问犯罪嫌疑人，对案件的性质肯定有所掌握，因为只有这样才可能立案，才能有决定采取强制措施的罪名，所以对案情的轻重应该是了解的。比方说杀人，人死了还是没死，有没有法定从轻或者从重的情节；贪污、贿赂、职务犯罪总体数额可能是在10万元以上，或者可能有索贿情节。这些基本的案情都会影响到对于嫌疑人要不要继续羁押？可不可以取保候审？有没有可能是错误的举报、错误的立案？以至于有没有被冤枉？这些情况都会影响律师作出进一步的判断和提供相关的意见，帮助侦查机关依法做好侦查工作，使得侦查机关下一步的工作得到更正确的律师意见的引领。所以，从这个角度来看，应当尽可能地向律师提供。但在提供有关情况的同时，侦查机关自己也会注意以不影响下一步的侦查工作为限，只要不影响侦查的情况就应该提供。所以，从侦查机关的角度来说，提供的范围应当是只要不影响下一步侦查工作的就都可以提供；从律师的角度，为了使其能够履行好法定的职责，侦查机关要向他提供有关的情况，越多越好。

姜伟 张军提的两点原则我很赞同，案件有关情况的范围应当围绕着律师在侦查环节作为辩护人的职责范围来确定，比如变更强制措施，有没有刑讯逼供，要不要代为申诉、控告等，这是从律师的角度希望侦查机关能够提供的。但对于侦查机关而言，提供哪些情况，不提供哪些情况，得以侦查工作需要为准，只要不影响下一步继续侦查的都可以向律师提供，但反过来，如果侦查机关认为存在影响案件侦查的情况就可以不予提供。这样理解比较好。

田文昌 从诉讼原理来讲，案件有关情况应当包括与案件有关的所有情况。所以，侦查机关应当不存在对律师保密的问题。而且律师也有职业道德和规范的约束，如果违反规范也是要承担责任的。但是，就目前我们国家的现状而言，很可能在操作过程中侦辩双方会发生一些分歧,重要原因是侦查机关还不习惯律师在侦查阶段介入案件,对此还有抵触和顾虑。但是我认为,无论如何理解,至少对于涉及案件的一些基本情况,比如,罪名、犯罪事实、情节以及相关证据等,是没有理由对律师保密的。

由于这个问题的主动权掌握在侦查机关一方,在刑诉法修正案实施的最初阶段,很可能时常会发生一些争执。这一点是难以避免的。但是经过一段时间的磨合之后,随着诉讼理念的提升和侦查方向的转变,我想这个问题会逐步缓解并得到解决。

五、辩护人同在押的犯罪嫌疑人、被告人会见和通信的规定(第37条)

修改前	修改后
第三十六条 辩护律师自人民检察院对案件审查起诉之日起,可以查阅、摘抄、复制本案的诉讼文书、技术性鉴定材料,可以同在押的犯罪嫌疑人会见和通信。其他辩护人经人民检察院许可,也可以查阅、摘抄、复制上述材料,同在押的犯罪嫌疑人会见和通信。 辩护律师自人民法院受理案件之日起,可以查阅、摘抄、复制本案所指控的犯罪事实的材料,可以同在押的被告人会见和通信。其他辩护人经人民法院许可,也可以查阅、摘抄、复制上述材料,同在押的被告人会见和通信。	第三十七条 辩护律师可以同在押的犯罪嫌疑人、被告人会见和通信。其他辩护人经人民法院、人民检察院许可,也可以同在押的犯罪嫌疑人、被告人会见和通信。 辩护律师持律师执业证书、律师事务所证明和委托书或者法律援助公函要求会见在押的犯罪嫌疑人、被告人的,看守所应当及时安排会见,至迟不得超过四十八小时。 危害国家安全犯罪、恐怖活动犯罪、特别重大贿赂犯罪案件,在侦查期间辩护律师会见在押的犯罪嫌疑人,应当经侦查机关许可。上述案件,侦查机关应当事先通知看守所。 辩护律师会见在押的犯罪嫌疑人、被告人,可以了解案件有关情况,提供法律咨询等;自案件移送审查起诉之日起,可以向犯罪嫌疑人、被告人核实有关证据。辩护律师会见犯罪嫌疑人、被告人时不被监听。 辩护律师同被监视居住的犯罪嫌疑人、被告人会见、通信,适用第一款、第三款、第四款的规定。

问题1 辩护人在会见通信时能否与当事人交换材料

田文昌 修改后的《刑事诉讼法》第37条第1款规定,辩护律师可以同在押的犯罪嫌疑人、被告人会见和通信。第2款规定,律师凭三证可以向看守所要求会见。将来会见自由了,就会出现一些需要探讨的问题:律师在会见嫌疑人、被告人,与嫌疑人、被告人通信的时候,能不能与其交换材料?比如律师给嫌疑人、被告人写的申诉材料、控告材料、辩护意见,要给他们看;嫌疑人、被告人的自书材料等需要律师转交给法院、检察院的相关材料,或者律师给嫌疑人、被告人准备的辩护思路、辩护提纲。这些按理都应当是随时可以交换的,但实践当中有的人就把这当成一种违法行为。

张军 如果出现了这种问题,有材料、证据需要交换,拿出来一看不违法、不影响侦查机关继续侦办案件就行了。

田文昌 现在的问题是,各地看守所都有一个会见规定,即律师会见中禁止传递物品。这个物品就包括我上述列举的申诉材料、控告材料、自书材料、辩护意见等。这个规定直接导致证据材料交换不了。

张军 我觉得在会见过程当中,无论是在押的,还是被监视居住的嫌疑人、被告人,从律师工作的角度来看,向当事人提交的材料或当事人请你转出来的材料,都应该经过看守所和办案机关的审查,符合法律规定的肯定会被允许,不符合法律规定、明显影响依法侦办案件的就不能递送了,会见的时候你了解到相关情况就可以了,否则将来违反规定,律师就要承担责任,律师也有职责保护好自己。

田文昌　这个原则没问题，关键是怎么落实，实践中我们遇到两个障碍：第一，看守所或侦查机关规定须经其同意，他说行就行，他说不行就不行，什么能带什么不能带，没有一个明确的标准，全凭他的理解；第二，没有程序规定，有的材料给看守所或侦查机关看了，他们口头同意律师可以带走了，等一旦出了问题，他们就不承认了，一口咬定是律师私自带出去的，自己从没见过、没同意过。

不久前，大连律协向我反映一个情况：有位律师在会见时接受了被告人交给他的一份材料，他还没来得及打开查看，就被正在看监控录像的看守人员发现并当场收走了。随后就要求律师协会处罚这位律师，而且还不告知律师协会这份材料的内容。这又涉及几个问题：律师还没有看到这份材料的内容，怎么知道该带不该带？监控录相的作用到底是什么？能不能监控律师与被告人交流的具体方式和内容？仅凭接到被告人的材料不问内容如何，有无理由向律师追责？

姜伟　张军讲的原则是对的，律师往外带材料要经过审核，只要和辩护人的职责确实有关的材料应当允许带，但是以外的材料不能带。

张军　律师要保护自己，往外带材料时要经过审查，并要求看守所或侦查机关签字确认。

田文昌　实践中就是不给签啊，律师要求了但不签字。要解决这个问题其实很简单，就是细化规则：第一，什么能带什么不能带，要有一个法定的程序规定，而不是看守所自己定；第二，经审查能带的要签字确认，留一个证据在那里。

张军　这个应当在司法解释中进一步细化。

问题2 对"特别重大贿赂犯罪案件"的理解

田文昌 对37条第3款会见的例外规定我持保留意见。危害国家安全犯罪、恐怖活动犯罪还可以接受,关键是特别重大贿赂犯罪案件,问题很大。什么叫"特别重大"?标准是什么?怎么判断?必须要有一个详细的解释,否则就会导致说重大就重大,导致所有贿赂犯罪案件都不能会见的情况出现。在刑诉法修改过程中,我是坚决反对这一点的,但最后还是写上了。

姜伟 关于特殊许可要不要包括特别重大贿赂犯罪,是有争论的。我主张应当包括,理由有三点:第一,贿赂犯罪往往是一对一收受财物的,侦查难度大。第二,官员利用职务犯罪,通常可能有保护网。官员犯罪不像老百姓犯罪案件,官员犯罪之后有相关人员为他开脱,打招呼的、干扰的、攻守同盟的多,也容易有律师为他辩护。第三,贿赂犯罪本身主要以言词证据为主,虽然是拿了钱,但只要当事人一口咬定是借的,一字之差案件性质可能就会颠覆。法网不在于重,而在于严密。我们一直在研究和倡导宽严相济的刑事政策,但我认为,宽严结合主要是对于普通刑事案件,对贿赂犯罪不宜宽,目前在我国,要惩治腐败,我倒觉得增加重大贿赂犯罪作为特许的会见是必要的。

田文昌 在这类贿赂案件中,真正帮助这些人去解脱、妨碍司法的,办案机关内部人员往往多于律师,有什么理由控制律师不让会见呢?

更重要的是,这种例外的限制很容易成为办案机关限制律师会见的借口。如一个受贿金额低于50万元的受贿案,可以被说成是高于50万元的。如果在起诉时不足50万元则可以说是证据情况发生了变化。甚至一个不涉及贿赂的案件也可以说成是涉嫌贿赂的,最后只是由于证据不足而没有指控而已。事实上,在刑诉法修正案刚实施不久,这种现象已经频频发生了。所以,我认为这个规定是立法中的一个失误,将来是要想办法解决的。

张军　《人民检察院刑事诉讼规则(试行)》(以下简称《检察院规则》)第45条第2款规定了特别重大贿赂犯罪的认定标准,即达到50万元以上的。既然现在立法和司法解释都已经明确规定下来了,就应当严格贯彻落实。

前面讲的第1款和第3款的问题,应当在司法解释中作出进一步的细化规定,律师的意见可以通过律协、司法部向最高法、最高检提出来。律师依法履行职责,是促进公安、司法机关公正办案,防止冤错发生,是在帮助我们。这一点搞清楚了,实践中的误解就会少些。

问题3　辩护人向嫌疑人、被告人核实有关证据

田文昌　本条第4款明确规定律师会见在押嫌疑人、被告人,可以向其了解案件有关情况。原来法律规定律师在侦查阶段的会见限制很多,律师在会见嫌疑人时,常常被办案人员以内容涉及案情为由打断、阻止。现在有了法律的明确规定,律师在会见的时候和嫌疑人、被告人谈案情,办案机关不能阻止、打断。更重要的是,该款还明确了辩护律师可以向嫌疑人、被告人核实有关证据。在立法讨论的时候我提出了这个问题并强力坚持,因为实践中已经发生了刑辩律师因为给当事人看卷,核实证据而被以泄密罪抓起来的情况,非常可怕。但是出于职责需要,律师又不得不向当事人出示案卷核实证据,比如签字需要本人确认,经济犯罪的账目需要本人核实等。所以这次修法将律师可以向嫌疑人、被告人核实证据明确写入刑诉法,是一个很大的进步。我认为,如果立法在表述上能够进一步明确,辩护律师可以向嫌疑人、被告人出示案卷材料,核实有关证据,在实践中会减少更多

歧义。所以在立法讨论过程中我一直坚持应当加上"可以向嫌疑人、被告人出示案卷材料"这句话，可惜没有写进去。但目前的规定已经是很大的进步了，也是律师界和学术界合力争取的成果。

姜伟 需要强调的一点是，辩护人向嫌疑人、被告人核实有关证据的时间，不包括侦查环节，应从审查起诉之日起，在公诉环节和审判环节进行。

田文昌 这一点没有问题，因为在现行规定中侦查阶段律师也没有阅卷权。

六、辩护人阅卷（第38条）

修改前	修改后
无	第三十八条　辩护律师自人民检察院对案件审查起诉之日起，可以查阅、摘抄、复制本案的案卷材料。其他辩护人经人民法院、人民检察院许可，也可以查阅、摘抄、复制上述材料。

问题　阅卷的方式

田文昌 修改后的《刑事诉讼法》第38条规定得很明确，律师可以查阅、摘抄、复制本案的案卷材料，但实践中还是有理解上的分歧。有的是认为只能复印不能拍照，有的是认为只能拍照不能复印，有的是认为只能手抄不能复印，这些情况都是我们律师在实践办案中遇到过的情况，立法认为很明确了，但实践中就是五花八门。

姜伟　这应当是个别情况。

张军　这样的问题应当在制定司法解释的过程中尽快规定下来,比如在司法解释中明确"复制"包括复印和拍照,这个问题就可以彻底解决了。法院环节涉及辩护的,你们认为哪些需要细化规定以落实刑事诉讼法的,律协可以提出来,我们在制定司法解释的过程中会充分考虑,我们希望给律师更丰富的权利。①

田文昌　其实这只是个技术层面的问题,不应该在立法上涉及。但由于我们法治环境的现状所致,就是这许多技术层面的问题,往往也会成为妨碍律师权利的理由和借口。所以还必须引起重视,最好要作出更加细化的规定。

七、辩护人申请调取无罪或罪轻证据(第39条)

修改前	修改后
无	第三十九条　辩护人认为在侦查、审查起诉期间公安机关、人民检察院收集的证明犯罪嫌疑人、被告人无罪或者罪轻的证据材料未提交的,有权申请人民检察院、人民法院调取。

问题　辩护人申请调取无罪或罪轻的证据,法官应当尽量支持

张军　第39条的内容曾在最高法执行1996年《刑事诉讼法》的司法解

---

①　2012年12月20日颁行的《最高人民法院关于适用〈中华人民共和国刑事诉讼法〉的解释》第47条第3款规定,复制案卷材料可以采用复印、拍照、扫描等方式,明确地解决了这个问题。

释里面作过规定,当时就是为了保护辩护人的权利,证据在司法机关、有关单位、个人手里,辩护人拿不到的情况下,他可以向人民法院提供线索申请法院调取。我们在作出司法解释以及法官培训的时候都明确讲过,对这类线索合议庭一定不能因为人少、案多、压力大或者是对律师提出的意见不重视而不予调取,因为这极有可能是无罪、罪轻的线索和证据,如果我们不去依职权调取就有可能导致案件错判,所以这是律师在帮助法官依法公正审理案件,防止错判和误判,我们应该感谢律师。

田文昌　这一条规定了律师的申请权,法院如果有一个具体的解释就好了。最初还要有一个比较明确的刚性的规定,在现有条件下,法官个人的裁量权不宜过大。

张军　我们法院在培训中也在强调落实问题,法院司法解释肯定会作出更加明确的规定。①

八、辩护人将有关无罪证据告知公安机关、人民检察院(第40条)

修改前	修改后
无	第四十条　辩护人收集的有关犯罪嫌疑人不在犯罪现场、未达到刑事责任年龄、属于依法不负刑事责任的精神病人的证据,应当及时告知公安机关、人民检察院。

---

① 2012年12月20日颁行的《最高人民法院关于适用〈中华人民共和国刑事诉讼法〉的解释》第49条至53条,均明确规定了律师申请人民法院收集、调取有关证据材料,人民法院应当准许、应当同意的情形,并规定了律师可以在场的情形。

问题　及时告知的规定及重要意义

姜伟　前面我们讨论了第 39 条辩护人申请检察院、法院调取嫌疑人、被告人无罪、罪轻的证据,这和第 40 条的规定是相对应的,辩护人已经收集的有关犯罪嫌疑人无罪或者不负刑事责任的证据,应当及时告知公安机关、人民检察院。实践中,有的辩护人收集到了犯罪嫌疑人无罪或不负刑事责任的证据,不及时告知办案机关,诉讼还在继续进行,到了法庭上才突然拿出来,一个证据就可能把前面的指控事实都推翻了,这就属于伏击证据,对庭审的影响非常大。所以我们建议,辩护人如果收集了这一类证据,要及早提交给公安机关、检察机关。当然这里面还涉及到核实证据的问题,有些辩护人怕公安机关、检察院去核实证据,所以等着上了法庭才突然拿出来,当做杀手锏、伏击证据,让公安人员和检察人员措手不及。这样做的必然结果就是休庭,公诉人肯定不会当庭就确认这个证据,肯定还要休庭再去核实。所以为了节省诉讼资源、提高诉讼效率、体现程序公正,这次刑诉法明确规定,辩护人拿到这类证据应当及早告诉人民检察院、公安机关。

张军　第 40 条的规定主要是对辩护人提出的要求。在侦查和起诉阶段,辩护人收集到的有利于被告人的证据,我们相信辩护人都会及时提供,以最大限度地落实法律规定,维护好犯罪嫌疑人的合法权益。所以问题恐怕主要是在审判阶段。审判阶段及时提供、告知掌握的此类有利于被告人的证据,与前面我们讲到的辩护律师接受委托之后应当及时告知办案机关的"及时"性质不一样,后者是辩护人的权利,如果不及时告知会影响辩护人履行职责,影响对嫌疑人合法权利的保护,但没及时告知的,司法机关作为公权力也不要去过多干预。但第 40 条的这项规定与司法权的行使、与法庭正当程序的推进关系非常密切，所以我觉得将来在司法解释当中，甚至在律师的执业行为规范当中，都应该对此有相对明确的规定。这里讲到的"及时"，应当是在开庭审理前。如果在开庭审理前律师掌握了有利于被告人的证据，按照第 40 条的规定就应当向法庭提供。法庭掌握了这些证据材料之后，认为有必要的，要在庭前会议或者开庭前的预备工作当中处理好这些问题，比如有一些涉及非法证据的排除，有一些涉及需要控方准备相应的证据，还有一些涉及通知有关证人出庭，否则就会无端延长庭审，影响正常的法庭审理。同时，我想将来律协、司法行政机关应当作出相应的规定，明确如果律师违反第 40 条的规定没有及时在庭审前提供这些证据，该如何对律师提出训诫或者给予其他相应的处罚措施，从执业规范上对律师行为予以约束。

姜伟　对于律师的行业管理，警告、训诫是一方面，另一方面，其实律师应当及时告知而不告知的行为如果披露出去，对他个人的信用也是个影响。本来无罪的证据越早拿出来越有利于犯罪嫌疑人、被告人的解脱，在押的可能会变更强制措施，无罪的会被撤案释放，证据会得到及时核实，诉讼会得到及时终止。但律师为了个人在法庭上扬名立万，显示诉讼技巧，为了自己在法庭上一时痛快，不惜以牺牲犯罪嫌疑人、被告人的合法权益甚至牺牲他人的人身自由为代价，这种行为披露出去对律师的职业形象影响会更大，社会舆论会对他作出评判。

田文昌　这个规定有道理，但它是个双刃剑。实践中还有这样一种情况，一种不正常的、很恶劣的情况——侦查机关制造案子。多年前我就遇到过一次，那个案子涉及刑事责任年龄问题，家属提出当事人还未成年，这直接涉及当事人能否被判处死刑的问题，非常重要。于是我做了大量的调查，但当事人是在农村出生的，医院记载不清楚，我又费了很大力气找到接生婆等几乎所有能找的证人。我也非常及时地向公安机关说明了这个情况,但及时告知之后,他们不仅不去认真核实,而且,还对律师调查百般刁难,我查一个他们堵一个,我找一个证人,他们就找来威胁一通,再找,还威胁,结果证人都不敢出来作证了。

张军 即使是这样,辩护人也应当依法及时告知、提供,其他的证据也是这样。这有利于在法庭上,通过质证程序最终把问题调查清楚。文昌说的类似这样的情况确实有,侦查阶段已发现对被告人有利的关于年龄的证据,但侦查机关或检察机关迫于压力,继续向前推进案件查办,但最终到了法院,法庭还是支持的,不能对不到法定年龄的人判处有罪或者更重的刑罚。

田文昌 问题在于,法庭审理是诉讼程序的最后阶段,如果在侦查阶段已经把有些证据做死了,庭审时就无法查明真相了。就像我前面讲到的例子,如果相关证人在压力之下作出了不真实的证词,又不能出庭接受质证,法庭就不可能查明真相了。

姜伟 文昌说的是个别案例,侦查机关可能确实有压力,而最终到法庭上能够说清楚。但是律师不能因为这样就藏着证据,侦查环节不提,到法庭才拿出来,不能那个案子有顾虑,这个案子就也有顾虑了。律师及时告知,早说问题早解决了。

田文昌 在中国现阶段,侦查机关和公诉机关利用职权否定辩方证据的还不好说只是个别现象。这些年来利用《刑法》第306条对律师进行职业报复的现象就很能说明问题。在《刑法》第306条的威胁下,目前全国绝大部分刑辩律师都不敢调查取证了,因为一旦律师调取了与控方证据相冲突的有利于被告人的证据,证人和律师自身就有可能面临巨大压力。所以,律师及时告知虽有必要,但也应当对侦查机关和公诉机关有所约束。可以考虑对这些有争议的证据由法庭提前介入审查,以避免控方单方复核和否定辩方证据。

张军 我觉得这个"及时"必须得有详细规则,对律师必须有规范,不然的话这一条就没办法落实以致影响诉讼。附带说一句,对律师的管理及管理规范的落实,都可能会影响今后刑事诉讼法实施的推进,所以,对律师同样也要有规范,没有规范等于没有任何约束,对律师的发展、执业都不利。

田文昌 《律师办理刑事案件行为规范》至今已经实施十多年了,我们已经做好了修改的准备,就等着刑诉法修改以后,马上会研究相应的修改内容。但更重要的是,配套的解释和规定也要尽早出台,其中,对律师调查取证权的有效保护是一个不可忽视的重要问题。

九、辩护律师收集证据的规定(第41条)

修改前	修改后
第三十七条 辩护律师经证人或者其他有关单位和个人同意,可以向他们收集与本案有关的材料,也可以申请人民检察院、人民法院收集、调取证据,或者申请人民法院通知证人出庭作证。 辩护律师经人民检察院或者人民法院许可,并且经被害人或者其近亲属、被害人提供的证人同意,可以向他们收集与本案有关的材料。	第四十一条 辩护律师经证人或者其他有关单位和个人同意,可以向他们收集与本案有关的材料,也可以申请人民检察院、人民法院收集、调取证据,或者申请人民法院通知证人出庭作证。 辩护律师经人民检察院或者人民法院许可,并且经被害人或者其近亲属、被害人提供的证人同意,可以向他们收集与本案有关的材料。

问题　律师向被害方证人取证需经许可

田文昌　本条是1996年修改刑事诉讼法时增加的,这次修改刑诉法未作修改,但我对这条仍有一些意见。这次修法解决了侦查阶段律师辩护人身份和调查权的问题,是一个进步,但第41条仍然规定律师向被害方提供的证人收集证据,要经过人民检察院或者人民法院的许可,对此律师界颇有意见,因为这是明显不平等的规定。

首先,律师调查取证本来就是私权利的运用,没有强制力,为什么还要经过许可?其次,更重要的是,实践中很多具体案件,控方证人、辩方证人的身份是分不清的,他们彼此之间并没有明确的界定。现在往往谁先找到了就说是谁的证人,而侦查方由于最先介入案件,又拥有公权力的调查取证权,所以绝大部分证人都是侦查方先找到的。如果按照谁先找到就是谁的证人的逻辑,绝大部分证人都成了控方证人,只有控方遗漏的辩方才可能找来作为辩方证人。其实现实中很多证人是中立的,可以客观反映控辩双方的问题,并没有明确的哪一方之分。明确区分证人属于哪一方,并且律师要经过允许才能向其取证,这在很大程度上限制了律师的调查取证权。而且,虽然律师可以选择对案件作出消极辩护或者积极辩护,但现实当中很多案件还是需要律师积极调查取证,作出积极辩护的。

张军　1996年修法作出这样的规定,主要是因为实践当中律师去找被害方证人取证,在一定程度上会伤害到被害人的感情,或者律师明显是为了维护被告人的权益,而没有适当顾及被害人的感受去找被害人,这样容易发生冲突,最终激化矛盾,甚至造成人身上的伤害,影响案件的办理。许多这样的情况发生,就是源于办案的不规范。作为补救措施,1996年修改《刑事诉讼法》第41条第1款有规定,律师可以申请人民检察院、人民法院去调取收集相关的证据。为了做到这一条,最高法在司法解释当中、在法官培训中都反复提出要求,律师提出调取证据的申请，司法机关应当积极履行这个职责，依职权调取相关的证据材料，这样有利于法院依法公正审理案件，能够防止案件审理发生错误，实质上是有利于被告人的。所以，司法实践中，律师要更智慧地运用好这一条款，直接去找司法机关、找法院依法调取证据就行了。

姜伟　文昌刚才说的，可能是对这条的误读，该条第2款规定得很明确，只有在向被害人或其近亲属、被害人提供的证人调查取证的时候，才需要经过人民法院和人民检察院的批准，对其他控方找的证人调查取证不一定要经过检察院的批准。而且，并不是说控方先找的就是控方证人。对控方证人依据第41条第1款不经批准也可以直接找，也可以申请调取。所以，这一条只限于向被害人或其近亲属、被害人提供的证人取证的情形，就像张军说到的，这是对被害人及其亲属的情感的尊重和保护，是对被害人的特别保护条款。

田文昌　什么叫被害人？被害人的概念怎么解释？比如贪污案件的单位是不是被害人？如果是，这个被告人所在单位的相关人员是否都在被害人之列？再者，这个规定也是不公平的，根据控辩平等原则辩方调查还要由控方允许，理由是不充分的。在国外的立法中，恐怕也没有这种规定。

张军　这个被告人所在的单位就是被害人，国家、公共财产的所有人就是被害人。

姜伟　从某种意义上讲，第41条讲的被害人还是自然人，证人也是自然人被害人提供的证人。

张军　这一条立法的价值取向还是维护作为自然人的被害人的合法权益，保护被害人的权益，包括感情。

姜伟　对，因为是对他的情感权益的保护。

田文昌　如果以伤害被害人感情作为限制律师调查权的理由，我认为是比较勉强的。查明事实、司法公正应当是最高原则，照顾被害人的感情也不能以伤及无辜为代价，而调查取证与伤害感情也没有必然联系。当然，律师进行这种调查时应当特别注意尊重被害人，这应当是律师的本分。

这个问题，法律目前是不能改了，但是至少要把可能存在争议的地方明确一下，比如，现在实践中我们遇到过广义的被害人，不管个人还是单位全都是被害人。而以此为由，就推定为对整个单位的相关人员都不能自行调查取证了。

十、对辩护人违法取证的处理（第42条）

修改前	修改后
第三十八条　辩护律师和其他辩护人，不得帮助犯罪嫌疑人、被告人隐匿、毁灭、伪造证据或者串供，不得威胁、引诱证人改变证言或者作伪证以及进行其他干扰司法机关诉讼活动的行为。 　　违反前款规定的，应当依法追究法律责任。	第四十二条　辩护人或者其他任何人，不得帮助犯罪嫌疑人、被告人隐匿、毁灭、伪造证据或者串供，不得威胁、引诱证人作伪证以及进行其他干扰司法机关诉讼活动的行为。 　　违反前款规定的，应当依法追究法律责任，辩护人涉嫌犯罪的，应当由办理辩护人所承办案件的侦查机关以外的侦查机关办理。辩护人是律师的，应当及时通知其所在的律师事务所或者所属的律师协会。

问题1　辩护人帮助串供的问题

田文昌　对于修改后的《刑事诉讼法》第42条,就是原来的第38条,我们律师界一直在呼吁对其予以取消,这次虽然没有取消,但有了一定的改进:一是把"辩护律师和其他辩护人"改为"辩护人或其他任何人";二是把"引诱证人改变证言"去掉了;三是关于承办主体,明确规定应由辩护人所承办案件的侦查机关以外的侦查机关办理。这都是比较大的改变。但是我认为这一条改得还不够彻底,还不足以解决问题,要想从根本上解决问题就应当取消这一条。北海案件、李庄案件都进一步暴露出这条规定存在的弊端。北海案件律协作了详细调查,律师杨在新在办案的取证过程中为了自我保护进行了录音录像,我们审查了,没有问题,根本不存在作伪证的嫌疑,但他仍然被羁押了。更无法解释的是,北海案中的另外两名律师,根本没有去调查取证,连证人的面都没有见到,也以触犯《刑法》第306条为由被抓起来关了很长一段时间。还有李庄案,案件本身我们暂不讨论,但是这个案件反映出来一个非常重大的原则问题,它开了一个先河,被告人可以用举报律师的方式获得立功和宽大处罚。如果这样,将是对律师制度的毁灭性打击。

另外,修改后的该条仍然保留了"串供"的规定,这是最说不清的问题。这次修法赋予了律师在侦查阶段的调查权,现在假设某案中律师是受贿人的辩护人,在办案过程中调取了一个行贿人的证言,这个证言能不能向受贿人披露,披露了算不算是串供?

姜伟　我认为从行贿人那了解到的情况原则上可以跟犯罪嫌疑人讲,但这里还得分具体情况,比如本来犯罪嫌疑人供述了一种情况,但证人讲了另一种情况,两人的陈述不一致,而且犯罪嫌疑人的供述一直很稳定,但由于律师觉得证人讲的情况对嫌疑人更有利而向嫌疑披露,可能导致犯罪嫌疑人推翻了原来的说法,顺着律师提供的线索改变了供述,这确实容易遭到串供的怀疑。

田文昌　问题恰恰在于在一些具体案件中究竟什么叫串供? 界限是划不清楚的。而以各种说不清楚的问题来向律师追责,不仅不公平,而且还会形成职业报复的借口。事实上,侦查人员在办案过程中经常将他人的证言和供述透露给被讯问人,以这种方式来获取所需要的证言和供述。这种做法从未被追究,而对于律师,却以专门条款来追究难以说清楚的"串供"行为,显然是不公平的。

张军　修改后的《刑事诉讼法》第42条更明确、更科学了。尽管如此,实践中仍然难免发生个案认定的争议,这也是再正常不过的事情,因此,不能轻易就讲要从根本上取消这一条款。悬于公安、司法人员头上的达摩克利斯之剑,约束了"权力"的非法行使,而"权利"也有被滥用以致侵权的情形,同样要受到约束,以维护共同的利益,实现司法的公正。

田文昌　修改后的《刑事诉讼法》第42条所对应的是《刑法》第306条,而《刑法》第306条所规定的内容与《刑法》第307条是相一致的,所不同的只是把辩护人作为一种特殊主体单列出来了。如果按照公平原则,就应当把公、检、法人员与律师都一起规定进来。否则,就应当以《刑法》第307条来对所有人群追责,而没有理由单独对律师追责。

问题2　律师能否向家属或其他人出示卷宗材料

田文昌　律师在卷宗中或者办案过程中了解到的证据、信息,能不能向家属披露? 家属作为委托人,有没有知情权? 这也一直是一个受关注和有争议的问题。

姜伟 跟委托人肯定不能讲，家属只是代为委托，履行委托手续，对案情没有知情权，证据只能对当事人公开，向家属讲确实有串供的风险。

田文昌 其实在国外，我专门考察过这个问题，告知家属也没有问题，但在中国目前还不可以，包括卷宗现在都不能让家属看。所以，慎重起见，把知情权的享有范围限制在犯罪嫌疑人、被告人比较稳妥。但是开完庭以后应当是可以的，经过了公开审判，证据也完全公开了，就可以了。

姜伟 卷宗材料提供给家属还是要特别慎重，即使在开庭之后，按道理也不应当提供，因为刑事案件涉及很多问题，比如证人可能会受到报复，报案人员可能会受到威胁……虽然公开庭审了，但在法庭上质证不一定会读证人的详细信息，比如家庭住址、电话号码、家里相关人员的情况，而这些信息在笔录上都会详细记录，如果将这些提供给家属对证人的权益肯定是个损害，如果出了事律师要承担责任。

田文昌 我们现在采取变通的办法，你可以找律师来，律师之间可以交换卷宗，让律师签字确认即可。

张军 律师以外的其他的辩护人要想阅卷必须要经过法院的允许。

为什么？其他辩护人的法律素养、约束辩护行为的规则意识不像律师有执业的训练。对他们执业的义务要求，以及他们阅卷后的保密意识、责任意识往往弱于律师。从这一侧面来讲，对律师的要求必然更多一些、更严一些，目的也是为了保证司法的公正。

对律师严格要求是非常必要的,尤其是在当前我国律师的经验不足,执业活动还缺乏规范的现状下,多有一些明确具体的约束性规定就更有必要。

在《刑事诉讼法再修改律师建议稿》里,我们曾经建议在该条中增加一款:"司法机关认为律师在刑事诉讼活动过程中有违法行为的,应当向律师行业主管机关或行政主管机关举报、控告,行业主管机关或行政主管机关应当进行调查核实。对于确有违法行为的,应当提出纠正意见,必要时可以建议律师事务所更换辩护人。认为涉嫌犯罪的,移交司法机关处理。"理由是应将律师在取证中的违法行为与侦查人员在取证中的违法行为按同样的原则进行处理。这样可以排除对律师的歧视,在立法上也体现了法律面前人人平等的原则。而且根据草案第18条的规定,对侦查人员办案过程当中涉嫌违法取证的处理方式采取先行调查——纠正——换人——追究犯罪的处理模式,我们认为应当同样适用于律师在办理刑事案件过程中的违法取证行为。但我们的建议没被采纳,草案第18条的相关规定在最终的立法条文中也没被采纳。尽管如此,我还是坚持认为要彻底取消这种歧视性规定。而律师界也不会放弃这种努力。

十一、辩护律师的保密义务(第46条)

修改前	修改后
无	第四十六条　辩护律师对在执业活动中知悉的委托人的有关情况和信息,有权予以保密。但是,辩护律师在执业活动中知悉委托人或者其他人,准备或者正在实施危害国家安全、公共安全以及严重危害他人人身安全的犯罪的,应当及时告知司法机关。

问题　律师保密义务的范围

田文昌　修改后的《刑事诉讼法》第46条增加了对辩护律师的保密义务的规定，将《律师法》当中的相关规定落实到刑诉法中，规定"对执业活动中知悉的委托人的有关情况和信息，有权予以保密"，这是非常重要的、对律师执业有保护作用的规定。原来我就不止一次遇到过律师办案过程中公安机关来找律师要材料的情况，称委托人涉嫌刑事犯罪，强制律师必须提供案件情况和材料，还要对律师作调查笔录，不给就是妨害公务。有了这个规定之后，明确为当事人保密既是律师的权利，也是律师的义务，律师不能给办案机关或其他任何人提供证据，不能做证人。

但书的规定是指对准备或正在实施危害国家安全、公共安全以及严重危害他人人身安全的犯罪，有告知义务。律师的保密义务是相对保密义务，而非绝对保密义务。

姜伟　现在有些人倾向于辩护律师应该对从委托人处知悉的所有情况都保密，对准备或正在实施危害国家安全或者其他人身安全的犯罪都应该保密。这就涉及义务冲突问题，义务冲突就得有价值衡量。

田文昌　比如委托人现在告诉律师，他过一会儿要去杀人，难道律师也要保密？这是不行的。但如果委托人告诉律师，他曾经杀过一个人，这个情况律师就可以保密，这是一个价值选择问题。在国外，对相对保密义务和绝对保密义务也是有争论的，但通说还是倾向于相对保密义务。

张军　这条规定主要是后半段：知悉委托人或其他人准备或者正在实施特定犯罪的，应当及时告知司法机关。我对"准备或正在实施"是这么理解的：只要了解了委托人或者其他人在准备犯罪，虽然还没有实施犯罪，但他并没有停下来的意思，在谋划阶段、预备阶段的都应该报告。也就是说，时间上只要是开始谋划还没有结束的就必须报告。这里也有一个理念问题：一方面，如果律师在日常生活中了解到以上情形，从法律上你没有"及时告知"的责任，但在执业中知悉的，就是法定义务；另一方面，律师若能及时劝说、制止，就可以不告知，否则，发生了犯罪，对社会、国家造成了危害，对犯罪人也必须追究刑事责任。律师的责任不是维护被告人的合法权益吗？在这个问题上，及时告知、制止其犯罪造成更大的危害后果，对国家、社会有利，对潜在犯罪人是否也同样有利呢？

田文昌　就是已然的犯罪，还是未然犯罪的问题。因为对于未然的犯罪而言，律师所面临选择的是即将造成危害的更大的利益。

张军　再一个，第46条限定的是：危害国家安全、公共安全以及严重危害他人人身安全的犯罪。实践中，只要是知道委托人或者其他人还要对他人的人身实施犯罪就应该报告了，因为是不是严重谁都难料。如果说我准备骂他两句，这可以判断肯定没有危及人身安全，但是说我要去采取暴力行为报复他，这样的情况就要报告，不能等着看发生的结果是什么样的？那就没法预防、制止犯罪了，我想这是一个应该掌握的度。

这条规定里面没有涉及到危害财产安全的犯罪，但是我认为，作为律师应该为当事人负责，尽最大努力去劝解，如果不能劝解，当事人还是一意孤行，那就应该报告。这个报告不仅仅是维护委托人或其他人要侵犯的除人身以外的合法权益，比如财产权益，而且对委托人或其他人也是直接保护，因为及时制止了还没有发生的犯罪，对于已构成犯罪的准备行为，可能判处的刑罚相对就会较轻甚至可以免除,这样犯罪行为在预备阶段就被制止了,对委托人也是一种保护。从价值取向上看,这也不会影响律师的职业道德,因为你这样做最终的目的还是为了维护犯罪人、委托人的权益,我们都可以理解。

姜伟 我赞同张军这个观点,虽然法律规定的是危害国家安全、公共安全、人身权利犯罪,但律师在执业过程中还可能会知悉犯罪嫌疑人或者被告人正在谋划或者进行的针对他人的侵权类犯罪,这个时候律师也有责任制止,必要的时候还要报告。为什么呢?因为律师的职责首先是为当事人提供法律帮助,而提供法律帮助的核心是维护当事人的权益,避免当事人的利益受到损害。当然按照刑诉法规定,律师可以选择不报告,但我们假想一下不报告的后果,侵权犯罪发生以后,又加重了犯罪嫌疑人、被告人的罪责,可能对于律师个人没有什么责任,但是对犯罪嫌疑人、被告人来说,人家直接委托或通过指定援助等渠道请律师做辩护,是要请你为自己提供法律帮助的,结果你置法律、他人的合法权益于不顾,能救助而不去救助,从这点上讲律师没有尽责。所以,律师应该首先打消犯罪嫌疑人、被告人危害他人的企图,如果对方不听劝解,一意孤行,当然我们不强制律师一定要去揭发报告,但是如果律师揭发报告了,我想可能更有利于维护社会的公平与正义,最终避免当事人再次犯罪、再次受到法律的严惩,这样既符合律师的职责,也能得到社会的理解。

田文昌 第46条关于律师保密权的规定,大致有两个方面的作用,一方面体现了律师对委托人保密义务的法定化,有利于律师在执业当中维护自己的职业道德,这方面的权利和义务主要针对律师知悉的已经发生的、已然的情况,包括已然的犯罪;另一方面就是对知悉的未然的犯罪有及时告知司法机关的义务,这体现了预防社会危害后果发生的积极作用。对尚未发生危害社会后果的未然犯罪的告知义务,实际上体现了一种双重的积极意义:一是为了防止危害后果的发生;二是实际上对委托人也是一种积极的保护,减少了他犯另一种新罪的可能性,在这个意义上讲,也可以说既保护了社会,也保护了委托人。

姜伟 不仅仅是两方,绝对保密义务会侵害三方面利益,一是,对被害人造成损害;二是,加重了当事人的刑罚;三是,破坏了社会的公平正义。

田文昌 还有一个值得注意的问题。第46条的规定虽然很明确,但还是有人误读。在新刑诉法实施后,还有公安机关去找律师调查,以当事人涉嫌犯罪为由,强行调取律师以前办过的业务资料,而且还要给律师作调查笔录,理由是律师的保密义务不能对抗侦查权。关于律师的保密义务,不仅这次刑诉法作了规定,律师法也早有规定。对于律师的保密义务,在两部法律上予以明确规定,当然是可以对抗侦查权的,实践中还会发生这种情况是很不正常的。所以,执法观念的转变是个大问题。

十二、辩护权利的救济(第47条)

修改前	修改后
无	第四十七条 辩护人、诉讼代理人认为公安机关、人民检察院、人民法院及其工作人员阻碍其依法行使诉讼权利的,有权向同级或者上一级人民检察院申诉或者控告。人民检察院对申诉或者控告应当及时进行审查,情况属实的,通知有关机关予以纠正。

问题 对新法救济措施的探讨

田文昌　关于修改后的《刑事诉讼法》第47条,我简单说几句,这也是立法修改过程中我们提出的一个有争议的问题。对这次修法,律师界包括学术界有一个共同的观点,就是整体上救济措施不力,保障措施不足,这是这次修法的一个很大的缺陷。按照我们的想法,应当在一些具体的规定当中针对每一个具体问题都能够写出相应的救济条款,比如证人出庭问题、排除非法证据问题、律师辩护权问题等。但遗憾的是,这种要求在立法中没有体现出来,只是最后在第47条中作出了一个比较概括的总体性的救济措施:"辩护人、诉讼代理人认为公安机关、人民检察院、人民法院及其工作人员阻碍其依法行使诉讼权利的,有权向同级或者上一级人民检察院申诉或者控告。人民检察院对申诉或者控告应当及时进行审查,情况属实的,通知有关机关予以纠正。"应当说这条规定有一定的作用,但是比单独的规定要差很多,现在我们只能在实践当中尽力去争取,但是能有多大的作用,不敢抱太大的希望。

张军　第47条规定了一个救济的渠道,但是能起到的作用如何,要在实践中看。

姜伟　实践中对律师权益保障不够,主要在于司法机关对律师和律师的权利不够尊重,对律师依法提出的申请有时处理得不及时、不认真,这是主要因素。但同时,实践中确实也有个别律师盛气凌人、要特权、耍威风,教训侦查人员、公诉人员、审判人员,这种情况也时有发生,造成了双方的矛盾。我常听到律师抱怨说不被尊重,也做过一些调查,有的律师确实也不尊重司法人员、耍大牌。举个我知道的例子,某律师去法院立案,在法院快下班的时候过去的,立案法官说你还需要一份材料,但是律师若是回去取再回来法院就下班了,这个律师就不干了,教训法官说:"我从某某(大城市)来的,我走哪儿都这么立案,你比别的地方特殊吗?"之后当着围观群众的面在立案大厅叫嚷,拿个笔比比划划,戳伤了法官,法官也急了,这样就发生了冲突、闹下了矛盾,这一冲突网上就炒作了,说法官打律师了。可见,实践中确实有个别律师不遵守工作程序,不尊重司法人员。像文昌讲的要求每一条每一项规定都有救济规定,律师的权利要保障,保障不了就要申诉、控告,而且申诉、控告了就要受理,不受理下一步庭审就不再进行了,这样下去,对庭审的效率、法律的公平正义都有损害。这里面还是有一个价值考量,我认为目前立法规定有一个总体的救济方式,是比较现实的。

田文昌 姜伟说的想法和我的是一致的,但你说拧了,我说的救济措施和你说的不一样,不是律师申诉、投诉、控告,而是要从法律上明确规定哪些可以做,哪些有效,哪些无效,这才是真真正正的救济措施。比如证人出庭,我们现在规定了证人要出庭,但不出庭也没有什么后果。救济措施就是要明确规定,关键证人不出庭,他的证言不能作为定案依据,这样的救济措施才是最有效的;又比如非法证据排除问题,不出示全程同步录音录像,不能证明不存在非法证据,有什么法律后果?现在我们需要规定法律后果的地方都没有规定,反过来在第47条中规定了申诉、控告和审查等事后的救济方式,但事后投诉解决问题的效果不大。

姜伟 文昌说的不现实,如果这个证据不能用,那个证据也不能用,那么恐怕最终受损害的,不仅是某个单位的法治形象,对整个社会秩序也是一种破坏。为什么呢?具体说,某个侦查人员、某个公诉人员甚至某个审判人员可能确实违规了,但是他的错误行为能不能让被害人承担不利后果？如果牺牲对被害人的合法权益的保护，最终将会是由国家承担整个不利的后果，对整个法律秩序也是一种损害。所以我觉得文昌说的方法不可能实现，某个办案人员的违法违规行为，不能让被害人、社会去替他承担责任，该处理他按照法律规定、行业纪律去处理他，但是被害人的权益还要维护。

田文昌 姜伟说到点子上了，一个违法性的证据，一个存疑的证据，本来就应当排除，不应该作为证据使用，现在你使用了，实际上是让被告人、犯罪嫌疑人承担后果，让司法公正承担后果，导致司法公正受到侵害，这样的危害后果更严重。

姜伟 谁违规谁来承担后果，这是关键。

田文昌 这就涉及一个最根本的问题，修改后的《刑事诉讼法》第1条就写上了"尊重和保障人权"，强调打击犯罪与保障人权并重，但是在具体的条文规定上，还是体现得不够充分。

关于办案人员的错误应否由被害人来承担不利后果，我认为并不存在这样的联系。只有司法公正的结果，才是向被害人和全社会最好的交代。相反，一个错误的判决不仅冤枉了无辜，还会使真凶逍遥法外，那才是对被害人更大的伤害。

姜伟 这里的人权，首先是犯罪嫌疑人、被告人的权利，但也是被害人、诉讼参与人的权利，绝不能狭隘地说人权就是犯罪嫌疑人、被告人的权利。

张军 法律的进步和社会的进步是一样的，应当要同步，但这只是期望、要求，因为法律是对社会管理和已有社会行为的经验、教训的总结,可以肯定它是滞后于社会发展的。正如我们开篇讲的,今天我们国家经济社会的发展、法治的进步、人权保障的落实应该说已经有了很大的进步,我们现在主要担心的不是法律应该如何规定,更应当能将已经有的规定落实到什么程度。这个落实从经验上说不可能一蹴而就,不可能期待修改后的刑诉法一经施行就有一个焕然一新的面貌,因为法律可以通过修改立即发生变化,但执法人的思想意识、经验习惯、所处的环境却需要逐步转变,需要一个过程。

刚才提到的几个具体问题都是法律实施过程中的问题,对此有没有救济呢?法律规定当中是有的。比如非法证据,只要提出来是非法取得的证据,提出证据线索,法官都是要审查的。法官审查以后认为这个线索不足以证明可能存在非法取证的情形,可以不再予以调查,否则就必须进行调查。就像对已经发生的犯罪案件,依法都应当立案侦查,追查到犯罪人,但是实际上破案的能有多少呢?只能是尽最大的努力,争取一个比较高的破案率。能不能说因为没有破案,所以办案机关、办案人员都不尽责呢?显然也不是那样。有没有不尽责的呢?也确实有。这些都是执法过程中存在的一些问题,随着社会的发展,法律规定的具体落实,执法、司法人员水平的提高,这些问题都会逐步得到解决,但需要一个过程,所以不能太去纠缠那些特殊的情形。

田文昌　不能否认救济措施是有一些作用的,但是为什么我们会对这种救济措施在效果上产生疑虑,还是那句话,概括地讲我们现在的救济措施针对性不强,弹性过大,缺乏明确的法律后果。在目前的法治环境下,我们更需要刚性的救济措施。

张军　我想提一个问题,就像某些地方发生的个别律师严重违反法庭规则的情况,法官依法制止仍然没有任何效果,以致庭审不能正常进行,最终法官依据《刑事诉讼法》第 194 条的规定强行将辩护人带离法庭。对于这样严重扰乱法庭秩序的行为,律协、司法行政机关、《律师管理条例》或者《律师法》有没有相应规定?应当怎么处理?法院对这样的人除了严格依照《刑事诉讼法》第 194 条规定实施必要的拘留、罚款以外还该采取什么措施?

田文昌　　目前很多法律都存在规定不够具体的问题,包括律师内部的各种行业规范。但我认为,张军说的这个例子恰恰反映出我们立法上的问题,为什么呢?其他的问题我们不谈,仅从立法角度看,如果我们立法规定得非常明确、非常清晰,对开庭秩序的每一个步骤都严格规定、严格执行,谁也找不到毛病,谁也没有托辞,就可以避免很多这样的冲突。这就回到了我前面说的观点,我们现在需要更刚性的立法,如果立法的规范很刚性,救济措施也很刚性,就可以避免很多不必要的纠纷了。单就法庭审理而言,至今为止并没有明确具体的庭审规则,这也是引起庭审纠纷的重要原因。

张军　　这就涉及立法的技术问题了。立法如果过于刚性,实践中肯定会出现不该处理的被处理了,本该处理而不能处理的情形。因为司法实践、社会生活太丰富、太复杂了。所以立法永远得保留一个弹性,才能够最大限度地适应各种不同情况,即有一个允许司法人员自由裁量的空间,才能取得实践中的公正。法律永远不可能只针对一件具体的事或者把每一件具体的事都规定清楚以寻求做到公正,还会有另外多种难以预料的情形,所以立法必须保留一定的弹性。

田文昌　　我们现在的立法不是保留弹性的问题,而是弹性过大。

张军　　弹性过大我们也必须承认。但为什么过大？因为我们国家经济社会发展不平衡，城市和乡村的发展速度可以相差几十年甚至更长时间，人们的法律意识更是参差不齐。面对这样的国情，如果没有相对较大的弹性空间，这个法律就会看上去虽好却不能适应每一个地方的不同情况，最终实行起来会严重损害社会的利益或者当事人的利益。

田文昌　　这是一方面的理由，但我认为并不完全，比如关于证人出庭的问题，由于没有关于不出庭的后果的规定，所以证人就不出庭，你也没有办法。

张军　　对于这个问题不能一概而论。前面我们也讲了，作为法官按照律师的意见应该通知证人出庭，结果通知的证人就是不来，这个证人的证言效力应该是要打折扣的。但是如果通知证人了，证人应该来却没有来，这个证据一律不用也不现实，也难免影响我们共同追求的目标——司法公正。这不同于修改后的《刑事诉讼法》第187条第3款规定的，人民法院认为鉴定人有必要出庭的，鉴定人应当出庭作证。经人民法院通知，鉴定人拒不出庭作证的，鉴定意见不得作为定案的根据。因为对鉴定意见有异议或不作为定案的根据后，大多数情况下可以重新做，但证人的证言往往是唯一的，所以我们不能轻易地因为证人不出庭就对他的证言一概不用。

田文昌　　如果根本就没通知呢？

张军　　不通知说明法官认为不需要通知，法官依法被授予了这个权力。

田文昌　我前面说过了这个权力不能都给法官,应当在立法中明确规定。涉及证据规则问题,任何法官都不能有过大的权力。

张军　现在立法已经规定了,只能等下次修改咱们再一起争取。

田文昌　我们现在是围绕立法弹性过大的问题进行讨论,前面我举了证人出庭的例子,还比如非法证据排除,立法没有规定违反排除程序的后果,违反程序了怎么办?再比如律师的阅卷问题,到今天为止,实践中仍然有个别情况,如律师就是阅不到卷,怎么办?

张军　个别地方有,这个要承认。确有一些法官因为种种原因不尊重律师的执业权利,滥用司法权力,导致一些案件不仅程序公正得不到保障,最终也影响了裁判的实体公正。我们相信这些问题在社会公众监督下会逐步得到解决。

田文昌　在律师没有阅卷的情况下,庭审能不能有效?还有的律师在开庭前见不到被告人,庭审能不能有效?诸如此类的问题应该怎么解决?只有对这些问题规定出明确,具体的救济条款,才能确保法律程序的正当性。这些规定必须是刚性的,必须是具有相对应的法律后果的。如果只是规定在遇到这些问题时律师可以申诉,那就只能是一种宣示性的条文,并不具有保障作用。

张军　这些问题,在实践中可以通过积累经验,然后再作出具体的可操作的规定,比如律师提出阅卷,法官没有理由却不允许阅卷,这个案件就应当发回重审。没有这样严肃的司法活动标准,就永远不会有司法的根本性进步。

田文昌　类似这样的问题很多，我所说的立法当中的刚性措施就是针对这些问题提出的，必须解决的问题没有解决，应当说程序上就是有缺陷的，如果程序是违法的，其结果就会导致实体上受到影响。这次立法修改过程中我们提出的这些问题没有得到解决，张军说的现状是一个理由，我认为另一方面还有价值观的问题，在立法过程中出于各种原因就是不想作出这样的约束，所以导致司法机关的决定权弹性过大。

姜伟　像文昌列举的几种情况，比如律师根本没有阅卷、没会见被告人就开庭，从立法上、从社会的普遍认识上看，我们认为这种事情不可能出现，即使发生了，也是极为个别的现象。但目前实践中有了怎么办？最近北海、贵州、常州也有几个案件炒得比较厉害，我想能不能以此为契机，搞一个规范庭审秩序、保障律师权益的类似于司法解释的规定，这样第一可以维护审判长在法庭上的审判权威；第二可以保障律师会见权、阅卷权等辩护权。

田文昌　我认为很有必要。其实几年前我就提出了这个问题，并且由全国律协刑委会起草了一个《刑事案件庭审规则建议稿》，提交给了最高人民法院作为参考。希望在这次刑诉法修改实施后，最高人民法院能够尽早出台相关规则。

第三编 证据制度

一、证据种类(第48条)

修改前	修改后
第四十二条 证明案件真实情况的一切事实,都是证据。 证据有下列七种: (一)物证、书证; (二)证人证言; (三)被害人陈述; (四)犯罪嫌疑人、被告人供述和辩解; (五)鉴定结论; (六)勘验、检查笔录; (七)视听资料。 以上证据必须经过查证属实,才能作为定案的根据。	**第四十八条** 可以用于证明案件事实的材料,都是证据。 证据包括: (一)物证; (二)书证; (三)证人证言; (四)被害人陈述; (五)犯罪嫌疑人、被告人供述和辩解; (六)鉴定意见; (七)勘验、检查、辨认、侦查实验等笔录; (八)视听资料、电子数据。 证据必须经过查证属实,才能作为定案的依据。

问题1　证据种类的变化及注意事项

张军　　这次修法,对刑事诉讼法中的证据制度内容作了很重要的修改完善。首先是证据种类的增加。1979年的《刑事诉讼法》中列举的证据种类只有6种,1996年增加了一个视听资料,这次又增加一个电子数据,体现了经济社会的发展。犯罪源于社会的相对欠发展,源于现实生活。案件的发生和证明案件的手段与经济发展和科技进步密切相关,法律的修改也要根据犯罪发生的变化而修改、完善。电子数据在"两个证据规定"里面,第一次被明确列入证据的种类,当时刑诉法还没有修改颁布。现在刑诉法修改把它加进来了,应该没有什么问题。在司法实践中,电子数据的客观性、完整性、真实性,需要特别注意去审查判断,特别是电子数据的可修复性,对专业技术要求非常高。法官在审理案件的时候对控辩双方提交的这一类证据,如果当事人提出不同的意见,就需要请司法鉴定专家提供鉴定意见,才能够作为证据使用。

这次修改刑诉法还把证据种类之一的"鉴定结论"修改为"鉴定意见"。"结论"改为"意见",表面上并没有什么实质性的改变,但是作为法官,我们应该了解立法修改的意图。原来叫做"结论",就是结论性、结果性的意见,暗示、指导你就按照这个结论去认定就行了。现在改为"意见",就不是一个结论性、结果性的意见了,它提示我们在法庭上对于当事人提供的鉴定意见不能简单认为就是结论,还要经过认真的庭审质证和辩论。如果控辩双方提出不同的意见,人民法院认为鉴定人有必要出庭的,应当依法通知鉴定人出庭,就其提出的鉴定意见进行质证、辩论。

这次刑诉法修改还增加了专家证人的规定,控辩双方可以委托相关领域的专家作为自己一方的专家证人,他们不是法律上的专家,而是刑事科学技术方面的专家,他们就证据能不能使用、具不具有证明效力,向法庭提供帮助、提供证言。

关于证据的规定,刚才张军同志讲了,这次修法有一些变化。

第一个变化是,增加了证据的种类,主要基于两个因素:一方面的因素是,无论是新旧刑事诉讼法,都规定能够证明案件真实情况的一切材料都是证据,一个材料也好、一个情况也好,能不能证明案件的真实情况?与案件是不是相关?这是作为证据的基本来源或者说决定一个材料能否成为证据的基本依据。另一方面的因素是,随着经济社会的发展,信息越来越发达,犯罪和侦查的手段都发生了变化。

这次立法增加了电子数据,是因为人们在日常生活中越来越多地依赖网络,人们访问各类网站、在网上聊天、使用电子签名、收发电子邮件,等等。随之而来的问题是越来越多的电子诈骗、电子盗窃等犯罪行为应运而生。信息化活动留下很多技术数据,这些都是人为的痕迹,有些也成为犯罪的痕迹,所以有必要将这些电子数据吸收为证据的种类。

这次修法还将两种侦查记录认定为证据种类,一个是辨认记录,另一个是侦查实验记录。这两个原来不是证据,只是侦查的一种手段,现在把它们作为证据,是因为辨认是对犯罪嫌疑人或者犯罪物品的辨认,跟犯罪情况直接相关,侦查实验是通过尽量模拟作案发生的条件场景来再现作案的情况。所以把它们规定为证据的种类非常必要。

第二个变化是,强调一切证据都要经过当庭的查证属实,这一点和前面讲到的庭审中心联系在了一起,所有的证据收集都在侦查环节,收集完的证据材料最终能不能成为定案的依据,还要由法庭在审判长的组织下,经过控辩双方的质证辩论来查证属实,只有查证属实的证据,才能成为定案的根据。所以我们要注意把证据材料和定案根据两者作一个区别，不要把两者混为一谈。这点尤其要注意。对鉴定意见、现场勘察笔录，包括辨认的笔录、侦查实验的记录，原来我们都是盲目的采信，觉得鉴定意见就是专家意见，就一定要相信，不敢去质疑，认为那是科学结论，我们不懂。但实际上，所有证据都要经过庭审查证属实，为什么呢？因为所谓的专家意见也可能会有两个问题，第一专家也可能会失误；第二专家也是人，在实践中也可能会被人收买。第一个失误是客观上的原因，有些鉴定过程专家会出现失误；第二种情况下专家被人收买，故意混淆证据事实，甚至颠倒是非，在实践中这些例子不是没有出现过，甚至有时候一个鉴定意见会颠覆整个证据体系。比如侦查机关收集的所有证据都证明犯罪嫌疑人、被告人有罪，结果专家出了一个鉴定意见说他无责任能力，这一个结论就使之前的侦查工作全部付之东流了。所以大家一定要注意，公诉人、辩护律师、法官，对鉴定意见不能盲目地采信，相反，对鉴定意见一定要加强质证。质证的方式刚才张军讲了，可以请专家协助质证。

田文昌　这次修法将鉴定结论修改为鉴定意见，是对多年来在司法实践当中发现的问题总结经验得出的结果。为什么这样说呢？因为过去，有些人对鉴定结论有一种误解，我经常遇到法庭把鉴定结论视为不可动摇的当然证据，理由是因为鉴定结论是有鉴定资格的机关通过科学方法作出的鉴定结论。这种对鉴定结论的误解导致很多法庭拒绝对鉴定结论提出质疑，顶多可以按照刑事诉讼法的规定，申请法庭要求重新鉴定。这次将"鉴定结论"改为"鉴定意见"，虽然只是两个字的改变，但实际上是一个重大的理念变化。表明鉴定意见不是当然的结论，必须经过法庭质证，最后采信权在法庭，而不在鉴定本身，这是一个重要的改变。

这个改变与专家证人的出庭是有密切联系的，专家证人出庭也是这次修法的一个很重要的改进。我记得在上一本《三人谈》中，我们也发现并提出了这个问题，即法庭上允不允许控辩双方带自己的专家来参与质证？我认为面对专业问题，控辩双方都是外行，外行对外行没有办法质证，所以应当允许双方聘请专家证人出庭，对相关专业的问题进行质证。对这个问题我有切身体会，原来我办过一个故意伤害案件，对故意伤害行为造成的损害结果，律师不够专业，我就在北京请了五位法医专家进行论证。当时距离伤害结果的发生都已经过了好几年，最初的鉴定结论也已经作出好几年了，检材早就没有了，五位法医专家只能对原来的鉴定结论进行分析研究。结果五位法医专家通过对原来鉴定结论的分析，发现原鉴定结论本身就存在重大疑问，最终五位专家得出一致的结论：原来的鉴定结论是有问题的。当时几位专家证人没出庭，只能由我本人根据专家们提出的理由和依据在法庭上质证，最终推翻了那个鉴定结论。要是允许专家证人出庭，质证效果应当会更好。

问题 2　辨认、侦查实验等笔录

张军　增加的证据种类里，刚才姜伟讲到了，《刑事诉讼法》第 48 条第 7 项在原来勘验、检查笔录之外增加了"辨认、侦查实验等笔录"。在实践当中这类笔录一直都在作为证据使用，现在把它明确规定下来，而且还有一个"等"字，说明侦查活动当中收集到的所有能够证明案件事实的材料，包括不公开的侦查活动收集到的证据材料，以及辨认、侦查实验的笔录材料等，都可以直接作为证据使用了。这样规定的意义在于：侦查机关应当更加注意在侦查活动当中组织辨认、进行侦查实验等活动的笔录的规范问题，而笔录的规范，基础和前提是辨认、侦查实验等活动程序的严肃、规范，要严格按照有关规定进行。从死刑复核案件的实践看，侦查辨认活动不规范的情形非常严重，尽管公安部、最高检都规定了辨认的规范程序，比如活体辨认有几个陪衬人，物的辨认有几个陪衬物，但是实践中不按规定作的比例相当高。而且活体辨认的场所没有严格的规范。我们去香港考察的时候，香港廉政公署辨认的场所要求必须固定，被辨认人在玻璃屏幕的里面，辨认人在外面，外面看得见里面，里面看不见外面，也听不到外面的辨认情况。而我们缺乏规范、符合要求的固定场所，导致随便组织，甚至在农村，一面墙下就可以进行辨认，相互都看得到，不可避免地存在暗示、提醒等情况，影响辨认结论的可靠性，以至于在实践当中我们不会去更多地注意辨认结论的证明效力。

姜伟　辨认的问题确实比较复杂，实践中存在的问题很多，比如刚才张军讲到的活体辨认，物品辨认，应该是多选一，但在实践中往往是一对一的指认，像贪污、受贿、盗窃案件，拿一个具体物品说："这东西是不是他偷的？"直接就能指认了，这些都不符合辨认的程序。所以我认为，要把辨认笔录作为证据，对辨认活动就一定要严格按照相关规定的程序来依法进行，要选择性辨认，对人的辨认，几个被选的人要编号，对物的辨认也是一样，比如行贿了一台照相机，辨认时要用几架照相机陪衬，编一、二、三、四、五号。辨认的过程要全程记录，甚至辨认的距离有多远也要作出明确规定。有些辨认过程应该用录音录像来记录，因为辨认笔录往往就几句话，但实际上，对人对物的辨认，按照记忆的规律，时间长了会模糊，辨认起来会有一个回忆的过程，全程录音录像记录以后，将来在质证时这个证据能不能作为定案的根据，才能说清楚。比如犯罪嫌疑人收了一枚金戒指，辨认时拿出五枚戒指，辨认人拿起一号看看，觉得像，拿起二号看看，也差不多，反复比较几次，最后确定还是二号。如果仅仅用笔录记录，第一次说是一号，因为像一号，后来又改成说像二号，反映不出比较的过程，不确切。所以像辨认、侦查实验，如果有条件的话，都应该录音录像，这样使取证过程有了完整性,就有了质证的基础。

田文昌　　关键问题在于,如果在程序规定很详尽的前提下,没有按照程序来办,怎么办?证据能不能用?这个没有明确规定。

张军　　这回有规定了,不能证明合法性的辨认、侦查实验等及其笔录要适用非法证据排除规则。

姜伟　　新《刑事诉讼法》第54条有规定,收集物证、书证不符合法定程序,可能严重影响司法公正的,应当予以补正或者作出合理解释。所以如果收集证据确实没按程序做,要说明理由,可以补充。

田文昌　　如果制定了明确的辨认程序,公安机关、检察机关在实际操作中只要违反这个程序,取得的证据、笔录,法院就不应当接受,这和非法证据排除还不一样。

姜伟　　但可以重新组织辨认。

张军　　实践当中公安人员应当进一步增强取证规范的意识。法官在阅卷、审理中对于明显不规范的一对一的指认,也要进一步依规则加以注意。比如有一个案件,在侦查辨认时,直接把一个白金戒指拿给被害人的母亲看,问"这是不是你女儿戴的"?她说"是"。等到法庭审理阶段,律师领着老太太到法庭上了,她说我女儿戴的是个白金戒指,你们给我看的,我拿到手里仔细一看是个白银戒指。类似这样的辨认不符合公安部和最高检的明确规定,法院根本不应当做证据认定,但法庭质证了,一审二审也作为证据附在卷内。这样的辨认、庭审就可能起到误审误判的作用。今后,这类证据应当进入非法证据排除程序,不能提交法庭质证,对于已质证的,要严肃规范,依法不予采信。

田文昌　　问题在于一审、二审怎么就能当成证据附在卷里呢?

张军　　所以不符合规则。

姜伟　　我们现在整体的司法水平还不够高,所以各项规定必须要细,不然操作起来就会有问题。

张军　　对,按规则办。

田文昌　　姜伟说得有道理,把规则细化。

张军　　规则很明确,也很具体,公安部、最高检都有,有法可依的问题解决了,但咱们的问题是不按规则办。这是在"有法可依"的问题基本得到解决以后,更为突出地摆在我们面前的问题,要特别重视并加以解决。

田文昌　　我们现在前面是已经有"两个证据规定"了,很明确,很具体地摆在这里了。但还不够,还需要增加一项内容,就是要明确规定,按照前两个规定对不上号的,一律不得作为定案依据。这样才行,否则非法证据就无法得到有效排除。

姜伟　　我原来在黑龙江指导过职务犯罪侦查工作,我倡导这样一个理论:先培训后办案。办案的重案组人员,不管你什么文化水平,要去搜查,先学习怎么搜查,学习搜查的相关法律法规,然后再去搜查,扛个摄像机、照相机,到现场一看有重要物品、痕迹需要提取的,马上抓拍,做到原物有出处,有见证人。对于怎么辨认,扣押怎么登记,也是先看规定,然后再去办案。

田文昌 对,培训是非常必要的。但光有培训还不够,那是事前的工作,之后怎么办?之前你姜伟去培训了,王伟、李伟可能就不培训了。

姜伟 我强调的就是这个意思,这个道理是对的,所以需要咱们来讨论,如果大家都明白这个道理,咱们三个还谈什么呢?

问题3　辩方的鉴定启动权问题

田文昌 关于鉴定问题,我认为这次修法还有一个问题没有解决,留下了一个遗憾,就是关于被告方、辩护方鉴定启动权的问题。这个问题在修法讨论的时候,我提出来过,但没有引起足够的重视,最终没有被写入法律中,但我觉得这是一个很重要的问题。在司法实践中,国际通例是控辩双方都有鉴定启动权,但我们国家法律规定中没有明确规定辩护方的鉴定启动权,导致实践中辩护方对鉴定有质疑时,无法自行启动鉴定,只有侦查机关、公诉机关和法院可以提起。

姜伟 应该可以吧!

田文昌 不行。原来我也认为可以,但实践中不行,辩护方只能申请法院重新鉴定,但提出鉴定的主体必须是司法机关或侦查机关。

姜伟 这个有规定吗?

张军　按照法律的规定，控辩双方都有举证责任，比如说辩方在现场提取到了可疑的痕迹，拿这个痕迹去提请司法鉴定机构作出鉴定，把鉴定意见提交到法庭，可不可以呢？应当完全可以。

田文昌　但现在实践中就是不可以。

张军　完全可以。只要经过质证能够证明痕迹是从现场提取的，鉴定的意见是出自有资质的鉴定机构，控方也不能提出相反的证明，不能证明证据取得违法，该鉴定意见肯定会被作为定案的证据采信。实践中为什么这样的情况很少或者没有？是因为长时间以来我们国家的公诉机关、侦查机关，在证明犯罪中发挥着主导作用，我们国家的辩护律师，发挥的作用还很有限，在积极主动获取除了有利于被告人的证言以外的物证、书证等证据方面，工作做得还很有限，以致在这方面的实践很少。再有一个原因，就是诚信的问题，辩护方作出的鉴定意见的真实性、可靠性是不是被普遍接受的问题。往往律师在提取这一类证据的时候，很难像司法机关、侦查机关那样按照一定的程序，有第三人在场、有法律规定的现场勘查笔录等。律师提取证据，哪些证据得有什么样的规格，什么样的程序，都没有规定，也没有制定律师提取证据规范的要求，所以你拿来的证据很难证明是从现场提取的。正因为律师提取证据很难做到像法庭依法认定的那样规范，或者是司法机关认为的那样可靠，所以辩方向法庭提供的鉴定意见，往往不被当做一个重要的东西，这是一个最主要的原因。但是在司法实践当中，律师如果认为鉴定意见不科学，物证提取不规范、不科学，鉴定机构的资质不行，或者司法鉴定不准确，家属又提供了另外的材料，等等，完全可以要求重新鉴定，经过重新鉴定以后，证明原鉴定不准确，不予采纳，或者采纳了重新鉴定的结论，这种情况在实务当中有很多。

田文昌　我说的情况和张军说的还不完全一样,实践中几乎所有的鉴定机构都会直接拒绝律师或被告方的鉴定申请,理由就是法律没有规定。即使有少数鉴定机构接受申请作出鉴定的,拿到法庭上也不被接受,理由就是辩方没有鉴定启动权。

张军　如果我提出一个孩子的 DNA 鉴定申请,给不给鉴定呢?

田文昌　前提是不涉及刑事案件的,如果要涉及刑事案件就不行。

张军　鉴定没有不涉及法律的,也可能是继承,也可能是亲子。

田文昌　民事案件可以,刑事案件不行。实践中我和其他律师碰过很多次壁了,DNA 鉴定我没作过,但笔迹鉴定、精神病鉴定、公章鉴定等类似这些,只要涉及刑事案件,多数鉴定机构会明确告知说律师没有权利,因为法律没有规定。这是其一。

其二,即使鉴定机构给你作了,法院也不认可。我在珠海办过一个案子,号称全国第二大走私案,指控走私手机数额 74 个亿,已经判了,我们不讨论具体案情,我只简要说情况:本案走私的基本事实是有的,指控走私数额的根据是在被告人的家里搜出的一个复制的移动硬盘,里面有一百多个账套,是谁的?不知道,没有主体。鉴定机关从这一百多套账中挑出了 13 套,最后认定这 13 套账就是走私手机的账目。实际上走私手机的数额现场查实的只有大约 30 到 40 万,但最终通过这 13 套账扩大到了 74 个亿。开庭之前我找了另外一个鉴定机构对控方的鉴定结论作了个鉴定,证明他的鉴定结论存在很多问题。

张军　刚才你说了这么一句话,你找了一个鉴定机构?

田文昌　账目我也看不懂,就找了一个鉴定机构重新作了一个鉴定,去质疑原来的鉴定结论。

张军　你前面不是说辩方不能找鉴定机构吗?

田文昌　我没有说完啊,律师千方百计,找了好多家鉴定机构,最后一个会计师事务所破例给作了。但是虽然作了,在法庭上出示的时候,却被否定了,公诉人提出辩方没有鉴定启动权,辩方提出的鉴定结论不能作为证据使用。

张军　这就不对了。法律没有禁止辩方通过提供鉴定意见提供证据。

田文昌　法院还是比较支持律师的意见的,但也没办法,因为他们也认为律师没有鉴定启动权。最后只能说,按照法律规定,辩护方没有鉴定启动权,提供的意见不能作为鉴定结论拿上来,只能作为质证意见提出来。所以,最后我只好把我们的鉴定结论作为质证意见提出来,去反驳控方。所以我特别希望法律能明确将辩护方的鉴定启动权规定下来。

姜伟　影响这个问题的因素有几个。第一,鉴定的内容比较复杂,很难把进入司法机关的鉴定种类统计完全,一般涉及的鉴定有这么几类:物证技术鉴定、精神医学鉴定、人身伤害鉴定、物价鉴定等。所以,鉴定的繁杂性决定了鉴定意见或者鉴定权启动问题的复杂性。第二,鉴定需要检材,涉及人身、物品、账目,总要有实物作依据。实践中,刑事案件往往是公安机关先介入,最原始的痕迹、原件或者原物都是由公安机关控制的。

田文昌 姜伟　对，大部分鉴定的检材是由公安机关控制的。

侦查机关已经控制了原件、原物，律师再想启动鉴定权，检材往往是最大的困难，这是一个重要原因。另一个原因张军刚才讲了，因为鉴定检材的提取涉及程序公正的问题，有很多程序上的细节规定，比如公安机关提取检材，要求鉴定人、证明人在场，有一套具体程序。而法律对律师提取检材方面没有相应的程序性规定，律师提的东西，公信力怎么样，容易被提出质疑。同时，因为提取检材通常是在原始的案发地点，律师往往是案发后一段时间才接受委托介入案件，不具备直接提取检材的条件，这是辩护方提起鉴定的先天的缺陷。所以我赞同文昌刚才举的例子中法院的做法，律师对已有的鉴定意见可以提出质疑，也可以委托专家或者其他鉴定人重新鉴定，然后把鉴定意见拿到法庭上作为质证意见提出来，这也是鉴定权的体现。现在的实践中，确实出现多头鉴定、重复鉴定的问题，控方的鉴定意见，被告方、辩护人不相信，又委托专家搞个鉴定，往往鉴定之后结论不一致，这也是诉讼资源的浪费。多重鉴定原则上都要上法庭，按照旧法的规定，鉴定意见都得经过法庭查证属实，这次修改刑诉法把质证的程序规定得更完备了，原来规定要查证属实，但没有规定鉴定人必须到庭，没有规定对鉴定意见的特殊质证程序，新法明确了公诉人、辩护人可以申请法庭通知有关专家出庭，对鉴定意见提出问题。

所以我觉得文昌刚才讲的律师的鉴定权问题，不是赋予不赋予你权利的问题，而是有这项权利但客观上难以实施，给你权利但你没办法获取检材，巧妇难为无米之炊。所以律师还要把重心放在对侦查机关的鉴定意见提出问题上来，我觉得这样更现实一些。

田文昌　我认为鉴定是一个很重要的问题，应当引起重视。概括讲，至今为止，鉴定在我们的立法和司法中经历了三个不同的认识阶段：

第一个认识阶段,按照原来刑诉法的规定,鉴定出来就是结论,鉴定人不出庭,实际上对鉴定结论庭审质证的力度是比较差的。

姜伟 就是相当于结论了。

田文昌 第二个认识阶段是这次修法,将鉴定结论修改为鉴定意见,鉴定人要出庭接受质证。应该说,这是往前进了一大步,说明鉴定意见不是当然的结论,必须经过庭审质证,才能作为定案依据。而且专家证人要出庭接受质证,这是很重要的发展。但是还不够,就是我前面说的辩护方的鉴定启动权的问题仍然没有明确。

第三个认识阶段,应当是一个更合理、更平等的阶段,控辩双方平等地享有鉴定启动权,都可以作出鉴定意见,都需要经过庭审质证,最后由法庭认定。但遗憾的是,这种认识目前还没能形成共识,所以更需要得到立法的确认。

很多年前我去国外考察的时候,其中一项考察内容就是鉴定的效力和启动权问题。在英美法系和大陆法系国家中,控辩双方都有鉴定启动权,双方的鉴定意见都要在法庭上接受质证,也有专家证人出庭。两个法系的区别仅在于,英美法系国家中法院没有鉴定职权,对于控辩双方的鉴定意见,法院可以认定一个,如果两个都不认定,控辩双方再去鉴定,法院不作鉴定。大陆法系国家是控辩双方有鉴定权,法院也有职权,法院对控辩双方提交的鉴定意见都不采信的,法院可以自行委托鉴定机构作鉴定,这是两个法系的不同。但是两个法系有一个共同点,就是控辩双方都平等地享有鉴定启动权,而且鉴定机构都是独立的、脱离司法机关的。几乎所有国家的鉴定机构都是独立于司法机关的,不带有职权部门的职权色彩,这样才能保证其中立性、公正性,这种做法和控辩双方享有平等的鉴定启动权的原则是一致的。前几年全国人大发过一个关于司法鉴定的决定,有这个意思,但还没有完全实现,这是立法的一大缺憾。

所以,对刚才姜伟讲的几点理由,我有不同的理解。首先,国际上的原则都是这样,控辩双方平等地享有鉴定权;其次,从检材来讲,检材通常由侦查机关控制没错,但这并不能成为影响或者阻止辩方鉴定的理由。对此,国外的做法很简单,辩方没有,可以要求侦查机关提供,侦查一方有义务向辩护方提供他所需要的检材。退一步,即使侦查方不提供,但辩方本身也有一些证据,只是比较少,比如公章鉴定、笔迹鉴定、账目审计等,这种情况下,辩护方也有条件进行鉴定。

张军 这个问题涉及对下一个条文的理解。这次修法在证据制度里面增加了一个第49条,规定公诉案件中被告人有罪的举证责任由检察院承担,自诉案件中被告人有罪的举证责任由自诉人承担。司法实践中实际已经这样做了。这次修法等于把以前的做法用法律表述出来,更加明确、规范,有一定的进步意义。这个规定表明,自诉人自己要收集证据来支持对被告人的指控,自诉人收集的证据包括被打的伤情、留在衣服上的血迹、痕迹等,就涉及要作司法鉴定,可不可以呢?肯定可以。否则的话,自诉人举证就没有办法了,这个规定就没办法实现。既然自诉人都能够启动司法鉴定,辩护人怎么就不能呢?所以,辩护人的鉴定启动权不应当有任何问题。只是刚才我们讲到实践中因为种种原因,辩护人、自诉人去申请作司法鉴定,或者拿到司法鉴定意见提请法庭作为证据使用进行质证的时候,因为实践中用得不多,规范得不够,它的证明力没有发挥应有的效力。刚才田律师举的案例也证明不存在鉴定机构拒绝辩护方申请作鉴定的情形。要确实有这回事,恐怕就要和主管司法鉴定机构的司法部商议规范了,否则执行诉讼法就有矛盾了。

田文昌 这绝对是个问题。

姜伟 刚才文昌讲到国外的相关情况,我觉得这里应该还有很多程序上的细节问题,不知道你了解不了解。

田文昌 不光是细节问题,这个问题我关注了很多年,曾经专门发表过一篇论文。

张军 那么多的司法鉴定机构,只要按规定付酬,他能不给鉴定?这个应该没问题的。

姜伟 你的手里有检材,去申请作鉴定,原则上应当给作,发生不给鉴定的情况,原因可能还是大家对法律的误解,因为法律并没有规定禁止作鉴定啊。

田文昌 修改前的《刑事诉讼法》第159条第1款,修改后的《刑事诉讼法》第192条第1款规定:"法庭审理过程中,当事人和辩护人、诉讼代理人有权申请通知新的证人到庭,调取新的证据,申请重新鉴定或者勘验。"但没有提到可以自行鉴定。实践中就被解释为辩护方没有鉴定启动权,而只能向法院申请鉴定。

张军 立法没有明确说被告人自己或者是辩护人去鉴定,而是对既有的鉴定意见有异议的,可以提出申请补充鉴定或者重新鉴定。

姜伟 我也想说两句,文昌刚才举了国外的案例,国外的案例比如辛普森案等,具体细节我确实不太了解。但是如果检材在警方手里、在检察官手里,辩护方申请调取检材,我相信他们肯定不会轻易把检材直接给辩护律师,为什么?检材在我这保管,你要拿我就给你,万一检材毁损灭失了,怎么办?谁来承担责任?这会带来一系列的问题。所以,可以考虑辩护方通过法院申请要检材。

田文昌　这里面有两个层面的问题,我们不谈侦查机关提供检材的问题,那涉及具体细节操作,更复杂,是另外的技术问题。现在的问题是:检材就在辩护方手里,却没办法申请鉴定。

姜伟　刚举的那个例子,警方的检材肯定不会交给你,因为如果检材毁损灭失,责任就大了,所以如果检材在警方手里,必须得经过允许,不能随便拿走,但是如果检材就在辩护方自己手里,我倒觉得你可以提起鉴定。

田文昌　如果能够把这一点明确就行了。

张军　辩护人手里的检材让公安机关去鉴定你也不见得放心。原来《刑事诉讼法》第159条第1、3款,现在的第192条第1、3款规定:"法庭审理过程中,当事人和辩护人、诉讼代理人有权申请通知新的证人到庭,调取新的物证,申请重新鉴定或者勘验。法庭对于上述申请,应当作出是否同意的决定。"可见这是被告方、辩护方的权利,在法庭审理过程当中,对已经拿到法庭上的司法鉴定意见,认为不准确的,有申请重新鉴定的权利。至于你手里的物证要作出鉴定,那是作为本方的证据向法庭提供的问题。

田文昌　关键问题是实践中就是不给你作鉴定,而且,即使作了法庭也不接受。对这个问题我们三个人既然都认为被告方应当享有鉴定启动权,但实践中又无法行使。原因是什么?我认为还是法律规定得不够明确，所以我们下一步是否可以通过司法解释或者立法解释将这个问题明确下来。鉴定启动权实际上是在鉴定这个环节上控辩双方平等享有的一个基本权利。这是一个很重要的问题。

姜伟　鉴定启动权是个权利问题，有申请就可以启动，但是要区别检材在谁一方，如果检材在控方，警方可以启动，如果检材在辩方，辩方也可以启动，检材在谁手里，谁就可以提起。

田文昌　对，在我自己有检材的情况下，有没有权利去自行申请鉴定机构作鉴定？法庭应否接受这个鉴定？首先要解决这些问题。

姜伟　原则上我们倾向于应该给鉴定，但是如果检材经过法庭的许可程序再去鉴定，可能就更完整，因为辩方不知道控方的证据，可以通过法官来实现。

张军　这个肯定不需要法庭的同意，因为是你举证你拿来证据，法庭没有权力说你不能举证。但是你举证以后，法庭最终认不认定，就要经过质证了。

田文昌　这个道理是对的，但实践中的问题是：首先辩方拿不出来这个证据，因为没有检材或者虽有检材但鉴定机构不给作鉴定；其次是即使辩方好不容易拿来了一个鉴定意见，公诉方以辩方没有权利作鉴定为由提出异议，法庭直接就给否了。

姜伟　都不质证了吗？

田文昌 对，法庭就以辩护方没有鉴定启动权为由拒绝接受，当然就不允许质证了。

姜伟 那就是你提的鉴定意见跟他的鉴定意见是对立的，或者是他已经作过鉴定了，你没有作过，两方面是对立的。

田文昌 照理说应该你鉴定你的，我鉴定我的，我们都可以鉴定，然后都拿到法庭上来质证，认定权在法庭。这次修法本身就带着这个含义了，既然把结论改为意见，而且要专家出庭，意味着鉴定意见不是当然的结论，应该在法庭上进行质证，而且最后决定权是在法庭。这样双方就完全有理由、有权利各自拿出自己的鉴定意见来，这就进一步涉及鉴定启动权的问题，就是辩方能不能独立去作鉴定的问题。这次修法应当说前进了一步，但是仍然没有到位，我在立法过程中反复提出来这个问题，可惜没有引起重视。

姜伟 好像这不是问题。

田文昌 你们两位算高官了，高高在上，我还有很多问题，说出来你们可能都认为不是问题，但是在实践中就成为了不可逾越的障碍。我希望的是，既然不是问题，作出一个解释，明确规定一下不就可以解决了吗？在目前情况下，解决实际问题才是最现实的。

问题4 司法鉴定机构和鉴定人

姜伟 前面在讨论证据种类的时候我们谈了鉴定意见，但是没讲到鉴定机构和鉴定人员的素质问题，这个大家可以提一提。

张军　　现在司法鉴定中存在的一些突出问题，并没有随着2005年2月《全国人民代表大会常务委员会关于司法鉴定管理问题的决定》的颁行得到比较好的解决。存在的主要问题是司法鉴定的权威性不够，司法鉴定意见不规范、不科学，导致多头鉴定、重复鉴定，这些现象还没有从根本上得到解决。所以中政委协调司法行政机关对司法鉴定机构建设问题进行了完善，推出了"十大国家级司法鉴定机构"，并对外公布。这十大国家级鉴定机构有一些是属于国家设立的，有些不是，比如说中国政法大学的司法鉴定机构，它是普通院校设立的。为什么有那么多院校鉴定机构却单单把它推出来了？

　　这些问题的根本原因是司法鉴定决定出台的时候，当时我还在司法部做分管工作。我们在研究落实意见的时候提出，对符合资质的机构、符合资质的鉴定人，不能只要提出申请就可以设立、认可，就允许其提供司法鉴定服务，而要由司法行政机关根据社会的需求，作出统一规划。就像国家发改委对于在哪个省、市设立大型骨干企业，在哪个企业生产什么项目，在哪里设立一个汽车厂、飞机厂，不能说只要有经济条件就统统可以设立，而要有一个基本规划，要通盘考虑。特别是司法鉴定这个行业，既可以投入几亿、几千万元，召集几百个顶尖级的各个专业领域的司法鉴定人才，也可以只投入三五个人，用最简单的、价值几十万元的设备。显然鉴定机构应该最大限度地接近现代科学、现代技术，有适当的规模，相对多的社会需求，以此为标准来确定国家一级、省市一级、县区一级各需要多少个鉴定机构以及更需要哪个专业领域的司法鉴定机构。根据我们十几年来的经验，完全可以科学划定，达到饱和之后就不再审批，通过自然的消长，现存的违规的鉴定构将被撤销、免去资质、补充新人。就像设置大学一样，不能只要有钱，认为社会有需求就去设置，教育部要管。但到目前为止，对于鉴定机构是否设立、在哪设立，并无基础规划，而是依据申请，合格即可设立，几近没有规划，导致鉴定机构资质良莠不齐,那么多入了行的鉴定机构,个个要存活,要有活干,不正当竞争就在所难免。这也是我们在调研中见到的普遍现象,这种现象整体降低了社会司法鉴定的可信度,导致社会资源的浪费、社会诚信的危机。

所以,我建议对于司法鉴定中存在的问题,司法行政机关在实践中应当积极向立法机关反映情况,以便立法机关作出进一步的考虑,逐步完善相关制度。

姜伟　司法鉴定问题与刑事诉讼法有关。鉴定意见,包括专家意见,以前叫鉴定结论,是刑事司法证据的一种,而且这种证据具有特殊性,它往往以专家作为主体,以科学方法为手段,在证据体系中占据特殊的重要位置,有时会对案件起到决定性的作用,因此,鉴定机构及其鉴定人员的资质应该引起我们高度的重视。

新一轮司法鉴定体制改革以后,第一,解决了司法鉴定机构中立化的问题,鉴定机构、鉴定人员与作为审判机关的法院系统脱离了;第二,解决了司法鉴定社会化的问题。根据我国国情的需要,除侦查机关还保留了一些鉴定机构外,所有的鉴定机构都推向社会,社会化了。但是在实践中确实存在新的乱象,就像张军讲的,在司法鉴定体制改革以后,鉴定的多头化、重复化的现象仍然很突出,鉴定意见无权威,谁都想找有利于自己的鉴定意见,往往法庭上出现好几个鉴定意见,侦查人员、公诉人员、审判人员、辩护律师都号称自己的鉴定是科学结论,但各自的鉴定结论却是直接对立的。比如说伤情鉴定有不同的结果,精神病鉴定有不同的结论,还有一些物价的鉴定在数额上能够相差几十万。这种情况确实为刑事诉讼的定罪量刑带来了很大困难。

刚才张军提了一个建议,能不能对司法鉴定机构搞计划体制、分层级、搞规划,我觉得这是一个思路。目前司法鉴定机构的设立要考虑很多因素：第一，鉴定机构作为社会中介机构，还得市场化，还得靠竞争生存；第二，如果在一个地区只建一个鉴定机构就容易造成垄断，一垄断就容易出现问题。我觉得解决这个问题的核心办法是要在鉴定机构和鉴定人员准入资格上严格把关。为什么？第一，鉴定的种类太繁杂，常见的是人身伤害的鉴定、精神疾病的鉴定、物价的鉴定，实践中还有类似涉及到民商事案件中的房屋评估等更多种类的鉴定；第二，有些人建议鉴定能不能分一些级别，哪些是国家级、哪些是省级的、哪些是市级的，但我认为，鉴定不是靠层级解决的，鉴定取决于它的科学性，不是层级高的国家级专家鉴定就科学，基层的鉴定就不科学，这些都要经过法庭质证，国家级的也要经过法庭质证。

张军　理论上是这样，但为什么司法部要带头推出"十大国家级司法鉴定机构"？因为这么做有合理性，凡是国家级的，国家负责投入的鉴定机构，它的仪器、设备、人员有更加充分的保障，因此把它评定为国家级，如依存上海司法鉴定科学技术研究所设立的司法鉴定中心，让全社会都知道，对于有难度的、需要特别作出有权威的鉴定，应该找这样的鉴定机构，一般性的司法鉴定就未必了。什么道理呢？法院在庭审质证的时候双方都可以提出质疑，如果经过质证仍然达不成一致的意见，这个时候就不能再到同类的鉴定机构重新鉴定了，而应该去国家级的更权威的鉴定机构。就像去医院看医生，北京医院的医生能治好感冒，江湖郎中也能治好感冒，但是遇到疑难杂症的时候，江湖郎中有没有能治好的？有，但是更多人要去找权威的医院和医生，这个道理是一样的。

姜伟　这和鉴定的层级没关，和投入的机器、设备、人员有关，比如有些鉴定要借助于设备，设备的精密程度决定鉴定结论的准确程度，在这种情况下不是因为国家级的鉴定机构使结论更可信，而是因为设备更精密而更可信。

张军　为什么现在还要推出十个国家级的鉴定机构呢？国家为什么要投入？全国有成千上万个鉴定机构，国家怎么能都投入？个人的鉴定机构凭什么让国家来投入呢？

姜伟　第一，国家投入的是鉴定设备，而不是说国家投入的层级就是最高的，更不能说省里投入的次之，县里的就不行。鉴定机构的层级应当取决于设备的精密程度，人员的配备程度，不能完全靠国家来布局。国家可以投资国有的鉴定机构，但不能因为国家投入了，民营就不能进入。

第二，鉴定机构应该根据不同的门类有一个准入资格，达到基本的标准，比如需要仪器的得具备什么样的仪器，仪器要达到什么等级，就像张军前面讲的，鉴定机构资质不能太差，不能找三五个人弄一台机器就搞指纹鉴定，分门别类都得有个标准，司法鉴定的主管部门对它要进行年检，鉴定机器要随着时代的进步更新换代，这是一个。另外，对鉴定人员也要有一个准入标准，每一个人每一年都要通过审批，每一个人都应该有个人的资质。因为很多情况下，鉴定主要是靠仪器设备，仪器升级，鉴定人的资质也要升级，每年根据科学的进步、机器的发展，鉴定人资质也要升级，升级完了之后才能继续执业，不能一次批完就一劳永逸了。就好像律师年检，应该有一个技术等级。所以我认为目前对鉴定机构主要应该从机器设备和人员素质两方面加以完善，我不倾向于在一个地方国家投入了一个鉴定机构，别的鉴定机构就都不能进来了。

张军　我的意见是，如果不搞市场规划，省一级的鉴定机构需要有几个？市一级的需要有几个？鉴定的专业门类需要设置几个？如果只要是具备资质的就批准设立，必然导致无序竞争。就像从《全国人民代表大会关于司法鉴定管理问题的决定》出台以后到今天，并没有实现当初该决定出台的目的，在政法委的协调下设立了十个国家级的鉴定机构，但实际上还是难以发挥作用，因为更多案件还是在市里、在区县，而这个市、区、县可能有十几、二十几个鉴定机构，比如青岛市就有几十个鉴定机构，有多少案子会去找这十个国家级司法鉴定机构呢？所以实践中还要进一步加强对鉴定机构的管理和规范。

姜伟　我插一句，像北京的律师事务所、律师，现在是呈饱和状态了，但是我们能不能说新申请成立的律师事务所就不批了？新要求执业的律师不批了？饱和的标准是什么呢？很难界定。就像司法鉴定机构，民营资本愿意高投入进入，为什么不同意呢？

张军　一方面，这是个很好的问题。但两者之间完全不同，所以律师事务所可以申请设立，合规即设，鉴定机构不行。前者只提供主观意见，由法庭考虑、采纳；后者提供的是鉴定意见，检材往往是唯一的，且大多情况下得出的是客观性鉴定意见，极具权威性，往往直接左右案件的裁判，我们可以称鉴定人为白衣法官，所以对他们，就应当有更加严格、规范的管理，这是一方面。

另一方面，首先，作为司法鉴定机构，少一些，甚至不以营利为目的才更符合它的性质，因此对其投入应当是政府性质、公益性质的。目前的实践中，是否高投入并没有一个统一的规范，比如说要求只能购进德国的仪器，但我们某个县生产的色谱仪和德国生产的色谱仪差不多，你能说不使用我们县里面的吗？这就导致仪器差距极大；其次，如果我这个司法鉴定机构没有仪器，但是我和另外一个鉴定机构有协议，我接到案子后去使用他的仪器给他钱行不行？这就会导致无序竞争。

田文昌 我的观点应该能够解决你们俩争论不休的问题。过去的情况我们不讨论了,杂乱无序、缺乏针对性、垄断化,最大的问题就是在司法鉴定上可以做很多文章,可以做很多手脚,有很多乱象,这是大家都承认的问题。现在要改变,怎么改变呢？我认为可以从这么几个方面考虑：

第一,解决中立性的问题;第二,鉴定机构和鉴定人员资质的严格化,不限制鉴定机构和鉴定人员的数量,但要确定一套严格的资质审定制度;第三,控辩双方要有平等的鉴定启动权,这样可以起到一个对抗作用;第四,鉴定人出庭接受质证;第五,法庭要有对鉴定意见能否认定的决定权,这是很关键的一个问题。

去国外考察的时候我也专门研究过这个问题,原来我们的鉴定结论本身的权重很大,现在将鉴定结论改为鉴定意见,无论有多少个鉴定意见,最终都要经过法庭质证,由法庭来决定,这个决定权很重要。这个决定权后面就涉及你们俩前面争论的问题,实践中的情况很乱怎么办？我建议有一个折中的考虑。可以在全国各省设立数量有限的公认的最权威的鉴定机构,在情况很乱,法庭也拿不准的时候,法庭有权重新委托鉴定,这时可以委托这些公认的最高资质的鉴定机构,这样就可以缓解这个冲突。当然这里面也不排除有一步到位的情况,直接就委托了国家级的鉴定机构,这也没关系,你愿意付出很高的代价去请最权威的机构作鉴定,完全可以。但是有个原则必须要坚持,不管是哪一个鉴定机构作出的鉴定意见,在法庭面前是平等的,绝不能中央压省、省压市、一级压一级。

姜伟 甚至法庭也可以否定级别最高的那家鉴定机构的鉴定结论。

田文昌 对,也可以否定级别最高的那家鉴定机构的鉴定意见,最后的决定权在法庭,这就很关键了,这就可以基本解决这个问题了。

姜伟　在层级上可以解决了,因为裁量权在合议庭。现在实践中最乱的问题是鉴定机构分布不均衡。第一,鉴定种类太多,我了解了一下大概有300多种,因此很少有一个省的鉴定机构能够把所有的鉴定门类做全了;第二,市县普及鉴定机构还有困难,我在地方检察院任职的时候,检察院的侦查部门可以有一些附属的鉴定机构,但我建议不是每个市检察院都要建,而是在几个市检察院建立中心实验室,比如文书检验、指纹检验、痕迹检验实验室。附近的检察院可以根据工作需要把检材都拿到那个市院进行检验,而不是每个市都有。

张军　为什么不让每个市都有?政府为什么不发挥作用?

姜伟　因为要投入机器、设备、人员啊。而且社会上也有其他的鉴定机构。

田文昌　我们现在的讨论还是在原来的圈子里面,我认为从两方面就能解决:一个资质;一个平等启动权。

姜伟　文昌你讲的是诉讼,我们讲的是资源怎么合理化利用。

田文昌　这就是资源合理化问题,资质限制了,只要符合资质,一个地区不管有1个还是10个鉴定机构,只要放开了平等启动权,他们就都会自己去想办法,根本不存在你们担心的问题。

张军　实践中有资质标准,但是门槛太低了。

田文昌　标准可以提高嘛。

姜伟　　第一,资质的标准要严格化,有很多鉴定机构资质鱼目混珠;第二,资质标准要提高,鉴定机构的设备必须要达到标准,要有仪器,指纹的比对,笔迹、痕迹的鉴定,包括墨迹的鉴定要有样本,没仪器白手起家,那肯定不行。

张军　　对鉴定机构的资质要求要更严格,这一点大家都没争议。但是这个严格是按照北京标准还是按照青海标准？如果按照北京标准,青海就没有合格的鉴定机构了,按照青海标准北京就乱了,这就是国情。所以我说设立省一级的,市一级的,甚至区一级的鉴定机构。

姜伟　　这属于国家投入的问题,建国家实验室,这个可以。但并不是国家投入的就叫国家级的。

张军　　未必是省或者国家投入的。比方说北京市设5个,除了公安部、政法大学的,还可以有3个,这几个可以是综合性的鉴定机构和专业性的鉴定机构,可以满足特殊的需求。然后在河北,可以有一个省一级的综合的鉴定机构和一个专业的鉴定机构,比如最常用的人身鉴定,有一个省一级的,还有一个相对综合一点的,只设两个,就能满足省内疑难、复杂鉴定服务需求。极其罕见的鉴定门类不用设,去北京鉴定就可以了。如果有了这个规定,司法行政机构就要统筹合并省内的鉴定机构,就像现在的企业兼并。假设我们现在有5个鉴定机构,其中一个比较有钱,基础比较好,我们就入股加入,把我们的机器、设备、人员都带过去,合并设立成一个。对这一个肯定管理起来要格外的规范,从受案到作出司法鉴定意见再到出庭应诉,这样马上就可以改变面貌了。而现在往往是一个鉴定机构总共三五个人,其中真正有资质能够做鉴定的就一两个人,他一出庭别人就干不了活了,怎么办？如果要竞争规范有序,那就不能太多太滥。我们国家发展到今天，可以说专业人士的法律意识还是远远不足的，有钱就给干活，像非法行医、制造假冒伪劣产品这些刑法明文禁止的行为都还那么多，更不用说司法鉴定了。社会需求是有限的，而设置是无限的，如果再不去有意识地管一管，过往的实践早已证明，必然产生恶性竞争、出现违法情形。

姜伟　张军说的道理我赞同，因为鉴定是比较复杂的，我们可以建一些综合性的鉴定机构，有些是国家投入的、有些是省投入的，但不能说国家级就是最高的。

张军　尽管是国家级的，但到了法庭上对所有鉴定意见应当一视同仁，这个没有问题。

二、举证责任（第49条）

修改前	修改后
无	第四十九条　公诉案件中被告人有罪的举证责任由人民检察院承担，自诉案件中被告人有罪的举证责任由自诉人承担。

问题1　举证责任的规定及意义

姜伟　修改后的《刑事诉讼法》第49条规定，公诉案件由公诉机关负责举证，自诉案件由自诉人负责举证。这里的举证责任是什么意思？我想，承担举证责任一方首先要提供证据，其次要说明理由，包括说明证据的合法性、真实性、相关性。最重要的是，举证责任和不利后果连接在一起，举证达不到证明标准就要承担败诉危险，在刑事案件中就是举证不力、证据不充分、不能排除合理怀疑，法院将直接宣告无罪。所以举证不力、证据不充分、证据不合法都会成为败诉的根据，这一点很重要。

田文昌　举证责任的规定很重要，如果仅从形式上看，修改后的《刑事诉讼法》第49条好像废话、空话似的摆在那，其实非常重要。就像张军前面讲的，有些规则大家似乎都知道，但是没有明确写出来，理解起来会似是而非。结果是什么呢？实践中，有的法院包括公诉方就会混淆举证责任，在庭审中经常出现这样的情况，控方反驳辩方说，请辩方拿出证据来，光说理由不行，没有证据支持。更有甚者在有的判决书上竟然堂而皇之地写着：辩方观点没有证据支持，不予采纳。可见，将举证责任明确写入法律是多么重要，多么有必要性。

姜伟　现在立法明确了举证责任，辩方不用拿证据，不用跟控方辩论，只要不能排除合理怀疑，辩方就可以胜诉了。

田文昌　举证责任问题不仅在刑事诉讼程序中很重要，而且在民事诉讼中也同样重要。在民事诉讼中，谁主张、谁举证，这本来是一项人所共知的原则。但是，在诉讼过程中却经常会发生一些举证责任倒置的错误。比如，前一时期闹得沸沸扬扬的公共场合做好事被误解的问题，就与举证责任倒置有关。那个时期陆续发生过几起同类事件，当被救助者与救助者发生纠纷而走上法庭时，由于法庭审理时要求救助者承担没有实施侵害行为的举证责任，致使救助者因无法举证而败诉。这种举证责任倒置的常识性错误，不仅仅造成了个案审理的不公正，而且，更重要的是，直接影响了社会公众的心态，致使人们因担心被无端追责而不敢轻易救助他人了。其实，只要能够正确把握举证责任原则，在此类案件发生时，由被救助方承担举证责任，就可以走出这种误区，也可消除社会公众在公共场合不敢救助他人的顾虑。

实践中,无论是刑事案件还是民事案件,许多错案的形成都与举证责任有关。所以,这个问题必须引起重视。

问题 2　巨额财产来源不明罪的证明是否违反了人民检察院承担举证责任的规定

姜伟　修改后的《刑事诉讼法》第 49 条规定,公诉案件检察机关负有举证责任,但是现行刑法规定的巨额财产来源不明罪,被告人有说明财产合理来源的责任,也就是说,虽然检察机关负责举证,但被告人仍有说明的责任,因为财产是被告人的,如果他不说,检察机关很难查清。就巨额财产来源不明罪,现行《刑法》的规定与《刑事诉讼法》修改以后公诉机关承担举证责任的规定,两者之间的关系如何理解?实践中怎么把握?

张军　1988 年全国人大常委会通过的《关于惩治贪污罪贿赂罪的补充规定》对巨额财产来源不明罪作了规定,1997 年《刑法》修改,将该罪名吸纳进来。理论上、实践中都有人认为,这是把举证责任归为被告人的唯一的一个罪名。

我认为这样的理解有些片面。为什么呢?按照法律规定,被告人有责任、有义务对自己已被指控、证明超出正常收入的财产部分作出说明。这个说明并不是把证明自己有罪或者无罪的责任放到被告人自己身上了。从本质上看指控有罪的举证责任仍然在控方,即控方必须举证证明被告人的合法收入有哪些,必须证明被告人的现有财产有多少,必须减去合法的支出,这些被告人都没有责任去作出说明,而是要由控方自己去收集证据。只有证明被告人的合法收入扣除支出与已经查明的实际财产之间的差额达到数额巨大的标准,这个时候检察机关才完成了收集证据的举证责任。比如差额部分如果是 1000 万元，远远超出应当追诉的标准，就应该起诉了。这个时候可以责令嫌疑人、被告人说明其超过合法部分财产的来源。被告人是否可以不说呢？完全可以。接下来由法庭进行审判，可能直接判决罪名成立。如果被告人说明来源了，检察机关还得去查证、去举证。

如果嫌疑人、被告人说明来源了，但检察机关查不清楚，要不要定罪呢？不影响定罪，这是这个罪名最主要的特征。其他案件，比如杀人案，犯罪嫌疑人、被告人说案发时不在现场，并提供了线索，办案机关也得去查证，但如果最终不能排除他确实不在现场的可能，就不能定罪。而巨额财产来源不明犯罪案件，因为法律规定了被告人说明自己财产合法来源的责任，被告人就得说明，如果被告人说不明白，或者被告人说明白了，但检察机关对被告人所说查不明白，仍然视为被告人没有说明，在理论上仍然要定罪。因为，如果允许被告人自己说清楚，控方查不清楚就不能定罪的话，这个罪名就必须得取消了。比如说，被告人说这个房子是亲戚赠与我的，赠与我的人在美国，名字叫什么，年代久远记不得了，其他线索也没有了。检察机关你去查证吧，查不清楚就不能定罪。被告人就没有不可以说明的理由了，只要检察机关查不到，这条罪名还有什么存在的意义呢？所以说，这个罪名本质上不能成为控方负有举证责任的例外。

田文昌 我的想法恐怕和你们俩不太一样，对这个罪名，当初在立法的时候我就是有保留的，为什么？虽然张军刚才分析了举证责任的关系，本质上仍然在控方，但毕竟还是把一部分举证责任推给了被告方。更重要的是，从程序、证据角度来讲，它不公正。同样有 100 万元，有的人能说清楚，有的人说不清楚，有的人能查清楚，有的人查不清楚。比如说有的人，事先找几个人沟通商量好了，就说是我海外的亲戚或者朋友送的现金或者房产，而且这个人也有这种能力，检察机关去调查，查到了这个人，因为事先商量好了，他也承认就是他给的，这样就相当于说清楚来源了。同样的事情,有人没有这种条件,没人帮忙,就说不清楚,就被定罪了。所以,如果查不清楚就有罪,查清楚的就没罪,实际上可能能查清楚的人虚假成分更多,这不公正。

前段时间我在《法学家茶座》上发表了一篇文章,题目叫《关于两个脱节的反思》主要是谈理论与实务的脱节及相关学科的脱节。文中指出了部门法之间的脱节,理论与实务的脱节,实体法和程序法脱节的问题。比如刑法上的"以非法占有为目的",我在大学教刑法的时候,很容易讲清楚:法律规定,主观上有非法占有目的,符合犯罪构成规定的,就有罪;没有非法占有目的,就没罪。可是一到实务操作当中就很难把握,关于非法占有目的,到底什么情况下能查清有还是没有呢?就是说,理论上的问题很容易就可以说清楚,但实际操作起来就真说不清楚了。而我们在实体法立法的时候,往往没有充分考虑到在实务操作程序上怎么去认定、怎么去证明的问题。这就又回到第一个问题,同样是巨额财产,由于个人情况不同,有的能证明来源,有的不能证明,不能证明的、查不清的都认定有罪,惩罚是否公正?

同时,我想得更远一点,官员财产申报制度我们说了很多年,但一直落实不了,实际上把财产申报制度落实了,问题就都能解决了,因为财产申报制度在法律上设定了官员申报财产的作为义务,违背义务就会成为被追责的理由。这种制度,会比责令被告人说明财产来源的作用更大。而且一旦查出问题,还可以用其他的方法来处理,不一定一律要定罪,我想这样整个刑法体系会更加协调。

姜伟　　文昌说的意见有合理性,立法怎么设计这个罪可以再研究,但在现在刑法已经有明确规定的情况下,我们便应当研究怎么来贯彻执行它。特别是你说只要有条件,作了伪证就查不出来,这在其他犯罪中也存在,受贿罪作伪证的也有,给的就说是借的,也有查不出来的。咱们现在要讨论的是刑法中该条规定的被告人的说明义务和目前刑诉法中规定的举证责任它们之间的关系,我赞同刚才张军说的观点:刑法中的巨额财产来源不明罪与刑诉法修改之后的公诉机关的举证责任并不冲突,巨额财产来源不明罪的举证责任仍然要由公诉机关承担,除了财产的合法来源需要由被告人说明,其他所有定罪量刑事实仍然要由检察机关举证,这一点,我想我们三个人的观点应当是一致的。

张军 巨额财产来源不明罪被告人说明财产合法来源的道理实际上和抢劫、杀人等普通犯罪中嫌疑人、被告人的辩解、说明自己无辜的道理是一样的,公诉机关证明被告人在现场,证明他动手了,因为现场有痕迹,还有其他证人。但被告人说他没犯罪,仅以此辩护也可以,但明显缺乏力度。实践中,被告人本人,或者他的辩护人都会尽最大努力去说明、证明他没有犯罪时间,或者现场留下的痕迹不是他的,并可能拿出有力的证据,可能要求重新鉴定,等等。

田文昌 最典型的举证责任转移应当是正当防卫和紧急避险,正当防卫和紧急避险都有后果发生,证明了危害后果以及后果与被告人行为之间的因果关系,控方的举证责任就完成了。现在如果辩方说是正当防卫或是紧急避险,就要承担举证责任,这是比较明显的举证责任转移。但这好像跟巨额财产来源不明的被告人说明责任是不一样的。

姜伟 巨额财产来源不明罪和其他的刑事犯罪的举证责任在范围上是有差别的。在财产来源明不明的问题上,首先,嫌疑人、被告人有一定的说明责任,但是这不叫被告人的举证责任,叫说明责任,不能说明就要承担不利后果,所以在举证范围上和其他犯罪是有差别的。其次,如果当事人说了来源,检察机关也还有查证的责任,不是当事人说了,检察机关就可以盲目认可、不用核实了。查证要区别几种情况:第一,如果查证属实的,定不了罪的,检察机关不会提起公诉,但如果查证后否定了,还是要提起公诉;第二,当事人提供了线索,但查不清的情况,由于法律规定了当事人有说明财产的合法来源的责任,而且来源要经查证属实,查不清等于你仍然没有说明来源,在这种情况下当事人仍然要承担责任。所以巨额财产来源不明罪在举证责任上总体来讲跟别的罪是一样的,只是具体说来有点差别。

张军 就这个罪名来说,立法也有一个总体价值取向平衡的问题。理论上存在被告人可能被冤枉的情况,就是刚才我们讲到的当事人自己说清楚了但检察机关没有查清楚的情况。在排除合理怀疑的前提下,有一些没办法排除的还是要定罪。比如当事人说我倒卖了一枚罕见的邮票,解放前的大龙票或是小龙票,私下卖了20万元,这个说法几乎没办法去找到相关当事人核实,也许他说的是事实,但查不清,理论上就有冤判的可能,以后有机会能够证明时,可以启动审判监督程序改判无罪。这种情况不仅仅存在于这个罪名中,其他案件也有冤判的可能,法律上也就是考虑了可能有冤枉的情况,所以最终检察机关查不清楚的并不是说被告人的巨额财产来源违法,而是"来源不明"。

定这个罪名,一方面,导致有一些案件中的财产来源合法,但是没办法说明、查证清楚,还是定罪了;另一方面,也有一些案件却是被放纵了,巨额财产实际上是贪污、受贿、抢劫、盗窃来的,因为检察机关查不明,最重也就判10年刑,2009年《刑法修正案(七)》修改前是5年刑。这样就能体现一个平衡,可能确有合法来源,但是检察机关查不清楚,那么就不能判太重的刑。其他的案件,我们也不可能做到百分之百地查清事实,也是排除合理的怀疑,死刑案件更严格一些,是排除一切合理怀疑,最大限度地证明被告人实施犯罪的唯一可能性,不可能再有其他情况了。而对于巨额财产来源不明这类案件,从司法资源投入上也只能是这些了,所以刑罚就不能够太重。应该说,这符合我们国家现阶段惩治腐败、预防犯罪、不放纵犯罪,同时又避免造成更大潜在损害的可能性的要求,是适当的。

田文昌　从另一个角度来看,其实放纵得非常多,只要有头脑的人,事先准备,有的亲属有钱,有的朋友有钱,只要有那么一点边能搭上的,就可以做这个准备,准备好一有事就说是亲戚朋友给的。一个有准备的人和一个没准备的人,或者一个有条件准备的人和一个没有条件准备的人,差别就会很大。

姜伟　所有的案件都一样,有准备的和没有准备的都有区别。

张军　比如你做了周密的准备然后去实施杀人行为了,侦查机关就很难及时查证出来,那也符合认识规律,是没有办法的。

田文昌　但针对这个罪名更容易做准备,杀人也好,受贿、贪污也好,不是你想准备就能做得到的,很容易被侦破。但在这个罪名上,同样两个人一个有条件一个没条件,一个有准备一个没准备,区别就会很大。

姜伟　我们讨论的是举证责任的问题,怎么说到定罪问题了。

田文昌　因为这是根本问题,罪名规定本身有问题,应该予以纠正,这是其一;其二,正因为罪名这样规定了,所以对举证责任才出现了异议,举证责任和罪名规定的本身是有联系的。

姜伟　对罪名规定有异议也得执行刑法,不能因为对罪名规定本身不赞同就不办案吧!

田文昌　只能按照这个办,这一点没有问题,但我们的谈话应该更深入一点。由于这个罪的规定本身带来了举证责任的问题,跟别的罪就有区别了。由于举证责任的问题,导致在案件处理过程中就可能出现不公正,这是一个现状。我们现在当然改变不了法律的规定,但是我要把观点谈出来。

三、依法收集证据(第50条)

修改前	修改后
第四十三条　审判人员、检察人员、侦查人员必须依照法定程序,收集能够证实犯罪嫌疑人、被告人有罪或者无罪、犯罪情节轻重的各种证据。严禁刑讯逼供和以威胁、引诱、欺骗以及其他非法的方法收集证据。必须保证一切与案件有关或者了解案情的公民,有客观地充分地提供证据的条件,除特殊情况外,并且可以吸收他们协助调查。	第五十条　审判人员、检察人员、侦查人员必须依照法定程序,收集能够证实犯罪嫌疑人、被告人有罪或者无罪、犯罪情节轻重的各种证据。严禁刑讯逼供和以威胁、引诱、欺骗以及其他非法方法收集证据,不得强迫任何人证实自己有罪。必须保证一切与案件有关或者了解案情的公民,有客观地充分地提供证据的条件,除特殊情况外,可以吸收他们协助调查。

问题　不得强迫任何人证实自己有罪

张军　在证据这一章中,还增加了一个特别的规定,就是修改后的《刑事诉讼法》第50条增加了一句:"不得强迫任何人证实自己有罪。"这是一条原则性条款,司法实践中我们对这一条规定的意义应该加深认识。原来立法规定了被告人应当如实供述的原则,这次将不得强迫自证其罪明确规定下来作为一项原则,并没有很具体地规定侦查取证活动程序当中的要求,这就对司法工作人员提出了更高的要求。要求司法工作人员要注意讯问技巧的运用,在获取被告人口供的时候,不得采取任何有强制力的措施,更加注意、采取更为有效的手段去收集其他的证据来证明犯罪,要更加注意不要把能不能破案、能不能证实有罪的证据都放在被告人的口供上。这样规定的直接目的就是防止刑讯逼供。

这些年,刑讯逼供的情况在司法实践当中应该说有所减少,但是还远没有绝迹,它对人权的侵犯,以及对因办错案最终给当事人的权益,给法律、国家司法形象造成的损害,都是不可低估甚至难以挽回的。这些年来,经常有严重刑事错案被披露出来,引起社会高度关注,更应当引起公安、司法机关的高度重视。我觉得,在贯彻执行这一规定的时候,我们要把它作为一个总则性、原则性的规定,放在头脑里,时时刻刻提醒自己,不仅不能刑讯逼供,就是精神强迫的手段也不行,我们要注意到《刑事诉讼法》第 50 条表述的是"不得强迫"。"强迫"是一个泛泛的概念,只要是违反法律规定,使用强制力去迫使嫌疑人、被告人供述的一切措施、手段都不可以。

姜伟　我觉得张军讲得很重要,按道理讲,严禁非法取证不是这次刑诉法修改才有的,1979 年《刑事诉讼法》也有相应的原则性规定,到 1996 年刑诉法修改又作了进一步强化,包括最高法院颁行的"两个证据规定",可以说,我们国家从法律要求来讲,都是严禁刑讯逼供、严禁非法取证的。但是,这次刑诉法进一步强调这一条,而且在原来的基础上,又专门规定不得强迫任何人证实自己有罪,我认为这其中有三点意义:

第一,更具有针对性。不能非法取证的道理大家都明白,但在司法实践中非法取证的情况确实还时有发生,而且确实造成了一些后果很严重的冤假错案。应该讲在这个问题上,大家还是有共识的。在侦查实践中,很多侦查人员一直认为口供是证据之王。诉讼中谁最了解案件真实情况?是犯罪嫌疑人本人。干没干?怎么干的?犯罪嫌疑人本人最了解,别的证据都不如犯罪嫌疑人的自白重要,这是一种惯常逻辑。所以侦查人员往往把收集证据的重心放在口供上,用各种办法拿到口供,因为他认为拿不到口供案件就不能侦破,拿到口供,成了所有侦查活动破案的标准。现在规定明确了,你不能强迫被告人自证有罪,这就要求我们的侦查人员要尽量收集其他证据,用旁证、证据链条、证据体系来证明被告人有罪,所以这是一个观念的转变。

第二,侦查手段的变化。由于受社会经济发展条件的限制,过去我们的侦查手段有限,主要是靠讯问和纸笔记录,一是靠嘴皮子,一是靠笔杆子。现在科技的发展为侦查手段的变化提供了可能,包括通话监控、电子证据、航班控制、全国信用体系网络、贪污受贿过程中大量的金钱往来路径等方面,有很多的方法手段可以支持我们去收集证据。所以不要只围绕审讯,审讯和外围查证要同步进行。

第三,刚才张军讲到的,不能强迫任何人自认有罪,这个"强迫"是广义的,一般来讲有四层含义:其一是不能身体强制,即不能直接打人,造成肉体上的痛苦;其二是不能变相体罚,不打你,但不让你休息等各种情况,都是禁止的;其三是不能精神强迫,就是威胁,使他被迫认罪而不是自愿认罪;其四是不能药物强制。

我们必须意识到,如果允许刑讯逼供,危害非常严重,一个人罪行的大小,将不在于他干过什么事,而在于他承受痛苦的能力,承受痛苦的能力越差,像叛徒甫志高那样的,他的罪就越大。

张军 更确切地说,是在于个人的意志,谁都怕痛,但意志强就可以承受更大的肉体痛苦。

姜伟　修改后的刑诉法要求我们侦查机关一定要注意重视整个证据体系，要在口供之外加强收集证据、审查判断证据，千万不要局限于口供，因为如果仅仅局限于口供，口供一旦出现问题，整个证据体系就会崩溃，案件的结论就丧失了根据。

张军　最高法院在死刑复核案件过程当中，对口供的真实性特别不放心。现在最高法院对死刑复核案件的审查报告都规定了明确的格式写法，所有案件在分析使用一、二审报送来的复核材料的时候，首先要写明立案时的依据是什么，有什么样的证据支持。要围绕立案，把相关的人证、物证列举出来，循着案件发生的过程，一一地列举证据，每一份证据或者每一组证据都要列出使用的理由，一、二审为什么要用，复核的时候都要加以分析。死刑复核法官认为，一、二审已经质证的重要证据要写出来，同时还要写明这个证据能够证明什么问题，没有用的也要写清楚，并写明这个证据不能证明什么，也就是说，不能像过去那样仅仅只是罗列证据，而要加以分析。证据使用最后才能出现被告人的口供。这样规定的价值取向是，假设这个案件没有口供，先看其他证据，一、二审质证、分析、使用的理由如果已经能够证明犯罪了，你就可以放心了，再看一看口供，会进一步强化死刑复核法官形成的认识，或者最后看了口供以后觉得前面的证据分析有些不当，或者口供又披露了一些其他的内容，回过头来再看前面的证据，比较分析，以确保死刑案件的认定、核准万无一失。

　　长时间以来，司法实践当中对于如何证明口供的取得有无强迫，一直很难真正搞清楚。现行实际的做法是，凡是在法庭上翻供的，或者提出认为是非法证据要求排除的，我们往往请来侦查人员询问有没有刑讯逼供，以决定要不要排除这个口供。结果可想而知，一律都是没有刑讯逼供。因为只要到了法庭上，没有一个侦查人员会承认是打了的。但是确确实实有口供是刑讯逼供得来的。最后分辨不清楚，我们只好把口供放在最后，并不过于重视口供。就像我们现在社会上的诚信缺失，导致为了证明一句话、一个事件是不是真实的，我们往往要付出更大的代价，办案也是这样。

姜伟　我的经验是，实践中往往犯罪嫌疑人、被告人越不供认的，侦查机关收集的证据越全面，因为他没有供认，为了把案件定了，侦查机关会绞尽脑汁收集各种证据，完善证据体系，因为如果证据不完备，就不敢往法庭上送，所以，这种案件一旦公诉上法庭，绝对能定罪。现在通常法庭上能翻案的都是被告人当初认罪的，侦查机关误认为本人认了，别的证据就不收集了，主要证据就是口供，但被告人在法庭上一翻供，其他证据不充分，法院就不能定罪了。在这方面侦查机关接受的教训很深刻，下一步的改变很关键。目前实践中更重要的是研究怎么采取各种措施来防止侦查人员的刑讯行为，为此最高检有规定，修改后的刑诉法也规定了，所有的审讯要全程同步不间断录像。

张军　修改后的《刑事诉讼法》第121条规定了对于可能判处无期徒刑、死刑的案件或者其他重大犯罪案件，应当对讯问过程进行录音或者录像。

姜伟　检察机关原来内部有要求，要全面全部全程不间断录像。但是基层公安机关很难做到，因为基层公安机关的数量太大，而且受到各个地方经济发展条件的制约。当然我不敢说一录像就能够防止刑讯逼供，但是起码在这方面我们也做出了努力。下一步看守所要加大管理力度，看守所和公安机关的侦查部门之间要加强制约，这样，除了我们观念的转变，侦查收集证据视野的扩大，更重要的是在防范刑讯逼供上建立相应的配套措施,真正把刑诉法"不能强迫任何人自证有罪"的规定落到实处。

田文昌　这一条规定,显然是一个重大突破,而且来之不易,这一点是不容置疑的。在立法研讨过程中,对于能否在中国的立法中明确沉默权问题,争论十分激烈。考虑到我们的立法既要符合中国国情,又要遵守我们已经加入的联合国公约,最终立法明确规定了"不得强迫任何人自证有罪",应当说这是一个很大的突破,也与联合国公约的表述是一致的。

张军　刑诉法的规定与联合国公约是完全吻合的。

田文昌　在修法的历次讨论中,我也提出来说,因为我多次参加外交部与美国、欧洲等国的司法人权对话,我切身体会到,既然我们已经在联合国公约上签字了,如果国内立法还跟不上,不明确对此作出规定,在人权对话上,国外总会拿这个问题作为话题来指责我们。

这次修法明确规定下来,确实不易,是重大的突破。但是我认为还是有一些遗憾,修法只能算是前进了半步,为什么?因为我们在规定了不得强迫自证其罪的同时,却保留了"如实供述"义务的规定,致使该规定在很大程度上流于形式。更严重的问题在于,在同一部法律中发生这样的冲突实在是难以自圆其说,也难免授人以柄。刚才二位都谈到刑讯逼供的问题,但是,只要保留如实供述的规定,就没有消除刑讯逼供的源动力。姜伟说了很多措施,措施确实是必要的,但是仅仅有措施消除不了源动力,还是治标不治本。我认为,不得强迫自证其罪或者叫沉默权的规定体现了一个重大的原则:坦白从宽,抗拒不从严。原来我们一直坚持坦白从宽、抗拒从严。现在如果仍然保留规定"如实供述"的义务,就不能排除抗拒从严的倾向。

沉默权实际上并不可怕,我多次到国外考察,国外几乎百分之九十以上的案件是放弃沉默权的,绝大部分案件都是认罪简易审的。

张军 现在犯罪嫌疑人、被告人不说,也不能强迫,他们有权可以不说。不需要有这种立法的担心。

田文昌 还是不一样的,只要有如实供述的规定,就会涉及认罪态度与量刑的关系,就会加大口供的作用,就容易发生刑讯逼供。实际上,我们完全可以坦坦荡荡地承认沉默权,承认不得自证其罪,不要求如实供述。绝大部分的案件证据已经很明确了,还有当场抓获的、如实供述的,这些都没有必要行使沉默权,因为坦白从宽对他们来说还是有意义的。实际上从国外的情况看,强调沉默权的国家里真正行使沉默权的也是极少数。所以我说,沉默权并不可怕,但我们却始终不敢取消如实供述的约束,结果就会导致"不得强迫自证其罪"的规定无法发挥有效作用,也将带来一系列后续的问题。前面已经说到的一系列问题,要从根本上解决,就得改变侦查方向,而改变侦查方向的基本理念就是削弱口供对定案的重要影响。所以说,现在我们仍然保留了如实供述的规定,我认为是一个很大的遗憾。但不可否认,写上了不得强迫自证其罪,就是一个重大进步了。虽然没有消除源动力,虽然规定上还有冲突,但至少强化了沉默权的理念,原来我们甚至不敢认同这个理念。作为辩护方,以后至少可以理直气壮地讲,强迫自证其罪就是违反法律规定。

四、行政机关收集的证据材料在刑事诉讼中作为证据使用的规定（第52条）

修改前	修改后
第四十五条 人民法院、人民检察院和公安机关有权向有关单位和个人收集、调取证据。有关单位和个人应当如实提供证据。 对于涉及国家秘密的证据，应当保密。 凡是伪造证据、隐匿证据或者毁灭证据的，无论属于何方，必须受法律追究。	第五十二条 人民法院、人民检察院和公安机关有权向有关单位和个人收集、调取证据。有关单位和个人应当如实提供证据。 行政机关在行政执法和查办案件过程中收集的物证、书证、视听资料、电子数据等证据材料，在刑事诉讼中可以作为证据使用。 对涉及国家秘密、商业秘密、个人隐私的证据，应当保密。 凡是伪造证据、隐匿证据或者毁灭证据的，无论属于何方，必须受法律追究。

问题1　行政机关收集的证据材料在刑事诉讼中可以作为证据使用的是否包括言词证据

张军

修改后的《刑事诉讼法》第52条规定，行政机关在行政执法和查办案件过程中收集的证据材料在刑事诉讼中可以作为证据使用。这是一个新的规定，这个规定的目的是针对我们国家税务、海关、工商、监察机关等行政机关，在办理案件过程中，最初认为是行政违法案件，结果在案件办理中或近结案的时候认为已经构成刑事犯罪，应该向司法机关移送案件的情况。

以前对于作为行政案件取得的证据能不能作为刑事案件的证据使用没有规定，通常认为既然没有授权性规定，行政机关取得的证据就不能作为司法机关的证据在法庭上使用,故实践中常需要有一个证据的转化。有的是重新取证,有的是经过司法机关认可后再出一份相似的证据,公安机关、检察机关像公证机关公证一样,将证据重新核实一遍再使用。这种做法造成了司法资源、行政资源的浪费,甚至有一些证据因为时过境迁没办法重新取得而影响了依法追诉、定罪量刑。所以,第52条的规定是符合实际的。实践当中,对这类证据材料我们要严格按照刑事证据标准去审查,一旦决定将其作为证据使用,那么它和司法机关为了证明犯罪而取得的证据必须具有一样的标准,一样的规格,没有达到的要去补查补侦。

姜伟　这一条规定主要要解决的是实物证据的移交问题。实践中很多行政执法机关,当然也包括行政监察机关,在执法实践中会涉及到一些实物证据,比如痕迹、书证、物证、电子证据等。他们已经将证据从案发现场或者当事人的住地提取到案,也就是说,这个证据已经改变了它的原始状况。那么,在案件移送给侦查机关以后,侦查机关不可能再到案发地或别的地方提取这些证据,只能由行政机关移交过来。所以这一条首先解决的就是实物证据的移交问题。原来我们实践中怎么办的呢?行政机关在最初执法的时候有提取程序和手续,侦查机关提取的时候,到行政机关办个手续,行政机关再把原始手续拿给侦查机关。

这一规定实际上是对过去实践经验的总结和确认。但是证人证言等言词证据还要重新取一遍,这一条主要针对的是书证、物证、视听资料,电子数据等实物证据,言词证据还要重新取证。

张军　今后,行政机关取得的言词证据也可以直接在法庭上使用,应该是没有问题的。

姜伟　我认为这一条主要还是针对实物证据说的。你看《刑事诉讼法》第 52 条第 2 款规定："行政机关在行政执法和查办案件过程中收集的物证、书证、视听资料、电子数据等证据材料,在刑事诉讼中可以作为证据使用。"法条中所列举的全是实物证据。

张军　条文表述的是"……等证据材料",还有一个"等"字。这就表明:一、没有排除言词证据;二、言词证据显然是"证据"材料,或者"等"应该包括言词证据,可以拿过来直接用,不放心的话还可以再重新取证。这一点,已在《检察院规则》第 64 条第 3 款中作出了明确规定:"人民检察院办理直接受理立案侦查的案件,对于有关机关在行政执法和查办案件过程中收集的涉案人员供述或者相关人员的证言、陈述,应当重新收集;确有证据证实涉案人员或者相关人员因路途遥远、死亡、失踪或者丧失作证能力,无法重新收集,但供述、证言或者陈述的来源、收集程序合法,并有其他证据相印证,经人民检察院审查符合法定要求的,可以作为证据使用。"这表明了对言词证据使用的谨慎,也表明了直接使用并不违反《刑事诉讼法》第 52 条的规定。

姜伟　我认为原则上实物证据可以直接取过来用,言词证据还要重新询问,不能不询问直接就拿过来用。法条上列举的这种"等"应当是指同形态的实物证据。

田文昌　这就是立法严谨性的问题,因为不严谨就会引发歧义,这一条加了一个"等"字就引起争议了,我认为应当仅指实物证据。

姜伟　这一条是为了解决已经被行政执法机关扣押的实物证据的合法性问题,为什么呢?首先从立法条文上看,现在主要是列举了四种实物证据，实践中行政机关还有类似于侦查实验、勘察笔录等证据材料，所以这个"等"肯定是指实物证据，是实物形态的。其次还有一个理由是，对证人必须要交代相应的诉讼权利，而行政执法机关追求的执法后果和刑事诉讼追求的后果不一样，利害关系也不一样，所以对证人肯定是要重新取证的。

张军　我举一个例子，就能够说明这不是指"等内"而是"等外"：行政机关取过证的证人病故了、消失了或者出国联系不到了，这种情况怎么办？司法解释已规范了这种情况，并且讲得很清楚。所以这个"等"不会排除言词证据。

姜伟　这种情况，是极为特殊的情况，实践中我们也遇到过。

田文昌　其实，行政机关收集的言词证据在刑事诉讼中能否作为证据使用，主要涉及取证合法性的问题。首先，行政机关不具有调取刑事证据的法定权力，而且取证人员也缺乏相应的专门培训。其次，面对行政机关的取证人员，证人也无法准确地了解自己的诉讼权利，如果是犯罪嫌疑人的供述，由于当时他还不是犯罪嫌疑人，他回答问题的角度和动机也会有所不同。所以，无论从法律规定的条文来看，还是从证据合法性、真实性的角度来看，行政机关收集的言词证据如果在刑事诉讼中作为证据直接使用都是不应当允许的。此外，还有一种观点认为，犯罪嫌疑人、被告人在纪检、监察机关所作的亲笔供述，如悔过书、检讨书、思想汇报等，可以在刑事诉讼秩序中直接使用，理由是这些亲笔供述是出于其本人的意志。我认为这种理由也是不成立的，因为这种亲笔供述的自愿性是无法证明的。反之，如果这种供述确属自愿形成，他本人完全可以在诉讼阶段重新书写，更没有必要在诉讼阶段去推翻他前面书写过的内容了。简言之，后来推翻了，就说明原来的表达不是自愿的；如果确属是自愿书写的，后来也就不会去推翻了，更可以去重新形成自书材料。作为自书材料的亲笔供述，在性质上还是属于言词证据，显然应当与言词证据一样对待。

问题 2　行政执法机关收集证据程序瑕疵的补救

姜伟　还有一种情况，行政执法机关收集的证据，有些与刑诉法相关规定是吻合的，有些与刑诉法相关规定有出入或不完全相符，这类证据怎么办？我认为这类证据可以用，因为物态化的实体证据已经被行政执法机关收集到了，只是收集的程序不像刑事诉讼法规定得那么严格，有见证人在场，有严格的程序等。如果对方提出质疑，认为行政执法机关收集证据的程序不合乎法律的相关规定，这时候，我觉得侦查机关、检察机关就有责任通过有关行政机关对当时的情况作一个说明，作一些补充措施，尽量对证据进行补强，使行政执法机关收集的实体化证据在收集程序方面尽量与刑诉法规定相吻合。简单地说，就是证据可以用，如果程序上有问题，必要时可以作一些补充性的说明，比如在辩护人或者相关人员提出质疑的时候，侦查人员出庭对证据的合法性来源作一个说明，把问题说明白，这样可能就更好一些。不要明知道程序有问题，律师提出来了还无动于衷。

张军　这个是对的。有的是在开庭前经过检察院审查起诉，认为取证的程序没有遵守有关规定，应当去补充取证的。有的是到了法庭上以后当事人或者辩方提出取证的合法性存在问题，也要补充取证。必要的时候，可以参照修改后的《刑事诉讼法》第 57 条的规定，对证据收集的合法性进行法庭调查的过程中，如果有人提出疑问，人民法院可以通知有关侦查人员或者其他人员出庭说明情况。这个"其他人员"可以包括行政机关收集证据的人员。

姜伟　这我赞同。第一，公安机关、检察机关必要的时候要对证据进行补强；第二，法院可以通知行政执法人员就收集证据的有关情况出庭作证。

问题3　党委、纪委办案收集的证据材料能否在刑事诉讼中直接作为证据使用

张军　在修法的时候，我们也提出来，如果是纪委、党委办案中取得的证据，怎么办？我当时建议将立法中行政机关的范围定义成比较笼统的概念，要考虑能够把党委、纪委涵盖进来。这是各国立法都普遍存在的特殊性问题。在我国，共产党长期执政，宪法在序言中明确了中国共产党的领导地位。《公务员法》更明确规定了"党管干部原则"。大多西方国家没有这样的规定。这表明，党的机关、党的执纪部门在我国行使职权，都无例外地由宪法和国家法律授权。党的执纪部门办理的后来被证明涉嫌犯罪的案件，与行政执法机关办理类似案件并无不同。我们讲了这个道理后，立法机关讲，现在党委、纪委和监察机关都是在一起办公，出一套证据没有问题。但问题是，如果查办的案件是县委书记、市委的组织部长涉嫌违反法纪，只能是纪委办案，不可能由监察机关出面办理，怎么办？就没有下文了。

执行这一条，作为我们司法机关恐怕就得宏观一些、笼统一些，这里讲到的行政机关应该视同办案机关，只要是依法办案，包括纪委都应该适用这一条，证据可以直接拿过来依法使用，不应该监察局办理的案件证据我们直接就用了，但与其一起办公的纪委机关使用了印章、出具的证据我们就要转化，这个肯定是不合适的。这在法理、事理、情理上都难讲得通，更给公安、检察机关侦办案件制造了麻烦，浪费了司法资源、拖延了办案时间，并肯定导致有些证据已无"转化"、重新调取的可能。这样最终只有两条路可走：一是宁可不予追诉,放纵犯罪;二是仍要变通使用,使刑诉法规定的严肃执行不免打了折扣。我们建议,将来通过立法机关的认可,司法解释可以去变通一下。

姜伟 对党的纪检机关办案取得的实物证据材料怎么看？我赞同张军的说法,不用转化,可以直接拿来使用。因为这是中国的国情。党务工作者违法乱纪的时候,最初的调查机关就是党的纪律机关,它执行的职能和行政执法监察机关的职能是一样的,取证的程序也是一样的,工作的方法也是一样的。

田文昌 对于党的纪检部门办案中所收集实物证据在刑事诉讼中的使用原则,可以与行政机关收集证据的情况同等对待,这的确是由我国体制的现状所决定的。但必须明确,也是只能限于实物证据,不能包括言词证据。

五、证明标准(第53条)

修改前	修改后
第四十六条 对一切案件的判处都要重证据,重调查研究,不轻信口供。只有被告人供述,没有其他证据的,不能认定被告人有罪和处以刑罚;没有被告人供述,证据充分确实的,可以认定被告人有罪和处以刑罚。	第五十三条 对一切案件的判处都要重证据,重调查研究,不轻信口供。只有被告人供述,没有其他证据的,不能认定被告人有罪和处以刑罚;没有被告人供述,证据确实、充分的,可以认定被告人有罪和处以刑罚。 证据确实、充分,应当符合以下条件: (一)定罪量刑的事实都有证据证明; (二)据以定案的证据均经法定程序查证属实; (三)综合全案证据,对所认定事实已排除合理怀疑。

问题1 证明标准具体化的意义

张军　修改后的《刑事诉讼法》第53条将证明标准具体化了。以前规定的是只要达到"证据确实充分"就可以定罪判刑,但什么叫证据确实充分没有具体规定,实践当中对此的理解和执行应当说还是不错的,这从我们国家相当低的错案率统计中可以侧面得到证明。但尽管如此,证明标准还是很原则化、不好把握,我们自己不好把握,社会的判断标准也很难把握。所以这次修法把"证据确实充分"从三个方面加以具体界定:一是定罪量刑的事实都有证据证明;二是据以定案的证据均经法定程序查证属实;三是综合全案证据,对所认定事实已排除合理怀疑。

姜伟　证明标准在刑诉法中具体明确地规定下来,是立法的一个进步,是法学理论界、司法实务界多年呼吁的结果。原来刑诉法规定得很简单,将证据确实充分作为定罪的标准,但什么叫做证据确实充分,长期以来没有一个比较统一的确切的说法。这次的修改解决了三个问题:

第一,解决了证据确实充分概念抽象化的问题。增加了三条具体规定,对证据确实充分有了具体的说明,有了一个便于遵循和操作的路径。

第二,解决了证明标准差别化的问题。实践中刑事案件数量很大,原来我们对证据确实充分没有一个具体的规定或者设定具体的条件,导致不同的法官对不同的案件甚至对同一类案件掌握的证明标准不一致,不利于法律的统一和正确实施。所以这次作了明确规定,使得我们对证据确实充分有了一个统一的认定标准,解决了差别化的问题。

第三,解决了原来证据确实充分的神秘化问题。在我们国家,什么叫证据确实充分？也很神秘，只可意会不可言传，用语言很难把它表述清楚。我印象中咱们上次三人谈也讨论过这个问题，法律规定是证据确实充分就可以定罪了，但什么样的情况下算是达到了证据确实充分的标准，这确实很神秘，在认定具体案件时，公、检、法三家也往往产生分歧。所以这次修法有了三个具体的操作路径，起码有了现实的可以参照的三个具体的操作标准，解决了证明标准神秘化的问题。

所以我认为，这次修法在证明标准上解决了抽象化、差别化和神秘化三个问题。

田文昌　证明标准的问题是一个非常重要的问题，前面两位都说了，过去法庭上就讲证据确实充分，往往出现这样很尴尬的场面，辩护律师说证据不充分，公诉人说证据确实充分，一个说不充分，另一个说确实充分，到底什么是确实充分？没有标准。

姜伟　实践中有这样的情况，下级就证据是不是确实充分来请示最高检。法院以证据不足判决无罪，检察院以证据确实充分提出抗诉，这都是主观认识的问题。证据确实充分是一个很抽象的概念，没法讨论，有主观认识差别。

田文昌　在缺乏法定标准的情况下，谁有权谁就能解释标准，这就是立法的缺憾。这些年来学术界、律师界、司法界都在强调证明标准的问题，这次把标准细化写入立法，可以说填补了一个空白，确实是一个很重大的进步。

姜伟　这三项具体标准的表述虽然有人说仍旧抽象，但是相比原来确实具体化了，我认为它体现了三个特点：

第一,体现了证据确实与证据充分的统一。什么是确实、什么是充分,有了统一的判断标准。第二,体现了定罪的客观根据与主观判断的统一。我们讲的证据的证明标准,一定要有大量的证据作为基础,没有证据就不可能得出确实充分的结论,我们所有的认识都要从证据出发,从客观根据出发。同样的证据,是不是充分？是不是能够排除合理怀疑？可能人和人的认识还有差别,会受到个人主观认识的影响,所以我说它体现了客观根据与主观判断的统一。第三,体现了法官内心确信与排除合理怀疑的统一。尽管三条证明标准的表述中没有用"内心确信"这样一个词语,但是在理论层面,内心确信和排除合理怀疑是对同一个问题的两种表述,一种是从正面表述定罪的结论能不能达到内心确信或者法官是不是认为被告人有罪。另一种从反面提出来对于这个结论我们还能不能提出其他合理的怀疑。所以,不能因为我们没有在立法条文中直接表述为"内心确信",而用了"排除合理怀疑",就仅仅从排除合理怀疑的角度来解读刑诉法规定的证据充分的标准,法官仍然还要综合全案证据,对被告人是否定罪形成一个内心确信,要把两者统一起来。

问题2 对"定罪量刑的事实都有证据证明"标准的理解

田文昌　"定罪量刑的事实都有证据证明",我认为这句话很重要,解决了法律真实和客观真实的认识问题。这些年学术界一直在争论,到底是以法律真实还是以客观真实为标准,观点上似乎各有各的道理,但是其实客观真实是没有具体标准的。所以我一直主张要以法律真实或者证据真实为标准,这才是一个法定标准的概念。现在立法明确了要以证据为标准,这意味着明确了是以法律真实为标准。这一点非常重要。

说到这里我多说一句,我去德国考察的时候,德国的学者表示他们法庭审理的目的是查明事实真相,对此我一直有保留看法。我认为查明真相只是手段,维护司法公正才是庭审的最终目的。为什么这样说？因为现实中,有的真相是永远无法查明的,在这种情况下,法庭审理就是通过庭审程序运用证据规则去平衡控辩双方的利益关系,平衡社会方方面面的利益,最终达到整个社会机制的平衡。而法律的基本功能就是维护社会稳定,这正是我们修改后的这一项规定所体现出来的一个原则,即以法律真实作为证明标准。

姜伟 我是这样理解的:定罪量刑的事实都要有证据证明,孤证不能定罪,这是对证据量的要求。比如认定一起犯罪事实,要有定罪的事实,量刑的事实,以及其他相关的事实,孤证不能定罪。

问题3 对"据以定案的证据均经法定程序查证属实"标准的理解

张军 据以定案的证据均经过法定程序查证属实,这一项标准非常重要。以前,在实践中法官通过庭审质证,形成内心确信,认为案件事实有证据予以确证就可以,至于是不是经过法定程序查证属实却不够重视。包括前面我们讲到的死刑复核权回收后的前两年,死刑复核案件有不少都要补查补侦,补查补侦的证据往往就没有再经过法庭质证程序来证明它对案件事实的证明是否确实和充分,但是也就认定了。也就是说,证据在实体上没有问题,但在程序上尚有很大的欠缺,它的公正性、对人权的保障、对质证权的维护都没有真正落实。有了这一项新的明确规定,我觉得法官今后应该更加严格地审查侦查取得的证据是不是符合法定程序,保证这些证据一律都要经过法庭的质证。

目前的质证程序在有些情况下也不是很严肃、很规范,比方说打包质证的问题。几个证人证明一项事实,应该是出示一个证言,就进行质证,或者是一个证人出庭作证了就予以质证。实践中有时候却是把相关的物证、书证、言词证据一起都出示了,然后再统一质证,问被告人有什么意见,辩护人有什么意见,公诉人有什么意见。谁能记得住这么多内容呢?所以说,这样的质证只有效率没有质量,只是走了个形式。我们要求的是应该做到一事一证一质。一起犯罪事实要有一组或一批证据来证明,每一个证据出示了都要严格执行修改后的刑诉法,均经法定程序查证属实,否则不足以作为定案的依据。

田文昌　据以定案的证据均经法定程序查证属实,这一项强调了程序公正的问题,通过程序公正保障和体现实体公正。原来我们一直强调程序的重要性,但没有在立法上专门明确过。这次在立法上明确定案证据要经过法律程序查证属实,强调了程序法的重要性。

在我们国家,过去和现在都长期存在重实体、轻秩序的问题。在这种状况下,经常会发生凭个人的主观臆断去认定证据的情况。所以,针对这种状况把法定程序作为认定证据的必备要件,就显得格外重要。希望在今后的司法实践中能够将这一项规定落到实处。

姜伟　所有证据都要经过查证属实才能定案,是对证据确实性的要求。证据是不是确实,要经过法庭质证,来查证它是否符合证据三性。

问题4　对"综合全案证据,对所认定事实已排除合理怀疑"标准的理解

张军　这一项是综合全案证据,对所认定事实已排除合理怀疑。这项规定是采纳了"两个证据规定"里面的内容作出的,是从西方证明标准里借鉴过来的。实践中怎样来判断排除合理怀疑?合理怀疑是指什么样的内容?什么情况下才能够形成合理怀疑?我们认为这是一个主观性的标准,是一个要靠法官自由裁量来确定的标准,本质上还是法官的内心确信。

2006年在武汉,围绕死刑核准权统一由最高人民法院行使的法律准备工作,一些法学家参加最高人民法院召开的一个座谈会,樊崇义老师也参加了。谈到死刑案件的证明标准应当是排除一切合理怀疑的时候,他就讲到有一个美国的大法官谈到什么是合理怀疑时说:只有上帝才能够知道合理怀疑的标准。可见每个人因为经历、经验、学识、思辨能力等的不同,对同一件证据能不能够证明案件事实也会有不同的认识。所以,排除合理怀疑在司法实践当中要求法官具有更相近、更强大的法律意识。这就要求我们的法官要经过更好的、更高层次的司法训练以及具有更为丰富的司法经验,逐步积累形成相近似的更严谨、睿智的判断认知能力。只有这样,才能够形成最接近客观真实的对案件事实和证据的认识,否则很难形成被大家认可的比较公平的结论。所以经验、培训、更多案例的参照恐怕是适用好一般性规定的前提,这些还需要我们慢慢去积累。

田文昌 　　该项规定,综合全案证据对所认定事实排除合理怀疑,非常重要。为什么?过去,排除合理怀疑严格地说只是理论上的一种说法,在法庭上,律师经常会受到训斥,原因是理论问题是学术观点不能提,提了也往往不被重视,不被采纳。现在我们在立法上能够堂堂正正地写上排除合理怀疑,明确规定在定案的时候必须排除合理怀疑,非常不易。

姜伟 　　综合全案证据排除合理怀疑,是解决证据充分的问题。通常我们认定证据是否充分一般有两个层面的认识标准:其一要有很多证据,孤证、一两个证据不能叫充分,证据要有量的积累;其二要有质的要求,定罪的结论应该排除合理怀疑,这是对证据充分的一个表述。

至于什么叫排除合理怀疑,我想既然是合理的怀疑,就要强调不是排除一切怀疑,我们对于任何事情都可以提出质疑,因为质疑是每个人的权利,但是在刑事诉讼的证明标准问题上,怀疑应该是合理的。什么叫合理？第一是符合常理。社会上总有一些情理是法律不能违背的。为什么这么说？因为实践中司法人员侦查案件是在案发后去收集证据以再现案件发生的过程的,但由于时过境迁,侦查能力、认识能力有限,要完全再现案发当时的情况很困难,在某种意义上讲是不可能的。在这种情况下,我们要求对结果要排除一切怀疑很难做到。所以怀疑一定要是符合常理的。第二是怀疑要有依据,要拿出根据,不能没有根据盲目怀疑。我原来举过一个例子,有一个贪官,办案机关从他家里搜出来大量受贿得来的钱,但是他本人不认罪,律师提出质疑说,从他家里搜出来的两百万可能是捡的。律师提出来的这个质疑是不是有根据呢？在什么时间？什么地点？怎么捡的？谁能证明？他都说不出来。这就是完全没有根据的质疑。所以我们讲不管什么标准,作为定案的根据一定要符合常理,要有客观依据。

田文昌　　姜伟谈到的,也正是我关心的接下来需要进一步分析的问题,什么叫合理怀疑？这里面空间很大。在有些案件中,疑点是比较明显的,在提出合理怀疑的时候就不容易发生争议。但也有些案件虽有疑点,却不明确,就容易发生争议。另外,还有的情况下怀疑并没有合理性。这就涉及合理怀疑的界限问题,这的确是一个比较复杂的问题。咱们上次"三人谈"的时候,我记得谈过一个收受贿赂的例子。有两个人去行贿,到楼下了,一个人上去送钱,一个人在下面等,上去的人下楼以后说送完了,对方收下了。在这种情况下,如果受贿者不承认,说根本没有收过,能不能排除合理怀疑？在这种情况下很可能会有争议。但是,我曾经在北京市海淀区办过一个案子,就是这么一个情况,而且后来那个行贿人承认自己根本没把钱给受贿人,是他自己藏起来了。当然这是比较极端的情况,发生的几率很小,但你不能说它不合理,因为现实当中我就遇见实例了。还有一种情况,公司的财务人员从账上划走几千万元,指控董事长贪污,因为财务人员说他是受董事长指使打款给某账户的。而被告人董事长辩称:公司财务制度规定得很清楚,1万元以上的动款都要经过我签字,有我签字确认的部分我认,但没有签字的我不知道。财务凭证显示,确实有一部分转款有董事长的签字,而指控的这几千万元没有签字。在这种情况下,就涉及两方面的问题:一是举证责任在谁?财务人员称是董事长让他打的钱却没有董事长签字,他就应当承担举证责任,证明确实是董事长让他打的钱,比如董事长是如何指示的等;二是能不能排除合理怀疑,即能不能排除被告人的辩解中提出的存在财务人员捏造的可能性。所以,这里既有举证责任的问题,又有孤证定案的问题,还有合理怀疑的问题,在这种情况下不排除合理怀疑显然就不能定案。

说到这里,我想起20年前我亲身经历的一个案例,某公司总经理被指控贪污,其中有两万多元钱的指控依据的是公司出纳的证言,指证被告人分多次指示其单独去银行取款送到被告人指定地点,累计两万多元。我经过阅卷和调查发现出纳的证言有破绽,其中出纳陈述的最后两次取钱的时间是在被告人被抓进看守所关起来之后。于是我就向法庭申请证人出庭,这个证人最终也出庭了。在法庭上,我一再的通过发问向其确认每次取钱和送钱的时间,得到其反复证实。最后,我指出:按照你说的时间,最后两次取钱和送钱的时候被告人已经被送到看守所了,你是不是取钱送到看守所里供被告人贪污的?这名证人当时就崩溃了,哭了。这个案子的结果就是开庭以后这个出纳被抓了起来。实际上,正是这名出纳自己把钱贪污了,却把责任都推到老总的身上。

但是,换一个角度看,也不排除有滥用排除合理怀疑原则的情况发生。比如说,指控某人开枪杀人,虽然开枪的事实和被害人死亡的结果都很清楚,但是被告人却提出,不能排除在他开枪的同时,另有人开枪杀死了这个被害人。这种怀疑显然就不具有合理性,除非他能够证明确实另有人开枪的事实。这个例子虽然很极端,但是不能排除实践中这种情况发生的可能。

我认为,这些实例应该给我们一个启示,实践中在排除合理怀疑的问题上,一是存在的情况比较多,二是界限不好把握,会存在主观认识的偏差。而且在我国目前整体的司法水平还不高,控、辩、审三方,包括社会公众整体的法律观念相差很大的情况下,法律规定得越具体越好操作。我曾说过西方的刑事古典学派原来是僵化的、比较刻板的,原因就是当时刚刚从封建社会的罪刑擅断主义转向罪刑法定主义,有一个矫枉过正的过程,必须用相对死板的刚性条款来加以约束才行。经历了若干年后,当人们的法治观念已经形成,司法水平也明显提升之后,才出现了主张立法和司法相对灵活化的刑事社会学派。所以马克思有一句名言:"任何事物都不可能超越其必经的历史阶段。"我一直赞同并强调这个观点。我们的法治建设刚刚开始的时候,宁可刻板一点、具体一点,不能太灵活。太灵活反而会造成麻烦,在具体执行的时候就会走样。所以,在排除合理怀疑的问题上,我们能不能再制定出一个相对比较具体的标准来。当然,这个问题难度是很大的。

张军　我觉得文昌说得有道理,要有一个相对更具体的标准。新的证明标准虽然在证据确实、充分规定下细化了三点,但仍然让人难以琢磨,特别是"合理怀疑"还是一件舶来品。前些年我们的司法实务中是没有这个概念的。所以除了学界,现阶段在法院、检察院、公安机关工作的司法工作人员对这个概念都很陌生,而专家虽然知道这个概念,却未必就非常清楚其含义,甚至西方法治发达国家的法官也还没有弄明白,所以才感慨"只有上帝才知道"。我想就"合理怀疑"谈一点我个人的理解：

"合理"，就是常理、一般认为，是一个主观标准，靠常识来把握。对刑事案件来说，如果说硬是要有一个数据比例，有95%的可能性应该说就是合乎常理的，另外5%是极为特殊的情况，恐怕就是绝大多数情况下不会发生这样的情况。

"怀疑"，就是有可能不是他干的，有可能是另外一个人干的。我用刚才文昌讲的例子，行贿人有可能自己把钱留下来了，这是符合人性的，他行贿本身就是非法的，对他的人品我们就不敢完全相信，在没有人监督的时候他就有可能把钱自己留下。在被告人又坚决不承认拿到这笔钱的情况下，如果我们再进一步侦查，在被告人被指控受贿之后的一段时间，家里面没有明显巨富的表现，比如购买了大件物品，银行存款增加或者是资助亲戚，也就是说没有证据能够证明被告人突然收到过一大笔钱，这就不能够排除合理怀疑。这里面有两方面问题：一方面，客观上没有证据显示被告人收到了这笔钱，另一方面，行贿人自己截留下钱的可能性存在，对行贿人自己截留行贿款的怀疑，我们认为就近乎是合理的。

我们曾经复核过的一个死刑案件，我认为属于证据确实充分，应该是达到了排除合理怀疑的程度。但是从合议庭到审判长联席会，甚至上了审委会都有不同的意见。具体案情是，公诉机关指控，两个人共同作案，第二被告人让第一被告人替他杀一个人然后他给钱。但是，第二被告人被抓获以后供述是第一被告人动手杀的，而且在侦查过程中在凶器上提取到了第一被告人留下的指纹。但第一被告人辩解，是第二被告人杀的人。可是第一被告人是否动手的证据却无法进一步获取了。为什么呢？第一被告人的指纹都没有了。因为第二被告人被抓的时候即被捺取了指纹，第一被告人在逃跑的过程中听说这件事后，用农村做饭的炉火把烙铁烧红了，然后把十个指头的指纹全部烫掉了。他自己声称是不小心端烧热的铁锅烫伤的。但司法鉴定结果证明,他的十个指纹是被一个一个烫掉的,不像他自己说的是猛地端锅把手烫坏了。一次性烫伤全部手指和一个一个烫坏的角度、深浅肯定是不一样的,而且他的父、兄两人也都证明杀人行为是他干的。那我们就觉得这个证据很扎实了:如果不是他干的,想象不到一个人有什么理由把自己的指纹一个一个地烫掉,也想象不到在我们了解到其家庭比较和睦的前提下他自己的父、兄会为了什么诬陷他,同时还有同案指证,他是在听说第二被告人被抓以后被挤取了指纹才毁掉自己的指纹的。这些都形成一个完整的证据链条,几乎可以百分之百排除另外人作案的可能。因为如果不是他杀人的话,他不会做出这样的事,这应该就是合理地排除了他人作案的可能。

田文昌 我接触了一些死刑案件,问题确实很多,为什么?有很多原因,其中一个原因是法官的思维方式有问题。法官往往更注重分析被告人构成犯罪的理由,而不去深入分析被告人无罪的可能性。也就是说,他在分析案件的时候,并没有从排除合理怀疑的角度去思考和判断,只注重分析有罪的可能性,不注重对疑点的排除。似乎只要不能排除被告人有罪的可能性就不能认定其无罪。这种认识的根源还是有罪推定、疑罪从有。这种思维方式与排除合理怀疑的原则完全相反,是非常危险的。这种情况在雇凶杀人案中特别明显,雇凶杀人的指使者都不是直接杀人的,是谁雇的往往不清楚,当然会使对雇凶者的认定成为难题。比如有一个案子,雇凶杀人的事实十分清楚,张三雇李四杀人,对这一事实张三、李四都不否定,但张三又说是王五让他雇李四杀的,王五才是幕后雇凶者,但王五不承认指使张三杀人。有一个对王五非常不利的可疑之处是,张三雇李四杀人之后找王五要了一笔钱,数目不小,王五给他了。对此王五辩解说张三威胁他,还往他的手机上发了威胁短信,说如果不给钱就要杀他。在这个案子中,对于王五是否雇凶,只有张三和王五一对一的供述。综合本案其他证据，辩护人能够列举出指控王五雇凶的十几个重大疑点，比如对杀人动机、杀人过程、事后表现、联络方式等都不能作出合理解释。那么，在这种情况下，我认为，这个案子在王五是否雇凶的证据上显然存有重大疑点。但这个案子把张三、李四、王五三个人都判了死刑。所以，我认为这次修法的理念是正确的，但关键是怎样落到实处，这非常重要。

张军　我们现在的证明标准还是过于粗糙。粗糙在什么地方呢？就是这三项规定总体还比较原则化，主观性还很强，还要靠更具体的规定去规范，还要靠法官、检察官、律师慢慢积累经验，逐步形成共识。同时，刑诉法没有对不同的案件确定不同的证明标准。比如我们国家是有死刑的，死刑的证明标准应该更加严格，应该做到万无一失，非死刑案件错了可以改，但死刑案件一旦执行就无法改正了，所以应该做到万无一失。这就需要我们付出更高的司法代价、司法成本，更加全面、细致地收集证据，规定更复杂的程序去认定证据，没有达到更高的标准宁可不认定也不能错杀。因为生命无价，为了确保不错杀一个，付出一些代价也是值得的。死刑案件应该做到排除一切合理怀疑，如果合理怀疑有95％的可能性是他，剩余5％是极特殊情况的例外，这个案子可以认定，但对死刑判决就不能作出认定。只有在没有任何可能性不是他，没有任何可能性是别人，这个时候才能够判处一个人死刑，即必须达到百分之百的完全确信。在司法实践中，我们对法官提出目前这样的证明标准和要求，实际上是根据法律的一般化要求提出的。今后我们对死刑案件的证明标准作司法解释的时候，应该比非死刑案件更加严谨、严格、严密。

姜伟　为什么大家都认识到新增的三项规定比原来有进步，但仍认为证明标准"确实充分"很抽象，"排除合理怀疑"也很抽象，为什么？

这是诉讼的一个规律,因为每个案件的证据状况都是不一样的,每个案子都有个性。"合理怀疑"的概念是我们借鉴过来的,很难弄出一、二、三的标准来,这是一个理想化的愿望,实践中很难明确。但是实践中我们也讨论过这个问题,在国外,起诉的标准和定罪的标准不一样,起诉只要证据充分,只要有有力的理由就可以起诉,概率70%就可以起诉。什么叫排除合理怀疑?我想量化的话就是有90%的可能是某人干的,就可以排除合理怀疑,判死刑的案件按照张军讲的就是100%的可能性,100%就是唯一性问题了,是唯一结论。我赞同张军的意见,如果咱们现在非要确定一个标准,实践中就可能会陷入两难,是这个人干的就是死刑,不是他干的就要无罪释放,落差很大,会给维护社会稳定、化解社会矛盾带来很大的问题。如果我们适当对证据标准作个分类,在死刑问题上定一个唯一性,要求必须是唯一结论,这样即使不判死刑也可以适用合理怀疑判处适当的刑罚,就不会走极端,例如有的严重犯罪案件,被告人要么是无辜者,要么定罪就得判死刑。

田文昌 我再举个例子,被告人是个农民,杀死了村支书,事实清楚,被告人供认不讳,一、二审都判了死刑,到复核阶段我接受家属委托担任辩护人。通过阅卷,我发现了一个一、二审律师、公诉人和法官都没有注意到的重大问题:弹道痕迹显示,子弹是从被害人腰部射入,从锁骨穿出的。为了了解这个过程,排除疑点,我就详细询问被告人。他说,他和村支书因为有矛盾,吵了好多次,有一次喝了点酒又去找村支书算账,拿着枪去的,走到村支书家门口怕自己酒后控制不住,就把枪放在院墙外面,只身进去。进去后两人没说上两句就又吵起来了,他一生气,回头取了枪就进院了。刚进院子,村支书夫妻就过来了,村支书的老婆和他夺枪,在夺枪过程中枪响了。我问他既然是夺枪的过程中枪走火的,为什么还要承认杀人啊?他说:杀人偿命,天经地义,我没必要说那么多。我举这个例子是想说明,本案中的这个细节,只要细心一点,律师、公诉人、法官都应当注意到。这种情况下,如果是故意开枪的,得趴在地上射击才可能形成这样的弹道痕迹。这个细节就证明了这个案件中不能排除枪走火的可能。这样的例子实践中并不可见,如果我们确定唯一性的标准,就可以避免很多错误。

张军　所以最终还是靠经验,靠对司法实践的把握,逐步去积累,形成一般共识性的认识,否则就会有不同的理解。

田文昌　我们法治发展的时间太短,基本上是从零开始,经验还很不足,这都是很正常的,所以要尽量细化一些标准出来。

张军　最高人民法院自 2007 年以来已经分几批发了上百个案例,这是一笔宝贵财富。要继续加以总结、规范,这非常重要。

六、非法证据排除(第 54—58 条、第 182 条第 2 款)

修改前	修改后
无	**第五十四条**　采用刑讯逼供等非法方法收集的犯罪嫌疑人、被告人供述和采用暴力、威胁等非法方法收集的证人证言、被害人陈述,应当予以排除。收集物证、书证不符合法定程序,可能严重影响司法公正的,应当予以补正或者作出合理解释;不能补正或者作出合理解释的,对该证据应当予以排除。 　　在侦查、审查起诉、审判时发现有应当排除的证据的,应当依法予以排除,不得作为起诉意见、起诉决定和判决的依据。
无	**第五十五条**　人民检察院接到报案、控告、举报或者发现侦查人员以非法方法收集证据的,应当进行调查核实。对于确有以非法方法收集证据情形的,应当提出纠正意见;构成犯罪的,依法追究刑事责任。

（续表）

修改前	修改后
无	第五十六条　法庭审理过程中，审判人员认为可能存在本法第五十四条规定的以非法方法收集证据情形的，应当对证据收集的合法性进行法庭调查。 当事人及其辩护人、诉讼代理人有权申请人民法院对以非法方法收集的证据依法予以排除。申请排除以非法方法收集的证据的，应当提供相关线索或者材料。
无	第五十七条　在对证据收集的合法性进行法庭调查的过程中，人民检察院应当对证据收集的合法性加以证明。 现有证据材料不能证明证据收集的合法性的，人民检察院可以提请人民法院通知有关侦查人员或者其他人员出庭说明情况；人民法院可以通知有关侦查人员或者其他人员出庭说明情况。有关侦查人员或者其他人员也可以要求出庭说明情况。经人民法院通知，有关人员应当出庭。
无	第五十八条　对于经过法庭审理，确认或者不能排除存在本法第五十四条规定的以非法方法收集证据情形的，对有关证据应当予以排除。
无	第一百八十二条第二款　在开庭以前，审判人员可以召集公诉人、当事人和辩护人、诉讼代理人，对回避、出庭证人名单、非法证据排除等与审判相关的问题，了解情况，听取意见。

问题1　控、辩、审三方对非法证据排除的把握

张军　非法证据排除，是一个挑战，不仅仅是对审判长，对检察官、律师也是一个挑战。

首先，要对尚存在的刑讯逼供问题心中有数。作为法官，我们必须得去积累经验，从实践中去把握。非法证据的排除包括所有证据，但主要是针对言词性的证据，实践中更多的非法证据排除申请涉及的是被告人口供是否刑讯逼供得来的。虽然在初期，甚至在今后，因为受到现在的排除方法和初期方方面面因素的影响，有一些证据被申请排除但最终没有排除，还是要质证，还是要使用，但我觉得作

为法官内心还要有数。实践已经证明了,所有出庭的警察都会说没有刑讯逼供,但刑讯逼供始终不绝,这才有这次修法对非法证据排除这样严格的规定。

其次,要研究运用口供与其他证据之间的关系形成对证据的内心确信。作为法官虽然没有将某一具体证据依法决定以非法证据排除,但是在具体认定这个案件相关证据的时候,对于口供我觉得还是应该放在最后去使用,先努力用物证、书证、鉴定意见等其他证据来证明犯罪。如果在你的心目中,经过质证、辩论以后,没有口供也能定案,这恐怕是最扎实的案件了。如果离开这个口供定不了,就要运用你的证据意识来判断是先有的口供后取得的其他证据,还是先有这些证据然后才有了口供,以此来判断这个口供的证明力。也就是实践中的先供后证还是先证后供的问题。如果先有口供,后有其他证据,其他证据的可靠性就大大增强了。口供若是非法取得的,法官依法可以予以排除,可以综合全案的情况,对案件的事实、证据的认定形成一个法庭的判断。也就是说,只要提出刑讯逼供有一定的合理性,不一定非要启动这个程序,该口供证据也可以予以排除,这样做可能更符合公正和效率的要求。

举个例子,口供称:我把被害人的尸体埋在什么地方了,埋尸的时候尸体下面藏了我杀人的凶器。结果按照他的口供取得了证据,到那个地方找到了尸体,尸体下面就有这个凶器。这就说明,如果不是你干的,你不会对埋尸现场情况这样清楚,在这样偏僻的场合,几乎可以排除你偶尔经过而了解了现场情况的可能性。也就是说,法官的内心就能够形成确信,即使是刑讯逼供得来的口供,也是真实的证据,定案没有问题。至于非法手段获得的口供证据能不能排除、能不能使用,那是证据排除的问题,是对有关人员追究责任的问题,但是案件本身是没有错的,作为法官这是一个底线。

总结起来就是一句话,不能因为没有排除非法证据,如口供,就盲目地采信该口供去定案。

第三，作为检察官，这次修法的第 57 条第 1 款规定："在对证据收集的合法性进行法庭调查的过程中，人民检察院应当对证据收集的合法性加以证明。"要证明就要有相关的程序，包括通知侦查人员、有关人员到庭等。前面我们讲到，在证据规则里面增加了一个公诉人、自诉人承担举证责任的规定，这是举证责任规定的一个重要的组成部分。这就要求我们作为公诉人要有充分的准备，比方说在审查起诉的时候，就要调取所有的讯问录像，第一次供认有罪的录像尤其应该认真审看。提讯的时候，要讯问被告人有没有刑讯逼供的情况，有刑讯逼供的情况有没有和律师讲过以维护自己的合法权益，然后相应地做好准备，保证庭审能够顺利进行。如果律师提出来有非法取证的线索，公诉人按照审判长的要求，能够立即拿出不存在非法取证的证据，就能够给旁听的人员一个印象，即没有这个问题，公诉证据是扎扎实实的，案件审理也能顺利地推进。这就需要我们司法人员特别慎重，逐步去积累经验，要循序渐进。原来没有这些规定，法官可以根本不启动这个程序，案件也都办了，每年七八十万件案子，百十万被告人，能够证明有刑讯逼供和实际定错案的，不到万分之一，数量非常的微小。现在有了这个规定，公检法执行法律无疑会越来越严格，越来越规范。当然这个规定刚出来的时候，看起来疑似刑讯逼供、非法证据的情况会明显增多，律师也觉得有了这么一个程序就要充分去运用。这是可以理解的。这也与提出非法证据排除的申请、律师不承担任何责任是有关系的。

第四，作为律师，要依法充分运用这一规定促进司法机关依法取证、依法用证、依法审判。同时，我们觉得律师提出非法取证线索申请也要格外慎重。否则，结果可能是申请被轻易地驳回，实践中这样的例子不少。近两年也确实存在并没有发生非法取证，但律师却轻易地提出排除的申请，客观上大大拖延了审判。被害人的代理律师不满,将此称为"玩弄程序"。这些都需要在工作中慢慢积累经验加以规制、防范。

姜伟 在非法证据排除程序中,控、辩、审三方都肩负着各自的责任,第一个责任在辩护人,怎样提出质疑,提出质疑要不要有根据,还是随意的质疑,总提的话,审判长都不信了。目前看,有相当一部分律师在法庭上不管有没有依据,都先提出质疑,使法庭争议增多、进程缓慢,法庭效果非常不好。

田文昌 关于刑讯逼供的数量问题,由于从来没有作过统计,所以很难讲出一个比例来。但是如果说少到了不到万分之一,肯定是不准确的。过去由于没有法定的排除程序。在许多案件中即使有刑讯逼供的问题也查不出来,但查不出来并不等于不存在。就我个人和律师界同行的切身体会而言,近些年来,刑讯逼供的现象应该说是屡禁不止、愈演愈烈,已经成为一种顽症,成了酿成冤假错案的主要原因。这是一个不容回避的严重问题。正是从这个角度上来讲,这次修法规定了非法证据的排除程序,意义非同小可。

关于律师在诉讼程序中应当在什么情况下以何种方式提出排除非法证据的申请,和法庭如何对待律师的申请,确实是一个值得重视的问题,其中,对于"相关线索"的解释和界定在操作中是很容易发生争议。至于律师能否有意玩弄程序、随意提出排除非法证据的申请,倒是一个不值得担心的问题。即使会有这种情况,也只能是个别现象。因为最终能否排除,是由法庭决定的,任何一个头脑清醒的律师都不会不计后果地以这种方式去跟法庭较劲,找法庭的麻烦。

张军 将来恐怕司法解释还要进一步具体规定证据线索要达到一个什么样的程度,比方被告人说有刑讯逼供,刑讯逼供是怎么进行的?有没有伤？多长时间了？提出过没有？经过一番询问以后，能够排除的就排除掉了。不大可能存在刑讯逼供的，不应当排除的，或在一案会有多个此类申请的，可以集中放在法庭调查结束前一并审理是否排除或者一并质证。在这个过程中公诉人还要作相应的准备。

姜伟　　第二个责任在公诉人。作为辩护人，提出质疑，应该还是要注重理性的问题，要尊重事实、尊重法律规定。对公诉人来讲，辩护人提出这个问题，公诉人要回应，要证明，但往往公诉人当庭难以直接回应，为什么呢？因为公诉人员和侦查人员处于两个诉讼阶段，因为没有参与侦查过程，所以对公诉人来讲，要求他在庭前就要做好准备。就像张军讲的，以前审查证据的时候，往往注重证据的真实性和相关性，认为合法性是不需要证明的。但是在法庭上辩护人难免会对证据的合法性提出质疑，这就要求公诉人在审查起诉期间对证据的合法性进行审查、判断，发现疑点及时要求侦查人员作出相应的说明。当然这些证据的证明有很多环节，要调取讯问录像，听取同监号人的证明、看守所证明，入所身体检查表等。

田文昌　　重要的是，由于有了非法证据排除的专门程序，公诉人就应当对每个问题随时做好准备，从审查起诉之时就要对各个问题进行审查。这样做，既是对被告人负责，也是对自身负责。

张军　　这次修法非常明确也是非常严格的一个规定，就是采取拘留措施的，必须要在24小时以内将嫌疑人送入看守所。公安部监所局局长赵春光同志告诉我，公安机关已作出严格规定：提讯都应当在看守所进行，提出所外讯问、办案，要履行严格的批准手续。因此只要提讯离开了看守所，那就可能被质疑。作为公诉人，只要看到笔录上记载是在看守所之外的地点提讯的，就要高度注意，格外重视调取被依法批准所外讯问且没有刑讯逼供的证明，否则这个证据就可能被申请排除，不能使用。

姜伟　在实践中，看守所的监管人员也要加强注意，因为从看守所仓内提到审讯室再回到看守所仓内的过程中，看守所若不加强制约，对审讯后的犯罪嫌疑人的身体进行适当的检查，如果嫌疑人受了伤就是看守所的责任。对检察机关而言，在对犯罪嫌疑人拘留之前肯定要讯问，而且通常是在检察机关的办案工作区域内进行，原来规定审讯期间要全程同步录音录像，后来规定，当事人进入检察院区域内的所有活动都要全程监控。如果在此期间没有录像，他在外边自伤自残了，也说是检察院打的，怎么证明？所以要不间断的录像。审讯期间的录像我们称之为审讯的录音录像，除此以外时间的录像叫安全监控录像，全程都要对其行为予以关注，若没有录像，万一出问题了就很难说清楚。

田文昌　必须在24小时以内将犯罪嫌疑人送入看守所的规定非常重要，因为绝大部分刑讯逼供都是在看守所外提讯时进行的。所以，将来凡在看守所外提讯的就具有非法取证的嫌疑。其实，如果在立法中能够明确规定，凡在所外提讯皆为违法，不仅可以有效地遏制刑讯逼供现象，而且在调查处理时也会容易很多。修法过程中我曾提出过这个建议，但是没有被采纳。但我坚持认为，将来还是应当以其他方式作出明确规定，只有明确规定了法律后果，才能有效排除非法取证的嫌疑。

姜伟　第三个责任在审判长。在法庭上，审判长要敢于担当，因为审判长要对一个证据是不是非法、是不是需要排除作出确信，决定哪些非法证据确实能排除，哪些证据是不能排除的。但这个决断其实很难作出，各方矛盾非常大，诉讼参与人、被害人、被告人都在，如果是非法证据应该排除的，公诉人没审查出来，要不要追究公诉人的责任？侦查人员怎么处理？关系到一系列人的命运，不仅是犯罪嫌疑人、被告人的命运。所以我们在这探讨这个问题，确实比较重要，需要有相应的程序，因为程序不谨慎，可能还会带来与此相关的一系列社会问题，所以这个问题应该注意。

张军 审判长应该敢于担当，但是最重要的是公诉人的相关准备要充分。

作为法官，在确定申请排除的非法证据是不是依法排除的时候，应当只对这个证据的合法性负责，如果认为提出的排除申请依据充分，存在着非法取得的情形或者是不能排除有非法取得的情形，依法就应该排除。这是我想说的一点，在法庭上法官只对证据的合法性负责，也就是说只对案件的事实证据负责。为什么要说这个？姜伟刚才说到，一个非法证据排除与否，涉及多方利益，后果很严重，直接影响到被告人能不能定罪，被害人的权益能不能得到保护，公诉人支持公诉是败诉还是胜诉。接下来，既然认定这是非法取得的证据或者是不能排除有非法取得的可能就应当予以排除。刚才姜伟说到了侦查人员的前程，对家属的影响等等，这是难免的。我认为，作为法官，在决定启动程序排除非法证据时，不能考虑这些，只应对证据本身的合法性负责。

另外，侦查人员在法庭上不能证明证据系合法取得的时候，仅仅是不能证明证据的合法取得，不能排除它的非法取得。这种情况下不能认为侦查人员就是使用了非法取证的手段，进而对侦查人员进行处理，追究其法律责任。除非有确定的证据证明确有刑讯逼供才能对侦查人员进行处理，这样对侦查人员才是比较公正的。因为《刑事诉讼法》第 58 条中明确规定了是不能排除有非法取得证据的可能，即可能是非法取得的，就要把这个证据排除掉。仅仅是有这种可能性。所以不能简单地对侦查人员不加甄别地进行处理。我想把这点明确之后，一个是对侦查人员更公正，再一个实际也为审判长在法庭上确定是否排除非法证据的时候，减轻了一点压力，更符合实际情况。

田文昌 在排除非法证据程序过程中如何做到公平、公正，对各方都负责？即不仅对被告人负责，也要对侦查人员负责。这个问题其实不难解决，只要切实坚持无罪推定的原则就可以了。对于证据的非法性而言，不能排除其非法性的标准是一种"可能性"，即只要不能排除这种"可能性"，就达到了对该证据予以排除的标准。这个标准的设立正是以无罪推定、疑罪从无的原则为基础的。换一个角度来讲，对于侦查人员的追责也应当适用同样的原则。也就是说，在不能排除具有刑讯逼供可能性的情况下，一方面，应当将该证据作为非法证据予以排除。另一方面，也不应当仅仅依据具有刑讯逼供的这种可能性而对侦查人员追责。就是说对于侦查人员也同样适用无罪推定和疑罪从无的原则。如果能够认识到这一点，并且能够坚持这个原则，这个问题就不难解决了。

姜伟 张军讲的我很赞同，这是一个理念问题，刑事审判在法庭上不仅要客观公正地对待被告人的合法权益，也要客观公正地对待侦查人员、公诉人的合法权益，特别是在非法证据排除审查的问题上，因为这个结论关系到很多人的切身利益，所以我们更要保证对侦查人员给予公正的对待。辩护人在审判长没有作出非法证据排除的裁定之前，不要在报刊上渲染案件刑讯逼供，试图借助媒体、网络的力量制造舆论、影响审判，因为有时候虽然最后审判长并没有排除，但是舆论已经造出去了，会给侦查人员的名誉带来很大的损害。

张军　这是律师的职业道德问题,全国律协、司法部会在这方面加以规范。我认为,如果律师缺乏比较充分的根据,故意借助媒体扩大影响、施加压力,有律师朋友告诉我说,这往往被当作一种辩护策略,而最终审判结果证明案件并不像律师讲的那样,这样的律师是否违反了执业纪律?要不要受到行业处分?很多律师朋友都和我讲,应该有这样的纪律规范,以不断提升律师的执业形象,使律师在刑事诉讼法执行中发挥更大的作用。

姜伟　而且律师在事情没有定论之前,就造舆论,结果又证明他说的与事实不符,这样的律师也是极其不负责任的。

田文昌　中国目前律师素质良莠不齐的现状我从来不否认,但我认为,关于媒体的问题我们其实应当从两个方面去认识。有时候,这也是律师的无奈之举,为什么?一般情况下真正借媒体炒作的实际上是办案机关,他们通常刚一抓到嫌疑人,就通过官方媒体报道出去,弄得满城风雨,先入为主了。律师一开始就处于被动局面,无奈之中采取这种方法,也是没有办法的办法。当然说到瞎搞的,确实也有,我也遇见过,特别爱表现,好出名,但现实中的数量和比例是很小的。相当一部分都是被逼无奈了才这样做的。

　　我就经常遇见办案机关利用媒体乱炒作的情况,在我代理刘涌案时,《时代潮》杂志作了一本专辑,其中刊登的我的辩护观点完全是伪造的,竟然写道:人命案的责任不在被告人,而在于被害人,因为被害人的身体状况欠佳,如果他要是像成龙那么健壮就肯定死不了。

　　这样的辩护理由能不招人骂吗?别说是我,我相信任何一个律师也不可能提出这种辩护意见,但是他们居然能够编造出来。虽然我有完整的书面辩护词,而且法庭上还有庭审录音录像为证,但这种舆论造出去之后,社会公众就会产生误解,因为他们无法了解到真实的情况。

在信息公开化的社会环境中,借助媒体支持其实是难以避免的问题,这其中也不乏有媒体主动监督的情况。重要的是,无论是哪一方都不能借助媒体去歪曲和编造事实。

我想提出的另外一个问题是,排除非法证据在有些情况下做不到怎么办?我想强调一个原则,应当遵循有利被告的原则。当然法官有自由裁量权,这是可以的,但是法官裁量权的依据是什么?应当有个原则,这个原则就是有利于被告的原则。即当确实有非法取证的嫌疑,但还不能予以排除的情况下,应当作出有利于被告人的决定。最高人民法院、最高人民检察院、公安部、国家安全部、司法部《关于办理死刑案件审查判断证据若干问题的规定》第22条第3款规定:"被告人庭前供述和辩解出现反复,庭审中不供认,且无其他证据与庭前供述印证的,不能采信庭前供述。"也体现了这个原则。我认为在庭前供述和当庭供述差别比较大的情况下,即使对于庭前供述不能予以排除,根据这一条的规定,也应当更注重当庭供述的内容。因为毕竟法庭审判是控、辩、审三方在严格的程序中公开进行的,而庭前供述是侦查机关单方取得的。

姜伟 我插一句,文昌讲到关于庭前供述认罪了,庭上翻供或者庭前供述和庭上供述不一致的时候,应该当然以庭上供述为准,我不太赞同文昌律师的这个观点,我觉得不能必然得出庭上的供述就优于庭前供述这样的结果,为什么呢?就单个证据来讲,经过了法庭质证可能要以其为准。但是就证据内容是否客观真实,有时仅仅通过单个证据是无法判断的,只要庭前没有刑讯逼供,供述也是自愿的,证据的合法性就没有问题,就证据的内容是否采信,应当把这个证据放到整个证据体系中去比较、鉴定、印证,当它和证人证言、被害人陈述等等相关的证据一起能够形成一个完整的证据链条的时候,就要采信,反之，如果它融不进整个证据体系，法官就可以不采信。因此，就单个的证据而言，得出被告人的庭上供述优于庭前供述这样的结论，我觉得不妥。

田文昌　你误解了我的意思，如果当然的以庭上供述为准，那庭前证据就一概无效了，我不是这个意思。我的观点是，庭审当中经常会出现当庭供述和庭前供述不一致、有冲突的情况，当这些问题用非法证据排除规则也不能明确排除，而且两个证据都有重大疑点的时候，应当更多地考虑当庭供述。

张军　原则上应以庭上的供述为准，或者说庭上的供述应该更加客观真实一些。因为毕竟法庭是一个相对宽松的环境。作为法官平常也是这样掌握的，对供认犯罪的更加相信庭上讲的。比方说毒品犯罪，在复核死刑的时候看被告人供述，如果在庭上被告人也认罪了，但是辩解说是初次或者不知道是毒品，这样的辩解一般不影响事实的认定。以庭上供述为准的原则，前提是以非法证据排除了庭下供述。如果没有排除，庭上又讲一套，被告人说：我现在讲的是真的，那个时候是被刑讯逼供的，我觉得不说对我不利。这个时候怎么来判断？或者是排除了非法证据以后，庭上供述与其他证据不能印证，综合判断不能认定，怎么办？这个时候法官就要根据经过庭审质证的全部证据来综合判断被告人在庭上的供述是不是真实，是不是客观，依据《刑事诉讼法》第53条的规定，对有口供没有其他证据的不予认定，对没有口供其他证据确实、充分的予以认定。

田文昌　庭前供述存在三种可能的情况：第一种是非法证据可以排除；第二种是没有非法证据，没有威逼利诱，就是被告人个人原因；第三种情况是有非法证据的嫌疑但是排除不了。实践中第三种情况较多，这是因为，我们的手段有限，排除的力度更有限。在当前条件下，有很多应当排除的非法证据还是无法排除，这是一个无法回避的现实问题。这个问题恐怕短期内难以彻底解决。所以我才提出法官裁量的时候要遵循有利被告的原则。我觉得，《关于办理死刑案件审查判断证据若干问题的规定》比较有道理，依照其第22条第2款规定，庭前供述一致的，被告人又不能说明翻供理由或其辩解与其他证据相矛盾的，就可以采信庭前供述。但是庭前有反复，庭上又不供认的，庭前供述有嫌疑，但非法证据又排除不了的，我觉得在这种情况下应更多考虑、衡量当庭的证据。

为什么我提出这个观点？实践中我遇到很多当事人，庭前作了有罪供述，庭上翻供，我问他们，既然不是事实，你当初为什么要这样说呢？有的是受到了逼供、威胁，有的是很害怕、有压力，有的是被诱骗。据我了解到的情况，有些办案人都会说：你说吧，现在说了就过关了，你也少受罪，我们也好交待，到法庭上还有你说话的机会呢。当事人不懂法，别说是层次低的、没文化的，很多官员、有文化的知识分子也被骗了，他们向律师倾诉说，实在受不了了，别说是逼供，就是长时间不让睡觉、大灯泡烤、不断施加压力也受不了啊！反正庭上还有说话的机会，我相信法律，所以就承认了。结果开完庭后捶胸顿足、痛哭流涕，本以为到庭上还有说明真相的机会，结果变成了翻供，罪加一等，非常可怜。所以我认为，在目前非法证据排除的手段和措施还达不到非常严谨程度的情况下，对当庭供述应当更多地考虑，更多考虑并不是简单的当然认定。

姜伟　　文昌律师提到了庭前供述的三种可能情况，第一确实有刑讯逼供的排除掉；第二确实没有刑讯逼供；第三有刑讯嫌疑但说不清楚。实践中说不清楚的占绝大多数，这种情况下怎么办？刚才文昌律师提出了有利于被告人的原则，从诉讼的角度、证据认定的角度看，这个原则没有问题。但是,刑讯逼供带来的另外一个问题是,证据被认定为刑讯逼供或者排除不了嫌疑,对侦查人员本身也是一个损害。所以这是一个两难的问题,如果不排除非法证据,对被告人不利;如果认定刑讯逼供,对侦查人员不利。所以我倒倾向于在说不清楚的时候,在证据不能直接证明有无刑讯的时候,能不能借助刑讯事件发生的时间、地点、过程、性质,用常理、常识、常情来分析一下,是指控刑讯逼供的可信度高,还是没有刑讯逼供的依据更合情合理。

田文昌 具体案子不好说,但是,第一,肯定不能谁提出来说有就有,必须经过调查,经过法庭排除程序。第二,要提出一定的线索,但对于线索的要求不能太苛刻,如有人认为应当提出非法取证的具体人物、时间、地点、方式和证明人等,显然不现实。如果能提供出这么具体的内容,就不仅仅是线索了。实践中,很多时候被刑讯的人根本就没有条件去辨认刑讯者,也无法知晓时间和地点,更不可能找到什么证明人。所以,只要能够提出一些可以提出的线索,如刑讯的手段、地点、刑讯者的语言或形象、连续提讯的时间等,就可以启动排除程序。其中,监所外提讯本身就可以成为启动排除程序的理由。第三,有利于被告人的原则是建立在提出非法证据的怀疑,又不能排除的基础上的,这种情况下我们应当遵循有利于被告人的原则。

其实,这里还涉及一个重要的司法理念问题,就是应当如何定位法庭审判的作用和价值?在整个刑事诉讼过程中,法庭审判是最后一道关口,也是在控、辩、审三方共同参与之下公开进行的最重要的一个程序。一切证据,包括被告人口供,都必须经过庭审质证才能作为定案证据。所以,庭审活动在整个诉讼过程中应当具有最重要的作用,具有最高价值,这就是我们前面提到的庭审中心原则。但是,我国目前的状况是庭前证据的确认往往会成为定罪的依据,庭审过程则很难否定或改变庭前证据。这种状况如不能予以转变,庭审就还会是一种摆设。

> 张军

在搞不清楚的情况下,按照修改后的《刑事诉讼法》第58条的规定,对于经过法庭审理,确认或者不能排除以非法方法收集证据情形的,对有关证据应当予以排除。也就是说,能明确确认是非法证据的要排除,没有证据能够证明不存在刑讯逼供的也要排除,立法还是采纳了对被告人有利的原则。

第54条第1款规定,不能补正或者作出合理解释的,对该证据应当予以排除。也就是说,作不出合理解释的要排除,不能排除有刑讯逼供情形的自然就要排除,这个规定显然是倾向于被告人的。

问题2　对非法证据排除特别程序的探讨

> 张军

非法证据排除的规定,作为证据制度的一个新的内容规定下来,应该说是这次修法的重要的亮点之一,也是对"两个证据规定"实践经验的立法采纳。"两个证据规定"执行以来,实践中还有很多问题。非法证据排除对检察机关、对律师,对法院开庭审理案件都是一个巨大的挑战。这是一个很好的规定,看起来也很不错,但真正运用起来非常艰难。要防止出现叶公好龙的情形。这也让我想起1996年修法,好不容易争取立法作出了不移送案卷的规定,实现了近乎起诉一本主义和抗辩式的审理模式。立法公布以后,我们都充满了希望。记得我当时面对《人民法院报》的记者采访就讲,今后的开庭大家会很愿意旁听,它的对抗性很强,而且很多事实证据在法庭上能查清的就认定了,查不清楚的当时就能排除,很多案件可能当庭就会宣告无罪了。实践证明,当时的想法太幼稚了,以为只要法律作出规定的都可以且应该办到。实际不然,因为它不完全符合我们的国情,所以实现不了,仍要花费巨大精力、金钱、时间去复制案卷,照样移送……讲到非法证据的排除我现在隐隐约约又有了这种担心,主要是我们的司法环节,首先是控、辩、审三方对于如何排除非法证据很不熟悉、很不适应。

刚才文昌讲到公诉机关或者是不愿意拿出所有讯问的录像,或者是真的拿出来你又会没有兴趣去看。这一点我们已有实践经验。在一起涉及排除非法证据案件中,律师提出来要看全部的讯问录像,检察官开始不同意,法官没有办法,同意全部播放。十几个小时的录像,放到一两个小时,法官说你们截取一部分被告人讲到可能被非法讯问的时段的录像审看行不行,辩护人说不能截取,一定要从头看到尾。结果呢,没有几个人能坚持坐在那里,直到第二天才勉勉强强看完了。还有,法官对于是否有非法取证情形这个结论是很难下的,非法有的时候是灰色的,甚至只是一种暗示,如何认定带有点强迫还是没有强迫,每个人的感受都是不一样的。同样的声色俱厉,我觉得他这么说把我吓坏了,另一当事人却不拿这当回事,可能也只是基于家属认为是被强迫了,或者是律师有其他的考虑才提出排除的申请。

还有一个使非法证据排除难以推行的原因,就是一旦涉及真正确定要排除非法证据,直接就会影响到这个案件能不能最终定下来,特别是被告人涉嫌暴力残害多人,结果就因为这样一个非法证据,最终判了较轻的无期徒刑,或者依法应当宣告无罪,到时候社会、公众就会不答应,所以非常难。我想这就需要进一步去规范,逐步去摸索经验,要循序渐进。否则就可能仍会出现过去那种由依法根本不移送卷宗到复印移送,到这次全部移送,走了回头路。无论是法律的执行,案件的处理,还是惩罚犯罪、保护人权,都不能达到立法的预期。

姜伟 关于非法证据排除,应该讲各方的观念都是统一的,但实践中刑讯逼供的案件还是时有发生。从辩护人角度反映出一种现象,比如说我们对非法证据提出质疑,但总是不能得到排除。但从检察机关的角度,也反映一些问题,比如现在只要一开庭,不审案件本身,先审公诉人和侦查人有没有刑讯逼供。辩护人要求调取所有的证据,所有的审讯录像,一看就是好几天,对每个证据都提出是刑讯逼供的非法证据,当事人也以刑讯逼供为由,推翻前期供述。这是"两个证据规定"出台以后,司法实践中出现的现象,虽然具体比例我没统计过,但是下面普遍反映,律师上庭首先就说刑讯逼供,然后要求审查证据是不是合法取得的,让公诉机关举证。公诉机关如何举证呢?只能先休庭,然后通知侦查人员到场。侦查人员到场,写说明,有录像的调录像,出示看守所的入所检查、身体体表检查、相关人证明。所以本来法院庭审的是张三、李四的犯罪事实,现在反过来先审检察机关、侦查机关是否有刑讯逼供。这种现象,特别是在公开审判期间,确实会影响法庭形象。弄得好像所有证据都是刑讯逼供搞来的,检察机关、侦查机关都没有好的。同时还会影响诉讼效率,庭审本来是审张三、李四的犯罪事实,现在审不了,要先审检察机关、侦查机关,所以这是个大问题。

所以我现在赞同对证据的合法性可以提出质疑,要进行审查,但在程序上能不能规定一个特别程序,不公开审查,不要弄得旁听群众、家属都来,一听律师提出刑讯逼供,回去网上就爆炒,这样会严重影响中国的法治形象。我在基层检察机关工作时,曾下过命令,谁也不能刑讯逼供,我甚至说过,宁可案件你办不下来,证明你没水平,但绝对不能打人,绝对不能体罚虐待。

田文昌 实践中也并不是律师对非法证据提出质疑,总是不能得到排除,也有非法证据被排除的情况,但是,数量实在是太少了。我就办过这样一个案子,也是至今为止在我办的案子中唯一的一件。舅公和外甥都是台湾人,两个人在大陆打民事官司,打了5年,最后舅公要输了,就到公安机关举报外甥职务侵占,称外甥是他在台湾公司的员工,派到大陆来管理大陆公司,外甥侵占了公司财产。庭审争议的焦点集中在外甥是不是其舅公在台湾公司的员工?外甥称他们是合作伙伴的关系，他不是其舅公的员工。控方出示了被告人在侦查阶段的有罪供述，还有悔过书、致歉信、认罪书，还找了几个证人，证明被告人是其舅公台湾公司的员工，此外控方还出示了票据等一些间接证据，唯独没有双方的劳动合同。庭审过程中，被告人提出其在侦查阶段的有罪供述不真实，受到了刑讯逼供，其中一种逼供方法是用皮鞋踩脚，把一只脚大脚趾的趾甲盖都踩掉了，最后实在受不了了才说的，并向法庭展示了其脚趾上受伤的痕迹。最后经过律师一再向法庭申请，法院对其脚趾上的伤情作了一个鉴定。

姜伟 　能够鉴定脚趾上的伤情跟刑讯行为的因果关系吗？还是只能鉴定受伤结果？

田文昌 　确实比较费劲，只能鉴定受伤的结果，但结合其他证据，如看守所的体检，等等，可以得到印证，结果总算是排除了。当然最终判无罪不仅仅是非法证据问题，这个案子的指控证据本身也不充分。一是，台湾人在台湾公司的人身权属关系，大陆侦查机关证明不了。二是，所谓被侵占的大陆公司的投资，证明不了是舅公出资的。非法证据排除了以后，一审宣告无罪，在春节前一天宣告的，释放后被告人马上就回台湾了，春节假期刚满，检察院就抗诉了，如果他没有回台湾，也许就又被抓起来了。后来过了几个月，二审也开了庭，维持了一审判决。

这是我亲历的案件中唯一一个排除了非法证据，但是还是没有严格按照"两个证据规定"来办的案子。

庭审中，律师提出按照《关于办理刑事案件排除非法证据若干问题的规定》第5条第1款的规定，被告人及其辩护人在开庭审理前或者庭审中，提出被告人审判前供述是非法取得的，法庭在公诉人宣读起诉书之后，应当先行当庭调查。但控方坚持一定要宣读被告人的有罪供述,最后没办法,还是宣读了。这种做法实际上颠倒了排除非法证据程序和举证、质证程序的顺序。不仅会形成法官先入为主的认识,而且也浪费了庭审时间。

现在我们需要特别注意的是,从实践中排除非法证据程序的结果来看,最终被排除的数量非常少。但是,这绝不说明非法取证的行为很少,也绝不是被告人或者律师在无理申请,而是在很多情况下排除程序无法得到有效实施,只是在走过场。这是一个亟须解决的问题。

姜伟 所以这种情况下,就像我前面说到的,能不能搞个特别程序。

田文昌 从程序的设计来讲,我也赞成搞个庭前的特别程序,但是,庭前程序不能代替审判程序。我认为,在庭前程序中可以讨论庭审中是否进行和如何进行排除程序,公诉机关也可以撤回已经确认为非法取得的证据。但对于需要经过排除程序予以确认的证据,必须经过庭审,即正式的排除程序还是只能在公开审理中进行。

姜伟 我记得原来在立法讨论的时候提过这个问题。这样一来,既能解决非法证据排除问题,又可以维护法治形象。因为律师作为辩护人,有些事你并不在场,都是听当事人在讲,如果当事人是自伤、自残的,或者是因与同监犯打架受伤的,然后说被刑讯逼供了,是被办案人员打的,律师也不能保证当事人向你陈述的就都是事实,也只能提出质疑。在这种情况下,如果拿到公开庭审的法庭上一说,再一渲染,会给社会公众造成不好的印象:侦查机关刑讯逼供、公诉人不讲理、审判长不尊重人,中国就是这样的法治形象。所以我建议应该搞一个庭前的特别程序,庭前辩护人、被告人对证据提出质疑的,可以让审判长组织侦查人员等专门人员进行质证,有录像就放,在这个范围内达成共识,如果有刑讯逼供,该排除的就排除掉了再上法庭。这关系到中国法治形象问题。

张军 我们现在已经在总结"两个证据规定"的经验,其中一项就是在法庭调查程序展开之前就"应当予以排除"的规定太绝对、太武断了,不符合实践中审理案件的情况。因为出现一个排除非法证据申请,法庭就得排除,那么接着在举证质证的过程中,再出现第二、第三个,到了第四个证据,又提出是非法的还要申请排除,而展开排除程序往往需要休庭再去调取有关的证据。我们有了一些地方审理此类案件的经验后,倾向意见是对这个规定要考虑修改。讨论中讲到,之所以当时规定要在庭前排除非法证据,就是认为非法证据不能进入质证,提出来了就要排除。否则,这个被申请排除的证据会影响法官已经形成的对案件证据证明事实情况的确信。这一条规定出台以后,专家学者给予了充分的肯定,认为它是"两个证据规定"的"亮点",而且西方也都是这样规定的。但是,需要深究的是,西方为什么这样规定?因为被告人不认罪要由陪审团审理。陪审团在开庭前是不能接触证据的。如果接触了证据,由于他们缺乏法律训练,可能就会形成一个对被告人不利的观念,形成管它怎么来的,犯罪行为就是他做的这么一个意向。而我们的庭审模式完全不同,控、辩、审三方事先都接触了证据,卷宗要移送,律师要阅卷,公诉人、侦查人员更不用说了,因此庭前排除非法证据的意义和英美的绝对的庭前排除意义就完全不一样了。为了使"两个证据规定"的精神得以延续,以及使修改后的刑诉法规定顺利施行,避免姜伟刚才讲到的一些庭审难以顺利进行的情况的发生,原有规定要作出必要且科学的修改、完善。这其实也是近期有关案件庭审,控、辩、审三方磨合,运作"两个证据规定"共同形成的经验、共同创造的财富,要把它在贯彻刑诉法的实践中运用好。

姜伟 关键是怎么改？

张军 当时研究中提出的修改意见是这样的，原来的规定不作彻底的修改，而是辅助性地增加一些条款：对于复杂案件和多被告人的案件，庭审中提出了非法证据线索请求排除的，可以在法庭调查结束前一并进行排除审理的程序。比方说一个多被告的案件可能总共提出15个需要排除的证据，依法先把其他的证据经过庭审质证。如果其他的证据，比如说一个案件的证据是17个，其中有3个是提出排除非法申请的，就先把另外14个证据质证了，然后再加上其他被告人提出排除非法证据申请的，一共是15个证据，法庭利用3天或者是5天时间集中排除。没有排除的，经过质证得以认定，还是合法的证据，加入到前面已经质证的事实认定中去，就会形成一个印象，案件证据没有问题，然后再统一把案件推进到辩论阶段，这样就不会使一个案件的庭审随时被打断、无限期延长、案件一两年都审不下去，我们国家绝对不能允许这种情况的出现，要追求并实现司法公正：既要维护当事人的合法权益，也要使法律规定的程序能够正当地推进下去。

姜伟 我很赞成对非法证据排除应该集中质证或者集中排除、专门研究。但我建议，在这个基础上能不能这样规定，在多个证据的合法性被提出质疑时，另行开庭审理，因为当庭解决不了，还要找侦查人员来，还得收集相关证据，不能在一个庭上接着开。

张军 就是这个意思。假设现在开庭，我们是控、辩、审三方，文昌提出来当事人和我讲了，这个证据有刑讯逼供的嫌疑。由于这是个复杂的案件，可能之后还会有这样的情况提出来，我们就在所有其他合法取得的证据质证结束、法庭调查结束之后，法庭辩论之前，再集中排除。

田文昌　在多个被告人提出有非法证据的情况下，对其他合法证据先质证，再一并进行非法证据排除程序，这种变通我认为是可以的。能够节省庭审时间，也不会影响排除的效果。但有一个原则应当把握，对于被告方提出要求排除的证据，必须先进行排除程序之后再质证，不能先质证之后，再回过头来进行排除程序。

姜伟　另行开庭，这是第一。第二建议在非法证据合法性质证期间采用开小庭的方式。

张军　我补充一点，这次修改法律之后，有一个庭前程序设置。开庭前被告人，控、辩、审三方或者需要的其他参与人，就法庭回避等问题进行预审理。在这个程序当中，我们应该要求有非法证据排除问题的，都要提出来。在这个程序汇总提出来以后，如果检察机关认同，就不上法庭了，如果不认同，正式开庭以后可以再提出来，再提出来也是通过庭审作出是否进行非法证据排除的判断。

姜伟　我的建议是非法证据合法性的质证需要控制公开的范围。避免经过家属或者媒体渲染，效果很不好。

田文昌　我是同意张军的观点的，在庭前程序中如果提出来有非法证据问题，在公诉机关认同的情况下，可以撤回这些证据，不上法庭。但是公诉机关不认同的，就必须在庭审中公开进行排除程序。排除程序是法庭公开审理的一部分，这个原则还是不能变的。

张军　非法证据也是证据，庭审质证应该公开。如果经过质证之后根本没有刑讯逼供，拿出来让大家看一下，我们的侦查人员、公诉人多么严格依法办案，录像多么规范。

姜伟　很少有人会把录像全程看一遍,辩护人都无耐心看,旁听观众更不看了,现在看来效果非常不好。

张军　庭前预备程序是不公开的。能够达成一致的内容,如哪些证人出庭,哪些证人不出庭,哪些证据排除掉,就不上法庭了,这是可以的。但是已经在法庭上提出来的,你不在法庭上审理吗?

姜伟　我不是说不上法庭审理,是说限制旁听观众,这里面涉及很多问题,一个最大的问题是侦查人员有顾虑,当着那么多的旁听人员出庭接受质证,还可能被律师指责。

田文昌　这需要侦查人员转变观念。

张军　如果不是依法不公开审理的案件,都应当公开审理。排除证据和认定证据都要经过法庭公开质证、辩论。

姜伟　是要经过法庭,但旁听观众不参加,跟法庭质证一样。

张军　你的意思就是说不开庭质证,秘密质证。

姜伟　是开庭,但不宜让人旁听。

张军　那就是不公开开庭嘛。

姜伟　旁听范围可以缩小嘛。这个问题我们有必要研究一下,为什么现在法治形象那么差、司法没有公信力,包括我们前面说的两个规则在实践中的问题,网上一炒,老百姓都认为这样太不像话了,这个第一印象不好，形象被毁损，弥补起来是很难的。所以目前建设社会主义法治国家也好、维护法治形象也好，中国在往前走，尽管每一步走的都不是很大，但总体来讲一直在走，一是，基本方略提出来了；二是，向前推进的路线是有了。现在就是实践中，容易授人以柄，人家本来就质疑你，没事就给你抹黑，真假都宣扬。所以我建议在审查非法证据问题上，如何质证，是完全公开审理，还是适当公开审理，要慎重。

张军　　既然开庭审理，案件本身是公开开庭审理，这一部分也不能够不公开，但是法官要在这里面发挥很重要的作用，对提出的排除非法证据的申请，要依法对证据线索进行严格审查，对有非法取证嫌疑的才能展开这个程序。无论从公正的角度，还是从效率的角度，抑或对当事人负责任的角度都要依法办理。如果没有能够在一定程度上证明可能会有非法取证情形的线索，就对申请作出不予采纳的判断，继续往下审理。只能是这样。

姜伟　　尤其在一些开庭审理中，所有的证据律师全认为是非法，而有的律师没认真看卷。

田文昌　　这种情况即使有，也是极个别的，绝大多数律师还是负责任的。客观地说，在所有的刑事案件中，提出非法证据质证要求进行排除程序的，数量还是很少的。

张军　　如果确实是姜伟讲的这种情况，就继续审理进行质证。辩护人提出来的申请没有相应的或者是可以采信的线索，就应当对排除非法证据申请依法不予同意。

姜伟　律师提出来,当事人呼应,也说是刑讯逼供,两个人一唱一和。

田文昌　无论谁提,都要凭证据说话。重要的是,公诉机关有义务证明取证的合法性。所以,公诉人一定要转变观念,要有证明取证合法性的责任感。这一点正是这次刑诉法修改的意义所在。

张军　不采信,继续审理。这个就是法官的权力,应依法落实。

姜伟　但是落实什么呢?旁听观众一听这个案件有刑讯逼供,再一炒作,影响就很不好了。所以现在最高法修改、调整"两个证据规定",我觉得这是对的,关键是修改过程中要注意平衡,还是价值多元化的问题。

田文昌　咱们三个在一些问题上有一些不一样的认识,很重要的原因,是我们的职责不同,感受不同,体会不同。比如从公诉人的角度,姜伟建议对证据合法性的质证不要公开开庭,又比如张军作为最高法的大法官,看到的是原来非法取证的比例是多少,现在增多了。但我从律师角度来看,主要是因为"两个证据规定"的出台使其暴露出来了。而且,如果排除非法证据程序的实施能够落到实处,非法取证问题还会暴露得更多。因为事实上,近些年来这种问题是很严重的。

张军　总体来说是越来越好的。因为我们的规则越来越严格,法官等司法人员的素质越来越高,刑事辩护律师的整体素质也在不断提高,执行法律、司法解释规范越来越到位。2007年到2011年,最高人民法院收回死刑复核权这五年,前两年,补查补侦案件数量很大,尽管许多只是程序性的问题。2011年我们统计了一下,数量已大幅下降。

田文昌　原来有些可能没暴露出来，但现在因为规定严格了，就暴露出来了。希望非法证据排除程序的实施能够对刑讯逼供起到真正的遏制作用。

张军　有途径暴露出来了。

姜伟　议论得也多了，因为法庭把它作为一个程序，公开评论这个事。

田文昌　所以说法律规定了非法证据排除程序是很大的进步，原来没有这个程序，在法庭上连提都不能提，律师一提出来就会被打断，甚至被训斥。现在有了一个专门的排除程序，是一个很大的进步。但其实际作用、效果却非常有限，下一步我们要研究怎么来使其发挥作用。

　　对非法证据排除问题我是这样看的，对排除的前提和必要性大家的认识都是一致的，主要的分歧就体现在程序设定上。排除的困难，前面也谈到了，我切身体会到很艰难，控、辩、审三方都有难处。"两个证据规定"出来后，我当时也很高兴，但实践中，执行起来很难推进。各有各的道理，各有各的困难，这是现实问题。但是从理念上、原则上看，究竟应该如何设计？我的观点是：第一，排除虽难，但按照原来"两个证据规定"的规定，先排除还是后排除的问题不应改变，还是要先排除，排除以后再宣读口供等言词证据。为什么？刚才张军提到了国外是陪审团，我们都是专业人士，是不一样的，但毕竟还是存在先入为主的问题。现在法庭虽然先阅卷，但阅卷与开庭还是不一样的。

张军　百分之百先看卷，然后拟定一个庭审提纲，拟定争议焦点，拟定哪些问题要重点审查。

田文昌 这是最高法的要求,实际上并不见得如此,也有一些是先粗看一下,庭审后再去仔细查阅证据,我在实践中有体会。我们所的律师做案件有一个特殊的要求,就是要仔细阅卷,不管几百本卷宗,都要有详细的阅卷笔录,必须要带引号的原文摘抄,错别字、标点符号都不能改,并标明原文在几卷几页。这么做的原因,一方面是有助于律师对全卷的详细了解,吃透案卷;另一方面还可以达到律师帮助法官阅卷的效果,打印出来连同辩护词一起交给法庭作为参考。我们的这种做法非常受法官的欢迎,基层法院的法官工作任务十分繁重,事前往往没有时间详细阅卷,律师把重要的问题都提出来了,摘抄了,比对了,法官就可以节省大量的阅卷时间,看得更有目的性。所以尽管要求法官先阅卷,但对排除的先后还是得有区别,因为,即使在法官开庭前已经先阅过卷的情况下,如果在排除前先行举证质证,也会存在先入为主的问题。比如,虽然提出了对刑讯逼供的质疑和线索,但仍然先宣读了大量言词证据,就容易形成一个先入为主、比较稳固的认识。所以先排除的原则我认为是不应该改变的。

第二,张军提到过贵州小河区案件引发的问题,按照"两个证据规定",律师要求排除非法证据是有法律依据的,并没有错误。

张军 律师提出来没有问题。

田文昌 但他们说律师提的不对,被告人多,要一块儿排除。这个问题各有各的道理。我这么看,集中排除可以,假如有20个被告人,一个一个排除太浪费时间了,我们可以作一个修复性的规定,共同犯罪案件有几个被告提出有刑讯逼供嫌疑和线索的,集中排除。但是,我不赞成先宣读完证据之后再排除的做法。

张军 不是这样的。比如公诉人宣读第 7 个被告人的口供，辩护人提出："审判长，这个口供我们申请依法排除，因为……"审判长听了以后觉得辩护人的申请有道理，线索比较可靠，就不宣读了，先放着，待其他证据质证之后，集中以一个程序，把可能还会提出的同案其他非法证据排除申请一并进行审理，决定是否排除。

田文昌 这样是对的，10 个被告，有 5 个涉及刑讯逼供，我们把这 5 个拿到一块儿来排除，这样做是可以的。同时我还有个想法，为了节省诉讼资源，也可以开庭前先提出来，因为有些案件开庭前律师已经知道要不要提出非法证据排除。

张军 这就是刚才我们提出来的庭前程序。而且如果公诉人认为这是非法证据，根本拿不到庭上；如果公诉人和辩护人的意见不一样，拿到法庭上在调查结束前集中排除。

田文昌 是的，这样在开庭前法庭就有数了，知道哪几个要提出排除，这样可以节省资源。这是我的一个观点，先排除，后质证。

第二个观点，要解决这个问题，最重要、最有效的手段还是录音录像，我们其实是有规定的，最高检早就明确规定了经济犯罪、职务犯罪要全程同步录音录像，但实践中就是不执行。这次刑诉法修改，虽然没有全面规定，但第 121 条明确下来，对于可能判处无期徒刑、死刑的案件或者其他重大犯罪案件，应当对讯问过程进行录音或者录像，这是一个进步。但关键问题在"全程同步不间断"上，对这一点一直存在不同的解读。

张军 确实很难，几十个小时。

田文昌　我认为关键问题不在于时间长，而是在于有人不愿意播放。几十个小时并不难解决，只是技术问题，可以实现，律师要求播放的，也可以庭前看。法官、公诉人、诉讼参与人陪着看几天几夜谁也受不了，但可以提前给律师看，律师有这个职责，让律师事先审查，摘出主要段落到法庭上播放，也可以让被告本人来选择，因为被告本人最清楚何时有逼供的。这个完全可以操作。关键问题是对播放内容的选择权应当在被告一方，而不在公诉方。所以，时间长不是障碍，真正的障碍还是有人主观上不愿播、不敢播。

所以我觉得，要真正解决排除的问题，最有效的办法就是全程同步不间断录音录像。退一步讲，如实在有困难的，对一般案件不搞，但按规定贪污贿赂、经济犯罪、重大犯罪案件，必须录像，不录就要承担不利后果，法律明确规定要播放，不放也要承担后果。如果在这个范围内能够把录像的问题真正落实了，一些难办的问题也就好解决了。

第三个问题是控方义务。这个问题法律规定很明确，控方对取证的合法性有举证责任，这是必要义务，在审查起诉的时候，就要注意对证据合法性的审查。当然不排除对庭前的非法证据辩方在审查起诉的时候就提出来，但不能强迫辩方必须先提，控方必须意识到这是自己的一个义务。

第四个问题是法官的决定权问题，要有相对具体的标准。现在法官对于能不能走排除程序享有决定权，但我认为，这个权力不能太大。这是我一贯坚持的观点，受个人素质、个人倾向、案外干预等因素的影响，给任何一方太大的权力都不行，还得有一定的框框限制。如何限制？比如怎么理解"线索"，哪些是哪些不是。比如实践中我遇见的场所问题，看守所外提审本身就违法，绝对应该算是个线索，凭这一点就可以排除，但是实践中场所问题往往不被重视。这次刑诉法修改后的第116条第2款，明确了犯罪嫌疑人被送交看守所羁押以后，侦查人员对其进行讯问，应当在看守所内进行，是一个进步。但还需要更明确一点，在监所外提审即被视为非法。如果没有这种对后果的规定,前面要求在看守所内讯问的规定就不能彻底实现。

要想切实解决非法证据排除问题,还须制定出一些具体标准,否则这个问题就很难落实。

张军　也不能那么绝对。监所外提审的,我们前面讲到,必须经过规定程序的审批,要有合法的证明。拿不出来就应视为非法,就可以向法庭提出排除申请的依据。对所外提讯、办案,公安部已有相关明确规定。

田文昌　司法解释上应当要有具体规定,这样操作起来就容易多了,否则实践中还是落实不了。比如现在所外提讯的问题,有些律师申请的照样不能排除。既然法律明确规定讯问必须在看守所内进行,就不应当有例外,监所外提讯的目的实际上是很明确的。至于辨认、寻找现场等,那不是讯问,应当加以区分。还有,超时间提审的问题,也很普遍,笔录上记载连续十几个几十个小时的,应该明确视为违法提讯;还有被告人明确讲出来哪一个审讯人员打了他了,多高、多胖、用的什么方式,说得非常具体,这也是线索。但这些请求也常常会被驳回。如果这些问题不重视,不解决,排除程序就很难有效贯彻了。

姜伟　关键是有些线索不可靠,只是道听途说的。甚至有些很荒唐,根本想象不到,敢信吗?

田文昌　这又是一个理念的问题,要求提供线索和要求提供证据是不一样的,要求线索要达到证据的程度显然做不到。重要的问题是要加强监控的手段和加大监督的力度。对于非法取证问题,是立足于"查"?还是立足于"否"?

姜伟　像编造的或者道听途说的刑讯手段都被提出来怎么办?

田文昌　既然提出来了,不进入排除程序怎么能断定就是编造的和道听途说的呢?排除程序不就是一个审查的过程吗?所以我主张对"线索"作出一个框架性的规定,法官就好掌握了,如果法官违反了,律师也好去辩解、投诉。这些问题在司法解释中都可以逐步加以解决。

如果法官已经裁判完了,排除或者没排除,对此不服,怎么办?我们现在也没有救济程序。实践中我遇到过很多这样的情况,有的是法官个人认识的原因,有的法官意志以外的原因,更恶劣的是律师要求书记员记录在案也被拒绝,根本没有办法救济。

姜伟　庭审应该有全程录音录像,这个问题就可以解决了。

田文昌　现在是有的有录像,有的没录像,录像还是少数的。

张军　1996年修改刑诉法后,我们去英国考察,看到在法庭上方不同的位置有好几个麦克风。只要进入法庭,开始庭审以后,任何一个声音都要被录音。我们现在完全具备条件,为了确保司法公正,经得起社会监督、公众检验,要进一步全面落实有关设施建设。

姜伟　侦查机关提讯都要录像,法庭庭审更应该有录像。

田文昌　第五,在程序设计上,如果能搞一个前置的专门排除程序,和其他的庭审讯问分隔开来,可能会更好一点,也有一个准备,像姜伟前面说的,法庭上突然提出来解决不了,还得休庭,所以这种前置程序会更合理、更严谨一些。但是,无论如何,正式的排除程序应当是开庭审理的一部分,必须是公开进行的。

张军 　　如果所有的可能是非法的证据在庭前都提出来了，可以在没开庭之前就由公诉人进行调查，可能会耽误若干天，然后拿到法庭审理进行程序上的排除，这是可以的。但是实践中往往是当庭突然提出来的，如果按照现在的规定，就得不断休庭、调查、往复，整个庭审就没办法进行下去了。所以，如果是比较复杂或者是多被告的案件，可以规定在法庭调查结束前统一进行非法证据的排除，也就是说，把其他没有提出非法证据问题的那些证据质证完后，休庭调查，恢复开庭，再进行排除。

田文昌 　　对于当庭临时提出来的问题，我觉得首先这是个别现象，其次，提出来，就休庭调查，虽然浪费点时间，但维护法律的公平正义更重要。像张军讲的，如果是比较复杂或者多被告的情况，发现问题了，当庭一个一个地问，有就先提出来，没有就过了，这次休庭，下一次开庭先一起来解决这些问题。这样做，可能会浪费点司法资源，但是更公平。

　　如果先举证质证完了之后再排除非法证据，还是有问题。比如开庭的时候，控方出示被告人庭前供述的时候，被告人明确表示不承认，说是被逼着签字的，对内容看都没有看过，在这种情况下，被告人都已经明确表示口供内容不真实、是假的，为了节省庭审时间，完全没必要念了，念出来也不被认可，有什么用呢？如果先进行排除程序，在法庭明确认定取证合法之后，再来宣读这些口供，也并不影响其证据效力。但是控方非要先行出示，就是为了达到渲染的目的，以此影响合议庭的判断。我就遇到过这种情况，法庭开始支持律师意见，不同意先举证后排除，但由于控方一再坚持要先举证，法庭也妥协了。出现这种局面的原因就是缺乏硬性规定。如果规矩定得很明确，就不致如此了。

张军 只要提出来质疑,说某一批出示的证据取得程序违法或者是假的,就不出示了,统一到最后搞一个程序,进行非法证据的统一质证,前面先质证其他证据,有非法证据质疑的口供放在最后。《最高人民法院关于适用〈中华人民共和国刑事诉讼法〉的解释》(以下简称《最高法院解释》)第100条第2、3款对此在作了大量调研、广泛听取各方意见后作出规定:"对证据收集合法性的调查,根据具体情况,可以在当事人及其辩护人、诉讼代理人提出排除非法证据的申请后进行,也可以在法庭调查结束前一并进行。法庭审理过程中,当事人及其辩护人、诉讼代理人申请排除非法证据,人民法院经审查,不符合本解释第九十七条规定的,应当在法庭调查结束前一并进行审查,并决定是否进行证据收集合法性的调查。"该解释第97条规定:"人民法院向被告人及其辩护人送达起诉书副本时,应当告知其申请排除非法证据的,应当在开庭审理前提出,但在庭审期间才发现相关线索或者材料的除外。"这样的规定,科学、合理,也得益于一个阶段以来各地排除非法证据,有些形成较大争议的司法实践,检察官、律师朋友都给了我们很大的帮助。

姜伟 关于庭审问题我赞同大家提到的总体原则,因为目前中国的刑事诉讼程序,包括非法证据排除规则,正在摸索,制度正在逐步建立和完善。但是怎样建立得更加完善?我们的刑事诉讼法刚刚修改完成,各项配套司法解释正在建立,能不能在作出司法解释的时候,适当地鼓励被告人,有刑讯逼供情况的尽量在庭前和自己的律师讲,因为庭前讲才能达到目的,所以可以在法庭调查中在正式庭审前专门附加一个程序。

田文昌 就是说在庭前事先提出这样的要求,会更有利于在法庭上排除非法证据。但是还有一点要注意,不能出现了庭前提的规定以后,有的法庭就限制当庭提,认为当庭提无效,这种现象是一定要防止的。

张军　这在我们前面介绍的司法解释规定中已作了明确规定。

姜伟　限制当庭提出肯定不可以。因为,庭前提出第一,鼓励被告人在庭前和自己的辩护律师讲,律师及时向合议庭提出申请,庭前提出肯定更有利于非法证据排除;第二,如果庭上讲了,要出示相关证据,然后休庭,去核实、调查是否有刑讯逼供的问题,但是这样影响庭审效率,也浪费诉讼资源。

田文昌　慢慢形成一种习惯,形成一种定式,都搞一个庭前的沟通、协商程序就好了,这样对被告人有利,对公诉机关、审判机关都有利。

第六,是关于警察出庭的问题。刚才张军和姜伟都讲到这个问题,我刚刚参与了一个有7个警察出庭的案子,有一些感触。

这是一个雇凶杀人的案件,从第一次开庭至今已经5年了,凶手至今没有到案,凶器也没有找到,就是通过刑讯逼供,最终3个人承认了雇凶杀人。依据3个人的口供,一审判决无期徒刑。从判决结果可以看出,一审法院也是两头为难,证据明显不充分,不敢判死刑,但又不敢疑罪从无,怕检察院要抗诉,只能作出留有余地的判决。结果被告人上诉,检察院也抗诉,省高法发回重审。辩护人提出了被检察院隐匿的一份证据——弹道检验报告,这份报告是在辩护人多次强烈要求下,检察院在第一次开庭后很长时间才提交的。这份报告证明,杀死被害人的子弹不是从一审法院认定的雇凶人提供的手枪里射出来的。然而重审判决出乎我的预料,它创造性地将故意杀人改成了故意杀人预备,无期徒刑改为八年有期徒刑。意味着虽然没有凶手没有凶器,不能证明杀人了,但是原来3个人的有罪供述证明3个人有预谋了。被告人又上诉,又发回重审,在第二次重审的庭审中，检察院提出来7个警察要出庭。本案参与审讯的警察总共有20个，来7个不能证明全部，少一个也不能排除刑讯逼供可能，这样的出庭完全没有意义，但是控方提出来了辩方不能拒绝。出庭以后，7名警察全部说没有刑讯逼供。这样的内容是我们早有预料的，但问题在于，7个人说的全都是一样的，一听就是事先准备好、背好的台词。最后我分别问他们，专案组的组长是谁？都说不知道、忘记了。连组长是谁都不敢说，让人怎么相信他们说的是真的。我认为，警察出庭承担着没有非法取证的举证责任，必须要说明细节，而不能说没有就没有，这只能算是一种主张，而不是举证。

姜伟　　没有发生的事情是没法证明的，你有质疑可以针对质疑来问我，但我没做过的事，怎么证明？被告人沉默权的根据就是无罪的人往往无法证明自己是无罪的。警方若没有非法刑讯，你让警方证明是怎么合法取证的，每个细节都得举证，这个可能有点强人所难，法律的精神之一是不能强人所难。

田文昌　　法律规定在这里是举证责任倒置的。

姜伟　　举证责任倒置没有问题，你可以提出质疑说有刑讯逼供，但其实并没有刑讯逼供。

张军　　这个时候看守所有全程录音录像，可以拿出来，你看吧，没有刑讯逼供。举不出来就麻烦了。

田文昌　　现在的问题是什么都没有，没有全程录像，你坚持没有刑讯逼供，至少把审讯的过程说出来，比如说审讯的时间，审讯的地点，审讯的过程。

姜伟 那律师可以具体提出一个具体时间、具体情景,对此,可以由警察来回答、证明。不能将犯罪嫌疑人从到案到进入法庭所有时间内的所有的活动都录像证明,都提供第三方证明。第一没有必要,第二也没有可能。

田文昌 比如审讯的时间?审讯的地点?审讯当时有几个人?有没有床?有没有休息的地方?连续审讯了多少个小时?给了多少时间吃饭?怎么吃饭?怎么喝水?怎么上厕所?都问了。

姜伟 这么盲目地问,可能不合适。

田文昌 这不盲目。

姜伟 这怎么不盲目呢?每天审讯的时间不一样,总共提讯了3次、8次,怎么能记得住?这样不叫质证。

田文昌 我问的是某一次的审讯是怎么做的,因为你有举证责任,你要证明。

姜伟 你得拿出线索,根据线索来回答,不能盲目地随意问,要有什么时间、什么地点刑讯的线索。
取证的合法性,原则上讲,就是没有质疑,不证自明,不能对每个案件的证据公诉人都要证明其合法性,而是辩护人有质疑我来回应质疑,但辩护人提出有非法取证首先要拿出线索。

田文昌 我们谈论的前提是辩护人已经提出了线索,在监所外提讯、连续提讯时间过长等。

姜伟　在有明确线索的前提下可以质疑,但不宜没有具体时间、地点等线索而盲目地问。

问题3　对侦查人员非法取证的无罪推定原则

姜伟　非法证据排除的规定本身没有问题,但在实践中,特别是在中国处于两难境地。刚才张军说了一个,这里的矛盾焦点在审判长那儿,因为作为辩护人,要维护当事人的合法权益,不管有没有刑讯逼供,只要有怀疑都要提。但审判长一旦认定这是非法证据,不仅影响到案件能不能定,还涉及侦查人员会不会受到处分,还有被害人的问题。我为什么不赞成在大庭广众之下公开审查刑讯逼供问题,是因为大家都知道这个侦查人员刑讯逼供,媒体上、网络上再一渲染,不仅他本人,他的家属将来在社会上都会很难堪。刑事诉讼涉及人的命运、涉及人的利益,它不仅涉及被告人的利益,也涉及侦查人员、公诉人员的利益。现在甚至有当事人反过来去告侦查人员的情况,不是只要赔偿,而是要求处理侦查人员。还有二审改判之后,不说赔偿,直接要求处理一审的审判长,说公诉人枉法裁判、枉法追诉,不仅要求处理,还要判刑,要把你送进监狱去。所以虽然这个制度很好,但操作起来真的很难。

张军　已经认识到很难了。但是,有法可依,有法必依的法治原则应当逐步加大落实的力度。这不仅是司法公正的要求,也是治本之策,是最终实现对司法人员的规范、保护的最佳途径。

姜伟　判决上明确写了是非法证据,当事人拿着判决告侦查人员,非要以刑讯逼供处理他,要求检察院抓人去。侦查人员怎么办?这么做会带来很多问题。

田文昌 这个问题其实是可以解决的,记得在前面我已经表达过这个观点,就是对于被告人和涉嫌非法取证的侦查人员都要坚持无罪推定、疑罪从无的原则。非法证据排除涉及两方面的后果:一是对被告人的后果,另一个是对审讯人员的后果。也就是说,在排除非法证据的同时,审讯人员可能具有刑讯逼供嫌疑,但不等于必然构成刑讯逼供罪,这是两个概念。因为排除非法证据时,我们是遵循有利于被告人的原则,只要不能排除刑讯逼供的可能就要排除非法证据,排除的是存在刑讯逼供的可能性。反过来当我们认定审讯人员是否构成刑讯逼供罪的时候,同样要遵循有利于当事人的原则,遵循疑罪从无原则,不能认为排除了那边的可能性,这边就具有必然性。所以,就可能出现,这边排除了非法证据,那边也不能认定审讯人员构成刑讯逼供罪。这种情况从证据原则上讲是正常的,并不矛盾。把这个问题讲清楚,就能消除很多顾虑。

姜伟 文昌提的这个原则我赞同,按照《刑事诉讼法》第58条的规定,只要不能排除有刑讯逼供情形的就应当排除这个证据,但是证据排除了不能必然得出侦查人员就是刑讯逼供。这一点必须在立法上或者司法解释上明确下来,要不然会给侦查人员带来很大的压力。

田文昌 简单讲,就是给被告人定罪的时候必须严格本着无罪推定原则,反过来给办案人员定罪也要遵循无罪推定原则。

张军 说明确一点,就是这个证据因为不能排除有非法取证的情形而被排除不使用了。但是,不使用这个证据并不证明一定有刑讯逼供。我们一再讲到这个问题。涉及非法取证问题,十分复杂,绝不是非黑即白,要客观对待,稳妥处置。

姜伟　对，非法证据的排除并不意味着当然存在刑讯逼供。

田文昌　这样就能缓解很多矛盾，实践中其实大部分被告人的目的还是为了使自己解脱，也不是要纠缠对方，但是没有明确规定下来，办案人员就容易有顾虑。

姜伟　这个对，排除非法证据以后不意味着一定有刑讯逼供，对被告人的审理，要遵循有利于被告人的无罪推定原则，反过来，对侦查人员认定是不是刑讯逼供，也要根据无罪推定，如果证据不充分、不扎实，也不能认定刑讯逼供。这个必须要明确，否则实践中可能被告人就会拿着判决去投诉、追究侦查人员了。

田文昌　如果这个问题搞不清楚，会对排除非法证据形成很大的障碍，这边一排除，侦查人员就倒霉，非此即彼。必须明确两者不是一个必然的联系，排除不等于有罪，不等于一定是刑讯逼供，必须要经过另一个程序来认定是否确实存在刑讯逼供，认定是否有罪，在认定的时候同样要本着无罪推定的原则。简言之，就是两方面都要遵循无罪推定原则，或者叫双重无罪推定原则。

姜伟　这两个认定的规则是一样的，都是客观公正、无罪推定。

田文昌　我们在诉讼当中有很多类似的问题，有重大的认识误区，所以导致我们在推进的时候两难了。这是我要强调的一个问题。

另外一方面，尽管如此，还是要涉及方方面面的利益，还是有难度。在此情况下，我们要如何抉择？如何权衡？牺牲什么？以什么为代价？如果不弄清楚这个问题，不走出这一步，那就可能以牺牲司法公正为代价，这又涉及价值取向的问题。我的核心观点是，虽然难，但还是要逐步解决,还是要走出这一步。现在我们从理念上走出来,但在程序上遇到困难怎么办?前面我们谈到那么多困难,要尽量克服,尽量排除。但是在目前的情况下,经过权衡,我们首先应当把维护司法公正、保障被告人的权利放在第一位,否则后果是很严重的。

问题 4 对全程同步录音录像问题的探讨

田文昌　　前面我们谈到了排除非法证据程序的安排,下一步,就涉及审判阶段排除非法证据的具体操作,这就是更加复杂的问题了。两高三部"两个证据规定"出台的时候,我们律师界都非常振奋,认为"两个证据规定"能够解决很多的问题。但实际上,我们看到,"两个证据规定"出台后,实践中基本上解决不了问题。比如说审讯过程全程录音录像的问题,在证据规则出台前,在《最高人民检察院讯问职务犯罪嫌疑人实行全程同步录音录像的规定(试行)》的通知里就有明确规定"在案件审查过程中,人民法院、被告人或者辩护人对讯问活动提出异议的,或者被告人翻供的,或者被告人辩解因受到刑讯逼供、威胁、引诱、欺骗等而供述的,公诉人应当提请审判长当庭播放讯问全程同步录音、录像资料,对有关异议或者事实进行质证"。可是多少次我在法庭上宣读最高检的明文规定,就是没人搭理。"两个证据规定"出台后,这个问题依然还是落实不了。迄今为止,至少在我出庭的案件中,没有一个法庭出示全程同步录音录像的。

张军　　是有录像不给放,还是根本没有录像?

田文昌　　有这样几种具体情况:第一是根本就没有录;第二是录了,但是拒绝播放,法官也没办法;第三种情况,实践中比较多一点,就是截取播放。审讯了十几次、几十次,都已经打服了、逼服了,只播放这么一段,没有任何意义。我在北京就遇上过一次这种情况,一个故意杀人案件,证据明显有问题,我在庭审中提出来要求出示全程同步录音录像,公诉人却只拿出一次讯问的录像。我强调要全程同步录音录像,他说这就是全程同步的啊,我说这是一次,不行,要所有审讯的录音录像。他说没有,而且还说,某一次审讯全过程的录音录像就是全程同步录音录像,法律上并没有要求所有审讯的全过程都要录音录像。我说这样的举证没有意义。但公诉人坚持要举,说举证是他的权力,必须要举证。我就说,举证是你的权力,但拒绝质证是我的权利,公诉人拿出只能证明部分情况的证据要求辩方认可取证全过程的合法性,显然不行。但令我感到万分无奈的是,审判长居然训诫律师,说律师无权拒绝质证,必须质证。

姜伟 这里也有个问题,因为审讯通常有很多次,如果把所有录像全调出来都看一遍,那法庭还有什么效率,所以得有线索,有针对性。

田文昌 全程录像时间长的问题,并不形成播放的障碍。有两种方法可以解决:一是开庭前律师事先初审,先看哪些要播哪些前面已经说过,不需要播;二是由被告人决定截取哪一段播放,而不是由公诉人选择播哪一段。被告人选择当然选择有刑讯逼供的,如果被告人选择的那段没有逼供,不就可以了吗?所以说录像时间长短完全不能形成对当庭播放的障碍。

姜伟 指明某一时间段的讯问,可以播放。但不宜在法庭上全都播放所有的审讯录像。这样确实影响庭审效率。

张军 可是有的律师要求全部播放啊。建议这个问题还是请全国律协在制定相关规则中能够作出提示性指导。

田文昌　全国律协制定规则没有问题,但必须控、辩、审三方有统一认识才行。否则还是解决不了。对于审讯录像,一种是不录,一种是不放,一种是截取播放,特别是截取播放之后还要强迫质证。其实律师只有在解决不了的时候才要求播放全部,如果让被告人选择就简单多了。还有律师庭前可以先初审,曾经有过律师开庭前先浏览一遍录像,没问题的,律师说服被告人,有问题的请被告人指出来当庭播放,这完全可以解决。关键问题是全程播放是法律的规定,选取播放的具体时段和内容,是被告人的权利。只要把这一点明确下来,播放录音录像的问题就很好解决。前面举的那个例子,在庭审的时候我提出了强烈抗议,并请书记员记录在案。否则的话在二审阶段怎么办?连对一审证据提出质疑的理由都没有了。

姜伟　质证是辩护人的权利。

田文昌　更令人气愤的是,在临休庭前,审判长竟然对我提出训诫:说本来整个庭审气氛挺好的,唯有田律师不尊重法庭,对法庭提出质疑,对法庭是不能抗议的。这种说法简直是不可理喻。在整个庭审过程中,我并没有讲过一句过分的话,语气也是十分平和的,发表辩护观点时也是以探讨式的口吻陈述理由的。只是在播放录音录像的问题上,提出质疑并拒绝对截取播放的内容进行质证,当法庭强迫质证的时候,在服从法庭指挥被迫质证的前提下,请求书记员将辩护人的异议记录在案。这种表现居然也成了被训诫的理由。我真的非常生气,第一,律师有没有权利要求看讯问录像?第二,律师有没有权利要求法庭记录庭审情况?第三,在审判长不能依法主持庭审的情况下,律师有没有权利抗议?对政府可以抗议,对总统可以抗议,对法庭为什么不能抗议?抗议对不对是一回事,但抗议权不能被剥夺。在那次整个庭审过程中,律师并没有过错,法庭却一再剥夺律师的合法权利,还斥责律师。但在庭审时我一直克制着自己,并没有任何过激的态度和语言,简直就是忍气吞声。就这样还要受到法官的训诫。

在这个案件的庭审过程中,还出现了一个更有意思的情况:针对控方举出的一份证言材料,辩护人调取了若干份证据提交法庭,证明控方证据不真实、不合法。法庭当庭宣布将这一份证人证言排除了,但是对之后的与这份证言内容相同的重复证言却不予排除。这又是一个很大的问题,对同样一个问题,多次审讯,把有证据证明非法取证的那一次排除了,之后内容相同的重复供述却不排除。

张军　这确实是一个问题。将来怎么办?要如何解决?确实应当进一步研究。

田文昌　还有一种情况就是在法庭进行排除非法证据程序的时候不许证明主体在场。在一个案子的庭审过程中,因证人提出其证人证言是侦查机关非法取得的,并要求出庭作证。但是,庭审中律师要求当庭播放该证人被讯问时的录音录像时,审判长却不允许该证人当场观看录像,理由是,"这是示证不是质证,证人不能看"。我说:"法庭现在是排除非法证据的程序,就是要排除这个证人的非法证据,为什么不让证人本人看呢?证人不在场怎么质证呢?"审判长却训斥我:"不要再说了,这是常识问题。"我真是无可奈何,但为了尊重法庭,我只能听从审判长的决定,但我要求书记员将此情况记录在案。

刑诉法修正案明确规定了非法证据排除程序,确实迈出了程序公正的重要一步。但是实践当中确实发生了这一系列问题,必须加以解决。光是录音录像问题,就存在这么多障碍:一是不录;二是不放;三是截取播放;四是排除前面的证据却留着后面重复的内容;五是排除非法证据却不允许证明主体在场观看录像。也可能我说的这些情况没有普遍性,因为我接的案件大部分都是老大难的疑难杂症。但是无论如何,这些情况在实践中确实发生了。我可以很负责任地说,"两个证据规定"出台后,在我亲自经历的案件当中,至今为止没有一个能够按照规定播放全程录音录像的，没有一个能够按照规定排除非法证据的。

姜伟　我提一个问题，文昌讲的录像，是指审讯期间录像，还是讲所有在看守所里的生活都要全程不间断录像。

田文昌　在看守所羁押期间所有生活全程不间断录音录像肯定不现实。我讲的仅仅是指审讯期间的录音录像。就是必须要明确规定：全程同步录音录像是指侦查阶段中所有审讯全过程的录音录像，而不是某一次审讯全过程的录音录像。

姜伟　如果看守所没有录像，他怎么证明？

田文昌　要解决这个问题首先必须杜绝监所外提审，而且在看守所讯问时必须有录像。一般情况下，只要能做到这两点，刑讯逼供就不太容易了。但是，另外一种方式更加恶劣而且难以取证。那就是利用同监室的疑犯行使刑讯手段，即利用同监疑犯实施殴打、折磨，迫使被告人屈服。这样的证据更不好取，我遇见过，也取过证，有的即使能取到，但是也很费劲、很危险。

现在我们最关键的是要解决讯问当中逼供的问题，我认为要解决这个问题，最主要的方式就是全程不间断同步录音录像，这是最有效的办法。实践证明，警察出庭不能完全解决问题，充其量只能解决很少一部分问题，比如说通过当庭激烈的质证，有的如果说假话的，可能会出现破绽，但这个几率并不大。要求警察出庭相当于要求警察当庭自证其罪，能承认的极少，如果能承认，当初也不会这样做。谁也不会像傻瓜一样到法庭上来认错，这是不太现实的。唯一有效的方法就是录音录像，但是截取式地录，截取式地播，这样的录音录像不仅不能解决问题,还会起到相反的作用,即用一段录音录像来证明全程没有刑讯逼供。在强迫律师对截取播放的录音录像进行质证的情况下,就等于强迫律师去帮助掩盖其取证的非法性。所以我的观点一直是这样,要录必须全程同步不间断地录,并且全部播放。如果需要选择性播放,选择权只能在被告一方。

目前来看,要求对所有的案件全都实施讯问全程同步录音录像确实有困难,但至少我们要按照现行法律,对经济犯罪、重大犯罪案件的审讯过程进行全程同步不间断录音录像。国外是这样规定的,要求将犯罪嫌疑人、被告人从监室提出来的那一刻开始直到送回去,这个阶段要全程同步录音录像。如果能做到这一点,也能够比较切实地排除一部分刑讯逼供的问题。但是现在这一点我们还做不到,我认为这不是技术问题,只要硬性规定下来是可以做到的。

七、对证人的特别保护(第62条)

修改前	修改后
无	第六十二条　对于危害国家安全犯罪、恐怖活动犯罪、黑社会性质的组织犯罪、毒品犯罪等案件,证人、鉴定人、被害人因在诉讼中作证,本人或者其近亲属的人身安全面临危险的,人民法院、人民检察院和公安机关应当采取以下一项或者多项保护措施: (一)不公开真实姓名、住址和工作单位等个人信息; (二)采取不暴露外貌、真实声音等出庭作证措施; (三)禁止特定的人员接触证人、鉴定人、被害人及其近亲属; (四)对人身和住宅采取专门性保护措施; (五)其他必要的保护措施。 证人、鉴定人、被害人认为因在诉讼中作证,本人或者其近亲属的人身安全面临危险的,可以向人民法院、人民检察院、公安机关请求予以保护。 人民法院、人民检察院、公安机关依法采取保护措施,有关单位和个人应当配合。

问题1 对"蒙面证人"问题的探讨

张军　《刑事诉讼法》第62条是新增加的一个规定，主要是针对一些特殊案件，如危害国家安全、恐怖活动、黑社会性质组织犯罪和毒品犯罪等案件，规定了对证人的特别保护措施。因为这一类案件不同于一般的报复杀人、严重危害社会秩序类犯罪，相对而言，客观性证据难以发现和提取，如果没有证人证言很难收集到其他证据。所以新法第62条新增了对这几类犯罪案件中证人采取特别保护措施。这一条是在其他证据难以收集，而证人作证对证明犯罪起到至关重要、难以替代作用的情况下才应适用的对证人采取特别的保护措施的条款。

这里面列举的保护措施一共是五项，在这里我想提出几个问题，看看如何理解：第一，这里的保护措施是不公开真实姓名、住址和工作单位等个人信息，这个不公开是对社会不公开还是对于被证明人不公开？第二，采取不暴露外貌、真实声音等出庭作证措施，不仅是对于社会旁听者，也是对被证明人的吗？第三，禁止特定的人员接触证人、鉴定人、被害人及其亲属，这个应该理解成社会上的人，我想没有什么问题。《刑法修正案（八）》规定了禁止被判处非监禁刑的犯罪人接触特定人，也包括不能接触证人。我之所以提出来第一、二两个问题，是因为如果证人可以带上假面具，或者在一个屏幕后面进行作证，那么是不是就会导致我想证明什么问题就随便找个人来说这些就可以了？

姜伟　第一，关于第一个不公开真实身份的不公开，我认为包括对社会、对被证明人都不公开。因为证明对象是有组织犯罪，对社会公开，别人知道了可能对证人人身有危险。但是证人的身份对公诉机关和审判机关应该公开，因为侦查机关、公诉机关、检察机关和审判机关应该了解并判断他与本案的事实有没有关联。

第二，能随意指控的情况应当不存在，因为尽管声音、形象不公开曝露，但是证人证言还是要经过律师、被告的质证，质证环节不能取消，不可能他说什么就认定什么，仍然要经过法庭质证程序查证属实，所以这个顾虑我想不存在。

张军　我插一句。假设你现在就是个蒙面证人，我根本就不认识你，你说你在现场，我根本就没见过你，我听声音判断你可能是个男的，但是案发时只有女人在场。

姜伟　不是对证人的声音承认不承认，关键在于对证人陈述的事实认为它存在不存在。

张军　我的前提是证人根本就不在场，所以根本就不能证明案件事实。如果一个不在场的人自称在场，且蒙面变声作证，有人称这不是诬告陷害吗？

姜伟　我所说的情况是证人证言肯定不是唯一的证据，如果仅仅只有证人证言这个案子也不能被诉上法庭，肯定还有别的证据。如果通过质证证明证人其实不在现场，也可以不采信证人证言，我想不能因为他变了声音，就说他诬告陷害。

张军　如果要是这样，所有证人都可以不露面了。为什么规定其他案件的证人还必须出庭作证？为什么用证言就不能作证呢？这说明什么？证明依规律必须是证人出庭当面指证、指认。

姜伟 这又涉及价值多元的平衡性问题，按道理讲，证据要在法庭公开质证，证人要用真实身份，但是恐怖犯罪、危害国家安全犯罪、黑社会性质的有组织犯罪，证人来作证他的权益可能会受到损害，立法要保护证人的人身权益，这是个价值平衡性问题。为什么立法作为特例规定？就是因为他有特殊保护的必要。为什么限定在这几类特定犯罪？因为普遍这么规定程序公正会受到影响，这个代价是不一样的，我们要保护证人、鼓励证人出庭。而且保护特别证人也不是中国特有的，这是国际通例，我们也是从国外借鉴来的，这个不是问题。

张军 我觉得虽然立法作出了规定，但却是个值得研究的问题。对未成年人证人，我们采取的一个措施就是不让他直接到法庭审理现场，而是让他在一个气氛相对平和的地点，通过视频与法庭对话，他能看见被告人，被告人也能看见他，这样来一问一答。这就能够解决证人真实性问题。如果被告人说不认识证人，俩人一交流，人们就能够感觉他们是否认识。在有些情况下，认不认识本身就可以证明案件事实是否存在了。如果特殊案件中都是蒙面证人，总是觉得差了很多。姜伟说到证明利益的平衡，充分考虑到保护证人利益，被告人的合法权益呢？如何依法保护？

姜伟 张军你这个提问有点片面了，证人的特殊保护具体针对几类特定犯罪，是例外规定，法律是讲求平衡的，有通例就有例外，例外之所以能够存在，是因为它有必要，如果不这么做，可能对社会的影响、对法律的损害会更大。

张军 有没有可能在这样的情况下，我们就能够提出存在一种合理怀疑。

姜伟　你可以提出来,但最终还要经过法庭质证,被告可以质疑,律师也可以质疑,质疑之后合议庭还要根据前面我们讨论的三条证据标准来进行审查判断,一个环节都不能少,只是变换了声音相貌对证人进行特殊保护,我觉得这个完全没有问题。

张军　我们知道,国外立法和司法实践中都有证人保护制度,即使是黑社会性质的犯罪,证人也要直面法庭。为了保护证人安全、鼓励出庭作证,证人保护计划是在依法作证之后,改变证人身份,甚至容貌,将其本人或者包括家属秘密安排到另外的地方,永远地"消失"了。这对我们讨论立法的规范或有启发。

田文昌　你们俩讨论的问题,各有各的道理,但都是特殊性问题,不具有普遍性,实践中的问题应当不会太大。

问题2　对证人出庭问题的探讨

田文昌　这次立法虽然规定了对证人的特殊保护,但我更关心的问题是,实际上真正影响证人出庭的原因,并没有解决。这次修法新增的第62条,针对证人不愿意出庭、不敢出庭,保护证人、补偿证人的问题作了很多规定,是积极的、进步的。但是我认为,在目前状况下,很多时候影响证人出庭的因素不是证人不愿或不敢,而是公诉机关不愿意让证人出庭,有时候法院也不愿意让证人出庭。为什么?因为公诉机关对自己提交的证人证言缺乏自信,担心证人出庭接受质证时会出问题。实践中我遇到很多案件,公诉机关总是以各种理由拒绝证人出庭,还有的情况是,开庭的时候证人就在庭外等着,申请出庭,但法庭就是不同意。由于证人不出庭,法庭质证的作用实际上已经大打折扣。什么叫质证?质证是相互的交叉质证,而三十多年来我们的法庭往往一直是对一叠纸进行质证。证人不到庭,没有回应没有交叉质疑,庭审质证流于形式,这在一个法治国家是不应当出现的情况。

具体一点分析,我们国家的语言含义本来就十分丰富,即使排除假证或者其他伪证的情况,单从语言表达本身来分析,含义也非常复杂,甚至一个重音一个侧重点不同,整句话的语义就会发生变化,甚至是完全相反的两种含义。实践中我遇到很多这样的情况,控辩双方找了同一个证人出庭,到庭后你问你的,我问我的,证人的回答都正确。但问题是,你问的是问题的这个方面,我问的是问题的那个方面,而证人一句假话也没有说,都是客观情况。其实是一个事物的两个方面,只是双方提问的侧重点不同而已。这种情况下,只有证人出庭接受质证才能说清问题,否则控辩双方就只能在语义上做咬文嚼字的游戏。

我再举一个实例,是我办过的一个案子,是贪污受贿案件,有一项指控是被告人出国考察的时候从他的一个朋友那儿拿了三千美金。被告人供述和证人的证言比较一致都说是拿了这笔钱。但被告人强调这笔钱是借的,而公诉意见却说是索要。争议的焦点就在"拿"的含义上。公诉人说"拿"就是要,而被告人坚持说"拿"就是借。我申请证人出庭,在法庭上,我反复向证人核对细节。我问他:"你和被告人是什么关系?"他回答:"是朋友关系。"又问:"多少年的朋友关系?"答:"很多年了"。问:"你们经常有经济上的往来吗?"答:"经常。"问:"你们之间相互拿过钱吗?"答:"经常。"问:"你们之间用钱一般会怎么说?"答:"都是朋友嘛,就直接说'拿点钱'。"问:"'拿点钱'是给还是借?"答:"那要看具体数目。多了就算借,少了就是给。"问:"多少算多?多少算少?"答:"几百几千块没问题,上万的就只能算借,不能白给了。"问:"几千美金是多是少?"答:"多,肯定是借,不可能给。"就这样,通过逐步追问,最后终于证明这笔钱不是给而是借,从而推翻了受贿罪的指控。类似这样的问题,要是证人不出庭进行面对面的质证,根本说不清楚。

还有一个就是证人证言的自愿性、真实性问题,取证环境有没有压力?有没有诱导、胁迫?很多证人一出庭,证言就会发生变化。

姜伟　按照文昌说的,好像证人都愿意出庭,只是法官不让他们出庭,但实际上有多少案件证人主动要出庭,说我愿意出庭法官不让我去呢?实践中大部分证人还是不愿意出庭的,证人都是多一事不如少一事,所以要从个人自愿性讲,证人主动说我要出庭这是极少数的,多数还是靠动员。

田文昌　并不是说证人都愿意出庭,的确也有很多证人不愿意出庭。但我要说明的是,证人想出庭却不让出庭的情况也时常发生。实践中还有一些情况是律师找证人出庭,证人同意以后,检察机关、公安机关威胁证人,不让证人出庭。

姜伟　我们检察机关也在办案件,证人自愿出庭的情况是极少的。

张军　我同意法律规定的精神、目的就是努力做到让依法可以出庭作证的证人最大限度地出庭。现在法律把外围问题解决了——把证人不想出庭、不敢出庭的问题解决了。不敢出庭就是我们正在讨论的庭上、庭下的保护问题。不愿意出庭就涉及强制到庭,甚至追究法律责任。

当前证人出庭甚少的主客观原因综合起来,可能是我们司法机关造成的。过去,通知证人出庭,证人不敢来,有证人害怕、缺乏强制等各种各样的原因。现在法律把这些问题形式上解决了,就该解决下一步的实际操作问题了。就像安全生产中的事故多,不断造成重大的生命财产损失。计划生育的问题多,一看是女孩就不要了,男孩就留下,导致人口性别比例严重失衡。原来我们管不了。主管部门告诉我们,主要是因为没有法律规定,不能追究刑事责任,只依靠行政管理措施,约束性不强。现在破坏计划生育有罪名了,重大劳动安全事故也有罪名了。立法后,我们统计了一下,每年因为这两个罪被追究刑事责任的,也就十个八个,可谓屈指可数,非常少。这说明什么?不是因为没有规定追究刑事责任才发生了那么多破坏计划生育的行为和安全生产责任事故。更主要的、根本的原因是日常的管理没有到位,有规章但没有得到落实。看看"焦点访谈",食品卫生、药品安全等问题引发社会广泛关注,有多少是由执法部门自行依法办事查处的,有多少是媒体、记者发现的?记者为什么有这个能力?新闻业改革,有了激励机制,动力不同了。执法部门呢?被动地查处已被揭发出的案件,有几起被追究了失职、渎职的责任?同样的,证人不出庭主要问题恐怕不是证人害怕,主要是我们司法机关嫌麻烦:万一在案证言和证人当庭作证证言发生了变化,怎么办呢?在我们的司法环境下,法官要考虑作出的裁判在社会上的影响,个人要承担相应的责任和压力,我们目前大的司法环境和采取证人出庭作证的抗辩式庭审环境还是不一样的,所以难处理。这里面有很多复杂的原因,绝不能够以为有了这个规定就可以解决过去那些复杂问题了,还要做很多的工作,如提高法官、检察官的素质,加强司法环境的建设等。

田文昌 我们这次修法没有从根本上解决问题,主要还是体现在缺乏保障措施上。立法一定程度上体现了直接言词原则,但措施上却没法实现。在国外,都是明确、硬性的直接言词原则,对于控辩双方没有争议的言词证据,证人可以不出庭,但直接涉及定罪量刑的证据,被告人不认罪的,控辩双方有争议的证据,证人必须出庭,法庭根本就不接受传闻证据。所以我认为,这个问题用一句话就能解决:"涉案件关键事实的关键证人不出庭,其证言不能作为定案依据。"但是非常遗憾的是,在刑诉法修改时,我的这个建议没有被采纳。

姜伟　这次修法对于证人出庭应该讲做了两点强化:第一,对证人的保护;第二,证人没有正当理由拒不出庭的强制到庭。目前顾虑最大也是最为关键的问题,就像文昌上面提到的,公诉人、审判长不太愿意让证人出庭,我觉得这确实需要公诉人、审判人员解决观念问题。

田文昌　这个问题光转变观念还不够,关键是立法没有强制性要求,那么公诉人、审判人员就可以不让他出庭,根本的办法只能是坚决贯彻直接言词原则。

姜伟　律师说他是关键证人,但法官可能认为他不是关键证人。

田文昌　所以这就需要立法明确规定下来,什么是定案量刑的关键证人,这是技术操作的问题。但其实也不难界定,只要与定罪、量刑有直接关系的,都是关键证人。除非他的证言不成为定罪、量刑的依据,否则就是关键证人。英美法系和大陆法系国家都规定,除非死了的证人的证言,或者无争议的证言,其他证人都要出庭,法庭不接受传闻证据。简单说就是不出庭是例外,出庭是常态,但咱们恰恰相反,出庭是例外,不出庭是常态。

姜伟　我认为不是说立法不明确规定后果,就解决不了证人出庭的问题。法律规定是一方面,更重要的还是在实践中不断推进。

田文昌　这就又回到我前面说的一个观点,咱们现在的诉讼理念,诉讼水平没有达到那个要求,包括控、辩、审三方都没达到,如果没有硬性规定就很难落实。

姜伟　从查明事实角度讲,证人到庭肯定有好处,但是另一方面证人不出庭因素很多,有社会因素,有审判长的问题,有公诉人的问题,也有证人自身素质的问题,有一些是由于证人的恐慌心理,还有一些是在人情观念上,证人不愿意去得罪人。

田文昌　还有代价问题,我们现在出现这么多冲突,都是可以理解的。但在这些冲突面前,我们要牺牲什么代价?宁可牺牲司法公正,宁可错判被告人吗?这还是价值观的问题。

张军　关键是法官、检察官确信这个证言没有问题,排除了合理怀疑。不是有这么一句话嘛,真凶希望在西方对抗式的庭审模式下进行审理。因为在陪审团成员不熟悉法律的庭审模式下,有可能律师一辩,证人就被双方的质证弄蒙了,证言的可信性往往打了折扣,陪审团成员投票决定有罪与否时,就会觉得这个案子有点问题;而没有犯罪的人希望在我们的审判模式下进行审理。因为经过法官、检察官仔仔细细的审理、盘查、质证、认定,能够用专业水平从专业角度把犯罪嫌疑排除掉。相反,要是在西方庭审模式下,控方要是强一点,陪审团一听可不就是他嘛,不是他怎么会有这样的证据,罪名就被认定了。

田文昌　实践中,有很多案件,被告人捶胸顿足地请求和质问:为什么不让证人出庭?为什么不让我和他当庭对质,和他说清楚?为什么他不敢来出庭?面对这种请求和无奈,我们不能无动于衷。

姜伟　这种情况确实个别存在。前面我们讲到国外的法律制度,为什么国外辩诉交易多,达到90%,因为国外的陪审团成员都是不懂法律的人,由陪审团审,谁也不知道判决结果会怎么样,律师、检察官都无法预期,所以被告人也好检察官也好都愿意交易。但中国不一样,中国是职业法官、职业检察官办案,律师也不会鼓励犯罪嫌疑人、被告人认罪,我们的职业意识和国外陪审团相比是不一样的。所以我赞同证人应当多出庭,因为有利于查明案件事实真相。但同时我们必须认识到,证人不出庭的因素是多方面的,这次修法确实解决了一部分问题,这是进步,法律层面没有解决的,我们在实践中还要逐步往前推进。

张军　我们现在都认同证人出庭要搞一个细化的规定,应该明确规定只要控辩双方对证言有不同意见的,原则上证人都应该出庭,不出庭的理由应该在法庭上讲清楚。什么道理呢?就是避免法官嫌麻烦,又得去通知;通知了证人若还是不愿来还得采取强制措施;证人到庭以后不作证,称记不得了,忘记了,最多也就被拘留几天,对案子有什么帮助呢?全民的法律意识还没有到那种程度。所以我们通过立法使公诉人、辩护人最大限度地去促进证人出庭,取得一定的经验以后成为常态,法庭审理的水平,法官驾驭庭审的能力都会提高,证人也就不会担心害怕了。

田文昌　简单说最关键的问题就是不出庭证人的证言是不可靠的。

张军　所以接下来就应当要有明确的规定,对于应当出庭而不出庭,被强制出庭后仍然不作证的证人证言,能不能采信,就要格外慎重,证明力就得打折扣,甚至必要的时候可以参考技术侦查获得的证据。

问题3　对庭外调查核实证据问题的探讨

张军　　在有些情况下,出于对证人保护的需要,或者为了查实当事人、公诉人提供证据的来源及其合法性等问题,刑事诉讼立法规定可以在庭外进行认证。

田文昌　　比如说法官带着控辩双方去找证人核实,这也是一个办法。

姜伟　　法庭调查是不是所有的证据都要公开?

张军　　如果在庭下能够达成一致,证据就不需要再上法庭,庭前程序就能解决了。如果通过庭外调查,控、辩、审三方见了证人以后,对证言没有异议,也就不需要证人出庭了。但控辩双方有争议的证据,还得拿到法庭上来解决,那就要公开。

姜伟　　庭外调查也是质证过程,也是法庭调查过程,这个调查过程要不要公开?我的意思是,这种质证过程应当也是公开的,只是没有旁听席,当事人也得在场。非法证据排除也一样,当事人、被告人都在场,公开审理,只是不让社会公众来旁听,最后审完该排除的排除掉。

张军　　这个我同意。我的意思是,卷里有证言,证人就是不想出庭,法官非要强制,但强制还是解决不了问题,出庭证人不配合,不说话你能怎么样?我们说,法官强制证人出庭的目的是因为对这个证人所指证的事实不放心,需要让证人通过出庭来判断他所指证的事实能不能认定,达到内心确信、排除合理怀疑。如果法官内心确信了,也就不需要证人出庭了。现在法官不放心,要传证人,但是这个证人不出来，强制也没有用。在这种情况下，控、辩、审三方庭外去找找证人，在宾馆或者茶楼里面，聊上两个小时，控辩双方都问一问，法官也问一问，以实现内心的确信。庭上质证时被告人说我需要证人出庭，法官就可以说这个问题控辩双方都了解了，证人不需要出庭了，这是符合法律规定的。

姜伟　但被告人说我要质证呢？

张军　证人要不要出庭，法官依法决定。况且一起参与庭外核实的律师也会说话，使被告人认同。因此，这个时候法官可以认为不需要证人再出庭了。

田文昌　这种情况下，律师也可以向被告人传达三方庭外调查的情况，但是，前提是被告对证言没有异议。如果被告本人有异议，那就需要当庭接受被告的质证。

姜伟　我认为法庭一定要平衡各方关系，单方面强调某一方面价值，对另一方面就是侵害，就会造成损失。

张军　法官在执行新的刑事诉讼法的规定强制证人出庭的时候，一定要特别慎重，原则上不要用强制证人出庭这个手段。因为用了实际上作用也不大。怎么来证明证人证言能够成立，让法官确信这个证人不出庭也可以呢？这需要充分运用《刑事诉讼法》第191条的规定，法官、公诉人、辩护人走出去，到庭外去见一下证人，到宾馆也行，到他单位或家里也可以，目的就是让法官能够确信这个证人讲的是事实，之后就可以不再通知他出庭了，这个是有法律依据的，否则解决不了问题。

姜伟 我觉得这作为变通方法是可以的,要充分考虑证人的权益。

田文昌 其实我对此的期望值没那么高,你们走得比我还快,我的期望值有两条:第一条,一般情况下该出庭的,控方和法庭别不让他出庭;第二条,我不期望通过这次修法能够彻底解决证人出庭的问题,但至少能够提高一大部分重要案件的证人出庭率,过去我们95%以上证人是不出庭的,出庭的5%都没有,希望新法实施后,重要案件的关键证人能够出庭,至少能达到70%或80%我就满足了。

张军 别指望70%或80%,原来是5%,如果未来两三年能达到30%就不错了。因为法治是一个过程,是随着整个社会进步而逐渐进步的过程,这不仅仅是立法便可以解决的问题。

第四编 附带民事诉讼

一、附带民事诉讼的提起（第99条）

修改前	修改后
第七十七条　被害人由于被告人的犯罪行为而遭受物质损失的,在刑事诉讼过程中,有权提起附带民事诉讼。 　　如果是国家财产、集体财产遭受损失的,人民检察院在提起公诉的时候,可以提起附带民事诉讼。 　　人民法院在必要的时候,可以查封或者扣押被告人的财产。	第九十九条　被害人由于被告人的犯罪行为而遭受物质损失的,在刑事诉讼过程中,有权提起附带民事诉讼。被害人死亡或者丧失行为能力的,被害人的法定代理人、近亲属有权提起附带民事诉讼。 　　如果是国家财产、集体财产遭受损失的,人民检察院在提起公诉的时候,可以提起附带民事诉讼。

问题1　附带民事诉讼的范围和标准

这次修法对附带民事诉讼的规定作了重要的完善,采纳了最高法院在修法过程中根据审判实践经验提出来的修法建议。

现在附带民事诉讼在实践中执行得比较乱,主要体现在以下几个方面：

第一，赔偿的范围比较混乱。对哪些案件可以赔，哪些案件不赔，没有明确的规定。虽然司法解释对赔偿范围有原则性的规定，但实践中还是比较乱，有的法院甚至允许诈骗犯罪也提起附带民事诉讼。我们说侵犯人身权的提起附带民事诉讼没有问题，侵犯财产权的，实践中只有故意损毁公私财物的案件才有附带民事赔偿的问题，其他如抢劫、盗窃、贪污等致财产受到损失的案件，不应该提起附带民事诉讼。因为这些财产是涉及犯罪的事实、证据问题，在立案、起诉、审理过程中，都可以依法追赃，解决了附带民事诉讼需要解决的问题。赔偿范围的问题还不是很大，通过司法解释进一步明确就可以了。

第二，赔偿的标准、赔偿的内容十分混乱。有的只赔偿法律规定的犯罪行为给被害人造成的物质损失，有的赔偿精神损害，还有的判决给付死亡赔偿金或者残疾赔偿金。对于刑事案件附带民事诉讼是否按照民事法律的规定给予精神损害赔偿，司法解释有过明确规定，不应当完全按照民事法律的要求赔偿精神损害。但实践当中仍有照搬民事法律的。因为这方面有比较明确的规定，总体来说问题不是很突出。

目前实践当中最混乱的，必须进一步明确解释的就是死亡赔偿金、残疾赔偿金要不要赔偿的问题。一种观点认为，死亡赔偿金应当依法赔偿，民事案件给被害人造成生命损害尚且要给付死亡赔偿金，刑事案件依法更应当赔偿。这似乎是最简单的道理。最高法院对这个问题一直想要作出明确规定。但在征求专家学者包括立法机关意见的时候，有不同的意见反映出来，各方面意见不统一，至今没有正式作出解释。导致各地、各级法院实践中有不同的做法：同样造成被害人死亡或者严重伤害的案件，有的赔偿了死亡或残疾赔偿金，有的没有赔偿。赔偿标准也根据各地的经济发展状况有很大差异，按照二十年可支配收入为标准,在城市里,往往可达到二三十万甚至三四十万,在农村,少的是十几万,多的也有二十几万。结果就导致凡是命案判决死亡赔偿金的,几乎都是白条,兑现不了。为什么？一般情况下,杀人、抢劫、绑架等造成被害人死亡的犯罪,往往是为了劫夺财产,或者是邻里家庭矛盾纠纷引起的。犯罪人的素质相对偏低,收入也极为有限,虽然判决了赔偿死亡或残疾赔偿金,但犯罪人往往难以赔偿,因为没有赔偿能力。一些有法定或者酌定从轻情节的案件,如被害人有过错,对被告人有酌定从轻处罚情节的,自首有法定从轻情节的,因为被害人得不到判决给付的死亡或残疾赔偿金,导致对法院体现依法从轻的刑事裁判也坚决不认同。不赔偿或者赔偿的数额不够,我一分钱也不要了,只要命,要求判处被告人法定最高刑。导致宽严相济的刑事政策不能有效落实,给一、二审法院甚至最高法院死刑复核带来了巨大压力,一些案件案结事不了,被害人家属停尸不化,申诉闹访,社会效果非常不好！

　　为了解决这个问题,我们提出了一些初步建议征求有关方面的意见,在修法过程中也提出来了。主要内容是,法律明确规定只赔偿物质损失,这个物质损失应当局限在给被害人造成直接的身体伤害之后的医药费、营养费、必要的护理费、路费,死亡的还要赔偿丧葬费。一般的案件,这几项主要费用在3万元左右,残疾案件治疗过程中花费得可能会相对偏高一点,但也不会很高。我们的理由是：民事案件除了经济赔偿,没有任何其他救济手段,而刑事案件,民事赔偿只是辅助性的,更重要的救济手段是刑罚措施,用老百姓的话讲就是杀人偿命,已经判了死刑,拿命去偿了,怎么还能有死亡赔偿金？从理论上、实践上都说不通。没有被判处死刑的,都有法定或者酌定从轻处罚情节,即法律不允许一律"偿命",这是社会进步的重要方面。更何况一个法律规定,一个司法解释,还要考虑它的实际执行效果。刑事命案的被告人往往是生活比较贫困或者是极端贫困的群体,没有赔偿能力。在这种情况下判赔就是白条。形式上似乎维护了被害人的权利,实际没有!与理论、主观期望的完全不同!被告人在押,都是由他的家属执行附带民事判决。如果是死刑,你可以想象他的家属怎么会赔?如果是徒刑,赔偿数额是几十万,要卖房,要求告亲属、邻居。十分贫困的家庭,谁肯出这么多的钱去赔偿?相反,如果是按照造成的实际损失赔偿,数额相对低一些,被告人筹一筹,或者是亲属帮一帮,三万五万能够达成赔偿的协议,被害人往往还可以获得一些实际的赔偿。如果被告人的经济条件比较好,还可以多赔一点,有利于双方达成调解协议,得到受害人的谅解,促进宽严相济政策的落实。这才是最实际的对被害人的权益保护!是当前可以做到、拿来给被害人的实物,而不是一纸空判。我们向立法机关提出这些意见并阐明理由之后,得到了高度重视。立法机关专门在泰安开了一次会,研究附带民事诉讼写进立法需要补充完善的内容。征求意见时各方意见也还是不大一致,到最后形成现在的稿子,特别强调了"可以进行调解,或者根据物质损失情况作出判决、裁定"。我认为总体还是比较符合我们国家的司法实际状况的。

姜伟 刑事附带民事诉讼确实是刑事诉讼的一个特别程序,本来刑事诉讼有刑事诉讼的标准和程序,民事诉讼有民事诉讼的标准和程序,为什么还要有刑事附带民事诉讼?我想它主要体现了审判一体化,达到了提高诉讼效率的目的。刑事附带民事诉讼按照一般的原则要与刑事诉讼合并审理,例外的情况下要接续审理,先审完刑事诉讼以后,由同一审判组织再审民事诉讼,这是刑诉法规定的。

这次刑诉法最大的修改,首先是扩大了提出附带民事诉讼的主体范围,以前规定只有被害人有权提起附带民事诉讼,如果被害人死亡了,就没有提起附带民事诉讼的主体了。这次立法明确了被害人死亡或者丧失行为能力的,他的法定代理人、近亲属有权提起附带民事诉讼,扩大了提起附带民事诉讼的主体范围,这是对被害人权益的保护。在刑事诉讼中,我们讲到人权保障,更多地理解为是对犯罪嫌疑人、被告人权利的保障,从这个角度,附带民事诉讼确实体现了我国在刑诉法中的平衡价值的观念,既要考虑犯罪嫌疑人、被告人的权益,也要考虑被害人的权益,这是我要强调的第一点,这次修改是有意义的。

第二个我要强调的,在刑事附带民事诉讼中,民事诉讼的举证责任和认定标准与刑事诉讼不一样,这一点在实践中尤其要注意。在刑事诉讼中,对被告人的定罪标准是事实清楚证据确实充分,这是一个非常严格的证明标准。而在民事诉讼赔偿的问题上,在造成损害的范围和数额认定上,要采用比严格证据相对宽松一点的,降一个等级的证明标准:优势证据标准。这一点刑事诉讼法没有专门规定,但是在民事诉讼法中有相应的标准,这一点要引起重视。

第三,关于刑事诉讼的赔偿问题,确实比较复杂,有物质的损害,分为直接损害和间接损害,也有精神的损害。精神损害赔偿在民事诉讼中有相应的规定,在刑事诉讼中要不要赔偿?这确实是个非常复杂的问题,这次刑诉法修改没有规定。总的讲,这些问题的出现还是目前我国发展水平不高导致的。现在学术界普遍提议要搞一个刑事被害人救助法,尽管有些学者提出设立救助法,但是目前我们国家还不具备立法条件,一是经济发展不平衡,二是立法技术还不够成熟。但是在实践中,有些地方已经对此立法了,有些地方政府已经专门建立了被害人救助基金,我印象中多数省都建立了省级的被害人救助基金。

田文昌 这次刑诉法修改,扩大了提出附带民事诉讼主体的范围,对于保护被害人的利益确实有重要作用,也预示着将来附带民事诉讼案件的数量一定会有所增加。所以,也对附带民诉讼案件的质量提出了更高的要求。但是,多年来使我们感到困惑的问题,是如何解决附带民事诉讼中的赔偿问题。很多时候,由于被告人没有赔偿能力,致使民事赔偿的判决竟成一纸空文,这是需要我们认真研究的重要问题。

张军　2009年,由中政委牵头,最高法、最高检、公安部、民政部、司法部、财政部、人力资源和社会保障部联合出台了《关于开展刑事被害人救助工作的若干意见》。根据这个规定,已经有二十多个省份出台了省一级刑事被害人救助工作实施办法,明确了被害人救助具体范围和标准,规定了平均每个案件2到3万元的救助数额。该意见发挥了很重要的作用,今后我们要尽最大努力去促进它成为国家的救助法。

田文昌　对刑事案件中的被害人实行社会救助,已经成为一个亟待解决的问题。首先,附带民事诉讼并不能有效解决被害人救助的问题。由于被告人经济能力的差别,许多情况下附带民事诉讼会变得毫无意义。同时,面对赔偿能力不同的被告人,在被害人之间还会引发较大的心理失衡。其次,社会救助是政府义不容辞的责任。一个负责任的政府应该给每一个社会成员提供最基本的安全保障,当有人被侵害时,理应担负起救助的责任。以另一个角度来看,社会救助不仅涉及到抚慰被害人和维护社会稳定的问题,也还会间接地影响到人们的诉讼理念。在没有社会救助的情况下,被害人一方和其他社会公众更容易把仇恨、报复、同情、怜悯等各种情绪统统发泄到被告人身上,失衡的心理难以平复,报复心态会更加强烈。如果建立起社会救助机制,当每一个刑事案件中的被害人,在无论犯罪人有无赔偿能力的情况下,都能从政府那里得到必要的救助,不仅切实地解决了被害人及其家庭的具体困难,消除了后顾之忧,而且也在一定程度上抚慰了他们失衡的心理。同时,对社会公众也会有一定的抚慰作用。这种作用不仅可以缓解人们的报复心态,同时也有利于促使犯罪人悔过自新,接受改造。从长远效应来说,对于消除人们的重刑思想,也会有促进作用。

我认为,对于设立救助机制而言,政府的经济实力不足确实是一个现实的困难,但也不是不可克服的。如果能把这个问题提升到抚慰公众情绪,维护社会稳定和转变刑罚理念的高度来认识,至少从现在开始逐步推行,应该是可以做到的。

姜伟 在刑事诉讼中为什么会提出这个问题?这里涉及一个最核心的理念,国家是公民人身权利、财产权利的保护者。法治社会不允许私人报复,限制个人自己救济自己的权利。既然私力救济被禁止,国家就有责任去保护公民的权利,而且,公民在社会生活中权利受到侵害,在某种意义上国家也是有责任的,所以国家对公民的救济非常必要而且重要。国家对公民的救济主要包括两项基本内容,一是伸张正义,追究犯罪人;二是对被害人的经济损失进行补偿。但是为什么我们国家在涉命案件或者类似的其他案件中还会产生比较大的分歧,很难确定赔偿范围和标准呢?就是因为犯罪人的经济状况相差比较大。在我们国家,绝大多数犯罪人相对来说经济状况还是比较差的,在这种情况下,如果国家定了一个赔偿标准,定高了实现不了,影响法律的权威性,定低了又没有意义。

张军 国外一些发达国家的赔偿理论和我们是不一样的。有些国家的附带民事诉讼往往和民事案件是一个标准,判罚后也有实现不了的。但是这些发达国家的社会保障比较齐备,被害人能从国家那里得到救助。这里面还涉及一种赔偿理论,就是刑事案件给被害人造成的损失,要由政府承担责任,由国家负责赔偿。因为政府负责维护社会秩序,结果秩序出了问题导致被害人受到了刑事伤害,政府理应要给予赔偿。我们现在在理论上、在经济发展上都还没有达到这些发达国家的水平,所以主要是由被告人赔偿。被告人赔偿就要考虑实际,既要考虑赔偿的效果,还要考虑案件处理的效果,更应当考虑如果赔偿的标准低一些,被害人多少还可以获得一些赔偿,而赔偿的标准过高,看似对被害人保护得更有力,其实,对方一分钱拿不出来,或者与被害方期望值相差太大,期望 10 万元,只能拿出来 2 万元,那被害方干脆不要钱了,就要被告人的命,以命抵命,这对现代法治、对双方权益都是损害,这是我们司法实践中比较突出的问题。

田文昌 关于社会救助与被告人赔偿的关系如何处理,我还没有成熟的想法。不过我认为这是两个不同角度的问题,在目前政府财力不足的情况下,能否考虑在被告人有能力赔偿的情况下,首先由被告人赔偿,在被告人无能力的情况下,再实行社会救助。

姜伟 我认为下一步还是要通过被害人救助法的出台,把这个问题从根本上解决一下,我倾向于结合我国的刑事政策,立足于对犯罪人的教育、挽救、改造,在救助的时候分两部分:第一部分,国家可以定一个救助的基本标准,这是国家赔偿的,因为国家要承担相应的责任;第二部分,对被告人也要定一个赔偿标准,是犯罪行为造成损失的责任,不能因为国家救助了,犯罪嫌疑人、被告人就免责了,一点责任都不承担了。在赔偿的过程中,我主张对被害人的赔偿也分两个层次,一个是对物质损害的赔偿,另一个是对精神损害的赔偿,可以不把它作为强制的赔偿,但起码是鼓励性的,犯罪人积极赔偿了,这种认罪悔罪的态度要成为量刑考虑的重要因素,这样通过获得被害人谅解,得到和缓的惩罚,来达到恢复社会关系,挽救、教育犯罪人的目的。

张军 司法解释明确规定了精神损害不在刑事附带民事赔偿范围内。《最高法院解释》第 138 条第 2 款规定:"因受到犯罪侵犯,提起附带民事诉讼或者单独提起民事诉讼要求赔偿精神损失的,人民法院不予受理。"这不仅是考虑到被告人的经济状况、赔偿能力,还有一个观念上需要改变的因素,就是刑事案件给被告人定了罪,判了法定应该判处的刑罚,就是对被害人最大的精神慰藉。比如说强奸案件,如果没有定罪,到底是强奸还是通奸或者是嫖娼,也许只靠当事人双方说不清楚。一旦定了罪,就通过法庭查明事实、证据和适用法律把性质定下来了,就是强奸,为被害人正名。这无疑是对被害人最实际的精神慰藉。如果拿钱就可以解决,就变成了交易,反倒是对精神的伤害。对于有精神损害赔偿能力的,这次法律修改很明确,附带民事诉讼要进行调解,调解达成协议的,按照《最高人民法院关于贯彻宽严相济刑事政策的若干意见》的规定,得到被害方谅解的可以从轻处罚,也就是说,有能力多赔偿的多赔些钱,得到了被害方的谅解可以酌情从轻处罚。调解达成协议的赔偿数额没有限制,只要有赔偿能力,多高都可以。所以通过调解达成赔偿协议完全可以实现姜伟所说的社会效果,但是如果要确定两个标准,那就麻烦了。

姜伟 对张军的这个观点我不认同,第一,对犯罪人的刑罚是对被害人的精神慰藉,但它不是一种补偿;第二,精神补偿和给钱抹事是两个概念,强调精神补偿并不是就不认定犯罪或者放纵犯罪,只是在处罚力度上有所降低了,与刑罚惩罚犯罪的价值目标并不冲突。民事赔偿也一样,民事损害中也会判决赔礼道歉,也达到了精神安抚的作用,但那和精神损害赔偿不一样。

张军 姜伟说得很对。但是要知道,民事裁判对败诉方的责任追究没有别的手段,只有经济上的赔偿。刑事不一样。刑事有一个国家强制力的处罚方式,即刑罚的手段,刑事定罪处罚就是对被害人及其亲属最大的安慰,最实际的慰藉。因为民事没有其他手段,所以只能是物质的、精神的损害赔偿,比如侮辱诽谤,没有构成刑事犯罪的,只是在民事上侵权了,没有什么补偿办法,只有金钱赔偿。

姜伟　民事案件也有其他的补偿办法,公开的赔礼道歉,在报纸上登道歉启事,也是精神安抚啊。

张军　那是最轻微的民事违法处罚。更严重的民事侵权还是得赔偿。但经济赔偿再多,性质也不同,比起定罪处刑的力度也小得多。

姜伟　刑罚有几个功能:第一是鉴别功能,鉴别犯罪;第二是安抚功能,这个安抚不是精神的补偿,是安抚被害人使其不要采取私自行动报复犯罪人及其家属,因为私人之间的救济是不被允许的,所以要通过公权力的处罚来安抚被害人及其家属;第三是教育功能。

可见,刑罚的功能,有安抚的成分,但不是精神赔偿层面的慰藉,不能把二者等同。在赔偿标准以外,被告人愿意多给,有这个能力多赔偿,家属、近亲属、朋友愿意帮助他多给,对被害人在精神上给予慰藉,也是可以的。处罚是个安抚,在安抚之外再加上慰藉,更重要的是弥合两方紧张对抗的关系,对恢复社会秩序是有利的,所以在刑罚上可以从轻。不是说精神损害赔偿了对被告人就不定罪了,这是两个概念。

张军　这个问题,必须在中国、在当前国情的语境下讨论。要符合修改后刑诉法的规定,符合《最高法院解释》的规定。这样,我们的意见是统一的,可以给当事人、被害人更实际的帮助。

问题 2　人民检察院可以提起附带民事诉讼的情况

姜伟　1996 年《刑事诉讼法》和这次修法都规定了,涉及国家财产和集体财产遭受损失的,检察机关在提起公诉的时候,可以提起附带民事诉讼。而实践中,检察机关对哪些案件能够提起附带民事诉讼这个范围没有一个清晰的界定,这一类案件也不是很多。所以下一步在作刑诉法司法解释的时候,就这个问题还需要进一步明确。如果仅仅限于对人身伤害提起附带民事诉讼,就不存在涉及国家利益和公共利益的情况了,因为人身伤害都是以自然人为前提的。集体利益和国家利益很难界定,所以我想,按照法律的规定,除了人身伤害以外,还有哪些情况涉及公共利益,比如环境污染之类的社会事件,涉不涉及公共利益?检察机关在提起公诉的时候,要不要代表国家提出附带民事诉讼?

田文昌 对诈骗犯罪、侵占犯罪这类犯罪造成的物质损失怎么对待?

张军 如果是抢劫、诈骗、贪污、侵占造成的物质损失,在查清楚案件犯罪事实的同时,造成损失的事实也就查清楚了,在侦查阶段就可以追缴、退赔,不需要附带民事诉讼去解决。

姜伟 我目前想到的是诸如环境污染之类的案件,可能存在这个问题。

张军 环境污染案件从理论上看应该是可以提起附带民事诉讼的。因为,造成环境污染的行为和故意毁坏公私财物行为是相仿的。通过违法排污造成环境污染的,肯定会给国家、集体和公民个人的财产造成损害,我想在理论上是没有问题的。另外,虽然在查清楚环境污染犯罪案件的时候就可以查清损失情况,但是它和抢劫、诈骗等犯罪查清楚以后马上就能追回财产,追不回来的就认定为犯罪造成的实际损害有明显的不同。因为确定污染造成了损失是构成犯罪的一个标准,但是具体到国家财产的损失是多少、集体财产的损失是多少、公民个人的损失是多少,还需要通过诉讼进一步查清,然后才能进行理赔。环境污染如果赔偿得好,挽回了损失,首先是可以在定罪上从轻认定,然后才是从轻处罚。所以我觉得检察机关对国家和集体的损失可以提起附带民事诉讼,老百姓个人的部分可由个人提起附带民事诉讼。

二、刑事附带民事诉讼的调解(第101条)

修改前	修改后
无	第一百零一条　人民法院审理附带民事诉讼案件,可以进行调解,或者根据物质损失情况作出判决、裁定。

问题1　刑事附带民事诉讼要以调解为主

田文昌　我觉得这里有几个问题需要研究。第一个问题,在刑事侵害发生以后,最主要的一种赔偿方式是社会救助,这是最便捷也是最有效的方式。当然这个方式现在实现起来还有一些困难,需要逐步实现。随着社会救助制度的逐步完善,附带民事诉讼的问题会大大的缓解。

另一个问题,附带民事诉讼问题比较复杂,可以说相当一部分甚至多数被告人是没有赔偿能力的,中国的犯罪主体一旦被判了刑,追缴罚金、没收财产之后就什么都没有了,多数是想赔也没办法,没法儿不打白条。这种情况下如果有社会救助,就都解决了。在不能实现或不能充分实现社会救助的情况下,我觉得就要重视调解的作用,允许犯罪人为了减轻处罚、从宽处罚,通过亲朋好友来凑钱赔偿。既然是调解,就要给他一个出路,为什么家属、亲朋愿意帮忙凑钱赔,因为有交换,赔偿了,获得了谅解,就可以从轻发落。否则没有办法,判了刑也没赔偿能力。所以我认为附带民事诉讼的问题,其实重点在调解上,诉讼本身能够解决问题的并不多。

从司法实践看,在附带民事诉讼赔偿中,律师还没有发挥更多、更积极的作用,或者是应该关注而没有去关注。我想这应该是一个工作失误。《最高人民法院关于贯彻宽严相济刑事政策的若干意见》第 23 条规定得非常明确,因婚姻家庭等民间纠纷激化引发的犯罪,被害人及其家属对被告人表示谅解的,应当作为酌定量刑情节予以考虑。犯罪情节轻微,取得被害人谅解的,可以依法从宽处理,不需判处刑罚的,可以免予刑事处罚。所以,如果是民间或者邻里纠纷导致的刑事犯罪,被告人积极赔偿,被害人谅解的,原则上都应该从轻处罚。最高法院复核这一类死刑案件时,只要是赔偿款额落实,被害人谅解,符合宽严相济政策意见规定的,一律不核准。但是在最高法院复核死刑过程中,我们几乎没有发现一例律师在里面积极发挥作用的案件,相反倒是我们的法官在复核阶段,直接指导原审法院继续做大量的附带民事调解工作。当然,也可能律师在一、二审已经做了工作,我们还不了解。在律师培训中,我曾对此问题作了专门介绍:民间纠纷引发的刑事案件,依法赔偿是给委托人争取依法从宽处理的重要根据,律师朋友们要了解,要积极做工作,要充分运用这一有益的刑事政策。

举一个我们在复核死刑案件中典型的例子,是一个年轻人因婚恋纠纷导致故意杀人的案件。女孩不同意与男孩结婚,男孩就把女孩杀了,然后自杀,结果没死成,也没有自首等其他情节,最后被判死刑。死刑复核的时候,我们最高法院当时的一个副庭长带着合议庭,到地方去了解情况、做调解工作,主要是听取地方各级政法机关、党政维稳部门的意见。从省里到乡镇,各机关没有支持我们意见的,都说"你们还是依法判死刑吧"。当然,判死刑是有法律依据的。法官又到被害人家里,被害人的父母坚决不同意民事调解,就要求处死被告人。最后法官见了村官。这个村子的村长、村支部书记对法官说:"现在不是讲和谐吗?都是年轻人,已经死了一个,再杀一个,多可惜呀!"合议庭把情况向审委会汇报以后,大家都觉得本案不应该执行死刑。最后判决这个案件不核准死刑。主要的考虑就是被害人所在的村子都是同姓宗族关系,犯罪方并不存在与受害人亲属之间有矛盾的问题。该案如果不核准,村民也会支持法院努力做好被害方父母的工作,不会影响当地的社会稳定。同时,我们的审判庭还要求省、市法院要在最大限度内给予被害人家属适当的救助,并一定要落实。最后案件改判了,社会效果很好。还有很多死刑案件也是通过附带民事诉讼的调解工作得到落实,依法不予核准死刑的。2009年,《法制日报》连续刊登5篇文章,报道最高法院注重刑事附带民事工作,落实宽严相济刑事政策,使犯罪人获得被害方的谅解,最后改判了报核的死刑案件,社会反映良好。所以,律师也应该在附带民事诉讼方面发挥更为积极的主导的作用,因为这也是辩护工作的重要部分,要努力促成被告人、被害人双方达成协议。协议达成了,许多案件的辩护目的也达到了。

姜伟 刑事附带民事诉讼,是被害人的诉权,法律应当作出规定,这个规定现在还不完善,但是正在逐步完善。我赞同文昌说的,刑事附带民事的赔偿,更多的是通过调解来解决的,因此,这次刑诉法的修改专门规定,刑事附带民事诉讼是可以调解的,这样就实现了既有诉讼,又有调解。实践中一般民事诉讼的调解也是很多的,比例好像占到了70%。

张军 全国法院平均调解撤诉率是65%以上。

姜伟 黑龙江省的调解率能达到70%。刑事附带民事诉讼中,首先要确定被害方的诉权,这个不能剥夺。然后在实践中,还是要以调解为主,不能都走诉讼,都走诉讼,在法庭上针锋相对地争论,效果不一定会好。所以我赞同在实践中要以调解为主。

田文昌 我不是说反对刑事附带民事诉讼,而是诉讼的作用有时候体现不出来,因为附带民事诉讼不可能判决由他人代为赔偿。所以,实践中真正发挥作用的是调解,调解完了可以尽量凑钱赔,由家人、朋友帮一帮,效果更好。所以我说的意思不是没有必要诉讼,而是诉讼的现实作用受限。

另外,我认为,赔偿式的调解应当遵循赔偿从轻,但不赔偿不能从重的原则。就是按照正常的审判标准来判定,在这个标准下,如果有赔偿的情节要从轻发落,不赔偿也不能高于标准惩罚。要强调这个原则。这个问题主要责任在法院,在这方面法院应当有更明确的规范,加大赔偿力度是一种例外,是从轻发落的外部条件,但是没有赔偿并不能加重处罚。

问题2　调解的方式方法

田文昌 我们律师十分重视刑事附带民事的调解工作。我想强调的一个问题是,诉讼解决问题的效果比较小,是因为被告人往往没有赔偿的能力,所以一个有效的补充方式是政府救助,另一个补充方式就是调解。调解是通过做被害人亲朋好友的工作,达成赔偿协议,通过犯罪人自己或者他人帮助来实现赔偿的目的,这样能缓解很多矛盾。但是调解工作比较难做,为什么?中国有一个传统的观念,就是杀人偿命,欠债还钱。所以,尤其是在一些命案中,被害人一方要命不要钱的情绪时常可见。我们律师在办案中经常遇到这样的情况,去被害人家中做调解工作,特别是被害人死亡案件,劝他们人死不能复生,还要考虑更现实的问题,家中有老有小,人虽然死了但将来还要过日子,等等。但律师经常被骂得狗血淋头,说我们坏了良心,帮被告人拿钱买命。

张军　　我希望我们的律师朋友，我们的法官都能够多研究、多实践一些关于做好附带民事赔偿调解工作的方法。这肯定是一项非常艰难、非常复杂的工作。因为调解的目的是严格依法维护被害人合法权益，争取使其获得更多的实际赔偿，进而取得其谅解，使被告人能够依法获得从宽处罚。这和被害人承受的痛苦往往正好是相对的，被害人常常是从内心抵触的。但是做工作并不是没有余地。

　　实践中很多死刑案件到了最后一刻做调解时，被害人最大的意见往往不是赔不赔钱、赔多少钱，而是说，被告人或其家属到现在为止都没有向被害人或者被害人家属道歉，这是他们不能原谅的。但实际上呢，被告人家属不是不想来，是不敢来。结果就形成一种感情上、情绪上的误解、对立。我总结了附带民事诉讼赔偿的调解工作，为什么原审法院离得那么近有时却做不成？我在一个中级法院法庭上就看到一起庭审调解，法官当庭问当事人能不能接受调解？正在审理的案件，被告人的暴力、残忍，被害人所受的伤害还在被害人亲属的心目中挥之不去，上来就直接问附带民事能不能调解。他们能接受吗？这样能做好调解工作吗？调解，一定是在开庭前，或者是休庭后，被害方情绪缓和的时候，循序渐进，耐心劝导。在法庭上当庭询问被害人愿不愿意调解，不愿意？好，法庭依法作出判决。这样叫调解吗？或者原审法院有的法官开个车，到被害人亲属的单位去、家里去做工作。周围人都知道这是法官办案来了。被害人情面上、心理上都接受不了，认为我要是让步、接受调解，拿了这个钱也没法花，会被人家戳脊梁骨的。

　　最高法院在死刑复核程序中，非常重视调解工作。因为远在北京，法官通常会先打电话找被害人，首先对被害人家庭表示慰问，同时会耐心劝导：考虑到你们家庭的困难，被告人依法应当赔偿，法定的赔偿标准是多少，现在我们会促使对方多赔一些，希望你们也能够接受，得到一些实际的帮助，你们看可不可以？通过这样的方式，先能够缓和被害方情绪,打动他们。然后再说:如果你们能够接受赔偿,能够谅解对方,按照法律规定可以对被告人适当地从宽处罚,但是并不是法外开恩,更不是不处罚,他还是要在监狱里待多少年。这样充分照顾到被害方的心理感受。通过这样的调解方式,就很容易达成协议。

田文昌　　我插一句,这样的情况确实很多,有的被害人亲属想接受,但是怕别人说自己拿亲人的命来换钱花了。

张军　　最高法院有许多这样的案例。有一位30岁左右的女助理审判员,在做调解工作时先打电话打动被害方,然后说:"我们要到你们那儿去,你看看我们在哪里见面方便?"让被害方指定见面的地点,使他们感受到充分的尊重。去了之后就能够比较顺利地主持签订协议,最终实现案件的改判。能不判处死刑立即执行的,一律不判。有些地方法院说这是因为你们是最高法院,更有权威,所以调解比较顺利。我不否认有这方面的因素,但更主要的无疑还是方式方法。

田文昌　　命案中的物质赔偿,比如丧葬费、医药费等,数额是很低的,先告诉被害方法定赔偿的标准,然后和他协商的数额要比法定赔偿数额高得多,这样就容易被接受,这是一种方法。律师在做调解工作的时候,主要有这么三种情况:

第一,如果律师作为被害方的代理人,要从实际出发,应当把重点放在说服你的委托人上,使其接受赔偿,缓解矛盾。有的律师怂恿被害方索要过于高额的赔偿金,被告人根本支付不起,支付不起就一定要判对方死刑。我们说这样的律师在其中就没有起到积极的作用。

第二,律师作为被告人的辩护人,因为身份原因,不容易获得被害方的信任和认同,工作起来难度比较大,所以要更加讲求方法和策略。

第三，被告方的律师通过被害方的律师来做工作，这种方式比较好，也比较有效，律师毕竟是同行，沟通起来会比较顺畅，也更有效果。

问题3 设立被害方的法律援助制度

姜伟　　总体讲，刑事附带民事诉讼的本质是对被害人权益的救济，所以文昌说的很对，被害人的律师的作用非常重要。但我国目前对被害人委托律师在法律援助方面做得不够。其实我倒倾向于对命案的被害人一方，应该指定律师，或者由法律援助中心给其指派律师，这样既有助于依法维护被害方的权益，也能够在刑事附带民事诉讼过程中帮助被害人理性主张权利。因为有些被害人家属不懂法，加上受传统观念的影响，有的就要被告人偿命，有的则无理索要巨额赔偿，有的为达到某种目的混淆视听，制造各种舆论，这样做效果并不好。所以我觉得，国家应当有一部关于救助刑事被害人的法律，规定对命案的被害人要指定律师或者由法律援助部门指派律师，为被害人提供法律帮助。现在全国命案数量逐渐减少，这个应当是可以做到的。这么做，一方面维护了被害方的利益，另一方面也能够通过律师向被害人家属讲明法律和政策的要求，最大限度地维护被害方的权益。

张军　　刚才姜伟讲的，我很赞成。严重命案，被告人可能被判处死刑的案件，被害方原则上都应该有一个国家指派的律师维护其合法权益。一是，能够为被害人的合法权益提供法律上的支持、帮助，使其得到应有的慰藉。二是，能够防止被害方有过激的行为。因为案件发生以后，被害方仇恨情绪很重，有的时候会责备办案机关久拖未破，嫌疑人长时间抓不到。这时候,如果国家指派一个律师,代表他的利益去说话,而且不收费用,他的情绪会容易得到缓和。而且,他更容易信任律师,更容易与律师沟通。通过律师使司法机关尽早了解被害方的诉求,尽快解决问题,能够大大缓和社会矛盾,也体现了尊重和保障人权的司法人文关怀。三是,如果通过法律援助律师的帮助,使受害方实际的得到一些赔偿,对被害方更有利,被告人也可以依法获得从宽处理,实现案结事了人和,促进社会的和谐稳定。甚至代理律师可以主动与被告人方面做一些沟通工作,避免被告方想去道歉、想去送一些慰问金而不敢或者找不到被害方而致误解的情况。四是,被告人的律师也可以直接和被害人的代理律师去沟通,他们沟通的效果比起当事人之间、司法机关和被害人之间的沟通效果要更好。这件事情我想我们应当尽量去推动落实。

田文昌 这个是好事,律师既能维护被害方的权益,又能够把握好尺度,同行之间好沟通。这个问题要是解决了,对律师的职能认识也会有一个进步,原来社会上很多人认为律师就是挑事的,这是对律师的误解。我在很多场合都讲过,律师可能有时候会挑事,但是更多的时候是平事,我们要把律师平事的作用更多更好地发挥出来。

准确地说,说律师"挑事"不是指无端生事,而是指律师因职业习惯而"叫真"。至于有个别人出于个人目的的无事生非,那只是个别现象,并不是律师职业性质所决定的。其实,律师职业的基本功能就是"平事",是以法律手段避免冲突和化解冲突。

姜伟 为什么社会上有观点认为律师挑事?因为挑事的律师能吸引公众视线,媒体能报道,平事的、化解纠纷的律师媒体没人报。所以媒体要专门宣传律师在化解社会矛盾中的作用,正面宣传律师的形象。

田文昌　通过律师来化解矛盾,这一点特别重要,因为律师之间的沟通会更有效果,能够谈到点子上,这样实际上对于公诉方、审判方都是有好处的。

三、附带民事诉讼审判程序(第102条)

修改前	修改后
第七十八条　附带民事诉讼应当同刑事案件一并审判,只有为了防止刑事案件审判的过分迟延,才可以在刑事案件审判后,由同一审判组织继续审理附带民事诉讼。	第一百零二条　附带民事诉讼应当同刑事案件一并审判,只有为了防止刑事案件审判的过分迟延,才可以在刑事案件审判后,由同一审判组织继续审理附带民事诉讼。

问题　对附带民事诉讼独立化的探讨

田文昌　我一直在思考一个问题,关于刑事案件当中的民事赔偿问题,将来会不会考虑把它分出来,不搞附带行不行。

姜伟　公诉案件附带民事诉讼确实存在这样一个问题,公诉人员由于对民事法律规则不是很清楚,在调查取证的时候对涉及的赔偿标准、赔偿范围问题,可能不是很了解。实践中各地也在探索,检察机关设立了民事检察部门,在刑事附带民事诉讼的时候,刑事案件公诉人是由公诉部门派人,附带民事诉讼是由民事检察部门派人,等于两个部门利用各方的专业优势来共同完成诉讼。这是目前各地探索中我觉得是比较成功的一个模式。

田文昌　这个问题不仅涉及检察院,还有法院,所以我要谈的一个核心问题是:在我们最初设立刑事附带民事诉讼制度的时候没想到这么多,没意识到会有这么复杂,认为就是由于犯罪人的犯罪行为造成个人的损害了,为了便捷起见,在审理刑事案件的时候就将民事诉讼一并审理了,赔一点儿钱就行了。但现在实践中的趋势是,刑事案件当中附带民事诉讼这部分内容在逐渐增多,日益复杂。所以我认为,为了达到更好的效果,恐怕就越需要把它独立出来。

姜伟 法院可以让懂民事审判的法官参与到附带民事审判的合议庭中。

张军 刚才田律师讲到的,这次修法对附带民事诉讼格外重视,原因就是司法实践当中附带民事案件审理的难度越来越大,对刑事案件处理效果的影响也越来越实际。这主要是因为实行社会主义市场经济以来,人们的生活水平不断提升,财产意识越来越强,权利意识也明显增强。"不仅要打而且要罚",这样的诉讼理念在实践当中也在增强。导致各级法院普遍反映刑事附带民事诉讼已经发生了本质上的变化,变成了"民事附带刑事诉讼",刑事倒成了次要部分。这是因为,由刑事犯罪引发的附带民事案件难审理、难调解、难达成合意。如果单看刑事部分,赔偿不了就依法判处,相对简单。但是,案结事难了,受害方甚至被告方都可能为此不停申诉。被告方因有法定从轻处罚情节未被从宽处罚而申诉;被害方因依法判决的赔偿拿不到而上访。

这次修法从司法实际考虑,在第 202 条规定了对于附带民事案件,经上一级法院批准,一审可以再延长 3 个月。修法专门给附带民事部分增加了审限,说明立法机关对附带民事诉讼的高度重视,说明做好附带民事诉讼对于化解社会矛盾,实现案结事了人和的重要意义,所以,诉讼参与人、公诉人、法官都应当对此更加重视。

至于附带民事案件是由刑事庭审理还是由民事庭审理,法律有过原则性的规定,原则上是由审理刑事案件的合议庭来负责审理,这次没有做修改。因为赔偿与否的情况直接关系到刑事案件的处罚,直接关系到刑事合议庭对宽严相济刑事政策的把握。例外的情况是，如果附带民事诉讼过于拖延，为了不过于延长刑事案件的羁押期限和审理期限，可以在庭审结束后由原合议庭继续审理民事诉讼。司法解释也有一个突破性的规定，比如盗窃、诈骗、抢劫，当时没有赔偿的，刑事案件结案以后，如果当事人还要求民事赔偿，可以另行到民事庭去提起民事诉讼。虽然司法解释作了规定，实践当中并没有得到实施，因为没有法律依据。刑事案件没有退赃，没有挽回损失，危害后果没有减轻，刑事审判因此已经依法适用了较重的刑罚，比如盗窃五百万，退赃和不退赃的法定刑是不一样的，刑事审判已经因为没有退赃判处了较重的刑罚，那边民事诉讼又要去追回财产。追回财产了法定刑也没有得到从轻或减轻处理，必然导致判重了又罚重了，显然是双重的从严，这是不合适的。所以在实践当中由民庭再去审理追赃性质的民事案件，司法实践中几乎没有。

田文昌　追赃是不应该的，追赃不是审判。我一直在思考这个问题，现在越来越多的附带民事审判比较复杂，像环境污染这种案件很复杂，让刑事庭来承担，可能力不从心。

姜伟　我赞同文昌的观点。刚才张军讲刑事附带民事诉讼原则上都是一并审理，什么情况有例外？一个是因为附带民事部分审理时间过长，还有一个是赔偿确实比较复杂。在民事赔偿责任不影响刑事处罚的时候，是可以分别审理的。

田文昌　原则上在一般情况下通过调解能够解决的，刑事庭可以做。但对于两类案件，一类是对刑事审判影响不大的，另一类是民事部分比较复杂的，可以考虑由刑事庭转到民事庭来处理。

姜伟　或者另行组成审判组织专门审理，这样比较完整一点，起码能够做到专门问题专家解决。

张军　国外法官不分刑事民事,刑事民事案件都审,难道他们都懂?

田文昌　对这个问题,我去加拿大考察的时候,和加拿大最高法院的大法官有过一次对话,我问:在我们国家法院都分成专门的法庭,刑事的、民事的、行政的,而你们9位大法官一起,平等表决,会不会受到专业的影响呢?加拿大的法官回答我:你提得非常好,我们9个法官的确有不同的专长。他指着当时在场的几位大法官说,我是做刑事的,他是做民事的,他是做知识产权的,我们都不是同一个专业的。但我们会依靠律师,律师是专业的,律师肯定是他代理的案件领域的专家,我们的责任和能力就是充分分析判断律师的理由。我很受启发。但我们国家的情况还是不一样,还难以达到那种水平。而且,我考察的是加拿大最高法院,他们都是大法官。

姜伟　我们的律师水平还有限,法官整体素质也没达到那个水平。

国外法官的素质比较高,不分刑事民事,律师的素质也比较高,法官主要依靠对律师意见的分析来作出判断。

张军　律师把道理讲清楚,法官作判断。

田文昌　这个前提是法官水平高,律师水平也高,法官能够对律师的理由作出判断,咱们目前达不到这个水平。

将来能不能作出这样的改革,原则上一般案件或者可以调解的案件由刑事庭来做,例外情况是,比较复杂的像环境污染之类的案子,刑庭可以把它转到民庭来处理,这样行不行?

张军　为什么要转到民庭?

田文昌　更专业化。

张军　不需要。附带民事案件相对比较简单，没有那么复杂的民事法律关系。

田文昌　有复杂的，比如环境污染。

张军　环境污染也不复杂。附带民事诉讼的民事法律关系都比较简单，一个损害行为造成一个物质损失，不像民事法律关系有多个诉讼的主体、多个法律关系。贪污、诈骗、票据、金融诈骗这类犯罪相对比较复杂，但追回已造成的财产损失不需要附带民事程序，公安机关、检察院追赃就行。追赃的过程比较复杂，涉及是直接的损失还是间接的损失，是善意取得还是恶意取得等问题，但这些都进入不了附带民事部分。

田文昌　尽管如此，我还是有点担心，我举个例子，我曾经开过一个庭，是民庭的庭长转到刑庭来开庭，结果完全用民事审判的方式来主持刑事法庭，弄得我是哭笑不得。刑庭法官审理附带民事诉讼案，也有同样的情况。咱们的法官整体素质还不够高，这是个现实问题。可以考虑留个余地，复杂的案件，必要的时候可以转到民庭处理，民事庭法官毕竟是专业的。理论上也有人提出来把附带民事诉讼全变成独立诉讼。

张军　如果将来国家救助法或者社会赔偿法出台了，所有的刑事受害人的物质损失由国家给予补偿或者救助，被告人个人的民事责任刑事审判阶段就不管了，但是事后要向被告人追偿，相当于被告人你造成的损失国家替你先补偿了，以后还要向你个人追偿回来。追偿案件是单纯的民事案件，由民庭去审理是可以的。

第五编 提起公诉

一、检察机关在审查起诉中对证据合法性审查的责任（第171条）

修改前	修改后
第一百四十条 人民检察院审查案件，可以要求公安机关提供法庭审判所必需的证据材料。 　　人民检察院审查案件，对于需要补充侦查的，可以退回公安机关补充侦查，也可以自行侦查。 　　对于补充侦查的案件，应当在一个月以内补充侦查完毕。补充侦查以二次为限。补充侦查完毕移送人民检察院后，人民检察院重新计算审查起诉期限。 　　对于补充侦查的案件，人民检察院仍然认为证据不足，不符合起诉条件的，可以作出不起诉的决定。	**第一百七十一条** 人民检察院审查案件，可以要求公安机关提供法庭审判所必需的证据材料；认为可能存在本法第五十四条规定的以非法方法收集证据情形的，可以要求其对证据收集的合法性作出说明。 　　人民检察院审查案件，对于需要补充侦查的，可以退回公安机关补充侦查，也可以自行侦查。 　　对于补充侦查的案件，应当在一个月以内补充侦查完毕。补充侦查以二次为限。补充侦查完毕移送人民检察院后，人民检察院重新计算审查起诉期限。 　　对于二次补充侦查的案件，人民检察院仍然认为证据不足，不符合起诉条件的，应当作出不起诉的决定。

问题　理解与适用

张军　　修改后的《刑事诉讼法》第171条第1款规定,检察机关在审查起诉的过程中,认为可能存在刑事诉讼法第54条规定的以非法方法收集证据情形的,可以要求公安机关对证据收集的合法性作出说明。在这里,我们谈到非法证据排除的诸多情形,按照修改后的刑事诉讼法规定,证明证据合法性的责任随着检察官举证责任被明确规定在条文中,检察官在法庭上证明犯罪、证明证据合法性的责任空前增强了,压力加大了。作为检察官,审查起诉的责任意识相应地要和以前有明显的不同,不能再拿着侦查机关移送给你的证据照搬上法庭。否则在法庭上就可能会遇到尴尬情况,遇到公诉人、法官都不希望遇到的中止庭审再去调查的情形。

为了做好这项工作,修改后的《刑事诉讼法》第170条在规定检察院审查起诉案件应当讯问犯罪嫌疑人的同时,还明确规定要听取辩护人、被害人及其诉讼代理人的意见,并记录在案。"记录在案"的意思是:办案机关、办案人员对有没有违法取证的情形,有没有刑讯逼供必须要问清楚,然后记录在案。我想这个记录在案的过程原则上要录音录像,以避免到了法庭上出现证据突袭的情形,检察官因准备不足而致中断庭审。如果辩护人、被害人和诉讼代理人有书面意见的,还要附卷。这个规定就是为了让检察官有充分的线索能够发现可能存在有非法取证情形,可以尽早要求公安机关对收集证据的合法性作出说明。换句话说,检察官恐怕不宜对所有的案件都要求公安机关对收集证据的合法性作出说明。要求公安机关作出说明的主要依据应当是被告人、辩护人及其诉讼代理人提出的被告人可能有被刑讯逼供的情形,然后针对这些问题要求公安机关作出说明,事先为法庭审理做更加充分的准备。

所以，面对新刑诉法的这一变化，公诉人应该加强培训，增强责任感，对审查起诉提出更加严格的要求。如果庭上出现了证据突袭、排除非法证据等情况，公诉人审查起诉的准备工作做到位，就会做到应对自如、有条不紊。这样的严格要求，对公诉人是有好处的。

第一，审查起诉目前最大的挑战还是非法证据排除问题。从2010年两高三部"两个证据规定"出台以后，这个问题就已经出现了，应该讲刑诉法修改以后这个问题会成为常态。修改后的刑事诉讼法为了适应非法证据的排除，赋予了检察机关在审查起诉环节对侦查活动更大的监督权。监督权的形式，一个就是刚才张军讲到的，第171条规定，检察机关可以要求公安机关对证据的合法性作出说明；另一个是在必要时可以申请法院通知侦查人员到庭作证。原来检察机关审查起诉、审查阅卷更多关注的是证据的相关性和客观性，不太注意审查证据的合法性，一般认为是不证自明，照单全收的。随着这次刑事诉讼法的修改，对公诉人员赋予了更重的任务，要求全面审查证据的合法性。审查证据的合法性有很多种方式，一般来讲，要审查收集证据的主体是否合法，收集证据的程序是否合法，最大的问题是要审查有没有用非法的方法，以刑讯逼供的手段取得证据。所以，检察机关应特别注意要求侦查机关提供能证明收集证据合法或者是没有刑讯逼供的相关证据。不要等到法庭上被告人突然提出这个问题的时候束手无策，被动应付，要提前准备相关证明材料。比如说有录像、有旁证、有看守所身体表象的医疗证明，都提前收集了，如果他身上有伤，这些伤是怎么造成的，就能及时证明；脚崴了，看守所能证明确实是他自己不小心走路的时候崴的；体表有伤了，能证明是同监号打的，这是非常重要的。也就是说，检察机关不仅要审查案卷材料，还要在审查起诉环节通知侦查机关用各种方法来提供相关证明证据合法性的支持性材料。

第二，要认真听取被告人的意见，除了讯问犯罪嫌疑人、被告人作案的有关情况以外，我建议把证据非法性的问题作为一个必要的程序，设立一个专门单元，单独讯问，笔录单独附卷。

张军　这样做也会给法官一个印象：公诉人在庭前已经问过你了，你也签字确认没有刑讯逼供了。结果你现在当庭又说公诉人是没有刑讯逼供，但侦查人员刑讯逼供了，动机、目的是什么？

田文昌　《刑事诉讼法》第171条增加了两项重要内容：一是公诉机关对侦查机关取证合法性的审查责任；二是对于二次补充侦查后仍然认为证据不足不符合起诉条件的，应当作出不起诉的决定。由原来的可以不起诉，改成应当不起诉，表明了立法上的刚性要求。其中，对侦查机关证据合法性的审查责任，是一个新的挑战，也是一个最受关注的问题。姜伟建议把取证合法性问题作为一个必要的程序，设立一个专门单元，单独讯问，笔录单独附卷，我赞同。用一个专门程序来审查这个问题与在讯问中顺便说说、了解一下的作用会有较大区别。这样做不仅会引起侦查机关的重视，加强自我约束，而且也会引起嫌疑人、被告人的重视，提醒他们利用这个程序来反映情况，保护自己的权利。

姜伟　以前检察机关讯问的时候也问，但通常就是一句话"以上记录是否属实"。以后可以增加一个专门的环节，要求公诉人作专门讯问，还要记录在案，公诉人要把利害关系向嫌疑人、被告人讲清楚，因为嫌疑人、被告人有的可能是不懂法，有的是有各种顾虑，还有的也有各种动机，将来在这个环节上要把利害关系向被告人讲明，有非法取证情形的，最好能够让他在这个环节提前说出来。

第三，在法庭上，如果被告人或者辩护律师提出非法证据问题，公诉人也没有必要慌乱，因为被告人针对的往往是侦查环节的侦查人员,而不是公诉人。这个时候,公诉人有准备的可以有针对性地进行回应,如果没有准备的也不要轻易作出否定的结论,因为有没有刑讯逼供还要取决于调查,结果应当在调查之后,在没有调查前不能贸然下结论,这样效果不好,也不利于维护公诉人代表的国家法治形象。所以如果遇到被告人或者辩护人在庭上突然提出刑讯逼供的问题,公诉人有准备就进行适当的回应,没有准备可以先建议法庭休庭,然后到庭下去解决。这就要求我们公诉人,一是要在庭前尽量做准备,二是在庭上出现情况时不要惊慌失措,也不要轻易否认,心平气和依法建议休庭,休庭以后要通知侦查机关进行说明。如果侦查机关确实对证据合法性的说明不充分,这个证据要不要上法庭,检察官也得有个合理性的判断,如果检察官认为刑讯逼供的可能性比较大,不如及早与对方律师达成共识,建议合议庭把证据排除,这个证据就不要上法庭了,否则法庭上对刑讯逼供问题审半天,既损害侦查机关的法治形象,也浪费诉讼资源。

张军 我很赞同姜伟讲的,检察官在审查起诉证据的时候,要把证据的合法性问题作为一个重要的节点去审查。如果发现可能存在非法取证情形的,应当要求公安机关就这些问题进行说明,同时,要对这些说明进行格外严格认真的审查。审查的标准我想要以法庭的立场来进行审查,而不是以一般公诉人的立场。站在公诉人的立场如果有80%的可能性是被告人犯罪恐怕就要起诉了,至于到底95%能认定或者100%能认定那是法官的判断。站在法庭的立场来审查,就是用在法庭审理、控辩双方质证中法官可能采取的立场来审查公安机关的说明能不能站得住脚,认为不能排除有非法取证的情形,就要建议公安机关再加以补充说明,拿出更加充分的证据来。如果仍然拿不出来,恐怕在程序上就要向公安机关告知该证据不准备拿到法庭上了。否则,侦查人员要准备出庭,而且出庭以后也未必能够被采纳。

公安机关如果没有不同意见或者拿不出更充分的理由说服公诉人能够确信可以排除非法取证的,公诉人就应该向法官提出来对该证据事先予以排除,避免法庭上的尴尬出现。

田文昌 其实,在审查起诉阶段,审查侦查机关取证合法性,更重要的作用还是对非法证据的先行排除,这才更能体现检察机关的监督职能,也大大减少了法庭上的排除程序。而且从长远的效果来看,更能够促使侦查机关严格控制非法取证的行为。

姜伟 检察机关要在庭前认真审查证据的合法性,及时作出说明和补充,不要什么问题都推给法庭解决而影响法庭的诉讼效率。而且法庭毕竟是公开调查,也有损侦查机关的形象,这是检察机关的责任。如果公诉人认为公安机关的说明是有利的,可以否定排除非法证据,那么公诉人对警察出庭作证要作一个出庭预案,对警察出庭也可以进行适当指导。因为警方就是公诉人的助手,庭前进行一些必要的适当的指导,能够让警察证人出庭时把事实说明白,避免出庭的时候讲不到点子上,提供的证明可能与案件无关。但是有一条,不能指导警察出庭改变事实、捏造事实。

田文昌 两位前面讲的观点我都同意,关键是在具体操作中控、辩、审三方能否达成共识并加以贯彻实施。我认为,为了在执行中能够准确地解读这一条规定的含义,应当明确区分公诉机关与侦查机关的两种不同的责任。

第一,公诉机关具有非法证据排除的证明责任,是证明证据合法性的义务主体。原来我们的公诉机关在非法证据排除问题上并不重视,不进行预先的审查程序,到了法庭上,因为没有证明责任,就把问题都推给侦查机关。现在明确规定了公诉机关的证明责任,必须要先审查。这样,经过审查起诉阶段的事先审查,对有没有非法证据应该能够做到心中有数,很多东西事先就可以排除掉,可以避免拿到法庭上来。无论是对当事人还是对公诉机关、对法庭审理,这样做都是有利的,非常有必要。

第二,证明有无非法取证的责任在公诉机关,而有没有实施非法取证的责任在侦查机关,大家要格外关注到这里的两个责任是分开的。这个问题其实早该明确但过去一直比较模糊,实践中有时候混为一体了,一说有非法取证,公诉人就把责任推到侦查机关去。实际上,公诉机关必须明确自己对非法取证是负有审查责任和证明责任,而真正有没有非法取证不是公诉机关的事,是侦查机关的事。所以,把这一点明确下来,责任就分清了。首先,公诉机关不是非法取证的主体;其次,公诉机关虽然不是非法取证的主体,但是有调查、审查和证明有无非法取证的责任。这样明确下来,公诉机关既相对超脱,又有审查和证明责任。这样,就可以避免过去发生的因责任不明而相互推诿的现象了。

张军　通过对检察机关审查起诉部分的探讨,我联想到我们司法实践日常工作中还有一个需要特别注意的问题,与这次刑诉法修改无关,但我想提出来引起大家的重视。

从最高法复核死刑案件对证据的审核看,检察机关的起诉以及法院的一审、二审,往往对证据形式的合法性审查不够重视。比如说辨认,公安部、最高检都有明确的规定,对人的辨认至少得有5至10个陪衬人,对于物的辨认也明确规定,同类物品不得少于5件。但在实践中有法不依、执法不严的情况却时有发生,公安机关、检察机关也不严格执行自己的规定,甚至拿来物证直接让被害人看,被害人看过之后说:对,是我的戒指。等到开庭审理的时候却说:我的是白金戒指,你们给我看的是白银的。就把自己陷入尴尬之中,没有办法了。我在复核死刑案件的阅卷过程当中,甚至发现过 DNA 鉴定错误的,把男女性别 XX 和 XY 都给颠倒了;还有指纹鉴定错误的;还有需要鉴定的检材第一、二、三、四、五份的排列,到出鉴定意见的时候却按五、二、三、四、一序列去排列,得出来的鉴定意见显然不能作为证据使用。死刑案件复核权上收之后,五年间,在复核审理阶段我们就已经发现了多例实在不应该发生的涉及死刑案件司法鉴定错误的情况。这里面不仅有一、二审法院的责任,法官审判不认真、走过场,也有检察机关的责任,在审查起诉阶段,对证据形式的合法性没有认认真真地审查。这个问题很突出,所以有必要提出来。

姜伟 我非常赞同张军的观点,我们现在证据合法性的审查往往集中在是否存在刑讯逼供等非法取证行为,实践中,收集程序有瑕疵的证据大量存在,而且也影响了公诉和审判的质量。现在讲,执法不规范的问题在证据合法性上的主要表现是收集证据的程序与法律的规定不一致,当然这不是大问题,但要真追究的话这也确实很被动。所以我主张先培训后办案,比如要去搜查,就先学习搜查的有关规定,带着录像机、照相机,发现了重要的物证,在提取的地点用照相机照下来,用录像机摄录下来,然后提取物证,保证能够做到同一比对,要保证有见证人在场,侦查人员不能一个人搜查,至少得两人一组。同样,要找人辨认,先学习辨认的规定,要扣押查封财产先学查封财产的规定。而我们现在大多数的情况都是凭经验办案,导致了实践中收集程序有瑕疵的证据大量存在,所以我觉得这个问题非常重要。以前我们一直忽视证据的合法性问题,现在立法规定排除非法证据了,证据的合法性问题开始被引起重视,但重视的只是言词证据,是不是用酷刑方法取得的?有没有刑讯逼供?所以我非常赞同张军讲的,对证据的合法性要高度重视、认真审查,审查要从细节审查,不能大概看看就行了,包括讯问的时间、讯问的地点、讯问的人员都要审查。公正源于细节，没有细节就没有公正，如果连小细节都不注意，最后审理能够公正吗？

张军 比如讯问，前后两次讯问，写明的都是同一个时间，但却是两次讯问，明显的就矛盾。再比如同一个办案人两地同时取证，笔录上都有他的签名，但他不可能在同一时间分身两处啊。像这种"小事"，都是关乎证据的合法性的。

田文昌 还有很多笔录都是在电脑上复制粘贴的，多份笔录一字不差，连标点符号、错别字都一样。

姜伟 这种事应该引起公诉人的重视。

田文昌 现在我们能够在立法中明确排除非法言词证据就已经很不容易，实物证据排除还没有引起重视，这个问题要是能够提出来作出改变就太好了。前段时间我收到一封信，是一个托我申诉的案子，我因为时间、精力关系没有接，但这个案子本身很有意思。案情很简单，某商场卖玉的商店里面丢了一块玉，小偷没有现场抓获，只有监控录像显示被告人曾经去过这个商场，而且被告人身上也有一块玉，就把被告人抓了，一审、二审判了十几年。这个案子的核心问题，也就是申诉人提出的申诉理由是，在他身上找到的那块玉和商场里丢的那块玉，大小分量差了好几倍。这明显是此物彼物的问题，但被告人被判了十几年。还有我曾经办理过的两起雇凶杀人案中都存在一个同样的问题：被认定为杀人凶器的手枪与指控为雇凶者提供的手枪并不是同一把枪。这种证据是如何取得的，最终也说不清楚。可是这两个案子都定罪了。我希望能够通过我们的谈话引起人们，特别是立法机关对非法实物证据排除的重视，把排除非法证据的内容扩展到实物证据的排除上,这无疑是非常重要的。

二、审查起诉中补充侦查的规定(第171条)

修改前	修改后
第一百四十条 人民检察院审查案件,可以要求公安机关提供法庭审判所必需的证据材料。 人民检察院审查案件,对于需要补充侦查的,可以退回公安机关补充侦查,也可以自行侦查。 对于补充侦查的案件,应当在一个月以内补充侦查完毕。补充侦查以二次为限。补充侦查完毕移送人民检察院后,人民检察院重新计算审查起诉期限。 对于补充侦查的案件,人民检察院仍然认为证据不足,不符合起诉条件的,可以作出不起诉的决定。	第一百七十一条 人民检察院审查案件,可以要求公安机关提供法庭审判所必需的证据材料;认为可能存在本法第五十四条规定的以非法方法收集证据情形的,可以要求其对证据收集的合法性作出说明。 人民检察院审查案件,对于需要补充侦查的,可以退回公安机关补充侦查,也可以自行侦查。 对于补充侦查的案件,应当在一个月以内补充侦查完毕。补充侦查以二次为限。补充侦查完毕移送人民检察院后,人民检察院重新计算审查起诉期限。 对于二次补充侦查的案件,人民检察院仍然认为证据不足,不符合起诉条件的,应当作出不起诉的决定。

问题 对检察机关"应当作出不起诉的决定"的理解与适用

张军　修改后的《刑事诉讼法》第171条第4款规定,经过两次补充侦查的案件,检察院仍然认为证据不足,不符合起诉条件的,"应当"作出不起诉决定。原来《刑事诉讼法》第140条第4款的规定是"可以"作出不起诉的决定,将"可以"改为"应当"。同时,原来没有对补充侦查几次作出限制,这次明确规定了补充侦查以两次为限。两次以后仍然认为证据不足,"应当"而不是"可以"作出不起诉的决定。我认为这条规定是修改后《刑事诉讼法》第2条增加的"尊重和保障人权"原则在刑诉法具体条文中的体现和落实。原来,检察机关可以将案件反复多次退回公安机关补充侦查,法院也可以反复多次撤销原判发回重审,使得一个案件可能拖延三年、五年甚至更长时间判不出去,而从形式上、程序上、期限上看又没有违法,案件定放两难,严重侵犯了嫌疑人、被告人的合法权益。这次在《刑事诉讼法》第171条第4款中作出这样的规定,应该说是意义重大,无疑会引起公诉机关的高度重视。实际工作中,我们公诉机关要负起责任,指导公安机关如何补充侦查,补充侦查哪些内容。如果因为指导不力,补侦效果不好,经过两次补充侦查,仍然认为指控嫌疑人、被告人犯罪的证据不够充分,就必须作出不起诉决定,而不是尝试着让法院开庭审理,作出免予处罚或者是重罪轻判。我想这一点需要特别明确。

姜伟 关于审查起诉环节两次退补,1996年《刑事诉讼法》就已经规定了,但这次明确下来二次退补后,仍然证据不足的,"应当"作出不起诉决定,也就是说不具备起诉条件的,检察院要直接作出不起诉决定,不再向法院移送。原来没有这个规定,检察机关作为承前启后的中间环节,确实有一个责任不明的问题。刑诉法这次在这方面的修改,我认为体现了公正与效率相结合的原则,一方面,不符合起诉条件的,从有利于被告人原则,有利于体现司法公正原则,应该及时给被告人作出结论;另一方面,从提高诉讼效率来看,案件也不能久拖不决,否则当事人的权益得不到切实保障,同时对诉讼资源也是一种浪费。

现在需要我们注意的一个问题是,我们都知道不起诉有三个种类:无罪不起诉,证据不足不起诉,情节轻微不起诉。实践中有没有这种情况,经过一次退补检察人员就发现可以不起诉了。在这种情况下,如果经过一次退补检察机关就认为已经具备作出不起诉决定条件的,一定要及早作出,不要再退回去第二次补侦了。这样既有利于体现诉讼公正和提高诉讼效率,也有利于依法保障犯罪嫌疑人的权益。我们检察人员要勇于担当,不要案件明明退补一次就清楚了,非得退补两次,明明知道再退补也不会有新的证据,退回去就为了把两个退补程序走完了。当然如果有工作遗漏的,可以再第二次退补,没有工作遗漏一次也是可以的。

田文昌　第二次应当是个底线,但并不意味着必须两次。可以这样理解,两次退侦还没有新的证据,仍然证据不足就必须作出不起诉的决定,但是并不意味着一次退侦就不可以作出。姜伟说的是对的,检察机关依据职权,如果退侦一次确实没有证据是完全可以作出不起诉决定的。

还有一种情况,有的不需要退侦,案子拿过来,一审查就不合格,就可以直接不起诉了,一次退侦也不需要。总的来说,这次法律规定,以两次退侦为底线比原来有了更严格的要求。这体现了立法上的刚性规定,我们的立法这样的规定应当更多一些。

姜伟　实质上就是要求检察机关及时终止诉讼,不要把案子都推到法院去。

三、全案移送案卷材料、证据的规定(第172条)

修改前	修改后
第一百四十一条　人民检察院认为犯罪嫌疑人的犯罪事实已经查清,证据确实、充分,依法应当追究刑事责任的,应当作出起诉决定,按照审判管辖的规定,向人民法院提起公诉。	第一百七十二条　人民检察院认为犯罪嫌疑人的犯罪事实已经查清,证据确实、充分,依法应当追究刑事责任的,应当作出起诉决定,按照审判管辖的规定,向人民法院提起公诉,并将案卷材料、证据移送人民法院。

张军　　这次刑诉法修改审查起诉的内容里面有一项新的规定,就是第172条中规定了向人民法院提起公诉,要把案卷材料、证据移送人民法院。这个是新的规定。

姜伟　　这是重大的修改,全案移送。

张军　　1996年《刑事诉讼法》修改,将移送案卷的规定取消了,证据也就不再随案移送了,也就是当年讨论修法中大家谈到的"一步到庭"、庭上见,就是起诉一本主义。1996年的修改,经过这些年来的实践,证明还不完全符合我们的国情。因此,司法实践中早已变通执行1996年《刑事诉讼法》的规定,一些案件检察机关将卷宗材料复印移送法院,法院做一些必要的准备,使庭审能够公正有效地进行。这次修改明确随案移送案卷、证据,我想在实践中需要我们注意的是,把案卷材料、证据移送人民法院,应该是人民检察院将在批捕、审查起诉过程中有利于被告人的和不利于被告人的所有案卷材料和证据都要移送。公诉人在法庭宣读公诉意见的时候,要客观地讲一讲那些有利于被告人的证据,如果是客观真实的,提醒法官在量刑的时候予以考虑,不真实的也要讲清楚,便于法官能够客观地认定案件的事实和被告人的认罪态度,公正地作出处罚。如果收集来的有利于被告人的证据不予移送,律师知道了会请求法院要求调阅,或者使法官不能全面客观地了解案情,不能公正地处理案件,这也有违公诉人的职责。这一点恐怕需要特别注意。

姜伟　　刚才张军讲的是对的,这次要求检察机关提起公诉的案件要向法院移送全部证据,这个规定实际上和1979年《刑事诉讼法》是一样的,1996年修改作了调整之后,应当讲这次是一个回归。为什么?这要结合中国的国情来理解,主要是基于两个理由:

第一个理由,我国审判人员的整体素质还没达到一本主义的要求,换句话说,中国的整个诉讼制度还没有完全达到像西方讲的当事人竞技主义的庭审制度水平,原来讲是为了被动的、形式主义的、程序化的审查,避免先入为主,所以就搞一本主义,后来实践中发现做不到,因为在中国目前的国情下,如果搞一本主义,让审判长、合议庭成员庭前不看证据只经过庭审就对案件作出结论,确实有点勉为其难,即使作出结论也是不负责任的,不利于保障当事人的权益,维护法律的尊严,所以这次作了修改。

第二个理由,我国幅员辽阔,各地经济发展不平衡,1996年《刑事诉讼法》修改后刚开始是回法院移送主要证据复印件,后来随着实践的需要,必须要全部证据移送法院,但检察官又不能把案卷全部移送,因为检察官自己还需要阅卷准备出庭公诉,这样就需要全案复印然后移送,复印就需要资金投入,但很多地方又实现不了这种资金投入。这个我有切身体会,我在地方检察院工作的时候,我们曾经给一些对口支援落后地区的基层检察院提供复印机,结果根本没有用,有了复印机还是没钱去买复印纸,拿了复印机也用不了。所以虽然规定了移送主要证据复印件,他们还是按照1979年的办法全卷移送给法院,这是对现实的关照,所以这次作出了一个调整。

调整之后,检察机关在庭前审查时对卷中的所有证据都要进行审查,既要审查有罪的材料,也要审查证明犯罪嫌疑人、被告人无罪和罪轻的材料。因为公诉人不是一般案件的原告,是代表国家公诉,要站在法治立场、国家立场和客观公正的立场上来审查案件,所以要认真全面进行审查。即便那些你认为不能成立的证明被告人无罪或者罪轻的材料,也要提交给法庭,不能因为你个人认为证明不了或者认为材料是虚假的,就把材料排除了不提交给法庭了,证据是否采信的最终裁判权在合议庭。当然,作为公诉人也有自由裁量权,在法庭上发表公诉意见、发表对证据的采信意见,和律师进行辩论,这些公诉人都有自由裁量权。但是公诉人不能以个人的意见对全卷的证据进行裁剪,把自己认为符合相关性、客观性、合法性的证据提供给法庭,自己认为应予排除的证据就不提交给法庭,这是绝对不可以的。公诉人一定要清楚自己的职责,要知道诉讼的规律,法庭是案件最后的仲裁者,最终裁决权在合议庭,所以全案证据都要提交。

田文昌 这个规定我也是赞同的。说实话,在有些问题上 1996 年《刑事诉讼法》似乎是有点冒进了,但是当时的愿望是好的,想法是好的。为什么实现起来有困难,实际包括两个原因:两位刚才都谈到了国情、水平、素质,这确实是个问题。我们经过三十几年的磨炼,法官能够不看材料通过庭审就能听懂案件,并且自信地作出裁判,这种能力确实还达不到。

但是实现不了不光是水平问题,我补充一点,除了水平还有我们的审理方式也做不到,为什么呢?我们看英美法系国家,90% 以上案子都被辩诉交易消化了,认罪的案件一天可以开上十几二十个小庭,但对真正不认罪的案件法庭程序非常繁琐,一个案子审得比我们多下若干倍的工夫,一个庭开了多少次都开不完,花了很长时间,费了很大力气才能弄清楚。咱们的法庭用这么短的时间,证人又不出庭,这种庭审方式,不可能达到那种效果。

此外,还有一个更大的原因:在司法不独立的情况下,这种方式就更不现实。可以说,司法独立是司法公正的前提和基础,否则,司法公正就无从谈起。

姜伟 国外对刑事诉讼实行繁简分流,真正复杂的案件要开很多次庭,有时开一次庭就审一个证据。

田文昌　　所以我就一直在呼吁，我们要加大认罪案件简易审的力度。

张军　　现在基层法院所有案件都可以依法定条件适用简易程序审理，一审案件都做到了。

姜伟　　要循序渐进，不能一步到位。

田文昌　　我一直主张，对于认罪案件要加大从宽处罚的幅度。认罪了就当然可以从轻处罚，这样认罪的人就多了，可以节省出很多时间来精审疑难案件，我们现在根本做不到精审。

所以，就现在的条件，除了水平问题，还有审判方式的问题，都很难做到法官不看案卷就能当庭查清案情。因此回到原来的规定，全案移送，这是一种现实的做法。接下来就是怎么移送的问题，我也完全同意两位的说法，有利的不利的证据都必须全部移送，这是没有问题的。但是我想补充两点：第一，如果有这种情况，对当事人有利的证据没有移交，律师向法庭申请，法庭必须调取。现在现实当中我遇到很多法庭不调取，律师也没有办法，从法律程序上没有约束。第二，如果法庭同意调取后，公诉人拒不提交应当有一定的后果，光有规则没有后果还是不够。前面已经提到，这次修法最大的遗憾就是很多制度没有后果性的规定。很多理念都提出来了，但是没有相应的保障措施，所以实施起来很难落到实处。

四、没有犯罪事实不起诉(第173条)

修改前	修改后
第一百四十二条 犯罪嫌疑人有本法第十五条规定的情形之一的,人民检察院应当作出不起诉决定。 对于犯罪情节轻微,依照刑法规定不需要判处刑罚或者免除刑罚的,人民检察院可以作出不起诉决定。 人民检察院决定不起诉的案件,应当同时对侦查中扣押、冻结的财物解除扣押、冻结。对被不起诉人需要给予行政处罚、行政处分或者需要没收其违法所得的,人民检察院应当提出检察意见,移送有关主管机关处理。有关主管机关应当将处理结果及时通知人民检察院。	**第一百七十三条** 犯罪嫌疑人没有犯罪事实,或者有本法第十五条规定的情形之一的,人民检察院应当作出不起诉决定。 对于犯罪情节轻微,依照刑法规定不需要判处刑罚或者免除刑罚的,人民检察院可以作出不起诉决定。 人民检察院决定不起诉的案件,应当同时对侦查中查封、扣押、冻结的财物解除查封、扣押、冻结。对被不起诉人需要给予行政处罚、行政处分或者需要没收其违法所得的,人民检察院应当提出检察意见,移送有关主管机关处理。有关主管机关应当将处理结果及时通知人民检察院。

修改后的《刑事诉讼法》第173条第1款,对不构成犯罪的不起诉加了一条:犯罪嫌疑人没有犯罪事实的。对犯罪嫌疑人没有犯罪事实怎么办,原来仅在侦查环节作了规定,公安机关可以撤案,在检察环节的三类不起诉中没有这项规定,所以我们在起诉环节如果发现犯罪嫌疑人没有犯罪事实,原则上检察机关都退回公安机关撤销案件。有时候公安机关和检察机关意见不一致就不撤,案件就搁在那里了。原来我在负责公诉工作的时候就对这个问题很纠结,因为按照旧法规定,检察院决定不起诉的案件有三类:一类是存疑不起诉;一类是情节轻微不起诉;再加上第15条规定的特定情形不起诉。

这三类不起诉案件都不涉及犯罪嫌疑人没有犯罪的内容,所以在这种情形下,由检察院决定不起诉缺少法律依据。可以说这是原来的刑事诉讼法的一个漏洞。这次修改完善了这个漏洞,更加合理了,在审查起诉环节发现犯罪嫌疑人没有犯罪事实的,检察机关可以直接作出不起诉决定,不需要再退回公安机关要求公安机关撤案,既有利于保障犯罪嫌疑人的合法权益,也有利于体现检察机关维护法律的公正形象。

田文昌　既保障了人权也节省了诉讼资源,又增加了检察机关的权力,使其可以直接作出不起诉的决定。这个修改是一个重要的进步。

其实,依照合理的诉讼规则,处于三个不同诉讼阶段的公、检、法三机关,由于职责不同,对证据审查的标准本来就应当是有区别的。检察机关先把一道关,正是体现了三机关相互制约的作用。

第六编 审判制度

一、树立庭审中心主义意识

田文昌　张军在谈到如何贯彻落实好修改后的刑事诉讼法中提到的,要进一步深化以庭审为中心的意识,我觉得非常重要。实际上这次刑事诉讼法的修改,在很大意义上体现了这个原则。这个原则的重要意义在于,它体现了一个庭审活动由虚到实的过程,使庭审逐步走向更加实际的一个发展过程。比如,过去我们的法治环境还不成熟的时候,程序公正得不到充分体现,很多庭审活动走过场、有些虚。如果以庭审为中心的这个原则能够实现,说明庭审活动被认同是刑事诉讼活动的终极体现。也只有庭审活动受到高度重视的时候,才能真正通过庭审这样一个公开、正当的合法程序来达到实现司法公正的最终目的。

以庭审为中心原则,对辩护律师的能力提出了更高的要求。这次刑事诉讼法修改,加大了辩护方的权利,但是权利和能力是相对应的,如果加大了权利却没有能力的相应提高,权利的实现就很难做到。所以,这次刑事诉讼法贯彻实施当中,对律师明显提出了更高的要求,律师要从整体上努力提高自己的能力。

姜伟　第一，公诉案件要通过庭审的检验。庭审为什么会成为诉讼的中心环节，成为所有诉讼活动的重心，我想主要基于它的这么几个特点：首先，所有的诉讼参与人都要到场；其次，所有的证据都要在法庭上公开、质证；最后，不同的观点都要在法庭上交锋。审判前的各种程序，都是单方进行的，只有在法庭上各路人马聚齐了，才有一个交锋、辩论的平台，庭审中心体现诉讼规律。

　　第二，体现了认识规律。认识总是有一个去伪存真、去粗取精的过程，各方观点在法庭上亮明，才能达到真理越辩越明、事实越辩越清的目标。

　　第三，在这次刑诉法修改过程当中，强调各方对法庭的责任也是一个重点，证据要到庭，鉴定人要到庭，侦查人员要到庭，公诉案件公诉机关有举证责任，自诉案件自诉人有举证责任等规定，对庭审的改进是比较突出的。为什么会有那么大的调整？因为诉讼规律在这，认识规律在这，我们的行为必须符合规律。

　　所以，我赞同诉讼就要以庭审为中心，庭审以前的所有活动都是为庭审做准备的，侦查环节、起诉环节都可以称为审前程序，强化庭审为中心，不仅符合诉讼规律，也符合认识规律。

张军　对刑事诉讼强调的庭审为中心，我们控方、辩方能有这样一个统一的认识，我觉得非常高兴。从公安机关角度讲，侦查工作是诉讼的起始环节。没有侦查就没有证据、没有后面诉讼环节的展开。但是，侦查工作在理念指导上，也应当强调以庭审为中心。刚才姜伟讲到侦查起诉是个庭前程序，是从宏观角度定义的。侦查工作从公安机关立案、侦查、取证、采取强制措施，到提请检察机关审查起诉，目的是什么？根本的目的就是要把在案嫌疑人送上法庭，由法庭作出有罪与否、罪轻罪重的判断。如果不能送上法庭，前面的工作就是错了，主观判断错了或者是客观上拿不到证据，也是错了，有道理的错了,属认知规律问题,或者是根本无理性的错了,是乱弹琴。

姜伟 还不好简单地下结论说前面的侦查工作是错了,因为有时候是认识能力有限,或者客观证据难以收集,导致可能最终案件到不了法庭,但对前面的工作还是要予以肯定的。

张军 所以我说是我们主观上认识问题错了,或者是客观上我们的认识能力不足,有些错误甚至还需要赔偿。只要出现了失误,无论是不应该有的或是难以避免的失误,也是错的。只有把犯罪嫌疑人送上法庭,而且由法庭经过一系列的法定程序审理,最终定罪,这才能够充分肯定侦查工作从开始就是正确的。侦查、起诉、审判工作,方向没有发生错误就是成功的。

姜伟 这么说有点绝对,侦查机关也好,公诉机关也好,经过侦查、审查起诉,能够认定犯罪嫌疑人、被告人是无辜的,使他解脱了,这也是成功,有罪的人最后送上法庭定罪了也是成功。不能说查完之后不构成犯罪、不起诉了,或者检察院证据不足不起诉了,不到法庭的工作就有失误,不能这样评价。

张军 这样来认识公安机关办案的成功与否,我完全赞成。我所讲的,是从侦查办案的心理、逻辑判断上,既然立案,就认为是可能有犯罪发生;既然逮捕,当然认为嫌疑人有极大可能就是犯罪人。但是,最终经法庭审判证明无罪,这也是成功。没冤枉好人嘛!但是,对前面侦、诉环节来说,就不能也说是成功。成功与否,是相对的判断。

田文昌 我有两点体会:第一点,法庭审理是最后一关。一起案件从最开始的侦查到审查起诉,再到最后一站庭审,包括犯罪嫌疑人、被告人在内的所有诉讼参与人都要参与庭审活动,所有证据都要拿到法庭上来。所以说,侦查、审查起诉的一切活动都是围绕着最后在法庭上的博弈进行的,查明事实,辨明理由,这一点是没有争议的。

另外一点,为什么张军和姜伟有一点争议,这涉及我们应当怎么样解释庭审活动的问题,我举一个例子特别能说明这个问题:前些年有一个中美合作项目,美国专家到中国来搞了一个模拟法庭,用的是美国案例,让我做辩护人。这是一起家庭暴力的案子,案情是这样的:丈夫打妻子,打妻子的这个事实没有争议,打完之后妻子从楼梯上滚下去了,摔断了胳膊和腿。怎么滚下去的呢?说不清楚了,妻子说是丈夫推下去的,丈夫说是妻子自己掉下去的。在这个问题上,有两组证据,双方各找了3名证人,3名证人证明得都不充分,丈夫一方的3名证人,证明是妻子自己掉下去的,这两个证人用美国的说法是有缺陷的证人,是被自己的妻子欺负过、对妻子有仇恨心理的,或者是有大男子主义倾向的。妻子一方的3名证人,证明妻子是被丈夫推下去的,这3名证人也是有缺陷的证人,都是家庭暴力的受害方。所以,从总体上看,控方指控证据不够充分,很难认定。模拟法庭中准备做公诉人的是我学生。他跟我说:田老师,本来跟你对庭我就有压力,这个案子本身又明显对控方不利,我会很被动。他这番话就很典型地体现出一个基本的诉讼理念问题,也就涉及姜伟原来讲过的能否大胆公诉和张军谈到的以庭审为中心问题。

这个案子非常典型,家庭暴力的事实有,被害人有,后果也存在,检察机关提起公诉是应该的,没有问题,否则就有失职的嫌疑,在有基本证据、有被害人控告的情况下,检察机关起诉是没错的。诉了以后到法庭上,就涉及庭审中心的问题了。到法庭上控、辩、审三方在场,通过严格的庭审程序,通过对证据进行质证,最后法院觉得证据不足不能定罪,宣告无罪了,这本来是很正常的事。尽管最终没有定罪,但谁都没有毛病。检察院尽责了,根据原告的请求,依据一定的证据支持提起了公诉;法院也尽责了,通过对证据的质证和控诉双方的辩论,最后觉得证据不够充分没有定罪。这个过程体现了庭审的重要作用,体现了庭审活动维护司法公正的意义。我们换一个角度来看,如果检察院干脆就不起诉,就有可能对被害人一方说不清楚,不好交代。而起诉之后,通过控、辩、审三方共同参与的、公开进行的庭审程序,就不仅实现了公正,而且也体现了公正,消除了各方的质疑。这种过程和结果,应当充分体现了庭审中心主义的题中应有之义。

同样带着这个问题,有一年我到澳门参加一个刑诉法研讨会的时候,问澳门的检察长,检察院每年起诉有罪的成功率有多少?答案是正常在70%～80%。所以,我认为,我们追求99%的起诉成功率,这本身就是违反诉讼规律的。

姜伟 文昌举的两个例子,一个是美国的,一个是澳门的。首先美国和中国的法律背景是不一样的,美国起诉的证据标准和法庭定罪的证据标准不一样,只要证据有充分理由就可以起诉,判罪则要排除合理怀疑,这是美国的法律背景。中国不一样,中国公诉的标准和法庭定罪的标准都是证据确实充分,这个标准带来的问题就是,如果一个案子起诉到法庭,经过庭审最终法律上不判罪,就意味着侦查、公诉错了,因为案件侦查终结的标准、公诉的标准和法庭定罪的标准三个是一样的。

田文昌 从这个角度探讨话题就更深了,我们的诉讼制度本身就决定有些问题没法说清楚。

姜伟 所以,这就要求我们检察机关要站在国家的立场、法律的立场去提起公诉,证据不足就别起诉了。

田文昌 难道起诉了就一定要定罪?

姜伟　　第一，我们要按证据的证明标准来判断，证据不足就及时让当事人解脱。

　　第二，刚才文昌讲的，真上了法庭，对证据如何认定？充分不充分？能不能排除合理怀疑？首先要有一个客观的前提，客观证据是否合法、真实、相关，证据体系是不是完整；其次还有主观因素，面对同样的证据链条可能不同人的主观认识标准不一样，可能有人认为，证据确实充分可以排除一切合理怀疑，有人认为证据不充分不能排除合理怀疑，这种情况需要在法庭上接受庭审的检验。但具体到如何检验的问题，难以确定一个标准。原来做公诉工作时我主张，如果大家都认为证据不足，就你一个人认为证据充足，这就是你的认识有偏差了，但有的时候确实有这种情况。

张军　　有的时候真理就在少数人手中。

姜伟　　当然有这种可能。

　　第三，在认识不一致的时候，公诉人有权对案件进行起诉，但反过来合议庭也有合议庭的权力，公诉人认为证据充分就要提交法庭，合议庭如果认为证据不足就宣布无罪，那是法官的权力，必须要尊重。

田文昌　　刚才姜伟说的还是回到证据标准上来了，侦查、起诉和最终判定有罪的标准，不应当是一样的。

姜伟　　按照诉讼规律来讲是不应该一样的，因为证据的展开有一个过程，所有的证据都要汇总在法庭上。

田文昌　　在法庭辩论当中，我发现公诉人经常混淆一个问题，就是将侦查的思维方式、指控的思维方式和定罪的思维方式，常常会混淆在一起。只要遇到这种情况,我都会不厌其烦地强调一个道理:侦查案件,必须要怀疑一切,一切可疑线索都不能放过,否则就破不了案。可是在定罪环节则必须要排除一切合理怀疑,否则就有可能形成错案,这是完全相反的两种思维方式。可是问题就在这里,我们有时到法庭上也抱着怀疑一切的思维方式去指控。更可怕的是,有的法官也以这种思维方式去认定犯罪。出现这种思维方式的误区,不仅仅是法务人员自身的原因,还有机制设计的原因。过于追求侦查和起诉的成功率,显然是导致这种现象的重要原因。

张军 回到刚才的话题。庭审中心在侦查这个环节的主要体现是,立案侦查的目的是要把我们认为有罪的案件及犯罪嫌疑人送上法庭。如果法庭最终没有定罪,从哲学意义上来说,辩证地看,并不是就代表立案侦查错了。因为在这个过程当中,我们对案件也是在逐渐加深认识,由此及彼,由表及里,最后及时把案件停止住,恢复当事人自由。这肯定是对的,是好的。同时,前面讲到,这个结果也说明我们最开始的认识判断有一些偏差,这个是没有问题的。

现实当中有一种现象,有一些公安机关在破案以后,还没有开庭审理的时候,就开始对侦破案件有功单位、人员立功授奖。公安机关这样来认识和判断自己成功办案,是不是正确?应不应该这个时候就自己认定成功破获案件并且立功授奖?这种行为必然是基于这样的一个意识,我这个办案环节结束了,自己就认为案件有定论了。这种行为无论在意识上还是在诉讼的规律上,都没有体现庭审中心主义。这个意识的最大危害就是在立案的时候,在案件侦查过程当中,侦查人员是以侦查为中心,以侦查办案的要求、做法为标准去办案。所以才会自己认为在办案件构成犯罪了,犯罪嫌疑人就是有罪了。所以,依照刑诉法、司法解释、法庭审理要求应当收集的证据未必去搜集,应当严格按照规章制度取得证据、固定证据的过程就觉得是多余的。最高法在审理一些重大复杂案件的过程当中，特别是2007年死刑案件核准权上收最高法院统一行使之后的一两年，补查补侦率之所以比较高，我觉得可以反映出办案指导思想上、意识上的问题。

田文昌　　张军说到思想意识问题，我觉得，在庭审意识上，与庭审中心主义相对应的实际上就是庭审虚无主义。客观地说，与过去相比，法律受到了各方的重视，很大程度上体现了庭审中心原则。但是，我们还没有走到更高的层面。为什么我有这样的感触？我前面说到现在我们一侦查就必须起诉，一起诉就必须定罪，庭前所有供述都不能变，到庭上不能发生质疑，变了就是翻供，就是认罪态度不好，甚至包括司法鉴定都不能变。这就体现了一种思想意识、一种观念，就是庭审虚无主义。如果我们真正认识到并且能够一致认同庭审的重要性，在庭审中心主义之下，就应当回到一个合乎规律的认识之上来，认识到庭前一系列的诉讼活动都是为庭审活动做准备的，最后要以庭审为标准来获得和体现司法公正。我们必须要有这样一个认识上的转变，才能够真正实现庭审中心原则。

张军　　把这个意识真正树立起来，刑诉法各个环节在实践中落实起来就会更加理性，相关规则的落实会更加到位。而不是在自己这个环节就可以按自己的标准认为没有问题了，潜意识里面就觉得法庭审理要求那么细，辩论、质证把得那么严都是没有必要的，导致到了庭审中，证明犯罪的证据缺失或者不充分，最终或者是举证不能或者是举证失败，给司法机关的公正形象造成损害，也给当事人造成不应该有的损害。这个意识的最终树立，我觉得在宣传学习贯彻落实诉讼法过程当中，还将有一个过程，需要逐步地形成。

田文昌 对庭审规律和规则认识的提升,我觉得真正应当有一个很系统的宣传和培训,这不是控、辩、审某一家的问题,三方都涉及。系统地宣传和培训,才能从整体上转变我们的价值观,达成一致的认识,从根本上解决问题。

过去和现在,我们都时常会听到一些来自不同人员的抱怨:一些侦查人员说,下了那么大工夫,不诉了,办了半天白办了!一些做公诉的检查官说,下了那么大工夫,不定罪了,诉了半天白诉了!也有一些律师说,下了那么大工夫,还是定罪了,辩了半天又白辩了。这些抱怨都反映了一个同样的问题——诉讼理念的误区。

姜伟 文昌刚才说到庭审意识的提升,我比较赞同这个观点,因为侦查机关和公诉机关,可能在这方面确实有些错误倾向,应该引起注意。

庭审意识首先是证据意识问题,因为到法庭上更多的是事实问题,是证据问题,刚才讲到,侦查机关往往认为侦查终结任务就完成了,工作告一段落了。

田文昌 但是侦查的所有证据都还没有拿到法庭上去检验呢,任务还没完成呢!问题就在这里。

姜伟 所以我说原来有一种倾向,认为侦查终结案子就告一段落了,甚至我们检察机关对自侦的案件,也有这种倾向。当然,这些年作为检察机关来讲,我们的庭审意识总体上是在不断增强,所以现在侦查终结时基本不搞表彰,等到庭审判决有罪了,甚至二审终审定罪后再表彰。实践中,证据意识是庭审意识的前提,现在很多侦查机关往往在两种情况下不太注意继续收集证据,一种是张军刚才讲的,自己认为够了就不再收集了;还有一种往往是犯罪嫌疑人自己认罪的案件,不再注意收集其他的证据,认为当事人自己都认了,侦查机关也有一些证据，就不再收集了。但是我们国家法律规定，自白是需要补强证据的，跟国外还不一样，国外只要被告人非强迫、自愿认罪，这一个证据就可以定罪，而我们是自白补强原则，只有本人的供述没有其他证据，也不能认定。所以越是当事人认罪的，倒要更加注意收集证据，万一他到法庭上翻供了呢？或者一审认，二审翻了呢？这是一个很大的问题。实践中证据具有随时灭失的危险，当时不去取证，比如痕迹的检验提取，相关证人证言的固定，万一一有变化，案件就定不了了，被害人的权益便不能得到保护，正义就不能得到伸张。这对于被告人来讲是定不了罪就放了，但对被害人来讲，他的正义就不能得到伸张，在这个意义上来讲，侦查证据不足就是失职，侦查人员没有证据意识是最大的失误，实践中应该注意避免这个问题。

张军　　有一次我应公安部领导同志邀请，到公安部给公安干警介绍刑事审判，特别是死刑复核中的证据搜集、使用问题，讲到庭审中心这个问题。公安干警还是很认同的。我认为对公安干警而言，这个问题应该容易理解。我当时这样讲道，侦查人员在取证的时候，你要意识到最终并不是由你来定案。如果你能定案，根据你对现场的判断，对当事人的询问，就地正法，百分之百不会有错。侦查人员要知道，案件侦查取证严格遵循程序的目的是什么？因为你们收集的证据最终是要随着案卷材料送到一千公里以外的北京的最高法院的那些法官手里。他们没到过案发现场，没有现场氛围对他们的感染，不知道你没有手续的证据是怎么提取来的，不知道被告人是在什么情况下认的罪。所以，侦查人员的侦查取证必须客观，必须严格遵循取证程序，要求怎么样提取这个证据，一个手续都不能落下，侦查、预审人员要签字来证明你看到的、听到的、提取的一切都符合法律，然后给千里之外的法官们审查书面的东西。这就叫庭审中心。要让侦查人员意识到不是由自己定罪，是依法定程序让法庭定，就要按照法庭的标准去取证。

姜伟 庭审中心原则是刑诉法一个很大的修改，一定要扭转侦查人员的认识。这里有两个观点：第一是合法侦查，侦查环节必须按照法律规定的程序来取证，按照客观真实性去审查，要说明与事实的关联性；第二是侦查终结但侦查工作并没有终结，因为按照刑诉法的规定，公诉机关可以要求侦查机关提供公诉需要的证据，侦查终结以后，侦查机关侦查人员仍然有工作，不要认为侦查终结这个案件就可以画上句号了。到了法庭上，可能还会要求侦查人员出庭。所以在这个意义上讲，侦查工作不能终于侦查终结，要向侦查终结后延伸，一直延伸到法庭上，要有这种意识。

田文昌 姜伟谈到侦查人员出庭问题，在国外的规定当中，警察出庭是家常便饭。当他知道他办完了案件之后还要出庭接受质证的时候，显然不可能认为自己的工作已经结束了。我问过他们对出庭的感受，他们认为是义不容辞的义务，理所应当，没有任何抵触。

姜伟 收集证据就是为出庭做准备的。

田文昌 对了，这一点非常重要。但问题就在于目前很多人并不这样认为，而且抵触的情绪还很强烈。

姜伟 侦查人员将来还可能要出庭的。

田文昌 我们目前最缺乏的就是这种意识，认为侦查证据交给公诉机关任务就完成了，变都不能变了，这是一个大问题。

第一审程序

二、庭前程序——庭前会议（第182条）

修改前	修改后
第一百五十一条　人民法院决定开庭审判后，应当进行下列工作： （一）确定合议庭的组成人员； （二）将人民检察院的起诉书副本至迟在开庭十日以前送达被告人。对于被告人未委托辩护人的，告知被告人可以委托辩护人，或者在必要的时候指定承担法律援助义务的律师为其提供辩护； （三）将开庭的时间、地点在开庭三日以前通知人民检察院； （四）传唤当事人，通知辩护人、诉讼代理人、证人、鉴定人和翻译人员，传票和通知书至迟在开庭三日以前送达； （五）公开审判的案件，在开庭三日以前先期公布案由、被告人姓名、开庭时间和地点。 上述活动情形应当写入笔录，由审判人员和书记员签名。	第一百八十二条　人民法院决定开庭审判后，应当确定合议庭的组成人员，将人民检察院的起诉书副本至迟在开庭十日以前送达被告人及其辩护人。 在开庭以前，审判人员可以召集公诉人、当事人和辩护人、诉讼代理人，对回避、出庭证人名单、非法证据排除等与审判相关的问题，了解情况，听取意见。 人民法院确定开庭日期后，应当将开庭的时间、地点通知人民检察院，传唤当事人，通知辩护人、诉讼代理人、证人、鉴定人和翻译人员，传票和通知书至迟在开庭三日以前送达。公开审判的案件，应当在开庭三日以前先期公布案由、被告人姓名、开庭时间和地点。 上述活动情形应当写入笔录，由审判人员和书记员签名。

问题1　庭前程序的意义

张军　　这次修法对第一审程序作了进一步的完善，其中最重要的一个内容就是设置了庭前程序，我们在这里按照《最高法院解释》把它叫庭前会议，就是《刑事诉讼法》第182条第2款的规定："在开庭以前，审判人员可以召集公诉人、当事人和辩护人、诉讼代理人，对回避、出庭证人名单、非法证据排除等与审判相关的问题，了解情况，听取意见。"这一项特别规定，目的就是保证庭审能够顺利进行，提高效率，保证质量。回避、出庭证人名单、非法证据排除这些问题，如果在庭上提出，可能马上就要休庭，然后法庭认为有必要的再去通知证人，这样就会耽误公诉人、诉讼参与人和整个法庭的时间。从实践来看，这一规定的意义非常重大。如何把它运用好，是适用新刑诉法以后还需要不断积累经验的一个问题。

姜伟 庭前会议制度是这次刑诉法修改新增的内容，是审理实践工作的需要，同时，庭前会议制度也是世界各国审判制度的一个潮流。目前审判效率一直是各国都比较关注的一个问题，如何提高庭审效率、加快审判进程、节省诉讼资源，对此各国都在研究各种措施，庭前会议制度应该是各国普遍采用的制度。

田文昌 这个规定是很有实际意义的，原来我们什么问题都拿到庭上解决，比较乱，也占用法庭时间，增加了庭前会议制度，可以解决很多本来可以不在庭上解决的问题。

这一条实际上增加了一个庭前程序，但对于这种比较新的问题需要好好研究，要有一个具体规定，在实施的时候也需要有一个不断尝试和适应的过程。

张军 庭前会议的主持人，我们考虑应该是合议庭或者是合议庭中的一名法官，不一定要合议庭的所有组成人员都参加。但是人民陪审员作为合议庭组成人员的不能主持庭前会议。因为，庭前会议要解决的主要是些重要的技术性问题，需要从专业角度作出一些必要的判断。

田文昌 必须要由法官主持,可以由一名法官或几名陪审员一起担任主持,也可以由一名法官单独主持,人民陪审员不能单独主持庭前会议。

问题2 哪些案件可以召开庭前会议

张军 在研究庭前会议的时候,首先要解决的问题是哪些案件可以召开庭前会议。我们认为,原则上是重大的、社会关注的、比较复杂的影响性案件。按照最高法院的司法解释规定,还要包括当事人及其辩护人、诉讼代理人申请排除非法证据的案件。因为这一类案件的庭审情况一般比较复杂,社会关注度高,影响重大,如果提前召开庭前会议使庭审能够顺利进行,那样法律效果、社会效果会比较好。否则,可能会严重影响庭审的公正,或者社会上会有不同的意见,效果不好。所以我们要保证这一类的案件召开庭前会议,而不是所有的案件都召开庭前会议。因此要积累经验、循序渐进,作出进一步完善性的规定,把庭前会议的制度落实好。

姜伟 我赞同张军讲的,既然设立庭前会议制度的初衷是提高审判效率、节省诉讼资源,就不能对所有案件都搞庭前会议制度。因为从总体上看,这次刑诉法修改大的趋向是对刑事诉讼案件实行繁简分流,绝大多数案件适用简易程序不需要实行庭前会议制度,包括认罪案件简易审的案子,只有普通程序的案件才需要召开庭前会议。但对走普通程序的案件也不能都召开庭前会议,因为这等于在庭审前增加了一个环节,而且需要控、辩、审三方的配合,所以最高法、最高检和相关主管部门研究下一步刑事诉讼法的解释问题的时候,需要就庭前会议制度的相关内容作出进一步规范。

问题3　证据开示能否成为庭前会议的内容

张军　　涉及到回避、非法证据排除,需要确定的一个问题是,现在法律规定审判人员可以召集公诉人、当事人和辩护人、诉讼代理人庭前听取意见。被告人要不要出席庭前会议?因为当事人也包括被告人。如果被告人也出席,在庭前会议上发表意见,这就和一个预备庭审差不多了。我想,既然法律规定了,原则上被告人是应当参加庭前会议的,主要是对回避、非法证据排除这两项法律明确规定的重要权利提出自己的意见,保证庭审的正常进行。此外,出庭证人的名单也涉及被告人的意见,对一些重要的关键证据被告人可能会提出不同的意见。

　　说到这里,就可以初步确定庭前会议除了涉及回避、出庭证人名单、非法证据排除等法律明确规定下来的问题之外,还要解决证据开示问题。如果没有证据开示,对证人名单,有不同意见的双方就没办法提出来。这样的话,庭前会议仅仅是解决了回避、非法证据问题,庭审上的一些争议焦点仍没办法确定,不能够真正确保庭审的正常顺利进行,导致诉讼法修改的目的无法充分实现。

姜伟　　庭前会议制度的宗旨主要是消除可能造成审判中断和拖延的各种因素:一是,回避的问题,双方有意见可以在庭前提出来,在庭前解决;二是,审判异议问题;三是,非法证据排除问题;四是,证人名单;五是,庭审的焦点问题。庭审焦点问题可能涉及到证据开示,因为庭审焦点除了讨论法律适用问题之外,更多的是当事人对哪些证据认可对哪些证据不认可、律师对哪些证据认同对哪些证据不认同的问题。所以,庭前会议制度是一个新问题,需要我们借鉴国外庭前会议相关的制度,结合中国审判的实践作出进一步的规范。而且现在立法条文中还有一个"等"字,我想这个"等"字确实为我们下一步规范庭前会议制度发挥作用提供了一个空间,包括对庭审的异议,对庭的焦点、当事人出示证据目录等问题可能都要进行研究,这样一来,研究证据开示就成为必然。

而且我认为,我们现在的规定也接近于证据开示了,检察院的案卷材料律师可以查阅,律师发现犯罪嫌疑人、被告人有不在犯罪现场、未达到刑事责任年龄的证据要提交给公安机关、检察机关,我觉得这也是一个开示。当然,开示到什么程度,因为现在法律没有明确规定,取决于双方的协商,每个案件可以有不同的标准。但我觉得适当的开示一下证据,就庭审争议的焦点问题作一个疏理,这是庭前会议制度应有的一项重要内容,这样在庭审的时候就能够把主要精力放在争议焦点问题上,减少庭审在不重要问题上浪费时间。比如有些票据案件、金融诈骗案件,几千张票据、几十本账簿,没有必要也没有意义一个个出示,如果双方对哪些账目没有异议,通过庭前会议把它解决了,对公众也是一个回应和交代,体现了审判公正,又提高了审判效率。

田文昌 我的看法和姜伟一样,可以考虑利用庭前程序来解决证据开示问题。按新刑诉法的规定,证据开示的基本原则已经显现出来了,在这个原则的前提下能够把证据开示真正开展起来。经过开示以后,对于控辩双方无争议的证据,在庭审中就不用逐一质证了,只对于有争议的证据在庭审中予以质证,这样就可以节省庭审时间。

姜伟 把争议问题提出来就行,不用辩论。

田文昌 把有争议的问题提出来,关键是把没争议的给去掉,没争议的到法庭出示说明一下就可以了,有多少证据,说明什么问题,这样能够把大量无争议问题在庭前会议当中消化掉。而且在庭前开示的时候,证据就固定了,庭前开示之后双方就不能再单独接触对方证人了。但有一个原则不能忽视,庭前开示证据时被告人是必须参与的。

张军 　　庭前会议要研究的问题,除了法律规定的回避、出庭证人名单、非法证据排除之外,还可以考虑包括以下几个内容:第一,向辩护人确认要不要申请法庭调取侦查和审查起诉期间公安机关、人民检察院收集了但没有移送的证明被告人无罪或者罪轻的证据材料,避免在法庭上形成突袭。第二,要特别向辩护人确认是否需要向法庭提供有关犯罪人不在现场、没达到刑事责任年龄或者是依法不负刑事责任的精神病人的证据。第三,对于鉴定意见有无异议,是否要申请法庭通知鉴定人、具有专门知识的人出庭作证。第四,是否申请法庭不公开审理,特别是涉及到知识产权、商业秘密之类的案件。第五,对于附带民事诉讼案件,也可以在庭前会议上听取已经到会的当事人的意见,问一下可不可以通过调解来解决,为庭审打下一个基础。对于事实清楚、证据确实充分、案情比较简单的案件,各方对构成犯罪没有异议的,能够在庭前会议这种比较宽松的氛围下达成协议,那是最好,完全可以。第六,对可能会影响法庭审理,拖延法庭审理的其他问题都要考虑到。

　　审判人员召集庭前会议,对相关证据各方有没有提出异议、有没有提出特别要求的情形都应当记录在案,并且参加会议的所有人对会议记录经过审阅以后没有异议的都要签字确认,让它具有一定的效力,确保庭前会议制度的目的能够实现。

姜伟 　　我赞同张军列举的这些事项,因为目前法律规定还是比较宽泛的,条文表述是"对回避、出庭证人名单、非法证据排除等与审判相关的问题了解情况听取意见",这个"等"到底包括哪些内容,目前法律没有规定,我觉得可以通过司法解释把一些事项明确列举出来,起码张军刚才讲的这些事项都应该列,当然随着实践的发展可能还会发现一些其他的问题,但这些事项是基本问题,可以作为庭前会议要重点研究解决的问题。

问题4　开庭时间的确定能否成为庭前会议的内容

田文昌　我认为庭前会议还需要解决的一个重要问题是：开庭时间的确定。这个很重要，因为实践当中有些法庭不跟辩方协调开庭时间，如果控方有问题，肯定是不会开庭的，但是辩方有问题，有些法院是不考虑的，导致辩方无法按时出庭，这个问题很严重。

姜伟　如果辩方时间冲突出不了庭怎么办？

田文昌　照样开庭，这种情况实践中有，很多律师都遇见过，我就遇见过几次，同时有两个庭要开，按道理哪个法院先发的出庭通知书，就应该服从哪个法院先开庭，但有的法院就是不改时间。

姜伟　那等于损害了被告人的权益。

田文昌　还有一种情况，两个庭的开庭时间是以前排好的，一前一后，时间上刚好衔接，但前一个庭临时开不完了，这个时候就会发生两个庭冲突的问题。在这种情况下，往往是前一个庭也不休庭，要继续开完，后一个庭也不能改时间，照常开，你律师爱来不来，来不来都照开。结果当事人还投诉律师不尽责，有的律师没办法，派助理来开庭，北京有律师因为这种事还被处理过，被通报批评。

还比如是在两个地方开庭，飞机延误了，汽车堵了，火车、汽车、飞机，各种交通工具都赶不过来的，怎么办？有一次我在哈尔滨开庭，前一个庭拖了一些时间，航班也赶不上了，后来我从哈尔滨连夜坐汽车到长春，再从长春坐晚班的飞机回北京，结果还是晚了一个半小时，让书记员把我训了一顿。我也没有办法啊，都是不可预料的客观原因，各种情况都可能会发生。所以这个问题我一直呼吁在法律上应该有个明确的说法,法院要和控辩双方协商安排开庭时间,如果辩方律师有正当理由不能到庭,可以要求更改开庭时间,法庭应当更改。更重要的原则是,凡是当事人委托了律师而律师有正当理由不能到庭的案件,不能开庭审理,否则就是剥夺了被告人的辩护权,法院要承担责任。假如这个律师就是无理取闹,干扰庭审的正常进行,编造虚假的理由拖延庭审,法庭可以建议律师协会处理他,但是不能因此而牺牲、影响当事人的辩护权。

张军 刚才田律师讲的这个问题,原则上可以在庭前会议的程序上提出法庭准备开庭的时间。要是庭前会议已经解决了回避、证人名单、非法证据等问题,可以在庭前会议结束前把开庭时间的问题提出来,确定一个日期。如果和法庭确定的时间有明显的冲突,可能要往后拖延十天八天的,可以在这个时候提出来,然后另行确定一个时间。律师也要确定这个时间自己可不可以出庭,以免确定好的时间又改来改去。毫无疑问,法官应当最大限度地协调控辩双方,同时还要考虑证人出庭等因素,确定一个大家都能够出庭、保证庭审能正常进行的日期,这是没有问题的。实践中协调控辩双方的开庭时间,绝大多数情况下没问题。律师的时间相对自由一些,可以保证。检查官几乎每天都要出庭,所以确保两者时间的协调没什么大问题。按照我的了解,重大的案件,法官一般会听取律师的意见,确定开庭时间。极少数情况下,如果时间上发生了冲突,而开庭时间又不可能更改了,公诉人的职责就是支持这个案件的公诉。一般来说不会有什么冲突。主要是律师,或者是从外地赶来或者是文昌刚才讲到的同时有两个案件没有办法分身的情况下,就可以协调。法庭同意的,可以派律师助理来宣读你的辩护词,代表你在法庭上发表辩护意见。当然,我的意思是这是在法庭实在协调不开的情况下,律师可以,法庭不行;法庭可以,律师不行,或者证人不行等情况。能够协调时间的首先要协调一个都能接受的时间。

田文昌 绝大部分律师是没有助手的,就一个人办案的,怎么办?

张军 如果是一个人,实在协调不开的情况下,只能是把书面辩护词提交给法院。

田文昌 这样不是会影响当事人的权利吗?

张军 那也没有办法。因为,这里有一个审限的问题,说极端了就是晚一天可能就超审限了,那不仅损害当事人的权利,还严重地违法,两害相对取其轻,法官只能照常开庭。从法律规定看,开庭3日前将开庭情况通知辩护人,法官就算尽到了职责,律师作为被委托人就应当出庭,特殊情况不能出庭也会按时开庭,但这是极特殊的情况。

姜伟 田律师希望能在庭审时间上给律师更多的选择,这涉及被告人的合法权益。实践中法官会尽量保障律师出庭,为其出庭提供便利,以保障被告人的合法权益和庭审质量。律师确实有正当理由在接到通知无法保证3日后出庭,审判长有条件的话应当重新协调时间。但如张军讲的极端情况,已经到了审限的最后阶段。不开庭可能就违法了,这种情况下可以开庭,让律师提交书面辩护意见。总之两者冲突的概率越低越好。

田文昌 公诉人不在就绝不能开庭,但律师要是不在就可以开庭,我觉得这是不合适、不公平的。我在佛山就开过一个庭,法官和公诉人轮着有事,四次通知开庭临时又取消了,每次我都已经在路上了又折返回北京,浪费时间精力不说,还给委托人增添差旅负担。但是如果换了是律师不到庭，恐怕就不行了。

张军　律师也会有一些极特殊的情况不能出庭。所以我的观点是最大限度地协调、照顾控辩双方，还要顾及证人，但万一解决不了，对律师这一方要有一点补救措施，不能够仅仅因为律师来不了就绝对不能开庭，这个恐怕不合适。

姜伟　现在实践中有两种现象，一种是律师的辩护权利得不到确实充分的保障，这个保障涉及侦查机关、公诉机关以及审判机关；另一种现象是在实践中也确实有个别律师在法庭上、在诉讼过程中不尊重法庭秩序。之所以出现这样的事情，有时是因为对律师的辩护权利没有给予充分的保障，律师提的意见没有人重视。

　　目前对这两种现象应该怎么解决，我建议下一步研究刑诉法规则的时候要尽量予以完善，首先对当事人和律师的辩护权应该予以充分尊重，因为辩护权是刑事诉讼中当事人的最基本的权利，公、检、法各部门都应该尽可能地去维护当事人的辩护权利，包括律师的辩护权。但反过来，律师也要尊重法庭秩序，这两个问题并不矛盾，不是你不尊重我的权利我就可以不尊重你，你无理在先我无理就对，这样做不仅损害法治形象，也损害律师形象。我觉得这个问题应该研究，这不是单方面的问题。最近我听说有的律师在法庭上不让公诉人念起诉书，要求整个检察院、整个法院都回避，这似乎没有道理啊！在法庭上审判长有决定权，要尊重审判长的决定。

张军　毫无疑问，法官应该最大限度地去协调，但是不能说只要律师不出庭就绝对不能开庭。

田文昌 我坚持一条,律师不到庭就是不能开庭,控辩双方缺一方怎么开庭?比如一个死刑案件,必须有律师,律师到不了,开不开庭?还有一种情况,实践中也发生过,实在协调不了了,当事人告诉法院要换律师。如果当事人换律师了,法院强行开庭不合法,就必须要给时间,结果被动的是法院。最好定一条原则,如有正当理由,律师不能出庭的,应当协调时间,保障律师出庭,有审限问题的话,可以延长,律师或被告人可以写申请。我最近遇到了一个案子,总共有 1886 本案卷,就给律师 10 天时间阅读,而没有商量的余地,按时强行开庭。10 天、1886 本案卷,连复制时间都不够,怎么阅?这不是摆明着走过场吗?这样怎么保证被告人的辩护权?如果规定得具体一点,再遇到这种情况就可以解决了。

我认为,应当坚持一个原则,在被告人有律师的情况下,开庭就必须保证有律师参加,这应当是维护被告人合法辩护权的基本要求,也是保证控辩平等的基本要求。这不是律师个人权利的问题,是被告人辩护权的问题,任何人都不能剥夺这种权利。

张军 必须承认实践中绝大多数此类冲突都能沟通协调,极个别的才存在问题。我们司法机关会尽可能地和律师协调沟通开庭时间,确保当事人辩护权的落实。确实不能协调的,采取律师提交辩护词,或者庭前听听意见等方式。这和出庭肯定是有差异的。但是,庭后还可以补充一些内容,比如庭后根据庭审的情况再听听律师的意见,甚至律师可以查阅整个庭审记录,补充意见,这些都可以做到。

田文昌 律师不到庭的危害后果我说三点:一是,不利于保护当事人权利;二是,律师没法向委托人交代,我委托你了,你庭都没开,律师可能要被投诉;三是,律师出庭辩护的作用是不可替代的。只提交辩护词不能充分行使辩护权,更不能行使质证权。

实践中开庭时间冲突实在协调不开的情况是极个别的，这个代价应当由谁来承担？我觉得不应当让当事人来承担，应当由我们的法院来承担这个代价，再去协调时间。实践中我遇到的情况多数是能协调，只有少数的情况做不到，我们在硬性规定上应当明确，有冲突不能协调的，律师不到庭的就不能开庭，否则口子开了就不得了了。

姜伟　诉讼有多重价值，比如张军提到的审限，法律规定有审限，律师不来审限就超期了。

田文昌　法官不能开庭，检察官不能出庭，也一样涉及超审限的问题啊，不能仅仅只针对律师吧！我的意思是，律师有正当理由的，可以写个申请，申请延期，附带相关证据，比如说别的法庭的出庭通知书，别的重要会议的通知，然后合议庭进行审查，不行的，书面答复，说明理由，比如超审限可以由律师提延期申请。总之，无论采取何种方式，都要保证当事人能够正常行使辩护权，这是基本原则。

姜伟　庭审出现这种情况，要分类解决：第一，总体上我赞同文昌的意见，不能因为律师各种事由的不出庭影响当事人的基本权利；第二，法庭的开庭时间要综合多方的利益，包括审判长的时间安排，包括公诉人、辩护人的出庭时间，也包括证人出庭的时间，如果在尽量协调的前提下，律师仍然由于各种原因不能出庭，律师可以写个申请给合议庭说明原因；第三，在极特殊的情况下，如果律师不到庭，而案件的审限又将届满，可以法庭先开庭，律师庭后再来阐述辩护意见，也是一种补救措施，可以把整个庭审记录看一遍，针对控方证据提出意见，这样也能够给当事人一个交代。

三、涉及商业秘密不公开审理(第183条)

修改前	修改后
第一百五十二条　人民法院审判第一审案件应当公开进行。但是有关国家秘密或者个人隐私的案件,不公开审理。 十四岁以上不满十六岁未成年人犯罪的案件,一律不公开审理。十六岁以上不满十八岁未成年人犯罪的案件,一般也不公开审理。 对于不公开审理的案件,应当当庭宣布不公开审理的理由。	第一百八十三条　人民法院审判第一审案件应当公开进行。但是有关国家秘密或者个人隐私的案件,不公开审理;涉及商业秘密的案件,当事人申请不公开审理的,可以不公开审理。 不公开审理的案件,应当当庭宣布不公开审理的理由。

问题　对涉及商业秘密可以不公开审理的理解与把握

张军　　修改后的《刑事诉讼法》第183条第1款规定,涉及商业秘密的案件,当事人申请不公开审理的,可以不公开审理。这一规定与"有关国家秘密或者个人隐私的案件不公开审理"的规定相比较,后者是"应当"不公开审理,前者是"可以"不公开审理。两者比较一下就可以认识到,商业秘密案件往往是当事人一方提出来的,具有相对性,一方认为是商业秘密的,对方可能认为不是,认为公开审理才能够更好地在公开、透明的情况下公正的把案件审理好。所以,公开是原则,不公开属于法定例外。在这样的原则下,一方当事人申请不公开审理的案件,法官应当要求申请人提出案件涉及商业秘密的有关证明材料,让法官能够有一个判断。如果仅仅只是口头说涉及商业秘密,但拿不出比较有说服力的材料,而对方提出来相反的理由,说这已经不是商业秘密了,早就被公开了,这种情况下,法官就要依据初步确认的材料作出自己的判断,而不是只要一方提出来就要同意。

姜伟 我的观点倒和张军的不太一样,在法律的表述上,商业秘密和个人隐私有差别,但商业秘密的问题还是要注重当事人的意愿,如果他建议不公开审理,原则上都应当尊重的。

张军 还有对方呢,比如被告人提出来了,那被害人呢?被害人是当事人的重要一方。

姜伟 原则上要尊重当事人的意愿,律师参与、相关人旁听,对案件本身并没有特别大的影响,但如果真要公开,判断错了结果把人家的商业秘密泄露了,对于当事人的经济利益造成了损失,怎么办?所以原则上应当尊重。什么时候例外呢?就是不公开审理对他人或公共利益有损害的,可以例外,要公开审理。

张军 因为案件涉及对方或者多方利益,一方提出来涉及商业秘密不公开审理,只要他人没有提出异议的,就可以不公开审理。

姜伟 我想涉及商业秘密不公开审理应当遵循两个原则:一是,一方提出来对方没有异议,原则上就不公开审理;二是,有异议,拿出理由来,拿不出理由,还是可以不公开审理。

田文昌 再加上一个第三条,这个问题应该在庭前会议上解决。没有异议的当然就不公开了,有异议的提出理由,由法院审查,决定权在法官。

四、举证质证(第 190 条)

修改前	修改后
第一百五十七条　公诉人、辩护人应当向法庭出示物证,让当事人辨认,对未到庭的证人的证言笔录、鉴定人的鉴定结论、勘验笔录和其他作为证据的文书,应当当庭宣读。审判人员应当听取公诉人、当事人和辩护人、诉讼代理人的意见。	第一百九十条　公诉人、辩护人应当向法庭出示物证,让当事人辨认,对未到庭的证人的证言笔录、鉴定人的鉴定意见、勘验笔录和其他作为证据的文书,应当当庭宣读。审判人员应当听取公诉人、当事人和辩护人、诉讼代理人的意见。

问题　对"一证一质一辩"的理解

田文昌　关于举证质证,修改后的《刑事诉讼法》第 190 条,原法第 157 条都有规定,但在实践中非常混乱的一个问题是对"一证一质一辩"把握得很不清楚。有的是说起来就没完,有的是就不让你说,有的是举证质证轮数的混乱。比如控方举证,辩方质证,这是一轮,如果有第二轮,控方先针对辩方第一轮的质证做回应,按道理辩方还可以针对控方的回应再回应,这样是完整的一轮。但有时控方回应完就完了,才一轮半就结束了,就不让辩方回应了,这主要是法官主持的问题。

张军　要是没有再发表意见就完了,但如果还有意见举手示意法官,还得让说。

田文昌　这和法庭辩论是一样的,公诉人发表公诉词,辩护人发表辩护词。第二轮法庭辩论,开始还是在公诉方,结束在辩方,举证质证也是一样的。

姜伟　举证质证和辩论还不完全一样,一方出示证据,另一方质证就是回应一下,两边观点说明白就行了。从审判公正的角度,只要一方有新的意见就得听,但同时还得考虑庭审效率。

田文昌　所以要确定一个原则,什么叫一轮什么叫两轮,确定不了,有争论的时候,结束在哪一方？现在多数法庭是明确的,是结束在辩方,但有少数法庭是结束在控方,辩方还有话要说法庭就不让说了。

其实,这里有一个概念问题:什么叫法庭质证？质证是指相对方对举证方出示证据的质疑。所以,每一轮都应当结束在质证的一方。如果结束在举证的一方,那就是举证而不是质证了。因为如果举证方对于质证的理由都作了反驳,又不允许质证方再次回应,就等于给举证方两次机会,而给质证方只有一次机会,从而削弱了质证权。显然是违反了控辩平等原则。

张军　刚才姜伟讲的对,原则上有话就应该听,这是其一;其二,重复的话,法官应当制止,无论是控方还是辩方。至于质证过程当中第二轮的问题,我想,既然有第二轮,这个第二轮就应当是完整的,针对第一轮的答,又有了第二轮针对答的回应,还要有第二轮针对回应的回应,这样才应该算完整的两轮。即使没有立即表示,法官也要问一下是否还有回应。这个是技术操作问题。

姜伟 可能审判长还有一种理解，举证质证阶段双方把观点都摆明就行了，具体的等到辩论阶段集中再讲，这也是可以的。

张军 这个问题涉及的就是文昌前面讲的，什么叫一证一质一辩？对此我们在上次"三人谈"里面根据法律和司法解释规定讲得很清楚了，但是执行当中为什么还会出现那么多问题，包括文昌前面讲到的过于繁琐的举证、质证？什么叫繁琐？对一件已没有异议、没有不同意见的事实，控方或者辩方还要一件件地举证，念证言，就是繁琐。还有一种情况，应该是一证一质才能搞清楚的，由于法官自己先已清楚了，为了提高庭审的效率，不尊重当事人的权利或公诉人的权力，把多份证据绑在一块举证，念了五个证人的证言，然后问对方有什么意见没有？想想看，这样连听都听不明白、记都记不下来的情况，怎么让质证双方发表意见？这是绝对不能允许的。执行修改后的刑诉法，我们有一个庭前会议，前面讲到了，对于没有异议的证据，在法庭质证阶段，控辩双方要把握怎么来出示这个证据，例如，张三、李四、王五等五个证人的证言均证明了被告人当时的行为，庭前对方没有不同的意见，是不是这样？对方认同，就不需要再继续念了，就过了。对于庭前会议没有涉及的证据或者是有争议的证据，无论证人是否出庭，必须一证一质一辩。

田文昌 这个辩是局部的辩，是质证中的辩，是对一个证据的辩，针对性的就事论事的辩。我在珠海开过一个庭，公诉人连续宣读了四个半小时的证人证言，然后才让被告人质证，这让被告人怎么质证？别说是一证一质一辩，根本就无法质，也无法辩。

五、专家证人出庭(第 192 条)

修改前	修改后
第一百五十九条 法庭审理过程中,当事人和辩护人、诉讼代理人有权申请通知新的证人到庭,调取新的物证,申请重新鉴定或者勘验。 法庭对于上述申请,应当作出是否同意的决定。	第一百九十二条 法庭审理过程中,当事人和辩护人、诉讼代理人有权申请通知新的证人到庭,调取新的物证,申请重新鉴定或者勘验。 公诉人、当事人和辩护人、诉讼代理人可以申请法庭通知有专门知识的人出庭,就鉴定人作出的鉴定意见提出意见。 法庭对于上述申请,应当作出是否同意的决定。 第二款规定的有专门知识的人出庭,适用鉴定人的有关规定。

问题 1 专家证人能否在庭审中直接向鉴定人发问

修改后的《刑事诉讼法》第 192 条在一审程序里增加了一个内容:公诉人、当事人和辩护人、诉讼代理人可以申请法庭通知有专门知识的人出庭,就鉴定人作出的鉴定意见提出意见。这个有专门知识的人是不是必须是有鉴定资格的人?我觉得不一定。涉及健康问题的是医生就可以,涉及珠宝鉴定的是在专业领域里从业的人员就可以,甚至大学教授也可以,只要是公诉人、当事人、辩护人、诉讼代理人申请,法庭认可通知他们出庭就可以了。这是一个问题。

第二,公诉人、当事人、辩护人、诉讼代理人可以申请通知有专门知识的人作为他的证人出庭,至于这个有专门知识的人是"友情出演"、义务帮助还是收费的,应该都没有什么影响。

姜伟 法律规定公诉人、当事人、辩护人、诉讼代理人可以申请法庭通知有专门知识的人出庭,就鉴定人作出的鉴定意见提出意见。对这一规定应该怎么去理解?专家证人是在法庭上直接作为诉讼主体去与鉴定人直接进行质证、提出意见,还是作为公诉人或者辩护律师的助手,不能对鉴定人直接发问,只能通过律师和公诉人发问。如果是后者就带来一个问题,因为本条第4款规定有专门知识的人出庭适用鉴定人的有关规定,而鉴定人是作为证人出庭的,是被动的,不能提问的。但如果专家证人出庭不能直接向鉴定人提出意见,而要通过公诉人、辩护人,等于是绕了个弯,降低庭审效率。这个问题法律没有明确规定,刑事诉讼法的具体规则要在程序上进一步规范和明确。

田文昌 首先,专家证人出庭非常必要,也非常重要,不仅弥补了法律人不懂专业的缺陷、而且也会提高庭审效率。其次,直接发问很有必要,没有必要再通过他人转述。如果在发问方式上出问题,双方律师可以反对,法庭也可以纠正。

张军 我认为专家证人完全可以直接向鉴定人发问。因为如果不允许专家证人直接说话,那他就要写出来,或者耳语一下,再由公诉人、辩护人去说,似没有必要,等于是重复一下,还未必准确。

姜伟 我想这里应当分为两个阶段,无论是当事人、辩护人还是公诉人聘请的具有专门知识的人,首先他不能上来就直接询问鉴定人,而是先得由控辩双方就有关问题询问具有专门知识的人,因为具有专门知识的人首先是作为证人出庭,需要接受询问,然后控方再问鉴定人,之后就双方不一致的地方他俩之间再进行交锋,控方不能直接把询问权交给具有专门知识的人,这个程序将来法院应当要规范一下。

田文昌　这个方式问题,我认为可以由控辩双方自行协商来解决,比如控方带一个,辩方带一个,怎么询问证人,双方再商量。

姜伟　法庭还是要组织。

田文昌　比如我找张军来给我作专家证人,姜伟你是法官,我可以征求法官意见,是我先问还是张军先问,还是我们俩怎么问,法官同意不同意。其实,我觉得这不是个大问题,只要在法庭主持下有序地进行就可以,只不过就是双方多了一个参与质证的人。

姜伟　证人到庭之后自然是公诉人先发问,这个不用请示法官。现在的问题是,我要让我聘请的专家证人发问,需要经过审判长同意之后才可以吗?

张军　要说清楚这个问题,关键是了解专家证人出庭的目的是什么?目的就是帮助法庭,同时也帮助控辩双方把专门知识问题搞清楚。那么,为了达到这个目的,应该允许他直接讲话,直接听他发问。具体程序可以这样设计:鉴定意见宣读之后,询问鉴定人就这个鉴定意见有没有需要再进一步作补充说明的?鉴定人讲完了之后,法官要问,公诉人对鉴定意见有没有要发问的?公诉人问完了或者不需要问了,法官再问公诉人的专家证人,公诉人聘请的具有专门知识的人有没有要发问的?

姜伟　我认为法庭不用问专家证人,因为他不是诉讼主体,这个问题可以在法官询问公诉人的时候,公诉人说:这个问题我委托我聘请的具有专门知识的人来回答。

张军　法官也可以问，这不能算违反程序。因为有的公诉人会请法官允许专家证人发言，法官同意了就直接让他说，有的自己觉得对鉴定意见很明白了，就把专家证人当成摆设，也不要求法庭允许专家证人发言。这个时候，法官出于对专家证人的尊重，问一下控方的专家证人还有没有其他的意见，这对法官充分听取各方意见显然是有利的。

姜伟　这个时候法官也不用直接问专家证人，可以直接问公诉人，你的专家证人要不要发言？

张军　这些都不是关键的问题，只要是庭审有序进行、实现了查清事实的目的就行。

问题2　对专家证人见证鉴定程序问题的探讨

张军　我还有一个考虑，将来这个具有专门知识的人，比如说法医、痕迹鉴定专家，无论他们是否具有司法鉴定人的资格，是否就职于某一个鉴定机构，他都可以开办一个事务所。诉讼专家事务所接受聘请后，他作为专家证人出庭，甚至今后催生一个专门的职业也是完全可以的。比如法医事务所，不要求设备，只要有三个人就行，哪儿发生了相关案件，受害人家属在司法机关去鉴定的时候希望有人监督，他就可以在法医所里委托一个懂专门知识的专家去监督，鉴定机关提取痕迹、物证，鉴定伤情、查明死亡原因的时候他都要在旁边监督，最后还要出具意见给法庭或者参加法庭质证。

田文昌　这个建议很好，既可以起到监督作用，又可以化解很多矛盾，这个前提就是控辩双方拥有平等的鉴定启动权。

张军　也避免了当事人不放心司法机关的鉴定，盲目申请重新鉴定的情况。

姜伟　张军讲的意见非常重要，对于减少目前出现的多头鉴定、重新鉴定是一个非常好的建议。实践中之所以对鉴定意见有争议，是因为双方的立场不同，而鉴定都是一方进行鉴定，另一方没有监督，当然会提出质疑。如果控方鉴定的时候，通知犯罪嫌疑人或者被告人及其辩护人，辩护方可以聘请相应的具有专门知识的人到场以专家鉴定人的身份见证整个的鉴定过程，他并不参与具体鉴定，而是就鉴定程序是否合适、检材提取得是否规范、鉴定方法是否科学进行监督，有异议可以提出来，没有异议的签字确认。这样最终的鉴定意见往往容易被双方认可，就可以避免出现多头鉴定、重复鉴定，还会减少鉴定人大量出庭的情况。鉴定人大量出庭也会带来一种新的社会问题，以后鉴定人为了避免出庭都不敢鉴定了，后果是损害了法律的公平正义。所以对于张军提出来的这个思路，我建议应该作为一个重大的课题来专门研究。一方申请鉴定，另一方有权派有专门知识的人到场见证。

张军　还能树立司法机关的公正形象，从而避免群体性事件的发生。像有一些所谓的嫌疑人、被告人被刑讯逼供致死、在看守所内自杀、警察在追捕过程当中开枪误伤的情况，鉴定时更应该将有专门知识的人现场监督作为一个必经程序。

田文昌　应当说对于这个问题，这次立法规定是前进了半步，张军提的这个问题又补充了另外半步。请专家到场见证鉴定过程，从根本上解决了很多问题，而且将很多矛盾化解在萌芽中，更重要的是，通过现场见证，鉴定完了，就没有争议了，鉴定人也不用出庭了。这个问题就像证据开示,证据庭前已经通过了,双方没有争议了。从原则上讲,这恰恰体现了开放鉴定机制的一种做法,前提是平等的鉴定启动权,不仅双方都可以启动鉴定,还可以在鉴定过程中互相见证,这个放开的结果可以化解很多矛盾。

姜伟 一是开放;二是民主。

张军 前几天我们讨论一个杀人案件,涉及死亡原因的鉴定,两个人作案,需要判定是哪支枪致死,被告人可能要被判处死刑。承办法官汇报说:致死的是心脏部位的一个贯通伤,另一个被告人开枪导致在头皮部位有一个擦伤,不是致死的原因,所以第一枪致命可以判定。结果我们一个法医看卷后说:头皮那个伤不是擦伤,是贯通伤,是要命的。我们认为这是一个重大的事实,要重新复核相关法医鉴定,查清究竟是怎么回事。后来查清,这个头皮的擦伤,没有伤到脑组织,并不危及生命,死亡原因还是伤及心脏那枪。所以可见,还是多听听专业人员的意见,需要有专业知识的人的帮助才能更有利于作出判断。像这种死亡原因的鉴定,公安机关鉴定的时候,如果受害方家属委托了一个有专门知识的人见证鉴定,他就会更信服,也容易化解矛盾。

田文昌 还有一点,由有专门资质的人来做这件事,对其本人也是一个约束,既有行业规定的要求,不合格的年检通不过,也有市场机制的约束,不称职的,就没有人委托了。

六、量刑程序(第193条)

修改前	修改后
第一百六十条 经审判长许可,公诉人、当事人和辩护人、诉讼代理人可以对证据和案件情况发表意见并且可以互相辩论。审判长在宣布辩论终结后,被告人有最后陈述的权利。	第一百九十三条 法庭审理过程中,对与定罪、量刑有关的事实、证据都应当进行调查、辩论。 经审判长许可,公诉人、当事人和辩护人、诉讼代理人可以对证据和案件情况发表意见并且可以互相辩论。 审判长在宣布辩论终结后,被告人有最后陈述的权利。

问题1 量刑程序的意义

修改后的《刑事诉讼法》第193条第1款规定:"法庭审理过程中,对与定罪、量刑有关的事实、证据都应当进行调查、辩论。"这是在2008年中央司法体制改革意见里确定下来的一项司法改革任务。最初山东潍坊、青岛的试点法院在将被告人实施犯罪的各种情形考虑得比较细致的基础上,编写了一个计算机软件,根据庭审遇到的具体案件,输入被告人的具体案情,主观、客观、行为等特征,再加上一个自由裁量的空间,最后综合得出确定刑罚的意见。这使量刑工作变得规范,可作更明确的预期。后来慢慢地演进到在法庭上要对量刑的事实、情节进行专门的调查和辩论。最高法院对此出台了有关的规定,先在一些法院试点。2010年10月份在海南三亚开会,决定进行全国试点,取得了明显的成效。主要是上诉率大幅度下降,抗诉率为零,服判息诉率明显上升,实现了案结事了人和。所以这次刑诉法修改将这一经验总结吸纳了进来。

姜伟　　这次修法突出了对量刑事实的调查和辩论。我们以往的法庭调查和辩论更多的是侧重于定罪的事实和情节,而忽视对量刑事实和情节的调查和辩论,所以这次修法在量刑上作了强调。从总体上看,这次修改并没有改变我国法庭审理中定罪量刑一体化的模式,就像刚才张军讲的,定罪事实和量刑事实有时候确实很难区别开来。而且从实践中来看,在刑诉法修改以前,最高法院、最高检察院已经在一些地方进行了试点,这些试点更多的是对量刑的具体刑种和刑期的辩论。

所以我建议,能不能在法庭辩论阶段,在定罪基础上增加一个对被告人具体量刑的辩论。以前在法律上尽管没有赋予检察官求刑权,但是在法庭上,公诉人举证定罪的事实和证据也包括被告人罪轻与罪重的证据,比如从重情节、从轻情节,自首、立功、累犯、主犯、从犯、未遂这些量刑事实原来也要出示证据予以证实,实践中一直在这么做,如果被告人和辩护律师有异议,也可以提出意见进行辩论。所以针对这次刑诉法的修改,应当在具体求刑的问题上设立一个相对独立的阶段,在法庭辩论阶段,除了辩论是不是定罪,定什么罪之外,如果律师也作有罪辩护,双方可以就具体量刑提出意见,检察官也可以提出具体的求刑意见,比如建议几年的刑期,供合议庭参考。

这里我想强调一个问题:公诉人可以求刑,因为求刑权是诉权的有机组成部分,不仅可以提出定罪的请求权,也可以提出量刑的请求权。律师也可以从维护被告人的权益出发,站在法律的立场上,提出被告人无罪、罪轻、从轻处罚的具体意见,因为求刑权也是辩护权的一部分。但求刑权对法官是没有约束力的,法官当然要参考,但不是必须要遵循。如果控辩双方在量刑范围内达成了一致,法官则可以尊重双方达成共识的量刑意见,这样更有利于案结事了人合。

总结起来,一是,控辩双方对量刑的意见对法官没有约束力,最终的裁量权、决定权还在法官;二是,法官要参考控辩双方的意见,如果控辩双方在量刑范围内能够达成共识,法官应当听取控辩双方的意见,尊重这个共识,这样可能有利于案结事了,使被告人服判息诉。

田文昌　我觉得这个规定最重要的意义在于,它提高了对量刑公正性的重视程度,是法治发展逐步走向成熟的标志。过去在我们的概念当中,庭审主要解决的是定罪问题,定罪不出错就不错了,还没有那么多的精力关注到量刑问题,因此,控辩双方在法庭上也没有机会充分发表对量刑的意见。对程序的重视特别是对量刑的重视,体现了法治的进步,这一点是可以肯定的。过去没有规定的时候,像姜伟刚才说的,控辩双方在法庭上也要提到这方面的情节。但是一是,没有给予重视,没有要求在法庭调查和辩论中必须提出相应的观点和理由;二是,没有赋予这个权利,没有明确控方的求刑权和辩方对量刑的辩护权。现在给了这个权利,也就是说,过去在庭审中量刑问题虽然双方也提,但主要决定权在法官,控辩双方基本是不管的。现在具体化到你说判几年我说判几年,而且可以针对相关证据进行质证,对量刑理由进行辩论。这样对法官最后的量刑起到一个很重要的参考作用,这是有意义的,所以这一点无疑是非常有必要的。

问题2　对量刑程序独立化的探讨

张军　修法讨论的时候有一些意见认为应当规定一个专门的程序,比如有一些法庭在试点中做到的,先对犯罪的事实进行调查、辩论,然后再就量刑的事实进行调查、辩论。这次立法没有作出这样明确的规定,其一是因为实践经验还不够成熟,即使是试点搞得比较好的地方,也仅仅是就15种常见多发犯罪制定了具体量刑的规则,而《刑法》总共有450余个罪名,只有这15个常见罪的试点,经验明显不够;其二是因为实践当中有一些案件符合特定的情形,定罪和量刑程序大体能够分开,但还有一些案件没办法分开,比如说盗窃犯罪,获得财产的数额，既是定罪的事实，也是量刑的事实。又比如获取财产的手段如抢劫、盗窃、诈骗，既是犯罪的事实，也是量刑的事实，没有办法分开。对这一类案件，在法庭上，对犯罪事实进行调查的时候，对量刑事实也调查清楚了，对犯罪事实进行辩论的时候，对量刑部分也已说清楚了，难以严格地区分开来。基于以上两点原因，这次立法规定得相当原则，就是对与定罪量刑有关的事实都应当进行调查辩论，没有分开以专门程序作规定。

我认为，我们要按照修法的基本精神，参照最高法院、最高检察院关于量刑规范化的试点意见，在实践中进一步总结经验，通过司法解释作出相对具体的规定。不应该刻意追求对量刑事实的调查和辩论，只要法庭上对有关定罪事实搞清楚了，同时也查清楚了量刑的事实，就可以了。至于和定罪关系不大的特殊的事实和证据，要就量刑必须考虑的问题专门进行调查，比如说自首，有没有自首情节？是自己投案还是别人劝说投案？是办案机关发现还是嫌疑人到案后自己主动供述了其他的犯罪事实？再比如立功，是大功还是小功？什么情形下的立功？立功的效果如何，是否因此发现了其他案件并抓获了犯罪嫌疑人？这些就需要以特别的程序进行调查和辩论，为法官量刑提供依据。

田文昌 在实施过程当中可能会遇到一个问题，因为我当时和几位学者共同参加了法院的一个试点项目，我提出来有一个冲突不好解决。就是对无罪辩护的案件来说，在被告人不认罪的案件中，律师一方面是作无罪辩护，另一方面还要换一个角度，先假定有罪，再作量刑辩护，说白了就是两头堵。但是，有时候还是会有负作用。我们所律师办过一个案子，就是因为这种情况被投诉了。律师的辩护意见是，被告人无罪，但退一步即使有罪也应当从轻处罚。结果当事人认为律师作了有罪辩护，说自己的律师都说自己有罪了，所以投诉他没有水平,没有尽心。但是从律师的角度来说,判决权在法官,如果不这么辩护,不把方方面面的问题都辩到了,仅仅只作无罪辩护,不一定就是无罪结果,必须要留有余地,所以这种情况就非常尴尬。有罪辩护不存在这些问题,律师作有罪辩护然后从罪轻的角度提出量刑意见,不会出现这些矛盾。

所以从这个角度看,这条规定对律师的辩护是有意义的,但是还有矛盾没有解决,最大的问题是我们还不能做到当庭宣判。人大的陈卫东教授和北大的陈瑞华教授分别搞了两个不同的试点,一个是定罪辩和量刑辩是连在一起的;另一个是分成两个阶段的,定罪辩完了,重新调查量刑的证据,再作量刑辩护。不管哪一种方式,都有一种冲突没有办法解决,那就是定罪的问题还没有裁决、没有确定,然后在假定有罪的前提下来作量刑辩护,事实上还是存在先入为主的问题。在法庭的那种气氛下,先作无罪辩护,然后假定有罪再作量刑辩护,这时候整个的语境就变了,感觉就是有罪了,无法摆脱尴尬的局面。所以,我认为如果对无罪辩护的案件作量刑辩护,或者要当庭宣判,宣告有罪后再作量刑辩护;或者开两次庭,即庭后宣判,如认定有罪就再开一次庭,专门进行量刑的辩护。

张军 当庭宣判有罪,有的案件还是比较困难的,因为合议庭还来不及仔细进行评议。其实,有罪与否,经过前半段的法庭调查,法庭已是有数的了,辩护人、公诉人也是有数的了。如果法庭宣布下面再进行量刑的调查辩论,当然表明了法官的基本态度。律师也可以声明:我认为被告人无罪。即使法官认为他有罪,考虑到以下情节和因素,也应当从宽处罚。

姜伟 就是一个庭分成两个阶段,先确认有罪后,双方再就量刑提出辩护意见。

田文昌　要做到这一点很难，很少有法官敢当庭作出有罪判决，然后再进行量刑辩论。所以我觉得比较现实的办法就是开两次庭，第一个庭就是定罪辩，不提量刑，然后休庭宣布合议结果以后再量刑辩。当然这样成本就高了，可是这样做是比较合理的，也是可行的。因为实践中无罪辩护的案件比较少，大部分还是作有罪辩护的案件。

姜伟　文昌的建议是一个思路，如果律师作无罪辩护的，控辩双方仅仅围绕有罪无罪的事实证据进行辩论，这个阶段不提量刑问题，然后休庭合议，不直接转为量刑的辩论。第二次开庭，宣布合议结果，确认被告人构成什么犯罪，然后围绕量刑的事实和证据进行辩论，听取双方意见。这里要强调一个问题，就是宣告确认有罪，但不宜直接宣判。

田文昌　这里还有一个重要的前提，就是司法资源的配置问题，我们要把简易程序扩大适用，把资源节省下来，然后有一部分作有罪辩护的案件也排除了，就剩一部分作无罪辩护的，适用这个程序。

张军　宣告无罪在我们的司法实践和司法环境中，往往比定罪更加受重视，所以当庭宣告无罪是十分鲜见的，当庭宣告有罪有可能。但是，截然将定罪和量刑两个程序分开，在实践中需要付出更多的司法资源，而且不会很快得到认可。但是，就一些典型案件，应该把程序做得更周到、更公正，可以先去试行一下。

七、撤回起诉

问题　对检察院撤诉权的探讨

田文昌　检察院撤诉的问题，在实践中执行得比较混乱，好像立法上没有太明确的规定,在审判程序中,检察院什么时候可以撤回起诉?在什么情况下又可以重新起诉?

姜伟 在审理的任何环节,公诉机关认为必要的都可以提出撤回起诉,但是不是准许撤回起诉需要由合议庭来裁定。按照不告不理原则,公诉机关提出撤诉,合议庭原则上都会允许。撤回起诉一般有这么几种情况:一是,认为证据不足,需要撤回补充侦查;二是,认为定性有误,原来定的重罪或轻罪的罪名要调整,需要撤回变更起诉;三是,追加起诉,原则上就是补充起诉,不一定要求必须撤回起诉,但有时候有些案件可能有关联性,单独补充起诉恐怕不利于查清事实,出于技术上的考虑或者策略上的考虑,也可以撤回来然后再追加起诉,放在一起一并起诉审理。不论哪种情况,再重新起诉的,都应该补充新的证据。

田文昌 《检察院规则》对撤回起诉规定得还是比较明确的,"撤回起诉后,没有新的事实或者新的证据不得再起诉"。但为什么我还提出来?因为实践中对什么叫做"新的证据"理解比较乱。我理解新的证据就是除了原来的证据之外的证据,因为撤回起诉肯定是认为原来的证据不够充分,需要再补充新的证据才能再诉。但现实当中存在这么一种情况,没有任何新的证据,但是补充了一个新的事实,比如原来起诉是三项事实和相应的证据,认为证据不足撤回了,然后又增加了一个新的事实,加了一个新的证据,和前面的事实一起打包又诉上来,理由是有新的证据。这和补充起诉还不一样,补充起诉是对新的事实的起诉。现在是原来起诉上来的事实已经认为证据不充分,撤回了,在没有新证据的情况下搭了一个别的事实一起又起诉,这样能不能理解为新的证据?

张军 诉权是检察院的,起诉的质量由检察院自己负责,撤回去以后即使是原样又诉上来,我觉得作为法院也得接受。但接受以后审理当中,法官认为符合无罪条件的就应当直接宣告无罪,检察院再想撤回去也不允许了,这个问题就可以解决了。我想不能过多限制检察院的诉权。这在《最高法院解释》第242条作出了原则性规定,宣告判决前,人民检察院要求撤回起诉的,人民法院应当审查撤回起诉的理由,作出是否准许的裁定。

姜伟　　虽然刑事诉讼法没有规定,但是我们检察机关内部原则上是有规定的,不能随意撤回,撤回以后,要是一点新事实和新证据都没增加又重新起诉,就不严肃了。所以,实践中,检察机关对撤回起诉以及重新再诉还是把握得比较严格的。

田文昌　　比如检察机关起诉,提出了三起事实及其相应的证据,起诉之后感到证据不充分撤回起诉,法院也允许了,然后检察机关围绕这三起事实补充证据,哪怕是有一项原来没有的证据,也是新证据。但如果针对原来的三起事实一个新证据也没有,只是又加了一个证据证明第四项事实,我理解只能补充起诉或者追加起诉第四项事实,不能三起事实撤回去了,又搭了第四起事实再一起诉上来。

姜伟　　这种情况可以直接就第四起事实补充起诉。但为什么实践中有文昌说的这种做法?可能主要是技术环节的考虑,审限不够了,撤回来就可以重新计算审限了。

田文昌　　我说的情况是,通过开庭,已经证明起诉证据不足,而且法院的态度也比较明确了,这时候检察院撤回起诉,撤回去之后就不能再针对这三项事实再诉了,有新的事实可以起诉新的事实。

姜伟　　这跟直接补充起诉的道理是一样的,有时候属于一些技术性操作,与检察院不撤诉,单就第四项事实起诉,效果是一样的。

田文昌 我们从另外一个角度探讨一下,抛除法律规定本身,单独来评价一下,检察院的诉权能不能无休止地行使?按理说诉了,证据不足,法院就可以作出判决了。

张军 只要检察院起诉,法院就要受理,但怎么避免检察院滥用诉权呢?那就是检察院再撤回起诉的,法院应当依据司法解释规定加以审查,一般就不允许了,直接宣告无罪。这是依法维护被告人的合法权益,符合本次修法尊重和保障人权的精神。

姜伟 关于撤诉,《最高法院解释》和《检察院规则》中有明确的规定:一是,撤诉得经法院裁决同意;二是,撤诉要说明理由。所以,检察院没有理由也没有条件无休止地行使诉权。

田文昌 问题就出在这里,经法律裁决同意撤诉的案件,再以原来的事实和证据诉上来,不是滥用诉权是什么呢?

八、简易程序(第 208—215 条)

修改前	修改后
第一百七十四条 人民法院对于下列案件,可以适用简易程序,由审判员一人独任审判: (一)对依法可能判处三年以下有期徒刑、拘役、管制、单处罚金的公诉案件,事实清楚、证据充分,人民检察院建议或者同意适用简易程序的; (二)告诉才处理的案件; (三)被害人起诉的有证据证明的轻微刑事案件。	**第二百零八条** 基层人民法院管辖的案件,符合下列条件的,可以适用简易程序审判: (一)案件事实清楚、证据充分的; (二)被告人承认自己所犯罪行,对指控的犯罪事实没有异议的; (三)被告人对适用简易程序没有异议的。 人民检察院在提起公诉的时候,可以建议人民法院适用简易程序。

（续表）

修改前	修改后
无	第二百零九条 有下列情形之一的，不适用简易程序： （一）被告人是盲、聋、哑人，或者是尚未完全丧失辨认或者控制自己行为能力的精神病人的； （二）有重大社会影响的； （三）共同犯罪案件中部分被告人不认罪或者对适用简易程序有异议的； （四）其他不宜适用简易程序审理的。
第一百七十五条 适用简易程序审理公诉案件，人民检察院可以不派员出席法庭。被告人可以就起诉书指控的犯罪进行陈述和辩护。人民检察院派员出席法庭的，经审判人员许可，被告人及其辩护人可以同公诉人互相辩论。	第二百一十条 适用简易程序审理案件，对可能判处三年有期徒刑以下刑罚的，可以组成合议庭进行审判，也可以由审判员一人独任审判；对可能判处的有期徒刑超过三年的，应当组成合议庭进行审判。 适用简易程序审理公诉案件，人民检察院应当派员出席法庭。
无	第二百一十一条 适用简易程序审理案件，审判人员应当询问被告人对指控的犯罪事实的意见，告知被告人适用简易程序审理的法律规定，确认被告人是否同意适用简易程序审理。
第一百七十六条 适用简易程序审理自诉案件，宣读起诉书后，经审判人员许可，被告人及其辩护人可以同自诉人及其诉讼代理人互相辩论。	第二百一十二条 适用简易程序审理案件，经审判人员许可，被告人及其辩护人可以同公诉人、自诉人及其诉讼代理人互相辩论。
第一百七十七条 适用简易程序审理案件，不受本章第一节关于讯问被告人、询问证人、鉴定人、出示证据、法庭辩论程序规定的限制。但在判决宣告前应当听取被告人的最后陈述意见。	第二百一十三条 适用简易程序审理案件，不受本章第一节关于送达期限、讯问被告人、询问证人、鉴定人、出示证据、法庭辩论程序规定的限制。但在判决宣告前应当听取被告人的最后陈述意见。

(续表)

修改前	修改后
第一百七十八条 适用简易程序审理案件，人民法院应当在受理后二十日以内审结。	**第二百一十四条** 适用简易程序审理案件，人民法院应当在受理后二十日以内审结；对可能判处的有期徒刑超过三年的，可以延长至一个半月。
第一百七十九条 人民法院在审理过程中，发现不宜适用简易程序的，应当按照本章第一节或者第二节的规定重新审理。	**第二百一十五条** 人民法院在审理过程中，发现不宜适用简易程序的，应当按照本章第一节或者第二节的规定重新审理。

问题1 简易程序修改的主要内容和意义

张军

这次修法对简易程序作出了重大的修改和完善，主要是对简易程序作了扩大适用的规定，从以下几个方面体现了对简易程序的修改：

第一，第208条扩大了简易程序适用的范围，只要是基层法院管辖的案件，被告人对指控的犯罪事实没有异议，而且对适用简易程序表示同意的，都可以。

第二，第208条把程序条件进一步简化，删除了适用简易程序必须经人民检察院同意才可以的规定，修改后可以由法院自行作出决定，但是检察机关可以提出建议。

第三，第209条明确列出不能适用简易程序的具体情形，更加便于遵循。

第四，第210条修改完善了关于审判组织的规定，对于可能判处3年有期徒刑以下刑罚的，可以组成合议庭，也可以由审判员一人独任审判，对裁判结果可能超过3年有期徒刑的案件，一律组成合议庭进行审判。

对这一点在修法讨论中最高人民法院提出了保留意见，其一，人民法院审理简易程序案件,实践经验已经很丰富了,法官的整体素质也提升了,包括当事人在内的公民的整体素质、法律素养也都提升了,所以才有了这次立法修改,将简易程序的适用范围扩大到基层法院受理的所有案件。在这种情况下,就不宜再规定判处3年以下有期徒刑的,也可以组成合议庭进行审理。我想正常的情况下,没有一个法院会组成合议庭审理3年以下有期徒刑的案件,因为不需要。甚至在修法的时候我们提出来一部分3年以上有期徒刑的案件也不需要组成合议庭进行审理,可以改为3年以上有期徒刑或者7年以上有期徒刑的案件,可以组成合议庭审理,或者是7年以上有期徒刑的案件应当组成合议庭,这样比较符合实际。总不能出现以前适用简易程序,"由审判员一人独任审判"进展良好,取得了丰富经验,本次修法因此扩大了适用简易程序范围,具体操作程序却反而收紧,还要以合议庭进行审理?岂非怪事?

其二,适用简易程序审理案件的目的,是要在确保审理质量的前提下,大大提高审判效率。现在作了这样的规定,使扩大简易程序立法新规的实施效果在一定程度上大打折扣。

第五,第210条增加了适用简易程序审理公诉案件、人民检察院应当派员出席法庭的规定。

对这一条在修法时最高法院也提出了不同看法。因为它大大增加了检察机关的负担,而且对于判处较轻刑罚的案件这个做法实际上没有意义。原来公诉人没有出庭,或者说原来公诉人可以不出庭,实践证明没有任何问题。现在作了这样的规定,检察机关得要考虑怎样才能够去适应法院更大量的适用简易程序审理的案件,适用简易程序的案件审限要缩短,公诉人的工作量相应地却要大大增加。

第六,第211条、212条、213条明确了适用简易程序审理案件的具体程序,就是适用简易程序审理案件审判人员应当询问被告人对指控犯罪事实的意见,告知被告人适用简易程序审理的法律规定,再确认被告人是不是同意适用简易程序。也就是要让被告人明确地表达意见,这是适用简易程序的必要条件。在审理中经过审判人员许可,被告人及其辩护人可以同公诉人、自诉人及其诉讼代理人互相辩论。但是,被告人如果聘请了辩护人,辩护人不出庭也是可以的。因为法律规定适用简易程序审理案件可以不受有关质证、辩论程序方面的规定限制,但是辩护人事先应当会见被告人并向法庭递交辩护意见。

第七,最后一个修改就是第214条延长了适用简易程序审理部分案件的审理期限,对可能判处3年以上有期徒刑的案件,可以延长至1个半月。这也是修法当中我们反复强调3年以下有期徒刑的案件不能再组成合议庭的原因。因为若按最初意见一律组成合议庭审理简易程序案件,不仅没有解放基层法院,解决基层法院案多人少的矛盾,反而大大地加大了基层法院法官的压力,原来是1个半月,还可以延长1个月审理的案件,现在同样由合议庭审理案件,审限只有20天了,还不如不改。修法考虑了这样来自实践中的意见,规定可以再延长25天,即审限为1个半月,但是没有规定可以再延长1个月。

姜伟　这次刑诉法修改对简易程序审理作了比较重大的调整,具体调整刚才张军都讲到了,我就不一一讲了。我觉得对简易程序的调整体现了刑事诉讼繁简分流的需要,也兼顾了公正与效率两个价值取向。应该讲程序的简化在一定程度上意味着对被告人权益保护的弱化,因为他表达的机会必定会相应减少。但是尽管庭审简化了,对公正却不会造成影响,因为公正最大的核心是尊重当事人的意愿,我们这次对简易程序的修改着重强调了这一点,其一,被告人认罪;其二,被告人对适用简易程序审理没有异议。即被告人在实体上认罪,在程序上也不反对,尊重了当事人的意愿。所以尽管程序简化了,但仍然尊重了当事人的意愿,在这点上,是符合公正原则的。

我想强调的一点是，简易程序尽管扩大到了所有有期徒刑的案件，但是定罪的标准并没有变化，简易程序的定罪标准和普通程序的定罪标准是一样的，仍然应当达到证据确实充分，千万不能因为程序简化了，对定罪的标准就降低了或者弱化了，这一点尤其要强调。

在简易程序审中，要求公诉人出庭，也是这次刑诉法修改中比较大的一个争论点。最早1996年修改刑诉法，规定简易程序以后，公诉人是不出庭的，由法官代读起诉书，甚至有的时候直接就问当事人、被告人是否收到起诉书，有没有异议，连起诉书也不读了。后来在认罪案件简化审中我们要求公诉人出庭，宣读起诉书。这次立法修改为什么最终明确规定了公诉人要出庭，主要基于这么几个理由：第一，体现国家公诉的严肃性。检察官代表国家去公诉案件，如果连公诉人都不出庭支持公诉，那作为诉讼双方谁到法庭发表意见呢？第二，参加法庭辩论。在法庭中要进行辩论，有些当事人可能会对量刑的情节提出辩解，公诉人不到庭，没有人发表回应的意见，这样也不利于法官在全面听取双方意见的基础上作出客观的裁决。第三，有的案件尽管当事人认罪，但当事人对法律的认识有重大误解，辩护人出庭提出无罪的辩护意见，这时候如果公诉人没在场，无法回应，就等于放弃了国家的公诉权。第四，行使监督权。在我国检察机关既是公诉机关，也是国家的法律监督机关，检察官出庭不仅要履行公诉职责，也承担着监督法庭庭审活动是否合法的任务，公诉人不出庭怎么去监督庭审活动呢？庭审活动是否公正，是否规范，是否尊重当事人的权益，法官是否正确履行职责，公诉人不在现场，就无法监督。监督要以参与为前提，没有参与权，也意味着丧失了监督权。基于上述几点理由，这次刑诉法规定了公诉人应当出庭。

刑诉法出台以后，各地的检察机关都在积极探索简易程序的公诉方模式，现在各地普遍倾向于由几个检察官专门承担简易程序的公诉。刑诉法规定公诉人对简易程序审应当出庭，现在从各地的执行情况看,普遍反映尽管工作量有所增加,但在可操作的范围之内,不会给检察机关带来更多的负担,也不需要大量增加检察官人数来化解简易程序的这项新任务。所以我觉得既然有利于维护国家的法治形象,有利于体现庭审的公正,有利于正确地履行检察机关的公诉职责和监督职责,检察官出庭是必要的。

田文昌　扩大简易程序的适用范围,无疑是一件好事,可以缓解庭审压力,节省诉讼资源。前些年搞了一些试点,应当说基本上还是具有可行性,也比较成功,所以这次刑诉法修改作了一个立法上的明确规定,应当给予充分的肯定。根据简易程序的适用规则,在程序进行当中我认为控辩双方所面临的主要是量刑的辩论,所以在简易程序当中,量刑问题将上升为主要矛盾。

问题2　如何在简易程序中充分发挥律师的作用

田文昌　另外一个问题,就是在简易程序中律师的作用。我认为,除量刑之外,简易程序中律师的作用主要在于保证当事人认罪的真实性。因为在具体案件当中,当事人认罪有各种各样的原因,比如说对法律的不了解,对法律认识的错误,内心受到外界的影响、压力、欺骗,等等,各种情况都可能发生。既然认罪案件适用简易程序,就像刚才姜伟说的,程序的简化一方面提高了诉讼效率,节省了诉讼资源,但另一方面可能导致对权利保障的削弱。为了防止这种削弱,首先就要保证当事人认罪的真实性。所以,律师就有责任从把握事实和法律规定的角度帮助当事人解决认罪真实性的问题。所以我一直坚持,在扩大简易程序的同时,必须加强律师在简易程序中的辩护作用。我有一种观点,一般情况下,应当要求适用简易程序审理案件的时候要有律师参与,甚至当事人没有委托律师的时候,法院应当指定律师,当然个别地方没有律师的是特例。在简易程序中律师的工作量并不是太大,没有大量的阅卷工作,也不需要太多的调查取证,主要是能够通过律师的工作方式保障认罪的真实性,这是最重要的,然后在量刑上提出律师的意见。所以,在简易程序审中律师的作用千万不能忽视,甚至要更加重视律师的参与。

姜伟 我赞同文昌的观点,从目前来看,中国的刑事辩护率确实比较低,特别是一些普通的案件、简易程序的案件,基本没有律师参与。在这种情况下,因为各种原因被告人认罪,很容易导致简易程序审理对当事人的权益保护不够。怎么才能解决目前律师资源稀缺的问题?我建议能不能尝试这样一种方式,通过法律援助机构,律师轮流到法院去值班,就法院当天简易程序审理的案件,向被告人核实认罪的真实性。比如律师去值班的这一天,法院有十个简易程序审的案件开庭,律师在庭前就亲自去问一下被告:犯罪是不是真实的?是不是认罪?是不是同意适应简易程序?增加律师参与的这么一道程序,哪怕律师不参与庭审,只是在庭外候审的时候询问一下被告人,并记录在案。不存在问题的,法院就按照简易程序审理,有问题的,律师可以提出异议,直接转为普通程序审理。法援的值班律师不是辩护人,仅仅只是保证被告人认罪的真实性,通过法律援助的方式来把关,这样庭审的效果和对当事人权益保护的效果都会好很多。

田文昌 姜伟说的也是个办法。我们的当事人,大部分文化水平比较低,对法律知识不是十分了解,没钱请律师或者不请律师,大量的案件没有律师参与,可能因为种种原因,稀里糊涂就认罪了,然后适用简易程序审理,结果万一出现了一些错案,就会使司法相关陷入被动。我非常担心新法实施以后,简易程序审理的案件会大量增加,而大量简易程序审案件又没有律师参与,搞不好容易出现问题。所以姜伟说的也是一个办法,一个是尽量让律师出庭,没有律师出庭的,通过制度的设计,让律师来把道关,就像审讯时的律师在场一样,可以搞值班律师制度。

姜伟　轮流值班这个事肯定不可能全国普遍这么做,全国也没有那么多律师,但起码有些有条件的城市可以试点,比如像北京这样律师多的地方可以试行,把一道关肯定比没有好,因为毕竟有的刑罚重,一判就是10年,有些被告人还没明白,可能就认罪了。

田文昌　也能够减少法院很多责任。

张军　理论上、听上去挺好,实际上我们的公职律师、法律援助律师能起多大作用?从把关的角度,规定3年以上有期徒刑的案子必须组成合议庭,不管是3年以下还是以上,一律都要有公诉人出庭,这个规定的把关作用比起法律援助的律师作用强多了。

田文昌　律师的角度和法官、公诉人是不一样的,从被告人的角度,他可能更相信律师,相信律师是为他说话的,他更容易和律师讲真话。

张军　要和被告人讲清楚一个道理:法律规定,限制责任能力的、可能判处无期徒刑以上刑罚的、盲聋哑人没有委托辩护人的,要为其指派律师,其他的法律认为没有必要指定。

姜伟　现在为什么没有这么规定?是因为中国目前不具备这个条件,所以法律还不能做普遍的规定。为什么我赞同文昌的意见,起码从诉讼结构看,从形式上这样做更客观公正,可以尽量这样去尝试。

张军 像英国就可以。英国只要是刑事被告人，国家都给提供律师，除非你自己愿意花几万、几十万请大律师，那是另外一回事。

田文昌 我们现在也不见得完全做不到，一部分自己聘请律师了，一部分符合法律援助条件的法律援助机构指派了，剩下的一大部分可以用值班律师，比如北京将近三万律师，给律师事务所派任务，政府发一点补助安排本所律师值班，也是一个可以探讨的方式。

姜伟 实践中可以局部探索一下，在北京、上海、天津这样的大城市试行一下，比如北京，一共18个法院，有两万多律师，安排一个律师到1个法院值1天班，肯定可以排过来，做个一两年、两三年，就能看出效果了，肯定会挺好，但在全国推行现在还做不到。这个看上去很美，也很重要，以看得见的方式保障了程序的公正。

问题3 适用简易程序案件对被告人能否酌情从轻处罚

田文昌 还有一个问题，就是对于被告人主动认罪予以从轻处罚的问题应当加以明确。原来最高法试点的时候，认罪案件简化审还明确规定可以酌情从轻处罚，这次修法，明确规定了简易程序，但如何与从宽处罚结合起来？是一个需要解决的问题。否则，被告人认罪的动机在哪儿？我们不搞辩诉交易，那么在简易程序审中，起码要给被告人一个认罪的动力，比如规定如果认罪，可以酌情从轻处罚，我相信如果加上这一条，认罪案件的数量会增加很多。现在立法没有明确规定，司法解释也很难突破立法，是一个重大的遗憾。

张军 简易程序案件,总体上是可以考虑从轻的,因为《刑法》第67条第3款规定,被告人认罪,如实供述自己犯罪事实的,可以从轻处罚。也就是说,只有认罪才能适用简易程序,认罪适用简易程序则可以按照刑法总则的规定,从轻处罚。

田文昌 应该给一个明示,不明示没用。

姜伟 文昌说的道理我明白,但是因为刑事诉讼法是程序法,量刑属于实体问题,所以刑诉法不能直接规定量刑上可以从轻处罚,这属于刑法规定的范畴。

田文昌 我们提出来这个原则,在刑法修改的时候可以考虑,由刑法规定来补充。我有一个认识,真正判处刑罚了,多几年少几年对于惩罚犯罪来讲并没有多少实际意义,但少几年对于被告人却很重要,对我们节省诉讼资源和维护和谐社会来讲更具有重大意义,所以还不如从宽发落。但是这个问题必须明示出来,不明示出来,被告人还不知道因为他认罪就可以从宽处罚,简易程序的价值怎么体现?所以可以在刑法中明示这一条,主动认罪适用简易程序的,可以或者应当从轻或者减轻处罚。这样既鼓励嫌疑人、被告人主动认罪,主动要求适用简易程序,又体现了宽严相济的刑事政策。

张军 《刑法修正案(八)》规定,犯罪嫌疑人虽不具有自首情节,但是如实供述自己罪行的可以从轻处罚;因其如实供述自己的罪行,避免特别严重后果发生的,可以减轻处罚。文昌说的意思是,再增加一个:同意适用简易程序的,可以酌情从轻处罚。

田文昌 我的意思主要是为了鼓励认罪,为了鼓励被告人愿意或者主动认罪适用简易程序,最好是单独作出一个明确的规定。能否把"可以"变成"应当","可以"力度不够,决定权还掌握在法官手里。

张军 这个问题是这样,如果按原适用简易程序的条件,还是可能判处3年以下轻刑的,可以较大幅度地酌情考虑从轻处罚。但现在的适用范围扩大到基层法院审理的所有案件,15年重刑的也可以适用,刑罚幅度明显上去了,有的罪是比较重的,一念之间要么由中院管辖可能是无期,要么放在基层法院管辖可能就是15年。有《刑法》的这个规定,今后在培训的时候或者搞司法解释的时候,提示注意一下就可以了。

田文昌 我不是那个意思,不光是法官注意的问题,而是通过立法明确下来,给嫌疑人、被告人一个明示,从而鼓励他去认罪。

姜伟 是因为被告人认罪而从宽,不是因为被告人同意适用简易程序而从宽,《刑法修正案(八)》已经有明确规定了。

田文昌 其实我的观点很简单,就是要针对简易程序作个规定,鼓励认罪并适用简易程序。

张军 这要进一步讲清楚。我国刑法对自首规定的都是"可以"从轻,适用简易程序能规定"应当"吗?而且,鼓励从宽的幅度太大就等于鼓励犯罪。按照这样的逻辑,只要如实供述就应当从轻处罚,那就肯定不会有死刑了,死刑等于取消了。凡事有度,要辩证地理解和适用刑事法律。

田文昌 张军说的问题确实有道理,但能不能想办法解决这个问题?怎么想办法在表述上加大一点力度,关键是要明示被告人,让他知道有好处。或者规定,一般情况应当从宽处罚,但是罪行特别严重的情况除外,规定一个例外情形,即原则上都要从轻,但是还有例外。就是使从轻处罚成为一般原则,成为常态,使不从轻处罚成为例外。就像刚才张军说的特别重大犯罪,是不是只要认罪就不杀了,那肯定也不行,加个例外规定就可以解决了。

张军：这个要通过司法解释,在实践中进一步总结经验,逐步地来解决。

第二审程序

九、二审开庭审理(第223条)

修改前	修改后
第一百八十七条　第二审人民法院对上诉案件,应当组成合议庭,开庭审理。合议庭经过阅卷,讯问被告人、听取其他当事人、辩护人、诉讼代理人的意见,对事实清楚的,可以不开庭审理。对人民检察院抗诉的案件,第二审人民法院应当开庭审理。 第二审人民法院开庭审理上诉、抗诉案件,可以到案件发生地或者原审人民法院所在地进行。	第二百二十三条　第二审人民法院对于下列案件,应当组成合议庭,开庭审理： （一）被告人、自诉人及其法定代理人对第一审认定的事实、证据提出异议,可能影响定罪量刑的上诉案件； （二）被告人被判处死刑的上诉案件； （三）人民检察院抗诉的案件； （四）其他应当开庭审理的案件。 第二审人民法院决定不开庭审理的,应当讯问被告人,听取其他当事人、辩护人、诉讼代理人的意见。 第二审人民法院开庭审理上诉、抗诉案件,可以到案件发生地或者原审人民法院所在地进行。

问题1 二审程序修改的主要内容及意义

张军 这次刑诉法对第二审程序的修改,体现了落实尊重和保障人权原则,给予了二审被告人更加全方位的诉讼权利保护。其中最重要的修改,就是新《刑事诉讼法》第223条对于二审程序哪些案件应当开庭审理作出了明确的规定。比起旧法第187条规定的经过合议庭阅卷,讯问被告人、听取其他当事人、辩护人、诉讼代理人的意见,对事实清楚的,可以不开庭审理,然后规定例外情况是抗诉案件必须开庭,新法开宗明义,明确了第二审人民法院对于下列案件,应当组成合议庭开庭审理:一是被告人、自诉人及其法定代理人对第一审认定的事实、证据提出异议,可能影响定罪量刑的上诉案件;二是死刑上诉案件;三是人民检察院抗诉的案件;四是其他应当开庭审理的案件。然后再规定,第二审人民法院决定不开庭审理的,还应当讯问被告人,听取其他当事人、辩护人、诉讼代理人的意见。

第一,这条新规,最主要的一个修改就是吸收了审判实践中最高法院在2007年作出的司法解释,即所有死刑立即执行的上诉案件,都应当开庭审理。把实践的做法吸纳到新法当中,规定死刑上诉案件都应当组成合议庭开庭审理。

第二,还有一个变化,就是对应当开庭的其他上诉案件,作出了一个比较明确并易于遵循的规定,即"被告人、自诉人及其法定代理人,对第一审认定的事实、证据提出异议,可能影响定罪量刑的上诉案件"应当开庭。这样明确具体的规定,更有利于二审把握是否开庭。虽然如此,自由裁量权还在法官手中,也就是尽管上诉人对一审定罪量刑的事实、证据提出了异议,但法官认为不影响定罪量刑的,还是可以不开庭。对于这种情况决定不开庭审理的和以前一样,也要听取被告人及其他当事人、辩护人、诉讼代理人的意见。这是一个重要的变化,我们要对各级法院特别是中级以上的法院作出提示和约束,在审理刑事二审案件时,开庭是原则,不开庭应当成为例外。

总体来说，首先是要通过开庭审理，体现尊重和保障人权，更全面地维护并实现被告人的上诉权；其次，我们现在经济发展，社会建设取得的成就为二审开庭提供了更充分的物质保障、更方便的交通、更充分的庭审条件，包括二审开庭的辩护人、证人出庭，条件都比以前更充分了。如果说以前要做到二审大量案件开庭在物质上有难处，现在这些难处可以说基本不存在了，所以我们应该尽力落实这样一种要求。

姜伟 张军刚才讲的意见，我都赞同。我觉得二审程序最大的调整在于，第一，是明确了二审开庭的范围；第二，更重要的是强调第二审法院决定不开庭审理，应当询问被告人，听取其他当事人、辩护人、诉讼代理人的意见。因为我们国家目前的诉讼资源有限，二审都开庭还实现不了，但是二审应当听取双方当事人的意见，这是一个根本原则。为什么立法强调"应当"听取？因为我们是两审终审制，如果二审决定不开庭连当事人的意见都不听，对当事人的诉讼主张，特别是上诉人的上诉主张是不尊重的。为什么强调听取"双方"意见？因为被告人上诉仅代表其一方的意见，还要听听其他人，包括被害人、诉讼代理人、辩护人的意见，才有利于法官客观全面地作出判断。所以我觉得这次修法针对二审程序最重大的变化，是要求二审法院必须听取双方当事人包括辩护人、诉讼代理人的意见，这是一个进步，非常重要。

田文昌 二审开庭，应该说是这些年来呼声很强烈的一个问题，学术界、律师界，尤其是律师界特别强烈要求二审开庭，因为对二审开庭的重要性，从律师的角度体会最深。很多案件在开庭的时候容易得到纠正，不开庭的很难得到纠正。这涉及到庭审规律的问题，或者说是庭审的基本特征问题。法庭审判，我觉得除了公开性之外，还有几个基本要素，比如被告人庭上的陈述、举证质证、对被告人的讯问和对证人的质证、交叉询问、共同犯罪案件的当庭对质，等等，最后还有控辩双方当庭的法庭辩论，这些都是法庭审理的基本要素，不可缺少。对不开庭书面审理，我个人观点，严格地说只能叫法庭审查，很难称其为法庭审判，因为它缺少了法庭审判最基本的一些要素。所以我认为二审开庭是非常必要的，这次修法在这方面迈出了很大的一步，非常重要，也非常积极。

但是我有一个担心，它在操作当中实现的程度会如何？也就是说，我们在下一步实施当中还是要制定一些保障性的措施，既然立法上有这样的意思表述，开庭是常态，不开庭是例外，在实施中如何解决？能不能有一个约束？在什么样的特殊情况下才能不开庭。否则还可能会有很大的障碍，因为从现在的原则上不开庭到原则上要开庭，资源耗费会增加，检察院的压力也会增加。

问题2 二审出庭检察员的身份是什么？如何称呼

田文昌 这里我想提出一个问题与二位探讨，二审出庭检察员的身份到底是什么？我们现在通常称检察员，但我认为有点说不通，因为他绝大部分工作还是支持公诉，是不是还应该称其为公诉人更合适？

姜伟 如果二审发现无罪了，出庭检察官还认同被告人无罪，还能叫公诉人吗？叫检察员相对来说更中性一点，稳妥一点。

张军 就算是发现无罪，叫公诉人也完全可以。为什么？有罪，公诉机关就去公诉；无罪，就不起诉；判重了、判处有罪错了，就去抗诉。道理都是一样的。起诉后发现新的不构成犯罪的事实，但一审又已经定罪了,怎么办? 提出抗诉赶紧纠正,然后总结经验。如果不是公诉职能、公诉人,怎么履行抗诉的职能? 叫公诉人理论上没问题。

姜伟 公诉工作分几个环节:第一是庭前审查,审查结果有两种情况,一是证据确实充分,认为有罪的提起公诉,认为无罪或证据不足的不起诉;第二是提起公诉,参与一审法庭审理;第三是二审阶段,或者上诉,或者抗诉,由上级检察机关介入。从角色角度讲,上下级检察院有共同的性质,都是支持公诉,但从另一方面讲,上级检察机关有重新查卷、审查的性质,对下级检察院的公诉意见不是单纯地延续,他也可能会否定下级检察院公诉的意见。

田文昌 在二审程序中,检察员最重要的工作内容还是和被告人、辩护人之间的辩论,因此,他是以什么身份在辩论呢?

姜伟 如果是无罪的话,公诉人就没必要和被告人、辩护人辩论了,因为观点已经一致了,当然多数是有罪的,但是在确定二审检察员身份职责的时候,要全面看,检察员不仅有公诉职责,还有监督职责,不能仅仅强调因为有公诉职责所以还是公诉人,称其为检察员更中性、更客观。

张军 这不是我们讨论的重点。这个问题的关键就是公诉人本身的职责并不是一味要追究被告人的罪责、甚至只往重罪上追究,往有罪的方向上追究。《刑事诉讼法》第168条规定人民检察院审查案件的时候,"必须查明""是否属于不应追究刑事责任的"。这就是"中性""依法"履行这一职责的人,当然是公诉人。

十、二审检察机关阅卷时间的规定（第 224 条）

修改前	修改后
第一百八十八条　人民检察院提出抗诉的案件或者第二审人民法院开庭审理的公诉案件,同级人民检察院都应当派员出庭。第二审人民法院必须在开庭十日以前通知人民检察院查阅案卷。	第二百二十四条　人民检察院提出抗诉的案件或者第二审人民法院开庭审理的公诉案件,同级人民检察院都应当派员出席法庭。第二审人民法院应当在决定开庭审理后及时通知人民检察院查阅案卷。人民检察院应当在一个月以内查阅完毕。人民检察院查阅案卷的时间不计入审理期限。

问题　理解与适用

姜伟　这次修法在第二审程序中还有一个重要的变化,就是规定了人民检察院阅卷的时间,这是一个新增加的规定。第 224 条规定,人民检察院在二审期间应当在 1 个月以内阅卷完毕,而且这 1 个月的时间不计入法院二审的审理期限,我觉得这是非常必要的。以前在诉讼实践中,二审期间检察院就怎么阅卷、阅卷时间的长短经常会和法院产生冲突,因为检察院阅卷时间占用了法院的审理期限,阅卷时间长了法院肯定不同意,法院的审限也不够了,这就给双方之间带来很大的矛盾。这次修法比较好地解决了这个矛盾。

另外,解决了检察院查阅案卷的权力问题,原来立法对检察院查阅案卷规定得不是很具体,二审检察院到法院要求阅卷,案卷很多的时候,拿走阅,法院不同意;复印,浪费诉讼资源。为了调卷、阅卷的问题,检察院和法院常常争论不休。

张军　因为法院也要看卷,也要准备开庭,还有审限压力,检察院把卷都拿走肯定不行。

二审开庭给了检察机关比较充分的阅卷时间,与二审开庭审理的原则是相联系的,也体现了对二审开庭的重视。

姜伟　因为二审期间检察院阅卷的问题,检察院和法院争议很大,所以这次修法考虑到了实践中的需要,作了相应调整。我认为检察院阅卷体现了诉讼公正的需要,符合诉讼规律的要求。因为一审是由下级检察院出庭支持公诉的,二审上级检察院要重新熟悉案卷,如果他不认认真真地查阅案卷,在二审开庭的时候,或者听取有关意见的时候,怎么能拿出充分全面的意见?所以,我认为阅卷体现了司法和诉讼的规律——亲历性,不亲自审查证据,就不能得出结论,对于是不是构成犯罪,是重罪还是轻罪,量刑的具体意见,都说不出来。所以给检察机关1个月的阅卷时间,符合诉讼规律的要求,也有利于案件的公正审理,同时协调了检察院与法院二审期限的矛盾,非常合理。

张军　二审检察机关1个月阅卷时间是这次修法的一个科学的完善。在执行当中,人民检察院查阅案卷的时间不计入审理期限,我觉得这里面要注意两个问题:一种情况,如果阅卷只用了15天,法院扣除的审理期限就是15天,不能因为规定的是1个月以内就不分具体情况,一律按照1个月。另外一种情况,检察机关阅卷时间延长了,延长了15天,那么在扣除审限的时候要扣除45天。这个需要注意,就是两个方面,延长和缩短都是实事求是地扣除审限。因为修法的理由很清楚:检察院阅卷的时间,不是法院办案的时间,因此"不计入审理期限"。

田文昌　二审上级检察院出庭的问题,我曾经考虑过,二审检察员没参加一审庭审,二审时接过来,要重新看卷,确实是浪费了一些诉讼资源,我甚至都想过还不如让原来的检察院工作人员来出庭,但是觉得可能行不通。

张军　　有的就是这样。

田文昌　　从道理上是不是有障碍?

姜伟　　从道理上讲,检察机关是垂直领导关系,检察院上下级之间具有检察一体化的属性,倒没什么障碍。但从原则上讲,我觉得由上级检察院出庭,换个人重新阅卷,参加庭审,换一个思维,更有利于客观、准确地去认定案件,而且从上级检察院检察员的整体素质和办案经验来讲,对查清案件事实也更有利。当然,由原审检察院检察员二审出庭,从形式上看是节省了诉讼资源,但检察机关不仅是公诉机关,也是法律监督机关,由上级机关再把一次关,也更有利于纠正下级检察院的错误。实践中确实出现过这种情况,下级检察院起诉了,一审法院判决有罪,上诉后,上级检察院经审查,认为被告人是无罪的,这种情况尽管极个别,但确实发生过。所以,我觉得由上级检察院再严格地把一次关,有些定罪定错了,轻罪定成重罪了,量刑不当了,甚至无罪判有罪了,可以在二审法庭上及时纠正,从根本上还是维护了被告人的利益。

田文昌　　姜伟说的情况确实存在,我就亲历过三个案件,一审检察院起诉了,法院判了,上诉后,二审开庭时上级检察院明确表示无罪,或者明确表示要发回重审。

张军　　二审开庭的目的就是要发现错误,纠正错误。由同级人民检察院派员出庭是顺理成章的。

十一、审　　限

姜伟　　这次修法延长了整个审理的期限,从二审审限上看,二审单独规定了检察院一个月的阅卷期限,且不计入审限。延长审理期限,意味着在押的犯罪嫌疑人、被告人羁押期限也延长了。从形式上看,对当事人的权益是一种限制,或者说是一种损害。为什么立法会作这样的规定?因为定罪是一个非常慎重、非常严肃的事,涉及到双方的当事人,对被害人来说,他的权益受到了侵害,正义要伸张,要惩恶扬善,但被告人是不是有罪,需要一定的时间来审查判断。如果过于追求效率,审查时间越短越好,过多地考虑被告人的权利,案件没查清就宣告无罪了,把被告人释放了,就会损害被害人的权益,他们的正义就得不到伸张和救济,最终会对社会秩序造成损害。所以在这个问题上,要平衡两方面的价值,一方面要维护社会秩序,另一方面要将充分的时间留给审判人员,以利于其更细致地审查卷宗中的证据材料,最后作出一个客观的、令人信服的判决,如果被告人有罪,阐述的理由会更充分,如果无罪,提供的理由可能也会更充分。反之,如果审限太短,时间太紧了,可能逼得法官有些案件会匆忙下判,有可能把一些证据不充分的案件定为有罪。所以我想我们应该辩证地认识审限延长问题,虽然从形式上看似乎对被告人不利,但要从更大的视野、更高的秩序规则来看,可能更符合诉讼规律。

田文昌　　这个问题我这样看,审判环节设置长一点的时间,这是比较合理的,它保证了审判的公正性。在国外审判时间更长,当然我们和国外有一个差别,国外大部分犯罪嫌疑人、被告人是不羁押的,审限多长都关系不大。我们的当事人绝大部分是被羁押的,所以我们在考虑如何既充分又合理地规定审限的前提下,还要考虑到羁押的成本和被告人的权利问题。在审判环节上,延长期限主要的价值取向是为了更审慎的作出判决,这很对。在侦查环节,我倒觉得可以尽量缩短时间,不宜太长。从这个角度我觉得这次修改突出强调了保证审判的公正性。

张军 这次修法无论是对一审案件还是二审案件都大大地延长了审理的期限。一审案件简单地说就是"3+3+若干":基本审限两个月,可以延长1个月,就是不超过3个月,这是"3"。对于可能判处死刑的案件或者是附带民事诉讼的案件,以及有《刑事诉讼法》第156条规定的几种情形,偏远地方、跨省区作案的重大复杂案件,重大的犯罪集团案件,流窜或者是犯罪涉及面广、取证复杂困难的重大复杂案件,经上一级法院批准,还可以延长3个月,这是"3+3"。因为特殊情况还需要延长的,要报请最高法院批准,这就是"+若干"。加在一起就是"3+3+若干"。二审案件是"2+2+若干"。

刚才两位讲了延长审限对于确保公正,对被告人的合法权益实质上是起到了更好的维护作用。但是如果案件本身并没有那么复杂,只是因为法官因案多人少而拖延了,就是对被告人合法权益的一种损害。所以,虽然法律规定的很充分了,但司法实践当中应当最大限度地加强审判管理,减少不必要的审限占用。从最高人民法院来说,在案件质量指标管理体系中,明确规定案件占用多少审限,要作为对案件审理效率的一个评价指标,越少加分越高,以此作为一个指挥棒。在其他方面的管理上,比如上级法院批准延长审限,应该有更严格的要求,下级法院要把延长审限的请求、事实、依据写得很充分,便于上级法院作出判断,否则不予批准同意。要自己把审限的阀门拧得更紧一些。不能因为法律放松了规定的审限,我们自己也放松,那就会走向立法目的的反面。

十二、发回重审(第 225 条)

修改前	修改后
第一百八十九条　第二审人民法院对不服第一审判决的上诉、抗诉案件,经过审理后,应当按照下列情形分别处理: （一）原判决认定事实和适用法律正确、量刑适当的,应当裁定驳回上诉或者抗诉,维持原判; （二）原判决认定事实没有错误,但适用法律有错误,或者量刑不当的,应当改判; （三）原判决事实不清楚或者证据不足的,可以在查清事实后改判;也可以裁定撤销原判,发回原审人民法院重新审判。	第二百二十五条　第二审人民法院对不服第一审判决的上诉、抗诉案件,经过审理后,应当按照下列情形分别处理: （一）原判决认定事实和适用法律正确、量刑适当的,应当裁定驳回上诉或者抗诉,维持原判; （二）原判决认定事实没有错误,但适用法律有错误,或者量刑不当的,应当改判; （三）原判决事实不清楚或者证据不足的,可以在查清事实后改判;也可以裁定撤销原判,发回原审人民法院重新审判。 原审人民法院对于依照前款第三项规定发回重新审判的案件作出判决后,被告人提出上诉或者人民检察院提出抗诉的,第二审人民法院应当依法作出判决或者裁定,不得再发回原审人民法院重新审判。

问题 1　发回重审的次数限制

姜伟　　关于二审程序,这次修法还有一个重大调整,就是对二审发回重审的次数限制,第二审法院只能发回重审一次。

田文昌　　这是一个重大的调整。

姜伟 对发回重审的次数限制符合实践需要。实践中确实存在一个案件反复发回重审的情况,因为立法没有明确规定,一审上诉,上诉审完发回重审,重审一审完又上诉,又发回,反复发回,实际上陷入了诉讼怪圈,导致了超期羁押,会严重损害当事人的权益,引起了社会广泛的关注。这次刑诉法修改充分尊重民意,考虑到司法的需要,一方面适当延长了二审期限,另一方面限制了发回重审的次数,我觉得这比较好地兼顾了公正与效率,有利于维护当事人的合法权益,应当给予充分肯定。

田文昌 发回重审无休止,不仅浪费诉讼资源、而且严重侵害了当事人的权利。产生这种现象的原因之一恐怕是因某些机关不愿承担责任而互相赐球。我曾经遇到多次这样的情况,发回两次的情况经常发生,结果即使最后改判了也还是使被告人多关押了好几年。所以,这项修法对发回重审的次数明确限制是很重要的,加重了二审法院的责任,加强了对被告人权利的保护。

张军 修法前对发回重审没有限制,实践中往往被滥用。主要是两方面的原因:一个是姜伟刚才讲到的,叫做倒审限,法律不给足够的审限或者审限太短,确实审不完,就发回去重审。这往往有一个被迫去做的因素,不然,就是更明显的违法。现在这个问题从原则上解决了,修法大大延长了审限,特殊情形还可以报最高法院继续延长。另一方面的原因是,一些事实不清,证据不足的案件,依法应当宣告无罪,或者是留有余地判处较轻的刑罚。但是,因为社会关注,或者有某种不符合法律规定的干扰,二审法院感觉为难干脆发回重审。发回重审后,一审法院同样为难,案件退也退不回去,也没有办法进一步地查清事实。直接宣告无罪又有这样那样的顾虑和来自方方面面的压力,命案中被害人方面停尸不化、上街游行,法院对此不能不考虑，就判了有罪。判了之后继续再上诉，这样就陷入一个怪圈，短则一两年，长则三五年，甚至是更长时间。这样的案件，几乎在每一个省、市、自治区都存在。在这次修法过程中，我们去河南调研，河南省高院给我们介绍说，当时他们已经累积了大大超审限的案件多件，去年年底之前他们已经把这些案件基本处理好了。这次修法有了这样非常明确、严格的规定，相信再加上审限的延长，司法环境不断改善，这个问题会得到比较好的解决。

但是在执行这个规定的时候还有几个问题需要注意。原审法院对于发回重审的案件作出判决后，因为事实不清或者证据不足，被告人提出上诉或者检察院抗诉的，第二审法院不得再发回原审法院重新审判。这个"不得再发回"，按照法律的规定，主要是指原判的事实不清或者证据不足发回的。对于因为程序问题违法，发回以后又上诉、抗诉，发现该回避的没回避，或者应该另行组成合议庭的没有另行组成合议庭，导致可能影响定罪量刑的，仍然要发回，这是不应该受限制的。这是立法过程中没有特别强调的一种情况。

还有一种情况，因为事实不清，证据不足发回重审了，一审判决以后上诉、抗诉，第二审再次审理的时候又发现了需要补充起诉的问题，比如说发现了新的犯罪事实。这个新的犯罪事实应当补充起诉。否则，检察机关还要单独重新起诉，然后和这个案件并案审理，违反了刑法在审理期间发现新罪应该数罪并罚的规定。这种情况也是现在不得发回重审规定的例外情况，仍然可以发回重审。这是需要特别注意的两个问题。

问题2　发回重审的管辖问题

实践中还有发回重审后又再放到下一级法院审理的情况，就是高级法院发回中级法院重审，中级法院交给区法院去审理。

张军　　二审发回后改变管辖,这种情况确实有。为什么呢?发回重审后,原审法院认为原判有问题,情况可能比较复杂,重新审理过程中,又补充了一些新的证据材料,然后发现案件不可能判处无期徒刑以上的刑罚,只能依法由基层法院审理。因此检察机关撤回了起诉,重新向中级法院下属的基层法院起诉了,这个是依法改变管辖,没问题。

田文昌　　我认为有问题,为什么?第一,审级不应当成为障碍,上级法院随时可以提审原审法院、下级法院的案子。第二,原来就是你审,发回去还是应当你来审,你都已经审过了,为什么要给下一级法院重新审?而且既然上一级法院的审理都出现了问题,再放到下一级法院去审理岂不是更容易出问题吗?

张军　　上级法院可能就是因为管辖问题发回重审,因为不属于提级管辖的案件。不该你管辖的你审理了,就是给自己增加负担,给高级法院增加负担。

田文昌　　那除非是因为审级发回的,可以改变管辖。因为事实不清证据不足而发回的,一审改变管辖就没有道理了。而且审级错误也不是发回重审的理由。再说,假使确属在审级上发生了错误的情况下,也只能提升审级而不能是降低审级。

张军　　审级和事实有关系啊,如果事实认定错了,起诉错了,所以将不该判处无期以上刑罚的案件诉到了中级法院。因为事实本身错误,导致审级也不对。

姜伟　　关于这个问题我赞成文昌的意思,既然上级法院都审了,审理后发现审级有错误,不属于中级法院一审的案件,也可以往下继续审。

张军 我们要讨论的是法律问题。发回重审案件,原审法院改变管辖审级,在法律上是没有问题的。发回重审,并不是说严格的只能由原审法院来重审。如果正是审级不当发回,实际上是让原审法院撤销原判,由检察机关另行起诉,本意在这。也就是说,如果是审级不当,应该由基层法院管辖的案件,中级法院管辖了,案件上诉后,如果上级法院认为管辖不当,可以指令移送下级法院管辖。

姜伟 实践中,如果事实清楚、证据充分,仅仅因为审级管辖不当,原则上也不会发回重审。发回重审的案件,往往是既有审级不当,也有事实不清的问题,才会发回重审。然后经过补充证据,事实基本查清了,一看不够三大刑,审级不当了,这时候就可以指定下级法院进行一审。文昌的意思是,二审发回重审时要把这种情况列出来,不能仅仅因为审级错误就发回重审,必须事实不清,并且没有达到死刑或者无期徒刑的层级,才能以审级不当为由指令下级法院一审。

田文昌 为什么我强调要防止这种情况?因为它会导致一个特别严重的后果,即通过改变审级把这个案子控制在某个区域范围,使其出不了这个市或者出不了这个地区。

张军 这是体制上的问题,不是技术能解决的。这种情况,比较多地发生在民商事案件中,最高法院往往通过规范中级法院受理案件的诉讼标的额来解决。

田文昌 所以我们要在立法上、司法解释上、细则规定上明确一下,解决这个问题。

十三、上诉不加刑(第 226 条)

修改前	修改后
第一百九十条　第二审人民法院审判被告人或者他的法定代理人、辩护人、近亲属上诉的案件,不得加重被告人的刑罚。 　　人民检察院提出抗诉或者自诉人提出上诉的,不受前款规定的限制。	第二百二十六条　第二审人民法院审理被告人或者他的法定代理人、辩护人、近亲属上诉的案件,不得加重被告人的刑罚。第二审人民法院发回原审人民法院重新审判的案件,除有新的犯罪事实,人民检察院补充起诉的以外,原审人民法院也不得加重被告人的刑罚。 　　人民检察院提出抗诉或者自诉人提出上诉的,不受前款规定的限制。

问题 1　理解与适用

田文昌　　修改后的《刑事诉讼法》第 226 条第 1 款增加规定了第二审人民法院发回原审人民法院重新审判的案件,除有新的犯罪事实,人民检察院补充起诉的以外,原审人民法院也不得加重被告人的刑罚。这个修改非常重要。原来实践中经常发生这样的情况,二审法院发回重审后,一审法院又加重刑罚。以发回重审方式由原审法院加重刑罚实际上是变相破坏法定的上诉不加刑原则。不仅如此,前段时间我在办案过程中还遇到这么一种情况,一审法院判处故意杀人罪既遂,二审法院以事实不清、证据不足为由发回重审,第一次发回重审,改判故意杀人既遂为故意杀人预备。当事人依然不服又上诉,二审法院再次以事实不清、证据不足为由发回重审。一审法院第二次重审的时候,又从头开始审,连有关既遂的事实也一起审。我在法庭上提出来这个问题,说这次开庭不应该再审有关既遂的事实,因为第一次重审后已经改判为杀人预备了,第二次发回是针对犯罪预备发回重审的,只要重新再审理预备的事实就可以了。结果就和公诉人发生了冲突,公诉人坚持发回了就要全审,并且全部重新举证。法官赞同我的观点,但是由于立法没有明确的规定,也很为难,结果还是连既遂的事实一起审。这次修法解决了这个问题。既然法律规定了,除非有新的犯罪事实否则就不能再加重刑罚,这样应该就从立法上杜绝了上诉加刑的问题。当然将来在操作的时候可能还会有歧义,怎么理解还需要司法解释进一步明确。

张军 这次修改对上诉不加刑的原则作出了非常明确、具体,也是非常严格的规定。严格在什么地方?具体在什么地方?就是发回重审的案件,除了有新的犯罪事实,并且须经人民检察院补充起诉的才能够加重被告人的刑罚,两个条件要同时具备,而不是两个条件有一个就行了,这是一个极大的制约。如果检察院不补充起诉,即使有新的事实也不行。为什么我说这是一个极大的制约?因为实践中检察机关有漏罪补充起诉,原诉质量上有问题,往往是要被追究责任的。因为他在原案审查起诉的时候遗漏了重要的犯罪事实。

田文昌 可以说,这一条内容的表述体现了一种刚性原则,是不留余地的。这不仅是一种理念的提升,也是立法技术的提高。是认真总结经验,针对司法实践中发生的实际问题而作出的修改。在今后的操作中一定要严格贯彻,预防再出现偏差。我觉得,在理解上要特别强调这一点,是新的犯罪事实,并且要补充起诉,而不是新的证据,两者差别很大,新的犯罪事实和新的证据不能混为一谈。

姜伟 检察院补充起诉,是诉权的一种特殊形式,补充起诉应该制作专门的诉讼文书,不能口头说补充起诉就起诉,要有一个专门的正式的诉讼文书,叫补充起诉书。新补充的事实与原罪名可能是同一个罪名,也可能是不同罪名,两种情况都有。从审理的范围上看,一定要超出原来起诉的范围才叫新的事实。如果在原来事实的基础上有新证据,那不行。而且一定要有一个正式的补充起诉文书,没有正式的补充起诉文书,不能成为诉的根据,这个问题应该明确。

问题2 再审能否加重刑罚

张军 发回重审不得加重被告人的刑罚,要特别注意修法过程中最高人民法院提出来的一些特殊情况。比如说原审法院判处刑罚违反了法律规定,包括定性不准确、刑罚违反法律规定畸轻,如果不用这个程序发回重审,就要用另外一个程序——审判监督程序提起再审。这不仅浪费诉讼资源,社会效果也未必好。除此还有一些特殊情况,实践中各种各样的因素比较复杂。立法机关慎重考虑以后,仍然坚持作出了现在这样的规定。作为法院要特别意识到,立法既已作出了这样的规定,就必须严格遵照执行,即使原判法院适用法律错误,即使有再大的案外因素干扰,也必须严格依法办案。原判确有错误的,适用审判监督程序,二审结束后立即由法院内部提起再审,通过再审程序纠正原判刑罚不当的问题,而且检察机关在这种情况下也可以依法抗诉。

姜伟 张军说的这种情况,实践中确实有,比如,一审由于种种原因量刑显然失当,偏轻或者畸轻了,这种情况下,如果单纯上诉审,肯定不能加刑。如果检察机关作为法律监督机关在审查一审判决的时候提出抗诉,就不受上诉不加刑的限制了。如果检察院没抗诉,二审法院即使明知判轻了,也不能加刑,也不能随意发回重审,按照现在的法律规定,重审也不能再加重刑罚了。在这种情况下,我赞同张军的意见。

实践中还有一种情况,二审法院发现错了,但检察院没有抗诉,法院可以通知检察院,尽管过了上诉期,检察院也能够通过监督程序提出抗诉,启动再审。

田文昌 首先,我们要严格执行上诉不加刑原则,这是毫无争议的;其次,如果确实出现一审判决畸轻或者漏判的错误,纠正的责任应该是在检察院而不在法院,法院即使发现了判决畸轻也不能加刑,这是原则。要正确看待这个问题就要弄清楚职责分工,法院即使漏判了、轻判了,使当事人占了便宜,也是司法失误应付出的代价。

我对判决生效后发现判决畸轻,通过审判监督启动再审程序来加重刑罚,有些个人观点。立法明确规定了上诉不加刑原则,能不能再审加刑?从国际惯例来讲,再审程序的提起,应当是有利于被告人原则,可以往轻判,不应该往重判。如果确实发现原审判决有问题,判错了,在这种情况下,宁可追究原审法院的责任,也不应当再加重被告人的惩罚。为什么?主要基于两方面的考虑,一是保障被告人的权益,二是维护法律的权威、法院的既判力。如果开了这个口子,导致某个案件或者某些案件通过再审的方式加重了被告人刑罚,就可能会让服刑犯尤其是重刑犯惶惶不可终日。虽然判决已经生效,但不一定哪一天有人提出抗议,法院就会把旧案拿出来再审加重刑罚甚至判处死刑。这不是危言耸听,这种情况实践中发生过,非常可怕。所以,不加刑可能放纵了一个或一些罪犯,但这个代价比另一种代价要小得多。所以我认为,虽然现在立法上没有明确规定再审不加刑,但首先,从国际惯例上来讲,我们不应该这样做;其次,既然立法已经严格规定了上诉不加刑原则,就更不能通过再审加刑。

张军 文昌说得夸张了。再审把在押犯拉出来判处死刑的情况有没有?有。但是最高法院把关相当严格,依照审判监督程序判处死刑的一年也只有那么一两件,甚至二三年都没有。

田文昌　我相信最高法院会严格把关，但我认为这种情况就应当从法律上杜绝。

姜伟　文昌说的涉及两个原则的冲突，一个是有利于被告人，法院不能通过再审加重处罚。还有一个就是维护既判力。如果被告人通过不正当手段，行贿审判人员得到了轻判，这就涉及到一个法律的基本原则，任何人不能从非法行为中获益，因为行贿是非法行为，被告人不能通过非法行为获得利益，已经得到从轻处理的怎么办？就应该通过法院再审改变原判决。当然最好通过检察院抗诉，这样在程序上更完整。不管程序怎么样，但是判决必须要改，因为被告人在其中也有责任。

田文昌　这一点我同意，枉法裁判不在其列。前提是要有证据证明当事人确有非法行为，如当事人以非法行为造成错判，那另当别论。如果没有非法行为，就是法院判错了、判轻了，与当事人无关，就不应当改。因为法院量刑很难做到绝对准确，该判死刑没有判，该判无期结果只判了10年，这种情况下，如果当事人没有收买法官等违法的行为，就不应当改。

姜伟　当事人如果没有非法行为，判轻了不改判也是可以的，文昌说的这一点我赞同。

张军　文昌刚才说的两个例子都属于偏轻偏重，都是在量刑幅度内的，在法律上不需要改。这不叫确有错误，只是量刑不当。依法应当判处无期徒刑，结果只判了5年或者是9年，那就是明显不当，罪刑不相当。按照我国法律规定，可以再审。西方是一事不再理，判完就完了，我们的法制原则不是那样。

死刑复核程序

十四、最高人民法院不核准死刑的案件处理规定(第239条)

修改前	修改后
无	**第二百三十九条** 最高人民法院复核死刑案件,应当作出核准或者不核准死刑的裁定。对于不核准死刑的,最高人民法院可以发回重新审判或者予以改判。

问题 对于不核准死刑的,最高人民法院可以发回重新审判或者予以改判

张军

这次修法对死刑复核程序修改了两个条款,第一个条款是第239条的后半句话,最高法院复核死刑案件,"对于不核准死刑的,最高人民法院可以发回重新审判或者予以改判"。这样的调整,是对司法实践经验的总结,吸收采纳了最高人民法院2007年开始统一行使死刑案件核准权后作出的相关司法解释的内容。原来法律只是规定复核死刑案件应当作出核准或者不核准的裁定。对于不核准的,不能改判,只能发回重审。我们在制定2007年统一行使死刑核准权的司法解释的时候,认为对于不核准的案件原则上都应该发回重审,不直接改判,主要就是因为法律没有授权。同时也考虑到,对于一些证据欠缺,事实不清的案件,如果直接由最高人民法院改判死缓或者无期徒刑,也有可能发生根本性错判。如果最终证明是错判了,就等于是最高人民法院作出了错判。对最高人民法院的权威,对国家的形象都不利。所以为了避免这种后果,对于不核准的案件,最高人民法院都是发回,由高级人民法院去改判。这是从国家利益上的总体考虑,并不是说最高人民法院不能犯错误，只能由下面犯错误。这是一个基本的考虑。

但是，对于共同犯罪案件，有两名以上被告人被判处死刑的，司法解释明确作出规定，如果有一名可以不被判处死刑，最高人民法院可以改判。也就是说，对于共同犯罪，仅仅因为量刑轻或重的政策考虑，最高人民法院可以改判。主要的考虑就是节省诉讼资源，避免案件发回后已经核准的和没有核准的案件搅和在一起，再重新开庭审理，给高级法院或者原审法院带来更多的诉讼负担，意义不大。如果最高人民法院认为不核准死刑的那个共同犯罪被告人，原审事实、证据不清楚，最高人民法院依法全案不核准，也不改判，直接发回重新审理。重审后如果还认为应该判处死刑，再报上来。

总的说来，这次修法只是原则性地规定不核准的可以发回重新审判或者予以改判，是使实践中最高人民法院复核死刑案件改判部分案件有了法律依据。我们仍然不主张最高人民法院对不核准的所有案件都可以改判，最大限度地为最高人民法院不办错案提供基础保障。从最高人民法院适用《最高法院解释》第351、352条的规定看，还是坚持了原来的做法：十分慎重地限定了条件和范围的改变。

十五、关于死刑复核程序中讯问被告人、听取辩护律师意见以及最高人民检察院可以提出意见的规定（第240条）

修改前	修改后
无	第二百四十条　最高人民法院复核死刑案件，应当讯问被告人，辩护律师提出要求的，应当听取辩护律师的意见。 在复核死刑案件过程中，最高人民检察院可以向最高人民法院提出意见。最高人民法院应当将死刑复核结果通报最高人民检察院。

问题1 最高人民法院复核死刑案件,应当讯问被告人

张军

修改后的第240条,有两点新的规定,其一是规定了"最高人民法院复核死刑案件,应当讯问被告人",这也是对司法经验的一个总结。讯问被告人是最高人民法院在统一行使死刑案件核准权的过程中作出的原则性司法解释,就是原则上都应当讯问被告人。实践当中,有对核准死刑的被告人不讯问的。但这样的案件都是客观证据非常扎实,被告人供认,一审、二审、死刑复核阶段的意见都一致认为应当判处死刑,没有不同的声音,没有任何证据上的瑕疵,包括现场抓获或者自首的,依法不予从宽的案件;还有一些案件,我们通过书面复核审,认为不应该核准死刑,也就不再去提讯。除此之外的其他的案件,都依照最高人民法院自己作出的从严把握的规定提讯了。所以,最初的立法意见规定的就是"可以"讯问被告人。2012年3月的十一届人大第五次会议讨论到这一条规定的时候,代表们并不完全了解刚才我们讲到的情形。看到是"可以"讯问以后,提出异议:"可以"也就意味着有一些死刑案件的被告人就不讯问了?这可不行。为了充分保证被告人的合法权益,代表们要求修改为"应当"讯问。在后来的修法讨论过程中,立法机关征求我们的意见,我们完全同意代表们提出的意见,全部都应该提讯。无论是核准还是不核准死刑的,即使事实清楚、证据确实充分,没有任何问题也要再提讯,听一听被告人的意见。只是提讯的形式,具体提讯的人员可以有些变通,比如,对于事实清楚,证据确实充分的,可以远程提讯,通过视频,核对一下有关事实、证据、情节,再听听被告人的诉求;如果有些案件有重要的事实证据需要核对,甚至有可能需要再见一见同案犯,进一步核实有关的事实和证据,我们都要求到看守所当面提讯;对于认为不应当核准死刑的,我们可以委托当地高级法院,由高级法院的合议庭代为提讯,这一点在征求立法机关的意见后,立法机关认为委托提

讯也是可以的。

田文昌　在复核死刑案件的时候，应该讯问被告人。这个问题我记得在刚刚开始上收死刑复核权的时候我就提出来了，因为我的体会非常深，它反映了当面审的重要性。也就是说，我们在审查一个案件的时候，光看书面材料的审理和面对面的交谈，感受是非常不一样的。在一种特定的语境下，和被告人面对面交谈、面对面沟通的时候，你可能会得到一些从书面材料上无法得到的信息，甚至有某种感受，是在阅读书面材料时无法得到的感受和体会。我曾经举过的一个故意杀人案在死刑复核期间发现问题的例子就很有典型性：被告人在供述中始终承认是故意开枪杀人的，但在会见时我追问他为什么子弹是由腰部进入而从锁骨穿出时，他才讲出了因夺枪走火的情况。这个细节如果没有面对面的交流，就会被忽略。所以如果不去会见，不当面讯问，可能会产生重大的失误。所以，在最初研究最高法院收回死刑复核权的时候，我就曾经提出来，出于节省诉讼资源的考虑，不核准的可以不见，因为已经通过阅读材料上得出不用核准的决定了，这是可以理解的，但对于有可能核准的必须见。现在立法明确了应当见，这一点非常重要。刚才张军提到了一些变通的方法，不核准的可以委托原审法院代为提讯，这是一个办法。

问题2　在复核死刑案件过程中，最高人民检察院可以向最高人民法院提出意见，最高人民法院应当将死刑复核结果通报最高人民检察院

姜伟　死刑复核审到底是不是诉讼程序，一直有争论，一部分人认为，死刑复核审是法院的内部工作程序，既然是内部工作程序就不是诉讼程序。因为检察机关作为法律监督机关，主要监督刑事诉讼的活动,在诉讼活动以外很少进行监督,所以检察机关对最高人民法院的死刑复核程序一直没有介入监督。基于目前对死刑复核程序的性质还不完全确定的情况下,这次《刑事诉讼法》第 240 条第 2 款规定:"在复核死刑案件过程中,最高人民检察院可以向最高人民法院提出意见,最高人民法院应当将死刑复核结果报送给最高人民检察院。"规定得比较抽象。但我认为,这个规定的意义不在于它的内容是不是具体或者检察机关如何介入,而是主要体现在以下几点:

第一个,表明我们国家对待死刑的审慎态度。因为死刑人命关天,判错了不可恢复、不可逆转。在这种情况下,除了最高人民法院严肃适用死刑复核程序之外,又加入最高人民检察院的工作程序,我觉得非常必要。换句话说,如果最高人民检察院通过各种渠道,发现下级法院判处的死刑案件处理不合适,及时向最高人民法院提出意见,有助于法院更全面地考虑案情,综合平衡各种因素,决定对被告人是否执行死刑。

第二个,最高人民法院向最高人民检察院及时通报死刑复核的结果,有利于最高人民检察院及时了解我国死刑案件的相关情况,研究我国的死刑政策。同时,因为死刑案件的公诉机关是人民检察院,报送结果有利于检察系统积累和总结对死刑案件证据和政策的把握,对死刑案件的公诉要求作出有针对性的指导,所以我觉得这是非常必要的,也有利于树立我们国家在国际上的良好形象。

实践中有一种倾向,检察机关更多的是关注不核准死刑的案件,对不核准死刑的案件提出的异议更多一点。因为检察机关作为公诉机关,思维的惯性可能觉得对被告人判的越重越好,对有些法院不判死刑改判死缓的案件都要进行抗诉。法庭判决死刑立即执行的案件,检察机关倒不太注重继续审查、提出监督或抗诉的意见,这种倾向应该引起我们的注意。

我觉得对死刑复核案件的具体把握,应该从两方面加以注意:

一方面，有些罪行特别严重、罪大恶极的犯罪分子应当判死刑而没有判的，检察机关当然要提出意见，进行抗诉；另一方面，更重要的是，对已经由法院判处死刑立即执行的案件，检察机关也要认真审查，及时发现不需要判处死刑或者不需要立即执行的线索、情节，提示法院减少死刑的适用。这样做才能体现我们国家死刑的基本政策：一不废除；二少适用。围绕着少适用死刑，刑事诉讼法规定了很多程序，死刑复核程序就是其中的一个重要环节。在死刑复核过程中，检察机关如何更好地发挥作用，确实需要两院进一步协商，我的考虑是，尽量发挥检察机关作为法律监督机关的作用，帮助法院更好地把好死刑关，以体现我们国家少适用死刑、限制死刑的政策。

张军　　姜伟的这一番话，站位很高，考虑得很全面，对党和国家死刑政策的理解很深刻，我是很赞成的。

第240条第2款也是一项新增加的规定："在复核死刑案件过程中，最高人民检察院可以向最高人民法院提出意见"。具体如何理解这项规定，我们还没有实践上的经验可以借鉴，或者说，自2007年最高人民法院统一行使死刑核准权的几年来，最高人民检察院还没有更多地介入死刑复核程序的法律监督中，因此双方都没有这方面的经验。从我个人的理解，在复核死刑案件过程中，案件并没有通过最高人民检察院即到了最高人民法院，最高人民检察院也没有复核阅卷的程序，也就是说，并不了解死刑案件的具体情况。通过什么途径知道要向最高人民法院提出什么意见呢？一种情况应该是下级检察机关提请最高人民检察院去注意的，比如说下级检察机关担心有可能不核准，或者发现了应当不予核准的新的事实和证据，只能向最高检提出来；另一种情况，就是人们比较关注的、有影响的案件或者是重大的案件，最高检察院通过其他的途径了解到了，认为有必要的，可以有针对性地向最高人民法院提出应该予以核准或者建议不予核准的意见。这是《刑事诉讼法》第 240 条第 2 款关于最高检提出意见的内容。

第 240 条第 2 款规定:"最高人民法院应当将死刑复核结果通报最高人民检察院。"在修法的过程中,检察机关曾经提出建议,先写最高人民法院应当将死刑复核结果通报最高人民检察院,接下来再写最高人民检察院可以向最高人民法院提出意见。立法机关没有采纳,还是维持现在的写法。

姜伟　这里我要插一句话,对于这两句话的逻辑关系,我赞同目前的法律表述,因为如果把通报结果写在前面,提出意见写在后面,就是事后监督,法院都复核完了,甚至都执行完了,检察院再提出意见就晚了,从逻辑关系上讲是这样的。所以我认为,最高人民检察院有意见要先提,最好在最高人民法院死刑复核期间,复核裁定出来之前把意见提出来,给法院作一个参考。如果先写通报结果,那么因为法律并没有规定最高人民法院死刑复核必须要听取最高人民检察院的意见,就有可能死刑复核完了,甚至执行完了才通报结果,这样有点不合时宜。所以目前的表述,我觉得还是有道理的。

张军　我也是这样的看法。如果最高人民法院先向最高人民检察院通报死刑复核结果,就会出现一个问题,对这个结果,检察机关还要不要提出意见? 我认为,首先要看通报的复核结果是什么样的形式,宏观地、笼统地核准了多少案件、没核准多少案件,核准的案件主要是哪些犯罪的类型,不核准的案件主要是哪些犯罪的类型,不核准的是政策的原因、证据的问题还是事实的问题? 这是一种形式;还有一种形式,就是个案的结果,所有的死刑复核案件,都要把裁判文书甚至更具体的案卷材料向检察机关通报,这才有可能请检察机关对复核的结果提出具体的意见。从我们参与立法修改过程、理解立法本意以及实践中可能做到的程度,我认为是宏观的复核结果。检察机关了解了这个复核结果,有助于在政策的总体执行和把握上,在事实证据的总体认定适用上,完善有关程序,进行总结,加强对下级检察机关有关工作的领导、监督与指导,并对法院执行死刑政策提出工作意见或者建议,把党和国家的死刑政策执行好,把法律执行好。

姜伟 我的意见是个案的裁判文书应该通报给最高人民检察院,如果单给一组数据,说最高人民法院今年核准了50个,不核准70个,怎么用这个数字去研究死刑的政策和标准?所以我建议,核准与不核准的裁判文书都要通报给最高检,因为文书里面有相关的案件事实和证据,有核准与不核准的理由,有了这些相对具体的内容才好分析。如果单给一组数据,很难成为研究国家死刑政策的依据。

张军 这个问题,关键是要看立法的本意是什么。按照现在法律的规定,最高人民法院应当将死刑复核结果通报最高人民检察院,至于通报以后检察院能做什么,法院能做什么,法律就没有规定了。

姜伟 把裁判文书通报给最高检,也叫通报。

张军 文书不是结果,如果通报的内容包括文书,立法应当表述为将死刑复核案件裁判文书移送或者送达最高人民检察院。现在法律只是规定"死刑复核结果"。"死刑复核结果"就是宏观的,不是个案的。我们在讨论中有人提出了这样的理解。

姜伟 我的理解死刑复核结果主要是个案裁判结果,立法不可能规定最高人民法院每一个月或者多长时间给最高检报来一组数据,这里应该是个案结果。

张军　　关键就是立法本意的问题,在共同执行诉讼法相关内容的过程中,相关几家再研究。《最高法院解释》第358条因此作出规定:"最高人民法院应当根据有关规定向最高人民检察院通报死刑案件复核结果。"个案结果的通报和宏观结果的通报都可以,作为法院都能够按照确定下来的规定执行,没有问题。

问题3　在死刑复核阶段辩护律师的作用

田文昌　　我提一个问题,《刑事诉讼法》第240条后半句,辩护律师提出要求的,应当听取辩护律师的意见。我对这项规定有保留意见。立法没有必要表述为律师提出要求的,法院才应当听取辩护的意见,我认为不需要有任何前提,死刑复核案件听取律师意见都是必须的。如果死刑复核没有辩护,不利于保障被告人的权益,对可能即将被执行死刑的被告人的人权是不负责任的。

张军　　在死刑复核阶段,没有被告人委托辩护人的程序环节,没有开庭审理,因此就没有辩护律师。只是在实践中,有一些原审辩护人受被告人家属的委托,向最高人民法院递交意见。因为这是复核程序,这些意见就不能叫做辩护意见,实际上是一种申诉性质的意见,再一次的陈情。既然没有辩护程序,没有诉讼环节的委托辩护人,法院当然就没有法律上的义务去通知辩护人或者听取辩护人意见,即没有依据去这么做。因此,提不提出意见的主动权在原审法院的一、二审律师那里,律师可以提出要求。以前法律没有规定,律师提出意见法官可以不听、可以不理,尽管此前最高人民法院作出了规定对律师的意见要听、要理。这次修法这样规定,是对司法审判实践经验的总结。几年来,最高人民法院在死刑复核实践中明确规定了,如果有原审辩护人提出意见,最高人民法院应当接待,应当听取他们的意见,还要在审查报告里面写出来，但是，不能在死刑裁判文书里面写，因为没有委托辩护人的程序。

田文昌　现在实际情况和你说的不一样，很多死刑案件不是原审辩护人，而是重新委托的律师。

张军　复核案件重新委托律师？谁委托？

田文昌　当事人家属委托。

张军　从司法实践看，死刑复核阶段家属委托的律师，主要还是一、二审时的出庭律师。当然，重新委托律师，要求在死刑复核阶段代表委托人发挥辩护作用的也有。问题是这一阶段的辩护律师依法没有阅卷权，提出辩护的有效性可能会大打折扣。受委托的新的辩护律师要负责任地接受委托，要从更有利于维护死刑案件被告人的合法利益出发。这可以看做是司法经验的一个建议。作为法官，当然希望一位十分了解案情的律师负责任地对死刑复核案件提出意见了。

姜伟　辩护律师有诉讼的阶段性，一般是一审聘请一个律师，一审的律师不一定是二审的当然律师，二审时当事人可以重新委托，再聘请一个律师。一审死刑案件当事人没有委托律师的法院要指定辩护人，二审当事人如果不委托辩护人，二审法院也必须指定辩护人。但是在死刑复核阶段，因为死刑复核审不是一个诉讼程序，所以法院没有义务再指定律师。当事人自己请不请律师，尊重当事人的意愿，但当事人自己请了新的律师。在死刑复核阶段，律师有哪些权利、义务，相关法院如何保障其权利，需要认真研究。

田文昌 死刑复核程序还有一个特点,从交通方便、节省资源等方面考虑,很多都是委托北京律师代理,很多北京律师包括我本人办理死刑复核案件,都没有参与过原一、二审审理程序。所以这又带来一个新问题,重新委托律师的时候,律师新介入这个案件,但是律师没有会见权、阅卷权。如果阅卷权和会见权解决不了,死刑复核当中律师辩护就是一句空话,发挥不了作用。

张军 死刑复核阶段没有律师辩护程序,所以依法没有会见权和阅卷权。所以,这一阶段才接受委托的律师就要十分慎重、更多地替当事人考虑辩护的实际效果;究竟是原一、二审律师继续在复核阶段提出意见好,还是自己接受委托好?

田文昌 这个问题的选择权和决定权不在律师手里,而是由被告人和其亲属决定的。还有,死刑复核阶段律师在裁判文书上也没有列名权,作出裁定也不通知律师。这是一个重大问题,所以我觉得这次能不能在细则上或者通过其他方法解决这个问题,如果等到下次修法太遥遥无期了。我认为,死刑复核阶段应当有而且必须有律师辩护程序,立法上没有明确规定这个程序是重大缺憾。在一个人的生命将被剥夺的最后关头,赋予其辩护权比任何时候都更加重要!

张军 修法过程当中,检察机关明确地提出来要介入死刑复核程序,在现有规定的基础上加大了诉讼监督的力度。立法机关在修法过程中一再强调,复核审程序不是第三审,我们国家是两审终审。在此基础上,为了确保死刑案件的质量,增设了一道特别程序,即死刑复核审程序,目的是审查原审有没有可能判处死刑不当,有没有把可能不应当判处死刑的案件甄别出来,确保已经两审终审的死刑案件质量。所以,这是一个特别程序。特别之处在于:它不是正常的第三审,公诉人不需要介入，辩护人不需要介入，只是最高人民法院在对事实、证据和法律、政策的适用方面，再认真、负责地进行审核就可以了，因此才有这样相对比较简单的法律规定。

在修法过程中，曾提出过一个关于刑事诉讼法的修改稿，提出检察机关要介入死刑复核程序，而且要介入得很深。当时我们就提出来，如果今后死刑案件的数量进一步下降，最高人民法院会提出将死刑复核程序改为死刑案件第三审，公诉人、辩护人都要介入，那个时候田律师提到的这些意见，应该会进一步得到完善，死刑案件的审理形式可以是远程开庭，或者到被告人所在地开庭审理，但是现在诉讼的资源还远远不够。

田文昌　张军前面说的其他意见我都赞同，但是关于律师不参与这个问题，我是不赞同的。死刑复核的价值目标是什么？最高法把死刑复核权上收统一行使，目标就是为了贯彻少杀慎杀的刑事政策。我一直坚持一个观点，在死刑复核程序当中，最主要的价值目标就是要找出不杀的理由。

为什么这样说？一审、二审都已经判决死刑了，如果复核时要再找杀的理由，就没有意义了。所以在这个阶段，就是要千方百计地找出不杀的理由。一方面可能判决本身有问题，不该杀；另一方面判决没问题，但是可以不杀就尽量不杀。如果这个价值目标能够确定，就说明在死刑复核程序当中控辩两方面的分量可以有很大的差别，可以没有控方，但不能没有辩方。我 2012 年到美国专门考察了美国的死刑辩护纲要。美国的死刑辩护纲要是美国律师工会制定出来的，但是法院和检察院都要共同遵循。这个纲要的规定对任何一个死刑案件要求都非常严格，死刑案件辩护方必须由 4 个人组成，两个职业辩护律师，一个减刑专家，还有一个社会调查员，负责调查被告人的一切社会经历，4 个人缺少 1 个，这个死刑判决就无效。通过这 4 个人的辩护只要找到一点理由,这个人就不能被判死刑,就不能杀。我认为这个原则和我们少杀慎杀原则是有一致性的。在这个原则下,即使不进入三审程序,律师的辩护也是不应该少的,毕竟律师从辩护的角度有可能会找出更多不杀的理由来。

所以,我认为这个程序中的阅卷和会见权非常重要。因为死刑复核案件,很多都是请北京或者北京就近的律师来做的,如果律师既没有会见,也没有阅卷,他就没有任何条件提出辩护的观点,所以应当解决律师的会见和阅卷问题。再者,即使不是三审程序,我认为从原理上也应当在裁判文书上列名,应当把裁定书发给律师,否则无法体现律师辩护的作用,也无法体现公正。而且,律师对当事人也没法交代。现在当事人在死刑复核阶段重新委托辩护律师的非常普遍,最后律师拿不到裁判文书,文书上也没有律师的名字,当事人会以为律师什么都没有干。

至于说最高检和最高法的关系怎么处理,我知道这是一个比较复杂的问题。我有一个观点,如果我们法律的价值目标确定了,就要认真分析最高检的监督权应当体现在什么地方?应当说,在死刑复核阶段,最高检介入说这个人为什么不核准死刑,已经没有必要了,最高检应当是根据他掌握的情况,发现了存在哪些问题确实不该杀,以此来行使监督权。价值目标如果能这样确认,这个程序问题就不难解决。但是我始终坚持一条,不管怎么做,死刑复核程序如果把律师排除了,律师成了一个额外的帮衬,没有进入正常程序,那就绝对是个重大缺陷。

姜伟　　文昌讲的有道理,首先,如果当事人聘请了律师,多听听意见不是坏事。第二,律师有利于促进被告人与被害人之间的和解,帮助被害人获得更多的赔偿。

田文昌　对,和解的时候,律师和被告人及其亲属沟通,和被害方代理人沟通,比法官做工作还更方便。

姜伟　但是程序不好介入,按目前的法律规定找不到切入点。

田文昌　我理解张军的顾虑,但是现在这个顾虑可以解除,就是把价值目标确定下来,把最高检监督什么明确下来,即坚持不杀、少杀、慎杀。

张军　我曾经考虑过这个问题,也小范围研究过,就是死刑复核案件律师应当介入的问题。这个介入律师应当是法律援助律师,而不是社会律师。因为我们的经验是,死刑复核案件的当事人能够委托律师的极少。哪些人一般在死刑复核阶段能够委托呢?黑社会性质的犯罪、恶势力性质的犯罪,还有经济犯罪、职务犯罪,这些犯罪的当事人一般都能委托律师。其他普通的暴力犯罪判处死刑的案件,大部分不委托或者委托不起律师。所以今后,如果条件具备了,司法部下面应该设几个法律援助中心,专门接受死刑案件当事人的委托,或者由最高人民法院依法指派,为所有的死刑案件被告人提供法律帮助。

田文昌　这样做问题就大了。首先,是否委托律师是当事人的权利,他愿意委托,你不能阻止。

张军　在死刑复核程序中,法院就给他指派法律援助律师了。当然,如果当事人愿意委托其他律师也可以,要花钱也可以委托。英国刑事案件中的律师都是国家援助的,有钱的人可以请他更信任的律师。这是他的权利。

田文昌　其次,法律援助律师的水平有限。

张军　　法律援助律师的水平不见得就不行，主要还是看他对案件的仔细程度。最高人民法院在核准死刑案件中，有很多指纹鉴定错误、DNA 鉴定错误、证据形式严重违法，甚至不具备证据的基本形式，也就是最基本的错误，原一、二审委托的律师都没有看出来，不然怎么会到了最高人民法院复核阶段才来纠正？在辩护意见里、法庭辩论中都没有涉及。所以，还是律师的办案态度问题，有的律师甚至连卷都没看。而且，一旦设定法律援助律师介入，最高人民法院要会同司法部、全国律协对法律援助律师进行培训。

田文昌　　我们正在研究起草一个死刑辩护标准，要对律师进行考核，不负责任不行，水平和经验不够也不行。所以，单靠法律援助律师肯定是不行的。

　　死刑复核是个十分重要的问题，一定要引起高度重视。我强烈地希望我们能够共同呼吁尽快解决死刑复核程序中辩护律师的会见权、阅卷权和列名权等问题，以保障被告人能够充分享有辩护权。

第七编 特别程序

> 姜伟

这次刑诉法修改专门增加了一编：特别程序，增加了对未成年人犯罪案件，当事人和解的公诉案件，嫌疑人、被告人逃匿、死亡案件违法所得的没收，精神病人的强制医疗的程序规定。这几个问题都是实践中经常会遇到的问题，虽然原来法律没有明确规定，各地在司法实践中已经根据法律的精神和原则进行了一定的探索，也形成了一些实践经验，在这次修法时提供给立法机关，形成了新增的第五编共四章特别程序的规定。

一、未成年犯罪案件诉讼程序（第266—276条）

> 姜伟

在这次修法新增的第五编四章特别规定中，实践中探索最多的是未成年人刑事案件诉讼程序，各地根据未成年人自身特点，一直在贯彻落实教育感化的方针，以教育为主、惩罚为辅。比如在上海，检察机关专门成立了未成年人检察科。一般检察机关的内部分工是线条型的或者是阶段性的，侦查监督部门、公诉部门及其他相应部门各管一段,每个部门的工作是承继性的。但是未成年人检察科是批捕起诉一体化的,这样做就是考虑到要有助于对未成年人的教育和挽救。

同时,对未成年人的审讯也有一些特殊的规定。其一是对未成年人的审讯方式,我们主张叫"对桌坐",未成年人与审讯人员同坐在一张桌子边,不像给其他的被告人单独弄个椅子,另一边弄个很高的审讯台,对桌坐能拉近审讯人员和未成年人的距离;其二,原来法律规定,对未成年人的讯问监护人可以在场,现在修改为应当通知未成年人的法定代理人到场,由"可以"变成"应当"了,体现了对未成年人的审讯更规范了。

张军　　这次修改将未成年人案件诉讼程序作为一个特别程序规定下来,充分体现了修法对人权的尊重和保障,特别是对未成年人的合法权益、诉讼权利的维护和保障。同时,也是对1984年上海市长宁区法院成立我国第一个少年法庭至今30年来实践经验的总结和固定。未成年人审判有他自身的特点,主要是因为未成年人的身心还没有发育成熟。比起法治发展历史久远的国家来说,我们国家对未成年人犯罪的规定相对还比较原则化。实践中、理论上、实务上对未成年人犯罪的预防、处罚、执行、改造和监护都处于摸索阶段。特别是在改革开放的三十多年里,未成年人犯罪越来越成为一个突出的社会问题,甚至成为一个世界性的问题。这次修改刑诉法,在总结实践经验的基础上专设一章,规定了未成年人犯罪案件诉讼程序,是立法的进步,体现了对未成年人的全面保护,应当给予充分的肯定。在这个基础上,司法机关、律师和有关社会工作者,应该充分理解这次修法专设特别程序的意义,把相关的规定理解好,履行好。

这里我想首先说一下,法律明确规定,办理未成年人刑事案件,为了保障未成年人的诉讼权利,保证他们能够得到法律的帮助,如果他自己没有请辩护人,法院、检察院、公安机关必须给他指派辩护人,法律援助律师有做好这方面工作的责任。

更重要的是对公安机关、检察机关和法院,法律修改作出了原则性规定,在办理未成年人案件时,要由熟悉未成年人身心特点的审判、检察、侦查人员承办。这一点落实起来并不容易,因为未成年人案件问题越来越突出,已经成为社会关注的重点。但是,实际由基层公、检、法办理的案件相对要少,未成年人犯罪多集中在大、中城市,县一级公安、司法机关受理案件很少。部分法院成立了专门的少年案件合议庭,少数成立了审理未成年人民事、行政、刑事案件的综合性少年法庭。据我们了解,公安机关、检察机关成立专门机构的还在少数或者是很鲜见。这样的话,由熟悉未成年人身心特点的办案人员去办理就很难落实,因为他同时还要承办其他的案件,否则"吃不饱"。由此导致他们在总结经验、探讨问题、提升自己办理未成年人刑事案件的能力方面都会受到影响。所以我想落实好修改后的法律规定,原则上公、检、法都应该设立办理未成年人案件的专门的侦查、审查起诉和审判机构,在法院就是少年案件审判庭,或者专门合议庭。在公安机关、检察机关可以成立一个专门办案组,或者借鉴一些地方的做法,比如上海把未成年人刑事案件集中在基层一两个公安机关、检察机关和法院办理,这样案件相对集中,专业人员相对集中,总结审判经验、提升办案质量、保护未成年人身心健康,实现立法的目的,就有了组织上的保证。

田文昌 两位刚才都谈到了对未成年人诉讼要有专门的审判组织,专门的人员,我认为,除此之外,还要特别重视讯问的方式。刚才姜伟也讲到一些,对桌坐的讯问形式,应当通知法定代理人到场等。我认为,还有一个很重要的问题,就是讯问方式。为什么我要强调指出这一点?因为长期以来,我们的侦查人员、公诉人员、审判人员,包括律师,已经习惯了对待犯罪嫌疑人、被告人横眉冷对、义正词严的态度。这一点亟须转变,特别是对未成年犯罪人。先不说侦查人员,我见过我们很多的律师同行在会见嫌疑人、被告人的时候,用训斥的口吻讲话,我很难容忍这样的情形。所以我常常批评我们的一些律师,你到底把自己视为警察呢还是检察官呢?律师是接受当事人的委托来为他提供法律帮助的,当然不排除有的当事人确实有问题,有的说话左躲右闪、谎话连篇,有的思维混乱、胡言乱语,有的态度恶劣。但作为律师来讲,时常训斥自己的委托人,显然是有违职业道德的。更何况嫌疑人、被告人此时正处在最无助的状态之下,唯一能够信任的、可以建立亲和感的就是自己的律师。结果律师还横眉冷对自己的当事人,就把信任感都打消了。律师都有如此的,更何况我们的侦查人员、公诉人员和审判人员了,难免会有类似的情绪。由于未成年人的认知能力不足、心理素质脆弱,一旦讯问方式不当,则会造成心理创伤和供述失真等各种后果。其实,司法实践中这样的例子屡见不鲜。在被羁押、被讯问的特定环境下,即使没有逼供的压力,有些心理素质脆弱的人甚至也会出现心态失常、胡言乱语的状况,有些冤、错案就是这样形成的。所以,在对待未成年犯罪人的时候就要特别注意讯问方式。如果说立法的明确规定是从法律方面加大了对未成年犯罪人的保护,我们在实践操作的时候从人文关怀的角度也应当有一些特殊的做法。当然这可能要有一个观念的转变、方式的探索、适应的过程,这样才能从根本上把法律落到实处,让它真正发挥实效。

姜伟 这次修法基于对未成年人的特别保护原则,对未成年人犯罪案件的审理规定了一些特别程序,在这些程序当中,我认为有两个问题应该引起相关部门包括律师的关注:

第一,审理人员专业化,这次刑诉法有专门的规定,要求由具有一定条件和经验的人担任。

第二,对未成年人与成年人进行分离审理的原则,这里包括两方面内容,一方面,在审理期间,要把未成年人和成年人分案处理;另一方面,在羁押、执行刑罚的场所要和成年人相区隔,避免未成年人在身心发育过程中受到成年人的一些不良习惯的影响和传染。但是,分离审理是原则,并不是一律都要分案审理,因为有些案件,特别是某些共同犯罪案件,如果和成年人分案处理就无法审理的时候,就不能把这个分离原则作为绝对原则,这一点要注意。

问题1　未成年人刑事案件的社会调查(第268条)

修改前	修改后
无	第二百六十八条　公安机关、人民检察院、人民法院办理未成年人刑事案件,根据情况可以对未成年犯罪嫌疑人、被告人的成长经历、犯罪原因、监护教育等情况进行调查。

姜伟　修改后的《刑事诉讼法》第268条规定了对未成年人的相关情况要进行全面调查。公安机关、人民检察院、人民法院办理未成年人刑事案件,根据情况可以对未成年犯罪嫌疑人、被告人的成长经历、犯罪原因、监护教育等情况进行调查。我想这条规定应该是倾向性的要求,即原则上都要进行调查。刑诉法规定对未成年人调查的特别程序,其宗旨不仅仅是对案件事实本身的调查,更重要的是体现出对未成年人的教育、挽救和改造的需要。社会调查应当是为我们下一步针对未成年人本身的特点进行教育、挽救,制定相应的对策做准备。因此,在这个问题上,我倾向于一般都要这么做,不能因为法律规定的是"可以",就认为是可以这样做,也可以不这样做。法律为什么没有规定为"应当",可能是因为现在未成年人犯罪情况比较复杂,比如有些流动人口,未成年人到了城市作案,家住比较偏远,确实由

于各种原因无法调查,加之还有审限限制,所以法律没有直接规定为"应当"。但实践执行中我们还是要尽量这样做,毕竟未成年人身心正在发育,在成长过程期间能挽救的我们要尽全力去挽救。

> 社会调查也是实践中比较成功的一个做法,所以这次修法过程中最高人民法院提出建议要把它写进来。经过一番认真的讨论,最终写进了立法。但是因为从经验上,过去没有相关立法实践,实务工作中也还是在探索过程中,所以立法机关还不是完全有把握,法律规定得比较原则。实践中的做法,社会调查一般情况下是由法院委托少工委、青年团或者是被告人所在的学校、社区,提供未成年人成长的经历、与犯罪有关的生活背景,以了解其犯罪的原因,进而提出从轻还是从严处罚的建议、理由等。目的是避免法官审理期间就案办案,不能充分了解未成年人实施犯罪背后的一些复杂因素、背景。比如说家庭条件,是单亲还是双亲;从小到大成长的经历,是别人引诱犯罪还是未成年人本人因缺乏教养逐渐走上违法道路,带坏了别人,迫使别人去犯罪。按照现在的规定,对于社会调查,公安机关、检察机关、法院都是责任主体,都应该高度重视,工作中原则上都要考虑开展社会调查,全面地了解未成年人犯罪的背景原因、社会条件等情况,以便于决定是不是立案,要不要拘留、移送批捕、起诉,需不需要判处较重或较轻的刑罚。主要原因就是未成年被告人的可塑性非常强,国家对未成年人犯罪的方针就是教育、感化、挽救。只有全面了解情况,才能把这个方针正确地落实到相关案件的处理上。如果公、检、法直接调查不方便,或者是工作过于繁忙很难一一调查,也可以委托未成年人所在的学校、社区、企业、青年团、妇联、学校、少工委等等代为实施调查,社会组织也有落实未成年人保护法的责任,同时也很有这方面的积极性,这是我们多年的经验总结,问题不会很大。

> 需要进一步研究的问题是,如果公、检、法自己直接进行社会调

查得出结论,在庭前会随着有关的案卷文书移送,或者在法庭上进行宣读介绍;如果是委托有关方面进行调查,在开庭审理的时候,谁委托谁向法庭提交或者是宣读介绍;如果案件不起诉了,不移送到法院了,说明社会调查在侦查、审查起诉阶段发挥了相应作用。我要强调的是,在法庭上,这些社会调查只是帮助法庭全面了解案情的一个类似于证人证言的材料,不具有法律上的效力。但是,也对最终是否定罪处罚以及如何处罚有重要的参考价值,甚至法庭可以就这个社会调查是否客观、是否全面,调查的意见是否中肯、是否符合未成年被告人的实际情况等进行庭审的法庭调查或者法庭辩论。因为这些调查会对定罪量刑起作用,而且公、检、法在各自的工作环节,原则上都应该进行调查,在自己环节上的调查就会有不同的角度。在法庭上如果对调查结果有不同的意见,可以进行辩论。这样可以更全面地认识未成年人犯罪的原因及社会背景。

姜伟 第一,刑诉法专门规定了,公安机关、检察机关、审判机关都可以进行社会调查,我认为,既然立法已经作了明确的规定,那么刑事调查的成果、报告应该作为卷宗材料的组成部分,随案移送。

第二,在实践中司法机关、执法机关由于工作忙,可能确实无法亲自去调查,可以委托相关的社会组织进行调查。对社会组织调查的材料,相关的司法机关应当进行审查。报告是委托相关社会组织做的,也可能会发生调查疏漏,存在不全面或者不客观的问题,司法机关要认真进行审查,及时发现问题,然后进行适当的补充调查。

第三,最后的调查结论可能要上法庭,需要提交法庭审理,在法庭上要由各诉讼方来发表意见,认同或不认同。因为调查结论涉及几个问题:其一,未成年人一贯的主观恶性问题或者人身危险性问题,这是一个重要因素;其二,对未成年人执行刑罚的方式问题,因为对未成年人犯罪,只要不是特别严重的,原则上要以非监禁刑作为主要方式,对他下一步是否需要监禁以及执行的方式提出建议,这是社会调查的重要因素。也就是说,调查不仅要了解未成年人本身的生活状况、生存状态、思想情况,更重要的是了解如果把他放在社会上去实行非监禁刑罚的时候,具不具备帮教的条件。这就又涉及未成年人的家庭、所在的学校、所在的社区、当地的司法所、公安派出所,这些部门的意见和态度,对未成年人最终是否定罪处罚、如何处罚以及处罚的方式会有直接影响。所以,检察人员、审判人员不要仅审查未成年人的成长经历和为什么犯罪,也要审查监禁需要和帮教条件,综合这些条件才能最后对未成年人作一个适当的合理可行的处罚。

田文昌 你们俩的意见我完全同意,但是我要对立法本身表达一点修正性的意见。立法过程刚才张军介绍了,最高法提出建议,立法机关经过认真讨论,最终采纳了。但现在的表述很容易产生误解,"可以"进行社会调查,很容易被理解为调查也可以,不调查也可以。至少应当换成"应当注重"对未成年人犯罪嫌疑人、被告人成长经历、犯罪原因、监护教育等情况进行调查,这样起码达到了强调的效果。所以下一步还是要争取把强调调查的意思再通过司法解释表达出来,变成一种相对比较硬性的要求。

另外一个问题,既然从立法的表述来看,从我们的理解来看,社会调查已经成为对未成年人犯罪人有一定影响甚至比较大影响的一种因素,那么,调查的重要性就显而易见,对调查结果的真实性就应该有一个核实的程序。可以预见,这个问题真正实行起来以后,在调查过程当中,尤其是如果委托其他组织调查,极有可能出现同样一个事情出现两种截然不同的调查结论,因为调查的方式、对象、取向都不一样。而两种不同的结果在同样一个案件,同样一个人身上,就可能带来两种不同的处罚后果。所以我认为,调查既然如此重要,就应当在侦查、公诉或者审判过程中的某一个阶段要有一个核实的程序,能够证明这种调查内容的真实性和准确性。

问题2 附条件不起诉(第271—273条)

修改前	修改后
无	第二百七十一条　对于未成年人涉嫌刑法分则第四章、第五章、第六章规定的犯罪,可能判处一年有期徒刑以下刑罚,符合起诉条件,但有悔罪表现的,人民检察院可以作出附条件不起诉的决定。人民检察院在作出附条件不起诉的决定以前,应当听取公安机关、被害人的意见。 对附条件不起诉的决定,公安机关要求复议、提请复核或者被害人申诉的,适用本法第一百七十五条、第一百七十六条的规定。 未成年犯罪嫌疑人及其法定代理人对人民检察院决定附条件不起诉有异议的,人民检察院应当作出起诉的决定。
无	第二百七十二条　在附条件不起诉的考验期内,由人民检察院对被附条件不起诉的未成年犯罪嫌疑人进行监督考察。未成年犯罪嫌疑人的监护人,应当对未成年犯罪嫌疑人加强管教,配合人民检察院做好监督考察工作。 附条件不起诉的考验期为六个月以上一年以下,从人民检察院作出附条件不起诉的决定之日起计算。 被附条件不起诉的未成年犯罪嫌疑人,应当遵守下列规定: (一)遵守法律法规,服从监督; (二)按照考察机关的规定报告自己的活动情况; (三)离开所居住的市、县或者迁居,应当报经考察机关批准; (四)按照考察机关的要求接受矫治和教育。
无	第二百七十三条　被附条件不起诉的未成年犯罪嫌疑人,在考验期内有下列情形之一的,人民检察院应当撤销附条件不起诉的决定,提起公诉: (一)实施新的犯罪或者发现决定附条件不起诉以前还有其他犯罪需要追诉的; (二)违反治安管理规定或者考察机关有关附条件不起诉的监督管理规定,情节严重的。 被附条件不起诉的未成年犯罪嫌疑人,在考验期内没有上述情形,考验期满的,人民检察院应当作出不起诉的决定。

田文昌　附条件不起诉,是一个新的尝试,对未成年人犯罪肯定是个好事。我认为,对附条件不起诉的考察过程比较重要,虽然目前立法上确认了这样的方式,但最根本的问题不在于作出附条件不起诉的决定,而在于对符合附条件不起诉条件的考察。我更强调要在施行中设计一个比较完善的考察程序,这样才能够保证这种制度实施的有效性。

张军　附条件不起诉的规定,是对实践经验的总结。基于刑事和解、挽救未成年人、落实宽严相济刑事政策等的考虑,实践中早已提出并试探去做,总体效果还是不错的,所以这次立法规定下来了。修法讨论当中也有不同的意见,比如,有人认为这条规定不够严肃,担心可能会徇私情。有人认为,这属于诉讼和解的一部分,应该是在法院主持下落实,实现会更严谨。我认为现在法律的这个规定还是符合我们的国情的,有助于对未成年嫌疑人教育、感化、挽救方针的落实,更有助于教育和改造未成年犯罪人。在具体落实过程中,我觉得需要特别注意两个问题:

第一,附条件不起诉的案件种类,主要是侵害人身权利、民主权利罪,侵犯财产罪,妨碍社会管理秩序罪这三类青少年常见多发的犯罪类型,往往是未成年人因为义气或者身心未成熟,冲动下偶然实施的行为,不应当扩张到其他的案件种类。也就是说,在具体确定是不是这三类犯罪的时候要特别的认真、慎重,不能够超范围。同时,对于拟决定附条件不起诉的,一定要认真听取公安机关和被害方的意见。这里的听取意见我觉得主要是两个方面:一方面,要听取公安机关的意见,因为公安机关经过立案侦查,更充分、更全面了解未成年嫌疑人的情况;另一方面,要听取被害方的意见,因为被害方直接受害,有切身的感受,听取其意见是为了尊重被害人,也是为了全面地了解情况。同时,认真听取意见不是消极听取,如果检察机关认为符合不起诉的条件,就应该做好功课,充分准备。比方说原则上要有自己的社会调查报告,要真正的了解未成年嫌疑人涉嫌犯罪的原因、造成的危害,可能教育、挽救而不必送上法庭审理定罪,投入监改的情节、缘由,检察机关要做好充分的准备去说明,让公安机关能够认同,让受害人能够理解。这样效果才会更好,也是对未成年嫌疑人负责,对公安机关已经做的工作负责,对受害人的情感负责。

第二个问题,确定附条件不起诉后,在考验期内要组织好对未成年人的监督考察,绝不能一放了之。否则,既害了嫌疑人,又损害了新设定的法律制度的严肃性和它的积极意义。在考验期内,如果出现了违反法律明确规定的情形,则表明:其一,检察机关没有监督考察好;其二,当初作出的决定不适当。所以检察机关一定不要轻易作出这个决定。作出这个决定以后一定不要放弃,要十分认真十分严谨地监督和考察,要充分发挥检察机关的作用,防止出现任何经不起考验的情况,实现立法的目的。我们少年法庭做了大量的工作,积累的一些经验,证明这个工作是比较繁琐、比较细致、花费时间的,而且不是人人都很愿意做,都能坚持做的,所以法院系统推出来的一些模范,像詹红荔、尚秀云,都是少年法庭出来的英模,因为他们做了常人难以做到的,而且坚持做好了,取得了突出的成绩。我们衷心希望、祝愿检察机关全力做好这件并不是很容易做好的工作。

姜伟 附条件不起诉,是这次刑诉法新增加的一个制度,不仅是针对未成年人的一项专门程序,同时也扩大了检察院不起诉的裁量权,在原有的不起诉制度基础上,又增加了附条件的不起诉。原来在实践中,一些学者和司法机关普遍呼吁,要借鉴日本的暂予起诉制度,搞附条件不起诉制度,一些地方检察机关曾经也有过试行。应当讲这项制度本身还是比较合理的,因为它体现了刑事诉讼程序的分流原则,按照现在的刑罚观念,起诉、审判、执行刑罚的目的都是教育人、挽救人,所以,如果通过检察机关环节的过滤,能够使一部分人不被提交法院审判就能达到教育挽救的目的,对社会当然是有利的。

这次刑事诉讼法修改突出体现了对附条件不起诉的慎重态度和原则,主要体现在三个方面:第一,只限于对未成年人使用附条件不起诉。原来在实践中大家倾向于不仅是未成年人,还包括相关的一些人都可以考虑适用附条件不起诉,比如像过失犯罪、老年人犯罪。应当讲立法机关本着审慎的态度,这次修法还是仅把范围限制在了未成年人。第二,在范围上,只限于《刑法》第四、五、六章规定的犯罪。第三,在刑期上,只限于可能判处1年以下有期徒刑的案件。通过这三个条件大大缩小了附条件不起诉的范围。应该讲立法机关持有审慎态度是可以理解的,毕竟要消除一些顾虑。这是立法赋予检察机关的一项新的裁量权,如果一开始给得太大,万一执法不当,不仅会损害法治的尊严,也会损害检察机关的形象。如果因为检察机关执法不当,最终导致这项制度被取消,丧失这项权利,也损害了一项合理的制度在刑事诉讼中的利用价值。在这方面,检察机关是有过历史教训的。1979年《刑事诉讼法》规定检察机关免予起诉的时候,社会上没有什么异议,为什么到1996年修改刑诉法时把它取消了,就是因为当时免予起诉的范围过宽、过滥,损害了检察机关的形象,也影响了免予起诉的制度。所以立法机关基于对附条件不起诉的性质和权限的考虑,立法中采用了审慎的态度,我觉得是适当的。

这里我想表明一个我个人的观点,不起诉从整个诉讼过程来说节省了诉讼资源,但对检察官而言工作负担不一定减小了。实践中,检察机关对案件的审查有两种结果,起诉或不起诉。有些人认为,不起诉就节省了诉讼资源。我认为,从国家整个诉讼运行过程来看,不起诉因为没有到审判环节,法院不审理,确实节省了诉讼资源。但对检察官来说,不起诉的工作量也可能要超过起诉。首先,要作出不起诉决定,检察机关首先要对犯罪嫌疑人、被告人的生活条件进行更多的调查,要收集不起诉的证据,要付出更大代价;其次,要说明不起诉的理由,证明不起诉的正确性,同时还要承担作出不起诉决定的风险;最后,还要对不起诉以后的社会帮教措施进行调查了解。所以,不起诉对检察官而言工作负担没有减小,反而加大了。

另外,我想强调一点,附条件不起诉是在不起诉之外,对未成年人规定一个考验期,所以我赞同张军讲的,千万不要认为附条件不起诉就简单了,这是我们执法中要特别注意的一个问题。原来针对不起诉,法律没有规定要对犯罪嫌疑人作社会调查,我们前面也讨论了新法规定对未成年人犯罪可以进行社会调查。我认为,在对未成年人犯罪附条件不起诉的问题上,检察机关必须进行社会调查,没有社会调查报告就不能适用附条件不起诉,在这个问题上,社会调查要成为一个必要的程序。

张军　　通过社会调查,一旦最后作出了附条件不起诉的决定,要实施监督考察的时候,前期社会调查的有关人员、有关方面还能够协助共同做好督促、检查、考验工作,为实施监督考察打下一个好的基础。

姜伟　　社会调查也是检察机关对案件作出附条件不起诉的一个风险评估。风险评估主要是两个方面:一方面是对犯罪嫌疑人再犯可能性的预判,因为毕竟是把未成年嫌疑人放在社会上进行考验,使其不与社会相隔离,所以对未成年嫌疑人是否会再犯罪、再危害社会,检察机关要进行调查,调查的过程也是一个评估的过程,这是对其本人的一个预判;另一方面是对社会帮教条件的分析与预判,对某一未成年人作出附条件不起诉的决定,会不会带来其他的社会风险。这种情况实践中确实有,受传统观念影响,有一些被害人会积极主张权利,犯罪嫌疑人侵害了他的权利,没上法庭审判又没被判刑,而是被放在社会上了,被害人心里会很不平衡。这是对社会风险的一个预判和评估。

　　刑诉法明确规定了附条件不起诉必须要听取公安机关、被害人的意见,这里我要强调的是,按照法律规定的本意,应当听取被害人的意见,但被害人是否同意不是适用附条件不起诉的依据,也就是说,要听意见,但不是被害人不同意就不能作出附条件不起诉决定。在适用附条件不起诉的时候,检察人员尤其要关注两点事项。首先,要对法律的规定有一个正确的理解、全面的把握。其次,现实中如果被害人不同意,检察机关作出附条件不起诉确实要承担风险,如果被害人不同意而去上访,或者作出其他激化矛盾的事情来,在这个案件上作出不起诉决定的社会效果就非常不好。所以,我认为,听取被害人意见,是对被害人的尊重,如果被害人不同意对未成年嫌疑人作附条件的不起诉,我个人倾向于要更积极努力的做好被害人工作,在做好被害人工作、赢得被害人理解和同意之后,再作附条件不起诉决定,可能效果会更好。如果未成年人嫌疑人没有被羁押,哪怕做思想工作的时间长一点,因为没有损害未成年嫌疑人的权益,通过一定的时间做被害方的工作,降低社会风险,我觉得是可以的。所以,虽然法律没有规定以被害人同意为条件,但在实践中,我倾向于要以被害人的同意为前提。

田文昌　　社会调查的重要性,我是完全赞同的,而且我也赞同把它当成一个必经程序,因为前提是已经达到了起诉的条件了,然后由于一定的原因可以附条件不起诉。所以这个原因就成为附条件不起诉的一个非常重要的因素,因此调查的必要性显而易见、毋庸置疑。

　　另外就是听取被害人的意见,姜伟说得很对,这是很复杂的问题,应该做好被害人的工作。我想补充说明一点,这里面有一个难题,现实当中可能会有很多不同类型的被害人,这就涉及被害人在诉讼活动中的地位究竟应该怎么看待?包括咱们前面谈到赔偿和解的问题,之所以强调它的重要性,是因为和解成功是从宽处罚的条件,和解不成功不能作为从重处罚的条件。对被害人而言,现实当中很多案件被害人坚决要求从重处罚,这种情况下考虑被害人的要求,从法律界限来讲,要把握到什么程度,这个问题直接涉及被害人在诉讼活动中的诉讼地位。

姜伟 我们为什么说在这个问题中被害人意见重要?这和文昌前面说的赔偿和解导致处罚轻重还不一样,这里的附条件不起诉是罪与非罪的问题。未成年犯罪嫌疑人犯罪的事实清楚,检察机关提交到法庭审判,按照证明标准,被告人肯定会被定罪,而且还不一定是免刑的,可能判处1年以下有期徒刑的犯罪。这种情况下如果被害人不同意,检察机关非要作无罪处理,我觉得就是一个重大的是非问题。

田文昌 姜伟说这个理由我完全赞同,我们要充分尊重被害人意见,尽最大努力做被害人的工作。但是有一个界限问题,就是通过社会调查,通过对各方面因素的综合衡量,确实符合附条件不起诉的条件,但只有一个因素,被害人就是不同意的情况下,能不能完全以被害人同意与否为界限来把握?

张军 法律没有规定附条件不起诉要以被害人同意为先决条件。立法为什么规定要听取公安机关和受害方的意见呢?就是为了避免处理上的偏颇,导致矛盾的激化或者发生新的危害社会的行为,取得更好的法律和社会效果。对于被害人不同意的,检察机关作出附条件不起诉决定的时候就应当特别慎重,把它限制得更严一点,主要是要做好相关的说明与说服工作,要让犯罪嫌疑人和他的法定监护人做好道歉和赔偿工作。否则,因为未成年嫌疑人的犯罪行为,给被害人造成了人身、财产的危害,或者是严重地扰乱了社会秩序,结果被采取强制措施后只过了两天就出来了,和没事一样,法律上的结果还是不构成犯罪,这样被害人可能接受不了,容易使矛盾激化,甚至导致未成年嫌疑人又再次犯罪,反倒害了未成年人。

田文昌 我赞成张军的观点,检察机关作出附条件不起诉决定之前,要认真听取被害人的意见。对被害人不同意的,应当做被害人的工作,并持慎重态度,尽可能化解矛盾,但是,不能把被害人同意作为先决条件。这一点很重要,必须加以明确。

问题3 未成年人犯罪记录封存的规定(第275条)

修改前	修改后
无	第二百七十五条 犯罪的时候不满十八周岁,被判处五年有期徒刑以下刑罚的,应当对相关犯罪记录予以封存。 犯罪记录被封存的,不得向任何单位和个人提供,但司法机关为办案需要或者有关单位根据国家规定进行查询的除外。依法进行查询的单位,应当对被封存的犯罪记录的情况予以保密。

田文昌 修改后的《刑事诉讼法》第275条第1款规定:"犯罪的时候不满十八周岁,被判处五年有期徒刑以下刑罚的,应当对相关犯罪记录予以封存。"这个规定非常必要,也非常有意义。因为我们中国人在观念上特别注重前科,它对未成年人将来就业及其他方面的发展,影响非常重大,所以封存犯罪记录是非常必要也很有意义的一件事。在实践当中对封存要有一个正确的理解,我理解封存就是除了特别需要依法查询的以外,任何情况下都不能泄露,相当于没有前科了。不能说完全消灭,但是在正常条件下外界是不可能了解到这些信息的。尤其在执行的时候,要特别注意这一点,不能泄露出去,泄露出去这

种封存就没有意义了。

张军 《刑事诉讼法》第275条规定的犯罪记录封存是一项新的制度。这个制度法律上的基础是《刑法修正案(八)》规定的前科报告制度,就是《刑法》第100条规定,依法受过刑事处罚的人,在入伍、就业的时候,应当如实向有关单位报告自己曾受过刑事处罚,不得隐瞒。但是对犯罪时不满18周岁的,被判处5年有期徒刑以下刑罚的人,免除报告义务。这次刑诉法修改进一步完善了相关制度,规定对相关犯罪记录予以封存。

在《刑法修正案(八)》出台以后,公、检、法、司已经在研究制定相关的制度规范加以落实。初步安排是由公安机关掌握不满18周岁被判处5年以下有期徒刑的未成年被告人的犯罪记录,也就是公安机关、检察机关、法院对符合条件的犯罪人处罚以后,要把相关信息汇总到公安机关,由公安机关统一进行登记管理,统一严格依法向外提供。我觉得在这里需要强调指出的是,法律之所以规定被封存的犯罪记录,不符合法定条件的不得向任何单位和个人提供,就是要给未成年犯罪人一个更加良好的改恶向善的社会环境。因为在许多国家,包括我们国家,无论是社会组织,还是公众、个人,对于有过犯罪记录的人还是难以做到一视同仁,或者是歧视或者是防备,使得有过犯罪记录的未成年被告人,即使有改恶向善的决心,或者是经过若干年实践证明已经改恶向善了,仍然会受到过去有关犯罪记录的侵扰,不能正常地工作、生活、学习,有的被单位知道以后丢了工作,有的被学校知道以后退学了,或者被其他人像防贼一样防着,心理上受到极大的伤害,没有办法正常生活,有一些人甚至就破罐子破摔了。这对于有犯罪记录的年轻人、对社会都是极大的伤害。因此,今后公安机关向外提供犯罪记录,必须有法律依据,严格执行,更关键的是,拿到犯罪记录的单位和掌管记录的人员必须严格依法予以保密。我倒是觉得,还要进一步完善相关责任追究规范:今后公安机关、查询的单位违法向外提供、泄露犯罪记录的,要追究相关人员的法律责任,以对其有所约束,因为可能因为你的泄露行为就危害了一个人,同时造成了对社会的潜在危害。

田文昌 更严重的后果是损害了一个好的制度。

姜伟 第一,未成年人犯罪记录的封存是一个新的制度,主要目的是对未成年人的特别保护。一方面,封存体现了对未成年人名誉的保护。对未成年人名誉的保护,除了这次《刑事诉讼法》第275条规定的犯罪记录封存以外,还有不公开审理以及相关报刊不得披露未成年犯罪人的姓名、住所,涉及到犯罪的信息和图片,是对未成年人的名誉的一个整体保护。另一方面,减少了未成年人回归社会的障碍,使他们在法律地位上和其他社会公民一样,处于一个无罪的法律地位,增加他们再就业的机会,创造他们融入社会的条件。所以,犯罪记录封存的意义非常重大。

第二,犯罪记录封存不是犯罪前科的消失,只是对未成年人犯罪的这段经历暂时封存,把已经犯罪的人或者已经受过刑罚处罚的人,视为没有实施过犯罪的人,只是一个评价的变化,不是犯罪事实消失。

第三,这次立法明确规定,对未成年人的犯罪记录要进行严格保密,我赞同刚才张军和文昌的观点,犯罪记录如果泄露出去,相关人员要承担责任。但是遗憾的是,这次刑诉法修改没有对如何救济作出规定,换句话说,按照第275条规定的未成年人犯罪记录封存制度,应当封存的犯罪记录被有关责任人违反规定泄露出去,未成年人及其法定代理人没有相应的救济渠道,这是这次刑诉法修改的一个缺陷。

最后,我想提出一个问题,犯罪记录封存,不是犯罪事实和刑事处罚的消灭,那么,如果未成年人五年以内又犯新罪,犯罪记录的封存是不是意味着这个未成年人犯罪前科的消灭？要不要构成累犯？这是一个需要讨论的问题。

张军　最高人民法院就《刑法修正案（八）》作出的新的规定已准备制定司法解释。总的考虑是包括前罪有一个是未成年，即不满 18 周岁时犯罪，即不构成累犯。我们可以看一下刑法关于累犯的规定。《刑法》第 65 条第 1 款规定："被判处有期徒刑以上刑罚的犯罪分子，刑罚执行完毕或者赦免以后，在五年以内再犯应当判处有期徒刑以上刑罚之罪的，是累犯，应当从重处罚，但是过失犯罪和不满十八周岁的人犯罪的除外。"这个"除外"，一般理解应该是前次犯罪的时候不满 18 周岁，即不作为累犯，但是，并不是说就不能查询其犯罪记录。这也如同是进行"社会调查"，了解其成长经历、前次犯罪及处罚、改造情况，以此依法决定本次犯罪的处罚。

姜伟　这一点矛盾了。犯罪记录封存就是不能引用他的犯罪记录，如果可以构成累犯，那就得引用封存的犯罪记录。

张军　法律规定有关记录予以封存，但同时规定了"司法机关为办案需要或者有关单位根据国家规定进行查询的除外"。查询的目的是什么？就是要使用。

田文昌　封存犯罪记录是对社会保密，对司法机关不保密。

姜伟　能不能拿到法庭上来引用呢？

张军　这没问题。犯罪记录封存不等于犯罪记录消灭，封存是有条件的，特定情况下司法机关办案需要可以查询和使用。司法机关办案需要肯定是在办理其他案件的时候,涉及被封存记录的年轻人所犯的罪和他的个人情况,甚至可能是这个年轻人又犯了罪,涉及能不能、要不要酌定从轻或者从重处罚的问题。

田文昌 法律规定过失犯罪没有累犯,应当包括前罪过失也包括后罪过失。

姜伟 只要前后罪有一个犯罪是过失犯罪,就不构成累犯。

田文昌 我的意思就是一定要明确这一点,无论是前罪还是后罪,只要有一次未满18岁,就不构成累犯。"过失犯罪和未满十八岁的除外","过失犯罪除外",是指前罪后罪都是故意犯罪才算累犯。前面是故意犯罪,后面是过失犯罪,不是累犯;前面是过失犯罪,后面是故意犯罪,也不是累犯。"未满十八周岁"的除外,也应当包括前罪和后罪。

张军 《刑法》第65条的"过失犯罪除外",是前后罪只要有一个是过失犯罪即除外。"不满十八周岁的人犯罪的除外",也应当理解为是指前后罪犯罪的时候有一个不满18周岁即应除外。

田文昌 也就是说,无论前罪还是后罪,只要有一次是未满18岁时实施的,就不是累犯。但是,可以查询他先前的犯罪记录,作为处理时的参考。就是说,要把查询犯罪记录与作为累犯处理相区别。

姜伟 累犯前后两罪一定都是故意犯罪,才能构成累犯,同样只要有一个犯罪是不满18岁实行的,就不构成累犯。

二、当事人和解的公诉案件诉讼程序（第 277—279 条）

修改前	修改后
无	第二百七十七条　下列公诉案件，犯罪嫌疑人、被告人真诚悔罪，通过向被害人赔偿损失、赔礼道歉等方式获得被害人谅解，被害人自愿和解的，双方当事人可以和解： （一）因民间纠纷引起，涉嫌刑法分则第四章、第五章规定的犯罪案件，可能判处三年有期徒刑以下刑罚的； （二）除渎职犯罪以外的可能判处七年有期徒刑以下刑罚的过失犯罪案件。 犯罪嫌疑人、被告人在五年以内曾经故意犯罪的，不适用本章规定的程序。
无	第二百七十八条　双方当事人和解的，公安机关、人民检察院、人民法院应当听取当事人和其他有关人员的意见，对和解的自愿性、合法性进行审查，并主持制作和解协议书。
无	第二百七十九条　对于达成和解协议的案件，公安机关可以向人民检察院提出从宽处理的建议。人民检察院可以向人民法院提出从宽处罚的建议；对于犯罪情节轻微，不需要判处刑罚的，可以作出不起诉的决定。人民法院可以依法对被告人从宽处罚。

问题　和解制度的理解与适用

姜伟　　这次刑诉法修改的一个重大调整，就是增加了当事人和解的公诉案件诉讼程序。在传统的刑事诉讼构造中，认为公诉案件起诉是法定的，一般是不允许调解的，只有公安机关对轻微刑事案件可以进行调解，这样，大量案件都经过公诉程序进入了法院的审判程序。随着经济社会的发展，特别是社会转型期的到来，人们对刑事诉讼的理念也在不断发生变化，对刑事司法的功能和宗旨有了更深入的认识。

经过实践,人们认识到,刑事司法应该向恢复性司法转变。所谓恢复性司法,就是当社会关系被犯罪行为侵害以后,国家固然要追究犯罪、伸张正义,但同时也应该尽快恢复社会秩序,缓和被害人与犯罪人之间的对抗关系,更多地制造和谐因素,化解不和谐因素,达到构建和谐社会的目的。根据这样的理念,在实践中,一些地方检察机关开始试行刑事和解的公诉程序。主要目的是,一方面,通过刑事和解程序,要求犯罪嫌疑人、被告人及时向被害人认罪、赔礼道歉,使犯罪嫌疑人、被告人及早认罪悔罪,为教育挽救他打下思想基础;另一方面,刑事和解要求更多地做好被害人的工作,通过一定的方式,比如犯罪嫌疑人向被害人赔礼道歉、具结悔过,或者及时给予被害人及其家属由于犯罪造成经济损失的赔偿,赢得被害人及其亲属的谅解,对社会关系起到一个弥合的作用。然后再根据双方和解的程度,对犯罪比较轻微、符合不起诉条件的案件,检察机关可以及时作出不起诉决定;如果犯罪情节比较严重,不符合不起诉条件的,起诉到法院以后,公诉机关要负责任地在法庭上提出对被告人从轻或减轻处罚的量刑建议,使得被告人在和解中的权益得到保障,为下一步重新做人、回归社会创造好的条件。

张军 这个规定,是在构建社会主义和谐社会,实施宽严相济刑事政策的大背景下提出来的新的诉讼方式。在国际上有一个 ADR 争端非诉解决方式,是对一些较轻的犯罪,通过赔偿、赔礼道歉、恢复原状,赢得被害方的谅解、社会有关方面的理解,化解纠纷,不再按照法律的规定采取诉讼、投入审判、监改等更严厉的方式,同样能够有效地既达到教育违法犯罪,又缓和社会矛盾,也能够起到警示犯罪的作用,实现社会的和谐。作为一个大的趋势,我们国家这些年来也在尝试以各种方式化解纠纷,尝试诉讼和解,取得了比较好的成效。现在作出这些原则性的规定,总体来说是对实践经验的总结,得到社会各方面的认可。

　　但是在实践中,真正落实这些规定,还应该采取更谨慎的态度。主要是我们的整体经验还不够,具体的规范还很不完善。社会上也有不同的看法,比如说,有人批评刑事和解是花钱买刑、花钱赎罪,认为刑事和解缺乏公正性。如果被告人有钱,多赔,就会得到被害方的谅解;如果被告人没有钱,不能通过赔偿让受害方感受到他的真诚悔罪,尽管被告人确实是真诚的悔罪,也很难得到被害方的谅解。再比如,有些案件发生以后,被告方可能有人脉关系或者是有作案的同伙,以合法的或者不合法的方式,以暗示或者明示的方式,要挟被害方接受赔偿或者道歉,或者要求被害方向司法机关提出同意达成和解,请求从宽处罚被告方的意向,这些在实践当中都可能发生。所以在适用《刑事诉讼法》第277条到279条刑事和解具体规范的时候,要采取特别审慎的态度。按照第278条的规定,双方当事人如果可能或者是确实达成了和解,公、检、法都有责任认真听取当事人和其他有关人员的意见。对当事人,就是案件双方当事人,要通过认真分别听取,了解双方当事人的意见,了解他们的真实意向,看看和解的达成是发自真诚的内心,还是有可能受到外力的影响?其他有关人员的意见,比方说和双方当事人有关的人员,学校的老师,单位的有关领导,街道的有关社区工作人员,甚至是当事人的邻居,他们的意见都要听一听,看看嫌疑人、被告人平时表现如何,作出的和解协议是不是真诚,社区、单位对和解是否赞成,是否会引起不好的社会效果。通过这样的了解,能够使司法机关对和解的自愿性、合法性有一个真实可靠的判断,目的是确保达成和解的案件在法律效果、社会效果上都能够符合立法的本意。我觉得在最初适用的时候尤其要注意,逐步地取得经验,进一步完善规范,得到社会的普遍理解,之后再逐步、全面地展开,效果可能会更好一些。

田文昌 和解制度这个话题比较深。关于这个规定，修法讨论的时候，包括法院系统尝试的时候，都有不同的声音。有一种反对的声音就像张军刚才说的，认为是花钱赎罪，破坏司法公正。这里面我要特别强调说明一下，在这类问题上，我们一直有一个认识上的争议或者称之为认识上的误区，就是刑罚的功能是什么？是为了惩罚为了报复？还是为了恢复社会平衡？如果按照德国报应刑论代表人物康德的理论，"假定市民社会宣告解散的时候，解散的前一天也要把监狱里最后一个罪犯处决掉"。这是典型的报复主义、惩罚主义。但是随着社会文明的不断发展，人们的刑罚观念已经发生了很大变化。现在人们的观念中虽然还有报应思想，但已经不是简单的、绝对的报应刑论了。什么叫司法公正？在不同历史时期，不同社会形态中，司法公正的标准是不一样的。如果按照康德的绝对报应刑理念，只有以牙还牙的报复才是公正。但是，随着社会文明的发展，人们的观念已经发生了转变，刑罚的社会功能已经得到了普遍认同。今天，司法公正从法律的基本功能来讲就是维护社会公众的心理平衡，维护社会的基本秩序。所以我们讲证据真实，讲法律真实，目的就是要通过一定的程序约束达到法律公正。公正简单说就是摆平，能够摆平了，把社会平衡恢复了，这就是达到目的了，法律的基本功能就实现了。

根据这样的理念和观点，我认为和解制度没有什么可以指责的理由，可能由于个人经济条件不一样，各种案件情况不同，在个案上不公平了，但是达到恢复社会平衡，从这个角度来看是公平的、有价值的。

姜伟 关于这个特别程序，有几个问题需要特别注意：

第一，当事人和解的公诉案件诉讼程序，不能理解为只是检察环节有和解程序，而是公、检、法三机关在侦查、起诉、审判三个环节都有责任来促成刑事和解。即在法律规定的范围和条件下，侦查机关、公诉机关、审判机关在任何一个环节都是刑事和解的主体,如果有条件能够促成双方达成和解的,都要积极做工作。

第二,在公诉案件和解程序中,有两个问题需要进行认真的审查,一是要审查双方和解的自愿性。虽然在和解过程中,一定会有外界因素的介入,劝导、说服,当然也包括犯罪嫌疑人、被告人家属的各种劝言等,但是我们这里的自愿性,应当是指和解决定确实是基于当事人本人的主观判断作出的,这是对自愿性的一个把握。二是要审查和解的合法性,和解不是仅仅以被害人答应为前提的,还要审查双方和解的内容是否违法,因为实践中有这种情况,双方达成和解时可能有些非法的交易,如果和解的内容违反法律规定,这个和解是不能成立的。

第三,公安机关是公诉案件和解程序的主体,可以主持促成和解,但是公安机关对案件没有终结诉讼的权力,公安机关不能因当事人达成和解,直接把案件给撤销了。公安机关撤案的标准就是不构成犯罪的和符合《刑事诉讼法》第15条规定相关情形的,其他的情形公安机关不能撤诉,如果构成犯罪,哪怕符合不起诉条件,公安机关也不能终结诉讼,还要把案件提交给检察机关。但是公安机关可以提出建议,比如在侦查阶段已经达成和解了,公安机关就可以建议检察机关作出不起诉决定。这个问题涉及终结诉讼的权力,只有法律授权才可以,法律没有授权,公安机关就不能终结诉讼。案件移送到检察机关后,检察机关对刑事和解案件有三种处理方式:首先,符合不起诉条件的,依法作出不起诉决定;其次,对于未成年人符合附条件不起诉条件的,依法决定附条件不起诉;最后,不符合不起诉条件的,只能提交法院起诉。公诉到法院后,无论是在起诉书中还是在发表公诉意见的时候,检察机关都要向法院说明双方已经达成和解协议,为对被告人从宽处理提供说明。

田文昌　我还想提出另外一个问题,现在我们规定因民间纠纷引起,涉嫌《刑法》分则第四章、第五章规定的犯罪案件,可能判处3年有期徒刑以下刑罚的,可以和解,我觉得适用范围有点太小了。我举个案例,很简单但非常典型,两个经营伙伴,因为经营当中的利益冲突在酒桌上打起来了,完全是临时起意,结果双方都受了重伤,重伤就不是3年以下的问题了。双方都后悔了,都受伤了、对等了,就彼此谁都不想再追究了,可是如果按照法律的底线又很难做到这一点。在这种情况下,对双方的追究还有什么必要性?有什么价值?所以由此案例,我就想到我们和解的范围是不是还可以再扩大一点。当然不是所有的犯罪都适用,但就像这个案例,临时起意,双方失手都打成了重伤,把两个人都判个几年,是达到惩罚的目的了,可是两个人都不平衡,还浪费了诉讼资源。反之,如果两个人和解了,都不判了,双方都平衡了。而且对社会并不会造成危害,从恢复社会平衡,构建和谐环境来讲,哪一个更有利?

张军　针对田律师讲到的这种情况,我想适用刑事和解有一个界限要明确一下。刑事和解不是一律不处罚,刑事和解并不是个人私了。现在法律规定的适用范围是可能判处3年以下有期徒刑的,渎职罪以外的过失犯罪可能判处7年以下有期徒刑的。这里面讲到的"可能"不是法定刑,法定刑在3年以下有期徒刑的只能是轻伤,这里面讲到的"可能"是指实际适用刑,应该包括重罪,比如重伤是3年以上,有法定减轻处罚情节,自首或者犯罪以后有立功,就有可能判到3年以下。

田文昌　比如这个案例中,双方都没有减轻处罚的情节。

张军　首先要明确一点,"可能判处三年以上或者七年以下有期徒刑"

是实际处罚。有一些犯罪法定最低刑可能是3年以上，但是有减轻处罚情节，可能从宽处罚到3年以下的就可以适用。

至于可能判处3年以上的或者过失犯罪7年以上的为什么不行？因为它已是严重危害社会秩序的犯罪。和解制度，实际上就是法外的从宽处理，我们总结司法实践经验以后变成了法律的规定，属于特别从宽。法律对此就要规定一个界限，让犯罪分子、潜在的犯罪人能够意识到，即使有和解的规定，也只是较轻的犯罪才可能适用，他在故意实施犯罪的时候，就要考虑到严重后果。同时，对于已经造成严重后果的犯罪，如果仅仅因为当事人和解，就处罚得过轻，刑法的严肃性就得不到维护，对于一般性的犯罪预防不利，甚至对一些案件的被告人惩戒力度不够，不足以达到威慑犯罪或者改造犯罪人的目的。比如年轻人犯罪，有可能觉得只要能赔钱，有钱就没有搞不定的事，对方没有不喜欢钱的，就不在意自己违法犯罪行为的后果，今后可能实施更严重的危害社会的行为，酿成更严重的后果。这些都是立法考虑的因素，也是司法实践当中理解、执行刑事和解规定应该考虑的因素。

姜伟 关于公诉案件的和解程序，要和自诉案件作一个区别。自诉案件属于轻微刑事诉讼案件，如果双方当事人和解之后撤诉了，就不再起诉，不作为犯罪处理了。公诉案件的和解程序和自诉案件和解最大的区别在于，公诉案件和解程序不是一概对犯罪不认定了，只是提供了从宽的条件，这是一个本质差别。公诉案件不以当事人的意志为转移，不管当事人什么态度，符合条件的就要起诉，只是在这个过程中，有一部分轻微刑事案件要经过检察官裁量。因为公诉案件代表的是国家、是公权力，是公权力对私权利的救济，所以它更重要的功能是维护社会秩序，对社会起到一个警示作用。

这次修法对公诉案件为什么规定了刑事和解，立法机关确实有一个审慎的考虑。从广义来讲,文昌律师提的那个意见是对的,不管多重的案件,促进当事人的和解,求得被害人谅解,对教育挽救犯罪嫌疑人、被告人,对社会秩序的恢复,对社会和谐肯定都是有利无害的。但是为什么这次公诉案件的和解程序又限于特定的范围呢?就像张军讲到的,刑事案件的裁判,对社会有一个导向作用,有一个示范效应,它不仅体现对本案的特别预防,还有对社会的一般预防。很严重的犯罪,如果由于给被害人赔钱了,当事人和解了就一律从宽处理,可能会带来一些负面影响。比如导致有一些人不尊重法律的尊严,不尊重社会秩序,以为只要当事人谅解,只要通过一定的经济赔偿甚至是巨额的经济赔偿就能够赎罪或者减刑,社会效果将会非常不好。立法可能就是考虑了这方面的负面影响,所以将公诉案件的和解程序限于特定的范围,体现了立法审慎的态度。

张军　　对于这一章的规定,我们还很担心会发生一些胁迫或违法"和解"情形,实践中确实很容易发生。《刑事诉讼法》第41条有一个规定,律师不得未经准许去接触被害方的证人。律师尚且未经准许不允许接触被害方的证人,更不用说被害人了。现在的刑事和解没有限制被告人或者被告人的家属或者被告方的律师直接与被害人的家属、被害人本人接触,很有可能会发生新的社会冲突,比如被害方因为怨恨,坚决不和解,容易造成双方之间的对立。

姜伟　　这就是为什么立法规定公诉案件和解的主体是公、检、法机关,不是当事人之间的自行和解。

田文昌　　刑事和解与民事和解当然不是一回事,不能任何案都可以因和解而免罪。这是一个原则。

张军　　我觉得司法解释要明确限制给予双方当事人的和解权利,通过司法解释限缩立法的规定,通过限缩解释把立法本意缩小。这个需要经过立法机关同意,在公、检、法共同制作刑诉法有关规定的时候作出明确规定。当事人想要和解,必须在相关的诉讼环节向司法机关提出申请,我们想向被害人道歉,想向被害方赔偿以获得被害方的谅解,是否可以?是否准许呢?公、检、法机关要考虑两个因素:第一个判断因素就是这个案件是不是有可能判处3年以下有期徒刑或者7年以下过失犯罪的刑罚?这个判断只能由司法机关根据经验作出,如果没有这个可能就不允许和解了;第二个判断因素就是根据案件的性质,判断被告人有没有法律不准许进行和解的情形,如果在法律允许和解的范围内,公、检、法机关要负责任地与被害方作一个沟通。如果被害方原则上表示同意或勉强同意,再安排适当的场合,在适当的条件下让双方再接触一下,或者安排相关的律师或其他代理人接触,这样更容易促成和解,也能够防止被告人一方采取一些非法的手段胁迫被害人和解,等等,和解也会作得很规范,有助于和解程序的正确适用。否则,允许当事人自行和解会很危险。

姜伟　　要尽量在公、检、法机关的组织下进行和解,而不是当事人之间的自行和解。

张军　　在公、检、法机关的组织下进行和解,能够直接减少被害人勉强接受或者不敢不接受的情况,促成双方达成和解,使这个制度健康地运行。

田文昌　　在公、检、法机关的主持下和解当然是必要的,但是在这个程序中一定不要忽视律师的作用。因为律师更容易与当事人沟通,还可以通过双方的律师进行沟通和协商。从理论上讲,刑事案件中的和解，可以说是一种公权力与私权利的结合运用，或者说是公权力行使中对私权利的一种兼顾。所以，和解首先应当是由当事人自愿提出的，而不是由司法机关主动提出的。司法机关只是在同意当事人和解愿望的情况下，去主持和解。而律师则不同，律师代表的是一种私权利。所以，律师既可以建议自己的当事人去和解，也可以去与对方当事人协商和解的条件，更可以协助司法机关去做好和解的工作。所以，在这种和解程序中，律师可以发挥更大的作用。

姜伟　如果真有证据能证明被告方有威胁甚至暴力的方式来强制、逼迫被害人同意和解，这就不是从宽的问题了，应该在量刑上考虑适当的从重处罚，这样才能保证和解程序真正体现被害人的自主意愿。

田文昌　这是一个新的规定，新的尝试，肯定会出现一系列问题。我想，解决的方式就是要严格程序，制定出一个方案，先试行一段时间，搞一搞试点，积累经验，逐步完善。现在我们的一切操作，特别是司法当中的操作，最缺的就是操作规则，把规则制定好，就可以防止一些问题的出现。

在严格程序的同时，我还是主张将来要考虑放宽和解案件中罪行程度的标准。像我前面举的例子，都重罚了有害而无利，其实就是一种报应刑论，不罚对双方对整个社会都有好处。当然这是一把双刃剑，如果放宽多了，可能会出现另外的问题，但如果能够做到严格程序，把操作的方式设计好了，就不排除将来放宽的可能。当然界限一定还要有，但是要把这个界限放宽。

三、犯罪嫌疑人、被告人逃匿、死亡案件违法所得的没收程序（第280—283条）

修改前	修改后
无	**第二百八十条** 对于贪污贿赂犯罪、恐怖活动犯罪等重大犯罪案件，犯罪嫌疑人、被告人逃匿，在通缉一年后不能到案，或者犯罪嫌疑人、被告人死亡，依照刑法规定应当追缴其违法所得及其他涉案财产的，人民检察院可以向人民法院提出没收违法所得的申请。 公安机关认为有前款规定情形的，应当写出没收违法所得意见书，移送人民检察院。 没收违法所得的申请应当提供与犯罪事实、违法所得相关的证据材料，并列明财产的种类、数量、所在地及查封、扣押、冻结的情况。 人民法院在必要的时候，可以查封、扣押、冻结申请没收的财产。
无	**第二百八十一条** 没收违法所得的申请，由犯罪地或者犯罪嫌疑人、被告人居住地的中级人民法院组成合议庭进行审理。 人民法院受理没收违法所得的申请后，应当发出公告。公告期间为六个月。犯罪嫌疑人、被告人的近亲属和其他利害关系人有权申请参加诉讼，也可以委托诉讼代理人参加诉讼。 人民法院在公告期满后对没收违法所得的申请进行审理。利害关系人参加诉讼的，人民法院应当开庭审理。
无	**第二百八十二条** 人民法院经审理，对经查证属于违法所得及其他涉案财产，除依法返还被害人的以外，应当裁定予以没收；对不属于应当追缴的财产的，应当裁定驳回申请，解除查封、扣押、冻结措施。 对于人民法院依照前款规定作出的裁定，犯罪嫌疑人、被告人的近亲属和其他利害关系人或者人民检察院可以提出上诉、抗诉。
无	**第二百八十三条** 在审理过程中，在逃的犯罪嫌疑人、被告人自动投案或者被抓获的，人民法院应当终止审理。 没收犯罪嫌疑人、被告人财产确有错误的，应当予以返还、赔偿。

问题1　没收程序的理解与适用

针对近些年社会上越来越关注的贪污贿赂犯罪、恐怖活动犯罪等严重犯罪案件，犯罪嫌疑人出境或者隐姓埋名便找不到了，即使犯罪证据比较充分，但嫌疑人没到案，财产不能追回，不能依法追究责任、预防和惩罚犯罪，没办法给社会一个交代，社会反响比较大，影响很不好。1996年《刑事诉讼法》修改的时候，最高人民法院曾在与立法机关沟通的情况下，起草了几条关于缺席审判的诉讼条款，就是对这一类犯罪缺席审判，依法直接定罪，然后没收财产。报送给立法机关后，立法机关考虑到实践经验不足，出于审慎态度最后没有采纳。现在，经过16年的经验积累，这次刑诉法修改迈出了比较坚实的一步，修改后的《刑事诉讼法》第280条第1款规定："对于贪污贿赂犯罪、恐怖活动犯罪等重大犯罪案件，犯罪嫌疑人、被告人逃匿，在通缉一年后不能到案，或者是犯罪嫌疑人、被告人死亡，依照刑法规定应当追缴其违法所得及其他涉案财产的，人民检察院可以向人民法院提出没收违法所得的申请。"法院依法通过审判程序没收犯罪分子的违法所得。

执行这项新的规定，客观地说我们都缺乏经验。以前被告人不到案不能进行审判，不能定罪或者没收、追缴违法所得财产；如果已到案的嫌疑人、被告人死亡了，已经追诉的案件要停下来，涉及财产的没收程序也不明确，往往就不了了之了。修改后的《刑事诉讼法》第五编第三章将这个问题规定得非常明确，应该说这是经验的总结，司法的成熟，立法机关认为这样规定不会侵犯未到案被告人的合法财产，不会侵犯他的合法权益，相信在严格的程序规范下，司法机关能够依法将犯罪人个人通过犯罪所获得的非法财产追缴到案。

姜伟 这次刑诉法修改新增了犯罪嫌疑人、被告人逃匿、死亡案件违法所得的没收程序。它的意义在于：

第一，符合法理的基本原则。任何人不能从他的非法行为中获得利益。比如贪污贿赂犯罪，嫌疑人、被告人不应该从中获益，嫌疑人、被告人本人死亡的，家属也不能获益。

第二，符合国际惯例。关于嫌疑人、被告人死亡、潜逃以后违法所得的没收、保全、查封等问题，各国法律都有规定，《联合国反腐败公约》及《联合国打击跨国有组织犯罪公约》也有相关规定，所以新法没收程序的规定是符合国际惯例的。

第三，反映了现实中的诉讼需要。原来刑法明确规定了对犯罪所得要予以追缴，但是在刑事诉讼法中缺乏相应的制度保障，而且刑诉法又专门规定，被告人死亡的，在侦查环节撤销案件，在审查起诉环节不起诉，在审判环节终止审理等，所以，如果嫌疑人、被告人死亡的，程序就终止了，进行不下去了，使犯罪所得予以追缴的刑法规定无法得到落实。长期以来，这一直是困扰司法实践的一个问题。在基层办案经常出现这种情况，我们查办的一些贪污贿赂案件，犯罪嫌疑人畏罪自杀了，留下数额巨大的涉案财产，检察机关也有证据证明这些财产是贪污受贿所得，但因为没有相关程序，案件就要撤销，诉讼无法继续进行，甚至家属还来要这部分财产，法院还裁决返回给家属，这是一种情况。第二种情况是，在司法机关办案期间，嫌疑人畏罪自杀了，司法机关还要向家属承担责任，结果不仅是犯罪所得没没收，还要给被告人家属补偿一部分财产利益。第三种情况更过分，家属要求对死亡的犯罪嫌疑人、被告人恢复名誉，说他不是贪官。因为法律没有规定特定程序，在实践中不仅仅是财产能不能追缴没收的问题，而是带来一系列的困惑。当然，还有张军刚才提到的，境外隐瞒的财产能不能向相关国家进行追回等问题。所以，我觉得新刑诉法关于没收程序的规定是必要的，确实符合实践的需要，也符合国际上的惯例,尽管条文不多,但条款设计是合理的。

田文昌 追缴违法所得的问题在理论界、实务界已经议论很久了,最高检、公安部等相关部门和律师界都曾经探讨过到境外追缴和采取什么样的方式追缴的问题,但由于这个问题太复杂,一直没有进展。所以,从法律上作出明确的规定是很有必要的。

我最关心的还是程序问题,因为这个问题涉及缺席审判,毕竟在这种诉讼程序中,缺少嫌疑人、被告人的到场。如果不经过审判认定他构成犯罪,确定涉案财产是赃款,就无法追缴。对缺席审判的程序如何设定就尤为重要。这次修法规定了犯罪嫌疑人、被告人的近亲属和其他利害关系人可以申请参加诉讼,也可以委托诉讼代理人参加诉讼,表明了立法上的慎重态度,但是这些人与涉案的当事人本人还不是一回事。目前,有一个实际情况是不能忽视的:一方面,不能排除,现实中有一些被立案侦查或者通缉的嫌疑人并不构成犯罪,但由于害怕被冤枉又不敢归案。另一方面,由于本人不到案,又难以查清事实,所以就成了疑案、悬案。可以说,嫌疑人逃匿、失踪或者死亡的案件中,行为人并不是必然有罪的。一概追缴是否合理?还是应当慎重研究的。总之我的意思是,立法上已经作出了追缴的规定就应当依法执行,但一定要在程序设计上多下些工夫,多想想该如何细化相关规定。

张军 具体看没收程序的适用。

第一个问题,可没收财产的犯罪类型,法律列举了贪污贿赂犯罪、恐怖活动犯罪等重大犯罪案件。根据这个规定,首先,犯罪范围不局限于贪污贿赂、恐怖活动这两类犯罪。其次,必须是重大犯罪。所谓重大犯罪,依照《最高法院解释》第508条规定,是指可能判处无期徒刑以上刑罚的案件。除了要考虑犯罪的影响、危害情况以外,扣押在案的财产也要考虑,即能够证明将要查获的财产是数额巨大的。

这个"数额巨大",按照《刑法》第383条规定,个人贪污数额在10万元以上,才能够判处10年以上有期徒刑或者无期徒刑。否则,恐怕追缴回来的还不够司法资源的支出。

第二个问题,按照法律规定,没收程序的启动,必须是检察机关向法院提出没收违法所得的申请。这个申请中应当提供犯罪事实、违法所得相关的证据材料,不仅要证明被告人、嫌疑人的行为已构成犯罪,同时要证明违法所得的种类、数量、所在地及查封、扣押、冻结的情况。也就是说,在检察机关提出申请时,这些财产应当是控制在案的,而不是根据证人说有多少财产、财产可能在哪里,不能等经过开庭审理确定是违法所得以后再去查找、没收、追缴。要先控制财产,一旦确定属于犯罪的违法所得,马上就可以没收、追缴。

姜伟 关于没收程序,有几个问题应该明确:

第一,按照刑诉法的规定,对被没收程序的主体有特殊的界定,是犯罪嫌疑人、被告人。犯罪嫌疑人、被告人在诉讼程序中应该是被立案侦查的人,如果有些人没有经过司法机关的立案侦查就因故死亡了,他也可能涉嫌犯罪,这种情况能不能适用没收程序呢?我个人认为不宜适用,主要有两点理由:其一,因为没收程序毕竟还有特定的条件限制,一个是特定对象的犯罪,另一个是情节比较严重;其二,我赞同张军刚才说的,"没收"是对司法机关已经扣押到案的财产予以没收,而不是指申请法院作出没收决定,然后再去搜查、扣押、查封、没收犯罪财产。控制财产在前,没收财产在后,是这样一个因果关系。如果一个案件没有立案,没有进入诉讼程序,就谈不上对财产的控制,更谈不上没收了。

第二,检察机关提出没收申请,法院要进行审理。检察机关提供的证据要符合法庭审理的主旨,主要是两方面的证据:一是,犯罪嫌疑人、被告人的行为构成犯罪的证据材料。因为没收程序的前提是犯罪嫌疑人、被告人的行为构成犯罪，不构成犯罪不能适用这个程序，所以检察机关作为举证机关必须提供能够证明犯罪嫌疑人、被告人构成犯罪的证据。二是，要证明这些财产是违法所得，和违法犯罪行为有直接关联性。不能因为犯罪嫌疑人、被告人家里有很多财产，就把财产都扣押到案了。违法犯罪行为和扣押的这些财产之间有没有因果关系，检察机关需要提供证据证明。反过来，检察机关提供的这两方面证据和证明材料，也是将来合议庭审理的两个重点，即：嫌疑人、被告人的行为是不是构成犯罪？扣押到案的财产是不是和违法犯罪有关？

第三，如果犯罪嫌疑人、被告人的财产在境外，没办法扣押财产到案，但是我们有一定的线索证明财产和违法犯罪有关并清楚财产的去向，这时怎么办？我认为，境外财产线索可以成为申请法院启动没收程序的一个理由。原则上启动没收程序必须是到案财产，特殊情况下涉及境外财产时，财产线索也可以。因为法院裁决是我们向境外追索财产的法律依据，没有这个依据追不回来，这是一个因果关系。换句话说，就是我们有线索，但是没有能力去追缴，所以我们向法院申请，通过法院作出没收裁判，再拿着生效的法律文书向国外有关机关申请追缴，这是涉及特别情况的。

问题2　没收程序的证明标准

田文昌　这种程序提起的前提是嫌疑人构成犯罪，只有构成犯罪才能没收他的财产，而认定构成犯罪的时候，由于是缺席审判，是在没有被告人的供述而且被告人无法辩解的情况下定罪，所以我特别强调程序一定要非常严格。这种程序一旦启动，就要避免一个问题，为了没收财产而给某人定罪，这是我们在司法实践当中不得不防止的问题。具体应当如何预防，我也没有经验，也没有完整的想法。所以我还是强调在没有被告人供述、没有被告人辩解的情况下启动这个审判程序来定罪，一定要非常严格、非常慎重，至少在这种定罪程序当中对证据标准的要求更加严格。

姜伟 我回应一下文昌的观点，这涉及定罪的证明标准问题。应该讲在没收财产程序中对证明标准没有特别规定。我认为在证明标准上，有三个问题需要特别注意：

第一，没收财产本质上是对未定罪财产的没收，目的不是要认定行为人犯罪，而是要确认对涉案财产是否违法所得，需要不需要没收。没收财产裁定肯定不是刑事定罪判决书，因为被告人已经死亡了，没有必要再给他定个罪名，但是这些涉案财产要没收，作出裁判文书的目的是没收财产，这是没收财产程序的本质。

第二，没收财产的前提是构成犯罪。因为没有特别规定，所以关于没收财产的证明标准就成为一个问题。从理论上推导，没收财产的证明标准应该和定罪证据确实充分是一个标准，因为尽管不定罪，但没收财产的前提是构成犯罪，既然是构成犯罪，在认定是不是构成犯罪上，我认为不应该降低标准，而且没收财产程序毕竟也涉及到当事人的利益。

第三，违法所得的证据怎么认定？财产和犯罪行为之间的关系怎么认定？我倾向于采用优势证据标准。因为没收财产程序针对的是当事人逃匿或者死亡的案件，当事人不在案，而财产的来源只有当事人本人最清楚，对这些财产是不是违法所得这个因果联系上，检察机关提供的证据，我觉得不能用定罪的标准，即不能采用严格证据标准，只要达到优势证据标准，相对而言，能够证明是违法所得就可以了。

田文昌 这里是不是有个冲突，如果在性质上是未定罪没收，当然从道理上好解释一点。但是未定罪没收的依据是什么呢？

张军　　虽然这个程序仅仅是违法所得的没收程序，但是逻辑上非常明确，构成犯罪是没收财产的前提。就是如果司法机关不认定被告人、嫌疑人的行为已经构成犯罪，就不可能启动这个程序，也不可能作出没收违法所得的裁判，更不可能用这个裁判向境外追索犯罪分子的财产。也就是说，虽然法律没有规定这是对犯罪的缺席审判，但是等于是确立了这个程序。所以，对于这个程序法律规定是非常严格的，要由嫌疑人、被告人居住地或者犯罪地的中级人民法院组成合议庭进行审理，一个是中级法院审理，另一个是要组成合议庭审理，非常严格。说明对没收财产的案件，合议庭首先要对犯罪嫌疑人、被告人的犯罪行为是不是成立进行审理，因为检察院申请没收程序的时候，就要对犯罪嫌疑人、被告人是否构成犯罪提供证据材料，得证明他构成犯罪。这个前提确定之后，再审理扣押在案财产相关的证据材料，确定财产是不是犯罪嫌疑人、被告人的违法所得；转移到境外的财产，来源、去向、渠道是否清楚。按照两个程序分别审理，确定之后判决上也要分别写明，被告人的行为涉嫌构成什么罪，不然怎么证明相关财产是"违法所得"？之后，才能将其犯罪的违法所得依法予以没收。

田文昌　　还是等于缺席审判。

张军　　这个和缺席审判唯一的区别，就是只定罪不判刑，不通过定罪判处财产刑来没收犯罪嫌疑人、被告人的合法财产，只没收涉嫌犯罪的违法所得。无疑，由于不是典型的诉讼程序，被告人不能到案辩解，有可能发生差误。所以在这一章还特别规定，如果犯罪嫌疑人、被告人自动投案或者被抓获，程序应当终止。同时规定，如果没收财产确有错误，还要退还没收的财产并进行赔偿。也就是说，立法预见到了，因为审判时当事人不到庭，没有辩护人，可能会发生误差。为了最大程度地避免误差，因此《刑事诉讼法》在第281条第1款中规定了严格的审理程序，要由中级法院组成合议庭进行审理，同时还在第283条中规定了救济措施。因为被告人根本没供述，也没有辩解，更没有质证，没质证的证据还要使用，作为定案依据，在证据的认定、证明标准上，恐怕就不能和普通犯罪完全一样，就要相对宽松一点。

姜伟　文昌的担心也是有道理的。

张军　财产权是宪法规定的公民基本权利，应当特别予以尊重和保障。是不是涉嫌犯罪，是不是涉嫌犯罪的违法所得，都应该按照法定的程序审理清楚，这也是立法要求依法组成合议庭进行审理的一个考量。也就是说，即使对于被告人的定罪是虚的，不可能实际地处罚、判刑，但是对财产合法所有权人的财产权应该同样予以特别的尊重，给予特别的保护，所以规定了由合议庭进行审理。实践中，法院审理刑事案件，特别是基层法院的简易程序案件，组成合议庭，往往有些并不是很严肃很规范的，但是没收财产案件，一定要由有经验的审判人员组成合议庭。我认为原则上不能由人民陪审员组成合议庭，而必须由有丰富审判经验的法官组成合议庭。因为这类案件审理难度更大，涉及到对政策界限、法律界限的把握，对证据的审查判断和认定也缺乏充分的质证和辩论过程，是不是构成犯罪？构成犯罪以后财产是不是违法所得？与被告人的近亲属、利害关系人形成的对抗怎么来消除？这些都需要有丰富司法经验的法官才可能作出正确的判断，避免今后出现赔偿和救济，避免侵害合法财产所有权人的权利。

田文昌　我想来想去，还是认为证据标准必须要更严格，因为没收程序缺了两个要素：一是被告人的供述；二是被告人的辩解。张军强调法官的经验，我认为，经验只是一方面，经验受到个人条件的限制，如果我们在制定规则的时候证据标准不严格，操作起来还是很难把握。

张军 目前还是缺乏实际办理此类案件的经验,也就没办法严格加以规范,供述和辩解都得不到,证据也都没办法质证,想严格也严格不了。

田文昌 这要看从什么角度来严格规定,张军强调的是缺少一个质证环节,要使用没有质证的证据,所以要相对放宽。我的角度是,正是因为在没有被告人供述、没有被告人辩解、没有质证的情况下,对证据本身的要求才要更严格,要能够更充分地证明犯罪。

张军 没有被告人供述与辩解,其他证据也应当达到确实充分,也应当排除一切合理怀疑。

姜伟 两位讲的我都赞同。一方面,立法机关对这个程序的设计,总体来讲是审慎的,包括审级限于中级法院,包括要组成合议庭审理等,尽管这个案件不公开审理,但也规定了一些必要的程序。另一方面,尽管立法机关很审慎,但目前对这个程序的设计还是粗线条的,在试行过程中可能还会发生这样那样的问题。因为这个程序涉及检察机关和审判机关的关系,所以下一步,最高人民法院、最高人民检察院应该针对没收程序的相关问题,进一步细化法律规定,其中要特别注意两个问题,一个是不能使犯罪嫌疑人、被告人及其亲属在非法行为中获益;另一个是也不能通过没收程序侵害犯罪嫌疑人、被告人及其家属的合法权益。这两方面要怎么兼顾,文昌的顾虑有道理。两高在司法解释中要进一步明确规定,尽管是不公开审理,但对审理的重点、范围、证明的标准,甚至裁判文书的表述,都要进行认真的研究,两高还应当会同有关部门广泛征集意见,在实践中逐渐摸索,特别要借鉴国外相关的经验把这个问题规定得更完备,既惩罚犯罪,又能够保护当事人特别是犯罪嫌疑人、被告人及其家属的合法权益。

四、依法不负刑事责任的精神病人的强制医疗程序(第284—289条)

修改前	修改后
无	第二百八十四条　实施暴力行为,危害公共安全或者严重危害公民人身安全,经法定程序鉴定依法不负刑事责任的精神病人,有继续危害社会可能的,可以予以强制医疗。
无	第二百八十五条　根据本章规定对精神病人强制医疗的,由人民法院决定。 公安机关发现精神病人符合强制医疗条件的,应当写出强制医疗意见书,移送人民检察院。对于公安机关移送的或者在审查起诉过程中发现的精神病人符合强制医疗条件的,人民检察院应当向人民法院提出强制医疗的申请。人民法院在审理案件过程中发现被告人符合强制医疗条件的,可以作出强制医疗的决定。 对实施暴力行为的精神病人,在人民法院决定强制医疗前,公安机关可以采取临时的保护性约束措施。
无	第二百八十六条　人民法院受理强制医疗的申请后,应当组成合议庭进行审理。 人民法院审理强制医疗案件,应当通知被申请人或者被告人的法定代理人到场。被申请人或者被告人没有委托诉讼代理人的,人民法院应当通知法律援助机构指派律师为其提供法律帮助。
无	第二百八十七条　人民法院经审理,对于被申请人或者被告人符合强制医疗条件的,应当在一个月以内作出强制医疗的决定。 被决定强制医疗的人、被害人及其法定代理人、近亲属对强制医疗决定不服的,可以向上一级人民法院申请复议。

（续表）

修改前	修改后
无	第二百八十八条　强制医疗机构应当定期对被强制医疗的人进行诊断评估。对于已不具有人身危险性，不需要继续强制医疗的，应当及时提出解除意见，报决定强制医疗的人民法院批准。被强制医疗的人及其近亲属有权申请解除强制医疗。
无	第二百八十九条　人民检察院对强制医疗的决定和执行实行监督。

近些年来，不具有刑事责任能力的行为人严重破坏社会秩序的情况多发、高发，公、检、法机关办理案件中遇到的不具有刑事责任能力的嫌疑人、被告人的情况也越来越多。主要的原因，一个是社会生活高度紧张、节奏加快、压力大、竞争性强，当事人的精神健康问题越来越多，这是一个社会现象。还有一个原因是当事人及其亲属的权利意识进一步增强，提出嫌疑人、被告人无刑事责任能力，要求鉴定的越来越多。前段时间，某地一个基本没有刑事责任能力的人犯罪被判了3年刑，事件被披露出来后，引起了社会的高度关注。以前类似的情况也有，但没有那么高的社会关注度。在这个大背景下，立法在第五编第四章专门新增了不负刑事责任的精神病人的强制医疗程序，在第284条中明确规定，实施暴力行为，危害公共安全或者严重危害公民人身安全，经法定程序鉴定依法不负刑事责任的精神病人，有继续危害社会可能的，可以予以强制医疗。以前，对精神病人犯罪，有条件的地方送去强制治疗，没条件的地方就没人收管、流放社会，结果这些精神病人继续潜在地危害社会，甚至造成了新的危害；但如果亲属不管，由政府直接送去治疗又缺乏相应的法律依据，涉及鉴定、侵犯精神病人自愿治疗的权利、家属不满意等一系列问题。这次修法作出了明确的法律规定，就使得政府对社会的管理进一步强化，进一步有法可依，也使得这一部分精神病人能够得到合法有效的

治疗,对精神病人及其家属都应该是一件好事。

姜伟 强制医疗本身并不是一个刑事措施,但是为什么要在刑事诉讼法中予以规定?首先,因为强制医疗的对象是法律规定的无刑事责任能力人,这些人严重危害社会,但是在诉讼期间,经法医鉴定为无责任能力人,不能强制羁押,回归社会如果得不到有效监管,又可能继续危害社会,出现这种情况怎么应对?这次修法为了解决这个问题,把强制医疗纳入了刑事诉讼法规定的范围。其次,强制医疗处分是一种社会的保安处分,它不是对精神病人的处罚,而是保卫社会的需要。因为精神病人危害了社会,就要和社会相隔离进行治疗,避免其再次危害社会。最后,强制医疗也是对精神病人的救济,强制的内容是医疗,是将精神病人放到医院里,和社会隔离的同时也是对这些精神病人进行救治。所以强制医疗在性质上是防范救治的措施,这是我们对强制医疗的法律定位。

新刑事诉讼法对强制医疗的启动主体作了重大调整。原来在实践中强制医疗是行政措施,一般由政府主要是公安机关启动程序。修改后的刑诉法规定,强制医疗启动权只限于检察机关和审判机关,其他部门没有强制医疗的启动权力。政府只是作为执行部门,审判机关裁决以后,由强制医疗机构接收精神病人进行救治,这是一个重大调整。

另一个要注意的问题是,对精神病人的强制医疗也涉及相关当事人的权利问题,虽然强制医疗对精神病人而言是一个防范和救助,但是如果是没有精神病的人,就不能强制其到精神病院去接受治疗,这是对人权的严重侵犯。为了预防和避免这个问题,这次刑诉法专门规定了一个审理程序,要听取方方面面的意见。为了保障精神病人的合法权益,同时鉴于实践中这类案件数量很少,我建议,可不可以由法律援助机构为被强制医疗的精神病人指定代理人,在法院审理强制医疗的程序中发表意见,这样便于维护精神病人的合法权益,保证强制医疗措施适用的正确性与合法性。

田文昌 这次修法对强制医疗程序的规定,可以说意义重大,至少解决了两个问题:一个问题就是刚才两位都谈到的,由于没有强制医疗的规定,很多实施了危害行为的精神病人散在社会上继续实施危害社会的行为,属于一种比较失控的状态;另一个问题是,由于没有这方面的规定,一些精神病人还是被作为罪犯处理了,被关进了监狱,没办法治,没条件治,没有专人护理,甚至还得派其他监犯看管他们、护理他们,对精神病人不好,对监狱的看管秩序也不好。所以有了这个规定以后,这种情况可以得到缓解。

但是要注意的两个问题是:其一,按照法律规定,实行强制医疗的前提必须是精神病人的行为构成犯罪,而且是暴力犯罪,如果在行为的危害性上没有达到犯罪程度,就不能对其进行强制医疗,这是在操作上我认为应当注意的一个问题;其二,不管在哪个诉讼阶段,侦查阶段、公诉阶段或审判阶段,任何一个阶段如果发现了这样的问题,都可以由法院作出强制医疗的决定,这也是非常重要的,因为实践中这种情况可能出现在诉讼的三个阶段中的任何一个阶段当中。

我担心的一个更重要的问题是,在实行强制医疗之后的执行问题。虽然法律现在有规定,要对精神病人定期复查,亲属可以提出解除强制医疗的申请,等等,但我认为,在实施当中仍然应该有严格的程序控制。一方面,现在社会上"被精神病"的情况时有发生,在实施强制医疗措施时,要注意防止这种不正常的情况发生。实行强制医疗程序之后,可能有些人在一定的时候就能够恢复正常,如果当他恢复正常的时候没有严格的程序规定,则有可能出现类似"被继续精神病"的情况。另一方面,对于因实施犯罪行为而被强制医疗的精神病患者,还应当有一个严格的解除程序,以防止因不当解除而再发生危害行为。对于这两种倾向都是要引起重视。所以,我觉得在这个问题上应该有严格的程序设计。

张军 　强制医疗程序作为一个新的法律规定,我们基本没有司法实践经验,具体执行还需要一个摸索、完善的过程。能够进入强制医疗程序的犯罪嫌疑人或者是被告人,必须首先已经实施暴力行为,危害了公共安全或者严重危害了公民的人身安全,而且经过法定的鉴定程序,确认为不负刑事责任的精神病人,也就是社会上说的"武疯子"。对他们采取社会救济的强制医疗,必须适用《刑事诉讼法》第284条规定的强制医疗程序,这是需要予以明确的。

对于具体的审理程序,《刑事诉讼法》第286条规定了人民法院"应当组成合议庭进行审理"。刑诉法只是原则性的规定,要组成合议庭进行审理,但是具体如何审理?是不是开庭审理?公诉人到不到庭?鉴定人要不要出庭?都没有规定。在这种情况下,要作出强制医疗的决定,我觉得在程序上还不够周密。所以,《最高法院解释》第529条第1款规定:"审理强制医疗案件,应当组成合议庭,开庭审理。但是,被申请人、被告人的法定代理人请求不开庭审理,并经人民法院审查同意的除外。"开庭审理的,检察人员当然应当出庭,并宣读申请书。然后,法院按照《刑事诉讼法》第286条第2款的规定,人民法院审理强制医疗案件,应当通知被申请人或者被告人的法定代理人到场。被申请人或者被告人没有委托诉讼代理人的,人民法院应当通知法律援助机构指派律师为其提供法律帮助。我理解,这样一条规定也表明被申请人或者被告人是可以不参加法庭审理的。因为按照286条规定的"应当通知被申请人或者被告人的法定代理人到场",说明被申请人或者被告人本人是可以不到场的。《最高法院解释》第530条第2款也规定,被申请人要求出庭,人民法院经审查其身体和精神状态,认为可以出庭的,应当准许。在审理期间,被申请人或者被告人的合法权益还有哪些问题需要再考虑,哪些问题需要保障,被申请人或者被告人的法定代理人或者法律援助律师,乃至其本人都可以提出来,以便在这个审理过程当中得到明确解决。在这里还要特别提及的是,依照《最高法院解释》的规定,法庭受理了强制医疗案件,首先是要查明被申请人是否实施了危害公共安全或者严重危害公民人身安全的暴力行为,这是能否采取对其强制医疗的前提。其次才是要审理清楚其是否属于不负刑事责任的精神病人、有无继续危害社会的可能?前者是"有罪"与否,后者才是强制医疗与否。

田文昌 首先,审理程序要进行,要证明他实施了危害行为,同时危害行为和危害结果之间有因果关系,这两条必须证明。如果他就只是社会上的"武疯子",而并没有实施具体的危害行为和造成实际的危害结果,就不符合强制医疗的条件。这些都要通过正当审判程序来证明。其次,鉴定人必须出庭,要对精神病人的病症进行法庭审理。这两个要素都具备了以后,才能考虑强制医疗的问题。

姜伟 对精神病人强制医疗最大的后果是要剥夺精神病人的自由,使其与社会相隔离。强制医疗不是到监狱,监狱还能和正常人在一起,共同生活,还有一个学习、劳动的环境。到医院去强制治疗,周围都是精神病人,如果被送去强制医疗的人不是精神病人怎么办?那是非常痛苦的,后果非常严重。实际上对暴力犯罪的当事人来说,要给他贴上精神病的标签比无期监禁还痛苦。所以,我们国家规定的这项制度,千万不要变成变相折磨当事人的一种方法,这非常重要。

在国外,对暴力犯罪的精神病人,法官可以直接决定强制医疗,当事人和律师往往不愿意被鉴定为精神病人,强制医疗比判监禁还痛苦,特别是国外的刑期都比较短。当然,国外也规定了定期检查报告，我们国家也规定"应当定期对被强制医疗的人进行诊断评估"，但解除强制医疗还有一个后续的审查程序，比较复杂。所以律师应当注意，当你的当事人被鉴定为精神病人的时候，一定要格外慎重，不要以为无罪了，不负刑事责任了就胜诉了，实际上可能会对当事人的合法权益造成更重的损害。

第八编 关于新刑事诉讼法的司法解释的对话

一、司法解释出台的背景介绍

田文昌 刑事诉讼法修改后,公、检、法、司纷纷出台司法解释,我认为主要有两个原因:

第一,新刑事诉讼法在操作性上存在不足,需要司法解释加以弥补。

这个问题是我在整个修法过程中比较深刻的感触之一。这次修法,时间跨度长、动员力量广泛、社会关注度高,从内容表述上看,在原则性问题上作出了一些突破性规定,迈出了可喜的一步。然而,由于在具体条文中缺乏保障性条款,致使立法规定中的一些内容在实际操作中可能难以得到落实,甚至会流于形式,这是一大遗憾。所以我对这次修法的评价一直坚持"理念的进步与保障的缺失"的观点。正由于如此,就需要通过相对具体、详尽的实施细则来弥补这种缺憾。

第二,各方利益不均衡,需要通过制定实施细则争取利益。

因为立法经验的不足和各方尚存争论,导致操作性的空白与缺憾,这是我们面临的现实问题。由于这样的现实存在,所以在新刑诉法实施之前,各相关部门都非常急切地制定实施细则,是有一定理由的。一方面是因为,具体实施法律需要各相关部门参与,如果没有操作性,在具体实施过程中就会产生争议,不知道怎么做才是符合法律规定的。另一方面是因为,立法过程中就有一些争论、存疑的问题没达成一致,各相关部门寄希望于在细则中尽量表达自己的意愿,争取自己的利益。所以在公、检、法和律师四方面的实施细则中,各有各的想法,各有各的诉求表达。我认为,各相关部门有部门利益的考虑,争取自己的权利,这种做法也无可厚非,体现了立法和司法的民主化进程,但维护法治和公正司法仍是基本前提。

在这几部分别制定的细则中,明显涉及几方利益互涉的问题。还出现了由全国人大常委会法工委牵头六部委制定的解释,这也是在中国现阶段立法司法不够成熟的情况下必然出现的现象。我想我们三个可以针对细则的规定,就相关具体问题进行讨论。

张军 刑诉法出台后,公安部、最高人民检察院、最高人民法院都出台了相应的规范性文件或司法解释,全国人大常委会法工委牵头出台了最高人民法院、最高人民检察院、公安部、国家安全部、司法部、全国人大常委会法制工作委员会六部门《关于实施刑事诉讼法若干问题的规定》(以下简称《六机关规定》)。我原则上赞同田律师刚才的大致考虑。为何刑诉法出台后,各家还要出司法解释,而且出很具体的司法解释?《刑事诉讼法》是290条,《最高法院解释》是548条,《检察院规则》是708条,《公安机关办理刑事案件程序规定》(以下简称《公安机关规定》)是376条,《六机关规定》是40条,总计是1962个条款规范我国的刑事诉讼程序问题,可谓规范空前严密。我觉得是由两方面原因决定的:

第一,司法需要。由于刑诉法本身作为国家立法,它应该制定总体原则,而刑事诉讼活动恰恰是由许多细节构成的,不同部门在刑事诉讼活动中所处的地位不同,需要就具体流程作出更确定的规范。规范的目的是为了更好地执行刑诉法。从这个角度来讲,应该是司法需求决定了要出台司法解释。这次刑诉法修改尽管我们修改了一百多条,但许多细节没有规范,事实上在一部法律中也难以全部规范,所以产生了出台司法解释的需要。

第二,国情决定。我国幅员辽阔,各地政治、经济、文化发展不平衡,一方面,我们要维护国家法律和政策的统一实施,另一方面,各地经济、社会条件不同,司法人员素质参差不齐。在这种情况下,对同一部法律怎么理解、执行,就需要相关司法部门作出统一的解释,对一些容易产生误解的问题统一规范,进行澄清,有利于确保各地司法人员遵照执行,这是符合中国国情的。

姜伟　《刑事诉讼法修正案》于2012年3月14日通过,至2013年1月1日开始施行,经过了近10个月的准备时间。准备时间之长一是因为此次修法对刑诉法作了大幅度的修改,公、检、法、司各有关机关及律师要学习研究如何贯彻落实好新刑事诉讼法,知道有哪些修改、如何在工作中适应,这是一方面。另一方面公、检、法、司各相关部门要对刑诉法的原则性规定在具体执行中作出细化的规定,这些都需要时间进行必要的调查研究。而且,各部门就互涉问题作出的本部门规定,与其他部门也必须达成一致,这也需要有一个磨合的过程。新法2012年3月份通过,跨年度执行,就是要从这两个方面做好准备。

我认为,公、检、法、司作出相关解释是贯彻执行法律的必需,也是最高人民法院、最高人民检察院、公安部、司法部的职责所在。刑诉法颁布后,公、检、法分别就刑诉法作出执行上的具体解释,《最高法院解释》是548条、《检察院规则》708条、《公安机关规定》376条,在此基础上,六机关出了一个互涉问题的规定即《六机关规定》共40

条,这几家对于刑诉法在执行中的解释、细则性的规定、互涉问题的明确,一共是 1672 条。刑诉法本身也不过 290 条,平均下来,一条刑诉法的规定有五六条的细化解释。我认为这是完全正常也是非常必要的,在我们国家,尤其必要。我国改革开放 30 多年,1979 年开始统一实行第一部《刑事诉讼法》,我们在诉讼方面的经验总结、理论探索和规范创新,应该说有了比较扎实的基础,取得了相当巨大的成就。但作为一个还在完善法治建设的国家,我国的法律制度与西方国家不同,事实上,每一个国家的法律制度都不尽相同,我国的司法和执法环境特别需要我们总结自己的经验,作出符合我国经济社会发展规律、符合广大人民群众法律意识还在不断提升的这样一个阶段特征的细化的规定。而法律只能作出原则性规范,这是完全符合我国国情特色的。

张军 这几个部门的司法解释突出体现了两方面特点。一是针对性。各家都针对有关具体问题作出规范性解释,对有些条文的解释属于强化,有些属于细化,还有一些是作出具体说明避免存在误解。这就是根据实践需要而制定的。如果刑诉法规定得很清楚就没有必要了。二是可操作性。一部法律的生命在于实施。刑讼法的贯彻实施过程,可能更为重要。为了保障刑诉法最终能够得到贯彻实施,各家的司法解释都对刑诉法的可操作性作了一些更具体的要求。

姜伟 几个部门的司法解释出台后,不要说社会上,即使在我们内部也有不同声音。有些人认为,法律应该规定得再细一些,那样就不需要各家再作出更细化的规定了,这是一个理想化状态。法律规定的是原则性问题,实践中总会遇到难以预料的新情况新问题,所以制定司法解释是必须的也是必要的。

至于这些刑诉法司法解释的出台是否能确保符合立法的本意,

从这些规范性文件出台后了解到的情况,应该是完全可以放心的。每个部门的司法解释在起草过程中,按照工作程序的要求,必须分别送其他部门征求意见,在征求意见形成相对成熟的文稿之后还要广泛征求社会意见,征求专家学者、所属部门系统的意见。然后还要统一送全国人大常委会法工委进行审查,意见中的许多规定会在这个过程中进行重要的修改和完善。审查程序、征求意见的过程最大限度地做到了每一条解释规定都符合立法的本意,符合实践的要求,否则不可能被最终公布出来。换言之,虽是以各家名义各自出台的解释规定,却在各个部门内部征求意见时已经统一观点、达成共识,且都已经经过立法机关逐条审读,提出修改意见加以完善了。即以各家名义出台的解释,实际上是立法的细化,得到了相关部门和立法机关的认可。

张军　在各家的规范性文件、司法解释之外,全国人大常委会法工委为什么联合六机关制发规定,就互涉问题作出专门的解释呢?新刑诉法公布后,各家纷纷制定出台规范性文件、司法解释,如果各家在规范性文件、司法解释中规定的不一致,会产生新的问题,引起新的争议,不利于刑诉法统一正确地实施。涉及各家共同的问题,联合发布实施细则确有必要,这就需要法工委牵头。这是六机关共同出台司法解释性质规定的一个原因。第二个原因,1996年修改刑诉法时,六机关就出台过司法解释性规定。新的刑诉法实施后,涉及上次六机关的规定是否失效的问题。由六机关根据修改后的刑诉法出台新的司法解释性质规定,有利于用新的司法规范取代旧的司法规范。如果此次六机关不联合发布司法性质规定,也要发文废止上一次的司法解释性文件。

姜伟 对于那些比较突出的争议性问题，各家用自己的规定难以统一的，在互涉问题上采取了由最高人民法院、最高人民检察院、公安部、国家安全部、司法部、全国人大常委会法制工作委员会联合作出互涉性问题的共同规定的办法。这个规定在法律形式上没有明确界定属于什么性质的规范，但在实践中、在实际效力上，可以说仅次于国家法律。在具体执行中、理解上，如果公安部、最高人民检察院、最高人民法院的解释规定与《六机关规定》有不同的地方，《六机关规定》要优于各家自己的规定。这在实践中已经形成了共识，没有任何问题。

有些具体的规定在有关部门建议下或立法机关审查过程中，在各家的解释里面被删掉了。考虑到删除后执行中可能会出现对法律的不同理解，导致法律难以统一执行，为反映立法本意，《六机关规定》对此作了明确规定。

还有些互涉性的问题难以由各家自己作出规定的，而刑诉法又只能作出原则性的规定，比如审前程序如何细化，是叫庭前会议还是叫什么名称，法律没有明确规定。但这个审前程序又涉及控辩双方的权益，涉及法院在什么情况下、如何去召集，要解决哪些问题，总要有一个概念性的东西便于大家共同遵循。所以这个问题就在《六机关规定》里就把它解决了，像法律一样规定下来，公、检、法、律师共同遵守，问题就明确了。

对于有些问题，立法中有些部门的不同意见，立法时没有被采纳，但实际操作中却可能违反法律的本意，这些问题虽然仅仅涉及一家，但也要作出明确的规定。比如法院审查公诉的时间，原来不记入审限，这次在《六机关规定》里就有了明确的规定。只涉及一个部门的规定，但是由互涉部门共同作出规范，目的是防止有关部门没有作出细化规定，而在实践中变通执行，没有正确理解和执行法律，这样的规定显然也是非常必要的。

张军　　总的来说，这次几家的司法解释、细则在刑诉法正式实施之前都出台了，有利于刑诉法统一正确实施。

我还要强调一点。新刑诉法在实践过程中，难免还会出现这样或那样的问题，经过一段时间，可能还会有相应的单项司法解释出台，来满足司法实践中的需求。这也是为什么刑诉法法律条文规定的比较原则，而司法解释条文规定的比较具体的原因。因为法律需要稳定性，不能够经常变动，而司法解释具有灵活性，根据实践的需要可以作及时、适当的调整。

当然，在解释法律时一般要遵循几个原则：一要合目的性，符合立法精神和诉讼宗旨；二要有合法性，法律没有规定的事项不能解释；三是权力的谦抑性原则，作为公权力机关和司法机关，在作出解释时，要尽量约束自己的权力，规范自己的诉讼活动；四是权利保护原则，在刑事诉讼中要保证公民的合法权益，保护犯罪嫌疑人、被告人及其他诉讼参与人的合法权益。这是程序正当性原则的本质。我想只有基于以上四个原则，司法解释才会发挥它的正当作用，才会真正有利于刑事诉讼法的贯彻实施。

姜伟　　还有一个问题需要注意，就是新《刑事诉讼法》共有290条，条文已经比较多了，再加上各部门共1672条对法律的细化理解，在执行当中如果不充分研究、学习和理解，不可能正确地执行。对这些规范做到全部熟悉了解需要一个过程，需要在实践中逐渐熟悉，然后严格地贯彻执行，这也要有一个过程。司法人员需要有一个工作上的、心理上的、执行上的准备，要尽快做到严格贯彻落实。

田文昌　　通读《最高法院解释》，有些规定很有意义、很有价值，但有些可能存在争议。

比如《最高法院解释》第47条第2、3款规定："辩护人查阅、摘抄、复制案卷材料的,人民法院应当提供方便,并保证必要的时间。复制案卷材料可以采用复印、拍照、扫描等方式。"这个细化规定就非常有必要。在立法讨论时我就提出来,能不能把复制案卷材料的具体方式在刑诉法中明确写出来,因为司法实践中我遇到过各种各样的问题,有的地方只能复印不许拍照,有的地方只许拍照不能复印,有的地方只能扫描,有的地方还只能摘抄。照理说这样的问题不应该发生,而且这么具体的问题也不太好写进刑诉法,其实也不用写,因为复制是原则,方法是可以选择的。但实践中又确实出现了大量的问题,怎么办?现在通过司法解释明确列举出来,很有价值。为什么我说很有价值、非常重要呢?因为随着我们办案工具的进步,现在的案卷材料越来越多,以往的辩护人查阅、摘抄,已经不能实现有效阅卷了。前年我遇到了一个案子,案卷材料达到 700 多本。今年在不久前又遇到一个案卷数量之最,1886 本案卷。怎么复印?怎么摘抄?根本不可能,太可怕了,拍照是最快捷最节省资源的方式。这又涉及另一个问题,我很奇怪,为什么会有这么多案卷?1000 多本,将近 2000 本,这得动用多少资源啊!我认为,根据案情需要多装订案卷是没错的,但也不需要一两千本案卷啊。形成这个案卷本身需要的资源、控辩双方复制查阅分析的资源、法院审判资源,加起来要多少资源啊!这是司法资源的一种浪费!真是不可思议。我想我们在侦查环节上应当认真思考如何改革侦查方向和方式问题。这是题外话了。回过来讲,我认为,有些解释确实是很有意义很有价值的。

还有《最高法院解释》第 49 条规定,辩护人认为在侦查、审查起诉期间公安机关、人民检察院收集的证明被告人无罪或者罪轻的证据材料未随案移送,申请人民法院调取的,在解释里明确写上了"人民法院接受申请后,应当向人民检察院调取",这很重要。这个问题在立法时也讨论过,原来我记得表述是"可以"或者是"认为有必要的"。我当时就一再提出来,这个权力不应当太灵活,仅仅是"可以"或"有必要的"就太灵活了,因为按照诉讼原则,从维护公正的角度,公诉机关有义务把有利于被告人和不利于被告人的所有案卷材料都提交。所以我坚持提出"应当"调取,现在《最高法院解释》明确了"应当"调取,这是非常重要的。

张军　确保程序正当,给律师以法律规定范围内的最大方便,就是给司法公正以更大保证。因为在我国法治建设的现阶段,对律师总体权利的保障不够,一些法官还没有认识到控辩平衡的诉讼结构才是公正的基础这一问题,因而往往对极个别律师违反法庭规则看得很严重,对律师群体在施行刑诉法中所起的作用却重视不足、给予便利不够。这是在施行新刑诉法及其解释中要特别注意的。

二、辩护律师的调查权问题

1. 辩护律师申请司法机关签发准许调查书

田文昌　《最高法院解释》第50条规定,辩护律师申请向被害人及其近亲属、被害人提供的证人收集与本案有关的材料,人民法院认为确有必要的,应当签发准许调查书。这是我站在律师角度非常欢迎和支持的。但在《六机关规定》第8条中规定,对于辩护律师申请人民检察院、人民法院收集、调取证据,人民检察院、人民法院认为需要调查取证的,应当由人民检察院、人民法院收集、调取证据,不得向律师签发准许调查决定书,让律师收集、调取证据。对于这两条规定的理解,似乎应当有一个统一的认识。

张军　根据法律规定,辩护律师不得随意向被害人调取证据,这是一个原则性规定。我也注意到,《六机关规定》中第 8 条指出,辩护律师申请司法机关收集、调取证据,司法机关认为需要调取的,应当自行收集、调取,不得向律师签发调查令。在实践中,有些法院、检察院可能确实工作任务很重,一些证据确实有必要进行调取,但因为忙不开就不去了,因此不同意调取。在目前的规范下,是否有必要进行调取证据的自由裁量权完全在法官、检察官,如果他们认为调取这个证据没有必要,可能就拒绝了。

对这个问题,我的观点是,在今后的执行中,只要律师提出来申请收集、调取有关证据,法院就应当去调取。在最高人民法院讨论这个解释的时候,我的主张是法院可以签发调查令。这样规定的好处是,司法机关的工作也相当繁忙,工作任务很重,需要调查取证的,签发一个准许调查令,律师拿着调查令去调查取证,相关部门会支持配合律师的工作,会大大节省司法机关的工作时间。我认为,无论检察院、法院还是律师收集、调取证据,目的都是拿到证据,而不在于是谁去取证。现在《六机关规定》中作出这个规定,形式上看是对律师执业的保护,但实质上在操作不当或遇到司法机关业务繁重、忙不开的情况下,律师想申请司法机关拿到证据就几乎不可能了。所以,一项规定是否更合理、更符合我国当下的司法实践,往往不能简单地以立法者的主观愿望去判断,还要辩证地结合实际工作、司法环境去考虑。

姜伟 为什么要这么规定?签发调查令表面上支持了律师,可实践中为何律师还要请求法院、检察院调取证据?实践中,法院签发的调查令,法律效力如何?相关的个人或单位是否看到调查令就一定配合?律师认为拿到调查令后,相关个人或单位仍然不予配合,仍然不一定能拿到证据,所以向法院、检察院提出来,由法院、检察院自己去调取,因为司法机关去取证更容易得到配合。从道理上来讲,我倾向于张军的观点,律师申请收集、调取证据的,法院都应该调取。但这里加了一个审查环节,实践中,可能会带来误读。

张军　这不叫误读,《六机关规定》第8条写得很清楚,法院、检察院认为不需要的,就可以不去调取,这样规定是不合适的。法院签发调查令,很多问题就都解决了。法院不需要去,律师拿着调查令就能办到了。至于姜伟说到的有一些律师拿着调查令就像拿着鸡毛一样没有用,到头来律师还会回来找法院、检察院,申请法院、检察院去调取的情况还是少数。这时,经过律师拿调查令调取这道程序后,法院剩下的工作量可能就是10%或30%不到,工作压力大大减轻了,剩下的可能属于确有必要由司法机关工作人员调取的证据,司法机关工作人员也有精力去调取,这样才有利于法律的执行。但就这个规定本身来看,它更严格、更规范、更有利于律师搜集证据。然而结合司法实务工作,它却又复杂得多,恐怕新规定操作起来不利于律师工作。

田文昌　仔细分析下来其实这两条规定也不矛盾。《最高法院解释》第50条是规定辩护律师直接向法院申请调查的,需要调查令。《六机关规定》第8条是规定辩护律师申请人民检察院、人民法院调取的情况。两种情况不一样。但是我认为《六机关规定》中第8条的内容没有必要对调查令问题加以硬性限制。法院、检察院可以自行调取,也可以向律师签发调查令。看来,我们三人在这个问题上观点是一致的。

2. 律师申请司法机关收集、调取证据

田文昌　《最高法院解释》第51条规定,辩护律师申请法院收集调取证据的,人民法院认为有必要的应当同意。实践中由于《刑法》第306条的问题,律师调查的比率连5%都不到。有些地方律师协会、司法局

明文规定律师不能调查,禁止调查是为了保护律师执业安全。有时我们冒着风险调查,很多人都不理解,觉得这样做风险太大、胆子太大。在这样的现实情况下,我觉得我们应当鼓励律师调查取证,应当支持律师去调查取证。律师作为专业人员,是不会无理取闹地去调查取证的。在美国等西方国家,律师可以雇用私人侦探去调查,其实也是律师自己行使调查权。

律师的调查权之所以重要,是因为控辩双方调查都有各自的取向,控方是为了指控犯罪,它往往倾向于调查嫌疑人、被告人构成犯罪以及情节较重的证据。而辩方是为了证明嫌疑人、被告人无罪或者罪轻,更倾向于收集、调查对嫌疑人、被告人有利的证据。比如同样的向证人调查询问,侦查机关和律师询问的关注点就不一样,往往侦查机关只问了问题的一个方面,而忽略了另一个方面。所以说律师的调查权是非常重要的。

姜伟 我赞同律师应该有调查权,因为诉讼的角色不一样,出发点也不同,问到同一个证人,问的角度也不一样。侦查机关、公诉机关关注的问题、询问的细节,可能跟律师不同。所以,对同一个证人,尽管侦查机关、公诉机关已经取过证,律师根据工作需要,基于辩护人的角色,可以对证据进行核实。针对某些问题,可能侦查机关、公诉机关没有问到,律师应进一步去核实,这是非常有必要的。正是通过对这些细节的挖掘来实现公正。

回到《最高法院解释》第 51 条,对律师申请人民法院收集、调取证据的规定,我想作为法院应该支持、帮助律师获取证据。这样最终将有利于公诉人员、审判人员查明真相,最终得到一个公正的诉讼结果。

张军 我补充一点。针对《最高法院解释》第 50 条和第 51 条的规定,我认为，虽然解释规定的是人民法院认为确有必要的，应当签发准许调查书或同意直接去收集调取，但在司法实践中应该把握的是，只要律师提出来，就应当签发准许调查书或者直接调取相关证据或者通知证人出庭作证。因为是不是有必要，不能只站在法院审判角度去判断，律师考虑的案件具体情况往往与法院考虑的角度是不一样的。有些律师没到开庭，他的辩护意图未必和法院讲清楚了。另外，有些证据即使我们认为没有必要，但没有接触时怎么知道有没有必要呢？接触后可能发现有新的情况出现，所以司法解释才拟定为"应当"签发准许调查书或"应当"代为调取。

从另一个角度看，法院是审判机关，对于案件的判决结果在程序上实体上是否公正承担着最终的责任。既然是居间裁判，如果因律师申请调取证据而我们判断认为不需要，没有签发调查令或代为调取，影响了案件的公正处理，案件没有处理妥当，法官还是要承担责任，法院也要承担责任。所以从这个角度看，法院也要把可能有利于公正司法的诉讼事务尽最大可能做到极致，能够收集到的、可能收集到的证据材料都要尽力去收集，而不能还没看到或不清楚证据怎么回事时就判断不需要收集。所以，我认为从严肃、公正执行法律和恪守法官职业道德角度来看，我们都应当尽力支持律师庭下的准备工作。

姜伟 不管证据对案件审理最终发挥了什么作用，仅从程序公正角度来讲，为提高法院裁判的公信力，在程序上尽量不要有瑕疵。如果律师申请调取证据，法院积极配合，哪怕证据最终没有发生作用，都体现了程序的公正，有利于提升司法公信力。如果没有准许，起码在程序上会有瑕疵。

张军 从实务角度和我国法治建设进程看，律师在一些司法过程中，在控、辩、审三方中往往处于相对弱势的地位,介入案件时间晚,而且是以个人身份介入和接触证据的,而公安机关和检察机关办案是靠国家机器的权威和资源去收集证据,两者有天壤之别。在这种情况下,对于律师申请调取证据,更应当给予特别支持,不能以自己忙不忙等因素来决定是否调取。这时如果没有明确规定"应当",大部分人可能就不去积极调取了。

田文昌　其实,这里面还是涉及一个理念问题。几十年来,律师调查权问题一直都障碍重重,而且争议颇多。原因主要来自两种认识:一是担心律师调查会妨碍侦查,是与侦查机关唱对台戏。二是认为律师调查的必要性不大。这两种认识都是对律师职能和作用的误解。

姜伟　首先,对这些律师应该支持;其次,应当尊重律师的权利;最后,这样做有利于程序的完善、公正。通过律师调取证据,帮助法院查明事实真相,提升司法的公信力。

3. 人民法院收集、调取证据材料时的律师在场问题

田文昌　还有一个亮点,《最高法院解释》第 52 条第 1 款规定:"辩护律师直接申请人民法院向证人或者有关单位、个人收集、调取证据材料,人民法院认为确有收集、调取必要,且不宜或者不能由辩护律师收集、调取的,应当同意。人民法院收集、调取证据材料时,辩护律师可以在场。"

过去实践中经常有公诉人或法官单独或共同去核实证据材料,这次立法和司法解释这样规定,可以说是一个突破。如果法官核实证据,控辩双方都应该在场,单方不能核实一方证据,至少法官或控方不应当单独去核实证据。"可以在场"一方面是给了律师一个权

利,但是另一方面,我担心的是,解释规定"可以",执行起来可能因为认识不到位仍然会有偏差,仍然不通知律师到场。为什么就不能规定"辩护律师应当在场"呢?希望两位说说实践操作中怎样保证律师在场的问题。

张军　从理论上说,法官应该明白收集调取证据材料的目的是什么?是应辩护律师提出的要求去依法履行职责。辩护律师站在辩护的角度与检察机关站在指控的角度收集调取证据的出发点是不同的。就算是同样的证据材料,在现场,证人是如何表述的,语气是迟缓、迟疑还是很自然,控辩双方在使用证据时都会有不同考虑。这样细微的内容,包括询问、追问有关细节,因控辩角色的不同,会有不同的内容和关注点,所以,应该有律师在场。因此在取证时,要征求在场律师意见,看看有无进一步询问的必要,律师认为没有了,取证工作才能结束。否则拿回来的证据律师认为问得不到位,还要再去。如果不去,律师会认为自己想问的还没问到,因此申请通知证人出庭,可能因此影响办案的质量和效率。

至于为什么在《最高法院解释》第50、51、52条都写的是"法院认为确有必要的",才"应当"支持律师的请求?因为最高人民法院在制定解释时充分听取了地方法院的意见和建议,地方上确实存在极为繁重的审判任务,因此需要法官来判断哪些是最需要的,哪些不是必须的,这是一个考虑。还有一个考虑是因为律师水平素质不一,对需要与否的判断也不都一样,司法资源又有限,很难按照律师意愿都去调取证据,比如跨省市的,由于证人一时难以找到等原因,如果写上一律"应当",没调取或找不到证人就不能开庭,会影响司法效率甚至使案件审理超出法定审限。所以,《最高法院解释》是经过很复杂的考虑,才作出这样的规定的。

我想在今后的法治建设过程中,法院,特别是一审、二审法院,应该有这样一个机构和一批人,就像执行机构一样,专门负责调取证据,要有手段和相关技术保障,专门负责接待、执行这方面工作,而不能只由具体办案审判人员或书记员负责,这样才能确保立法本意得到切实贯彻执行。

姜伟 刑事诉讼的价值是多元的,起码诉讼的及时性和公正性要有保证,即我们常讲的公平与效率的问题。律师提出需求法官都要配合的话,可能损害效率,反之,法官对律师的诉求不予尊重的话,又不利于公平。所以刑诉法的司法解释就把这个权限给了主审法官,由他来权衡处理,这是目前中国司法现状中唯一可选方式。授权给法官也带来一个问题,可能同类案件因为不同法官认识不同,导致处理结果也不同。这也是目前不可避免的问题,随着实践发展,司法解释应该还会调整,但总的原则还是要兼顾公平与效率。

田文昌 现实中确实有一些法官在法庭上特别明显地违反法律规定,在这种情况不是极其个别存在时,给法官过多自由裁量权是有问题的。任何国家法治建设过程中都有一定的必经阶段,在法治建设初期,人们的法治理念还没有很成熟时,法律应当尽量具体化,不宜过于灵活。当法治理念比较成熟时,法律可以逐步灵活,现在如果灵活性过多可能会带来负面效应。

三、采取技术侦查措施收集的材料作为证据使用以及相关保护措施的规定

田文昌 《最高法院解释》第 63 条规定:"证据未经当庭出示、辨认、质证等法庭调查程序查证属实,不得作为定案的根据,但法律和本解释另有规定的除外。"对这一条解释应当如何解读?

第八编 关于新刑事诉讼法的司法解释的对话

张军

　　《最高法院解释》第63条主要是根据本次刑诉法修改增加的技术侦查措施规定而作出的。《刑事诉讼法》第152条明确规定："依照本节规定采取侦查措施收集的材料在刑事诉讼中可以作为证据使用。如果使用该证据可能危及有关人员的人身安全,或者可能产生其他严重后果的,应当采取不暴露有关人员身份、技术方法等保护措施,必要的时候,可以由审判人员在庭外对证据进行核实。"

　　由审判人员在庭外对证据进行核实的意思是,针对特定证据材料进行核实的具体工作过程中,律师、公诉人都不能在场,只能由法官进行核实,形成内心确信。这是法律的一个特别授权,也是对有关人员的保护。这样规定的背景是,最高人民法院在死刑复核中,遇到很多通过技术侦查手段获得的走私或者毒品犯罪的证据材料,在法庭上律师要求质证。从调取的证据上看,仅仅只有结果,得来的过程、提取笔录等都没有。我们跟检察、公安机关了解,得知是通过技术侦查手段获得的证据材料。这样一来,根据原有关规定就没办法质证了。还有一些案件我们不了解证据是如何得来的,又有其他证据表明这个证据不客观、不真实,按照原有关规定我们不能看证据来源,不能进行核实,但又必须作出判断,最后法官为了确保万无一失,只能在裁判上留有余地,就是应当依法判处死刑的,留有余地没有判死刑。这个问题在立法过程中反映了出来。有一次,我们在司法改革问题研究中讨论到相关问题时提出来:这种技术侦查措施,随着经济社会的发展和法治的完善进步,应该解密,不能再作为不能在法庭上公开的证据形式。我们的意见得到了中央政法委等有关部门的支持,并落实在了这次法律规定当中。根据这个规定,现在采取技术侦查手段获取的证据,质证过程不完全向当事人公开,这并不是对人权的侵犯,实质上通过技术手段获得的证据材料已经是公开形式,但对于取证涉及相关的人和具体采取什么方法,仍然应当作为侦查秘密,目的是为了保护相关人的安全和侦查方式,以便于以后继续使用。

所以法律才作出这样一条规定,明确使用秘密方法取得的证据材料,法官可以核实,不能限制法官的核实。我想公安机关、检察机关都会支持法院的工作。法官通过核实、查看秘密证据的取得方式,由此形成内心确信,在法庭上应该告知对该证据法庭进行了证据核实,认为符合法律规定的程序和取证方法,这个证据可以客观证明相关事实与情节,请公诉人和辩护人能够认同,也就可以了。

姜伟 我认为这是一个价值平衡的问题。本来核实证据,辩护人应当参与,是程序公正的基本体现,但为什么法律在这个问题上把辩护人和公诉人都排除在外,其实是出于更高层面的权衡。因为在秘密取证问题上,涉及到信息来源问题,涉及到国家安全问题,如果知情人越多暴露的风险就越大。这是一个代价问题,就是我们要付出多大的代价来维护情报来源和国家安全。为了保护信息源,这类证据最初法官也不能看,现在在考虑国家安全和信息人安全的同时,还考虑到司法程序公正的问题,即要不要法官介入,最后的结论是法官了解情况是必要的。所以,我们在常规程序之外,有了这样一个例外,即辩护人、公诉人都不参与,由法官来核实。

程序公正之上还有国家利益问题,所以对这个问题应当正确理解和把握。

田文昌 对这个问题我跟你们两位有不同意见,我认为《刑事诉讼法》第152条不能支持《最高法院解释》第63条的规定。庭外核实可以,但有几个问题:

第一,按照原来的做法,侦查或控诉一方采取秘密手段获得的证据,都不向合议庭出示,这肯定有问题,不能单方证明自己的正确性。现在立法规定进了一大步。

第二,采取技术侦查手段获得的证据必须向法庭公开,而向法庭公开要不要经过当事人质证,这是重大的诉讼原则问题。从我国颁布施行第一部刑诉法开始,一个基本原则是据以定案的一切证据都要经过当庭质证,而质证权的主体是被告人,任何情况下都不能不经被告人质证而给被告人定罪,这是重大的原则问题。

我们讨论这个问题的意义在于,对这个解释怎么理解和解读?比如刑诉法规定,保护证人可以采用改变声音、不暴露形象等方式,国外有这样的规定,我们也是这样规定的。为什么要这样规定?就是为了保证被告人的质证权,让被告人能知道是怎么回事。

张军　这样的规定不是说根本不让被告人知道就能定罪,采取技术侦查措施取得的证据能够证明被告人的行为,这样的结果要让被告人知道。比如说被告人在某年某月某日与某某的通话中讲到了提起犯意、杀人的过程和最后实施的结果,商量了如何逃跑。这个有录音或者有根据电话作的详细记录,必须在法庭上出示、宣读,但有些情况下依法可不需要质证。因为质证就需要去核实证据是怎么来的?谁听到的?用什么手段听到的?这些一律不在法庭上介绍。法官如果对这个证据认为有核实必要的,休庭后在庭外找相关部门和收集证据的人员去核实,甚至可以听听录音,然后作出判断。在法庭上则要概要说明刚才讲到的证据是否客观真实。法官形成确信就可以,不需要把法官核实证据的过程拿到法庭上来质证。这应该是《刑事诉讼法》第152条规定的立法考虑。

田文昌　我的理解与张军有区别。比如一个录音,是用秘密侦查的手段拿到的。对这个录音,法官可以先核实,直接去听或询问来源,但法官核实后还得当着被告人的面放给他听,只是为了保护相关人员和侦查手段,可以采取改变声音频率等方式播放。

张军 　　法官在法庭上会主持这样的质证,被告人某年某月在与某某的通话时讲了什么内容,这个内容可以证明被告人参与了犯罪,对此案有责任。至于证据是怎么来的,什么情况下讲的,不用在庭上讲,法官可以庭下去核实。

田文昌 　　具体来源可以不让被告人知道,但内容必须要让被告人知道。

姜伟 　　《刑事诉讼法》第152条规定的是例外情况,庭外核实是例外,在必要的情况下才庭外核实。"必要"的情况分两类:其一,法官不了解证据可能不能裁判案件;其二,如果庭上出示证据可能危及证人安全或损害国家利益。只有在这两种情况下才会庭外核实。

　　在这种情况下要不要质证?如田律师所言,质证是犯罪嫌疑人、被告人的基本权利,但如果行使这一权利可能危及其他人的生命安全,这就涉及价值判断问题。如果庭上质证会造成严重结果,就不能质证,可能庭审只要提供证据内容,当事人就能猜到信息源是谁,所以不能因为行使质证权利而危害他人生命,甚至连取证环节都不能告诉当事人,只能由审判长、主审法官来核实。这是一个价值判断问题。

田文昌 　　怎么能确保不冤枉人?法官就能保证单方公正吗?法官公正的前提是要质证,不能靠主观判断。

张军 　　法庭、法官依照刑诉法规定主持进行的庭审活动,当事人、律师是有权提出异议的。但是,除非能举证说明法官的哪一行为违反程序法规定,可能导致审理不公正,否则就是公正的。

姜伟 　　在这个问题上立法者作了权衡,认为被告人的质证权利低于其他人的生命安全,所以这时就把权力授予了法官。

田文昌　其实我们现在讨论的是如何对法律进行解读的问题,我与你们的意见的区别在于,核实可以,但无论如何都要把证据内容向当事人公开。

张军　前面已经把问题讲清楚了,并不是不把证据内容拿到法庭上来、不让被告人知晓,而只是这个证据是怎么取得的,是否确实、可靠,法官可以依法庭下核实。这里再明确一下证据核实问题。举一个我在复核死刑中遇到的真实案件,只有一个电话录音,根据电话录音整理的文字材料显示,被告人在案发时与另一人通话,从通话内容看,被告人确实在指挥如何走私和运输毒品。在审理这个案子的时候,被告人反驳称不是他说的。我们就产生了疑问。这是技术侦查取得的材料,这部分材料的具体内容在法庭上也公开了,公开了什么内容呢?被告人在与他人的通话中指挥如何走私和运输毒品。如果被告人承认,案子就没有问题了。现在被告人不承认,按照修订前的刑诉法这些证据不得在法庭上出示,法官也无权核实。在这种情况下我们作出了留有余地的判决,最后没有判处被告人死刑。按照修改后的刑诉法,法官可能要庭外核实这份录音。公安机关、安全机关要拿出录音让法官听,必要时就声纹进行鉴定,这个核实的过程依法可以不公开。经过这样的庭外核实,法官对证据的真实性、可靠性认可了,法官回来就可以在法庭上讲:经过庭外依法核实,被告人说话的这个录音不是他讲的,或者确实是他讲的,司法机关进行了鉴定。这就是证据核实。

田文昌　被告人不承认某一项证据时,法官经核实后,必须告诉他这是技术侦查手段得来的录音,可以变声后让被告人听,重点是要让被告人听证据内容,庭外核实不是变调,变调不需要庭外核实。

张军　　这个问题前面已多次讲到,不存在问题了,如播放录音或庭上宣读录音讲话的文字稿。你说的变调是证人要出现在法庭上,把自己遮蔽起来,然后声音变了,在法庭上质证,这是另一个问题了。

姜伟　　我的意思是采用变调仍然不足以保护证人时,才采取的庭外核实。田律师说的仍然是质证,不是证据核实,有的证据内容一说可能就会危及证人人身安全,所以这是为了保护证人或线人的极例外的情况。

张军　　我再一次澄清,证据内容是要在法庭上讲出来的。

姜伟　　我的观点跟张军还有点差别,我认为庭外核实的证据,证据内容都不能讲。因为只要内容一讲,可能当事人就会知道信息来源,甚至危及相关证人的人身安全。

田文昌　　那为保护证人安全,宁可冤判被告人?

姜伟　　任何案件都不能因某个证据而定罪,需要证据链,律师可以辩护。

张军　　有些案件确实不能把取证的过程、相关人的情况都在法庭上拿出来质证。按照《刑事诉讼法》第152条规定,依照技术侦查措施收集的材料在刑事诉讼中可以作为证据使用。如果使用该证据可能危及有关人员的人身安全,或者可能产生其他严重后果的,应当采取不暴露有关人员身份、技术方法等保护措施。这是法律规定,不是我们在这里反复提及就可以改变的。依照法律规定,必要的时候,不暴露作证人员身份或采用技术方法的措施也不能用,只有由审判人员到庭外对证据进行核实。甚至内容可能都不说,因为如姜伟所讲,一说出内容可能就知道信息源,等于是公开了。这时就要相信国家机关和法官,如果连这个都不相信就不能相信庭审、不需要再开庭审判、出席法庭辩护了。

田文昌　我认为在这种情况下宁可认定被告人无罪也不能作出这种牺牲。保护证人可以,但不能给被告人定罪,因为这种情况下不能排除定错的可能性。

张军　在这种情况下为了防止不公正,法律给了法官这项慎重使用的权力。

田文昌　但被告人必须知道这个证据的存在。

张军　被告人在目前的法律、司法解释规定下是知道证据的内容的,如果他对证据证明的事实不予承认,依法在庭外可由法官来核实判断。

田文昌　这个问题我持保留意见。任何证据不能不让当事人质证,质证与核实是有区别的,如果开了这个口子,可以不经当事人质证,当事人就是咬死不承认,怎么办?

张军　我举一例:被告人在只有两个人在场的情况下,把一极端重要的犯罪事实告诉了对方,他认为对方百分之百可靠,能够保密,所以他被抓后负隅顽抗。但他不知道这个人是我们的卧底,而且仍在执行卧底任务。这种情况下如果把卧底发来的情况透露出来,哪怕是一点点,那这个卧底和他的家属就都可能有危险。所以这个证据根本不能拿到法庭上公开,也不能告诉律师,但内部会移送法院,法官庭外核实。

这个卧底也可能是陷害罪犯。但在这种情况下,在没有理由不相信这名卧底人员的情况下,我们要有一个价值判断,可能有万分之一的可能是卧底弄虚作假,那就只能以后取得证据后再纠正错案,追究诬告陷害者的责任。这也是有法律依据的。

田文昌　所以这个证据可以作参考依据,但不能作定案依据。

张军　定案还是参考,由法官来判断。

田文昌　只是可以作参考证据,比如有其他证据可以证明犯罪,但能否定罪有点悬,法官核实了这个证据之后发现可以补强其他证据,那么还可以考虑。如果做为定案依据,则必须跟当事人见面,但可以采取变通的方式见面。

姜伟　《刑事诉讼法》第152条的表述是"必要"时可以由审判人员庭外核实。这个"必要"主要是指两种情况:一是没有这个证据案件定不了案,法官需要核实;二是确实只要一提到这个证据证人就要担风险。

田文昌　第一,怎么理解核实?我的意思是核实与质证是有区别的,核实后还要质证。

第二,如果刑诉法的立法本意是核实后就不质证了,我认为这规定有问题。

第三,价值判断问题。如果真的出现了像张军刚才举的极端例子,可能会危及证人的人身安全,这种情况下,我认为宁可不定这个案子。保护证人当然重要,但不枉判无辜同样重要。只要是坚持法治原则,就任何情况下都不能以冤枉无辜者为代价。

第四,相信法官是大原则,但程序公正是根本原则。个人判断永远不能脱离程序的约束,舍此即不能保证公正性。

姜伟 田律师说的理念上没错,但在实践中这种情况经常出现在危害国家利益犯罪或有组织犯罪之中,如果采取技术侦查手段获取的证据必须质证,若不质证,这个案件就不能认定,派卧底的目的和意义何在?

田文昌 现在的问题是我们给了法官核实的权力,而且对这个权力没有特殊限制,在现有的法治环境下,能保证任何法官都那么严格把关吗?

姜伟 这可能是一个伪命题,不能盲目怀疑法官人格。

田文昌 法律没有明确到底在什么特殊情况下才可以变通,只有法律另有规定的除外。不能盲目怀疑法官人格,但更不能盲目相信法官就一定正确。否则,正当程序岂不就没有必要了。

张军 要相信法律,按规定办。法律将权力赋予了法官。

新的刑事诉讼法中增加规定了采取技术侦查措施收集的材料在刑事诉讼中可以作为证据使用,这应该是法治的进步。但实际执行中可能会引发一系列问题,最大的问题是本来没有必要甚至不需要特别保护的,也采取庭外核实的方式。田律师刚才讲的这些问题,作为律师有这种担心完全正常。对于采取技术侦查措施收集的证据,又对被告人定罪起了决定性的作用,这个证据本身要不要让被告人知道?能不能在被告人不知道的情况下用来定罪?具体哪些情况需要庭外核实?我们都没搞过,要靠今后的实践再逐步研究和规范。技术侦查手段得到的材料是核实还是质证,以后可以就这个再专搞一个规范。总而言之,最大限度地依法公开质证,不能质证的应该控制在最小范围内。

田文昌 对,应该经过实践研究,然后明确一个范围,不然就有可能被滥用。

其实,我们讨论的核心问题还是司法理念问题,究竟是宁可错判也不能错放?还是宁可错放也不能错判?如果真正彻底地遵行疑罪从无原则,就要坚持宁可错放也不能错判。这才是问题的根本点。既保证不能错判,也保证不能错放;既不能冤枉一个好人,也不能放过一个坏人。这才是无法实现的伪命题。

四、收集程序、方式有瑕疵的证人证言的补正

张军 《最高法院解释》第77条规定了对收集程序、方式有瑕疵的证人证言,并不是一概排除,能够补正或者作出合理解释的,仍然可以采用。这样规定的背景原因是,在这些年的死刑案件复核过程中,我们经常碰到证人证言的搜集方式有各种瑕疵的情况。律师就提出来,这样的证据违反规定,有瑕疵,不能采用。如果因证人证言的收集程序、方式有瑕疵就一概不予采信,许多证据已经时过境迁,很难再去调取或重新补足了。根据这样的实际情况,我们进行了调查了解。这种情况往往是办案人员在办案过程中,不注意按照规定填写询问人、记录人、取证时间等内容,导致出现了程序上的瑕疵问题,但在证据的实体内容上并不存在问题。这样最高人民法院作出规定,收集

程序、方式有瑕疵并不导致证据根本不能使用,经补正或者作出合理解释说明的,可以采用,不能补正或者作出合理解释的,不能采用。作出补正说明、解释的内容,是证明证人证言在取得的实体性、公正性上不存在问题。这样规定还有一个效果,证据的补正过程必然要经过公安机关和检察机关,这也能够促使他们今后在类似的取证工作上严格依法处理。

田文昌　我在办案中经常遇到这样的情况,在押的嫌疑人、被告人被带到看守所以外的地方进行讯问,而他们往往提出,在看守所外提审的过程中受到了威胁、利诱、刑讯逼供。在这样的供述作为证据使用的情况下,仅仅通过补正或者仅仅作出个解释说明,就可以采用吗?如何看待这个问题?

还有的情况,把证人强制羁押到某个地方,使证人迫于某种压力作出证言,各位对这种情况怎么看?

张军　田律师讲到的问题,实践中基本的情况是,比方说,证人是关押在监狱里的罪犯或者是在看守所中的犯罪嫌疑人,按照现在看守所的规定,如果提讯的话不能离开看守所,除非有公安局局长的批准。既然有这样的规定,如果在证据的出示使用过程当中,看到这个证人是关押在看守所或监狱里的犯罪嫌疑人或罪犯,但是是到一个学校或酒店对其询问取证的,这肯定不符合规定,这时又没见到公安局局长的批准文书,那就符合《最高法院解释》第77条第2项规定的"询问地点不符合规定"。对不符合规定的证据形式又不能作出合理解释、说明的当然不能使用。在这种情况下如果经过查证,原来是经过公安局局长批准的,只是批准的文书没有放入卷宗里,这就补足了,这样的证据就可以采用。

姜伟 刚才田律师讲到有些侦查机关把证人羁押了取证的情况,如果仅仅因取证而羁押证人肯定是违法的,《最高法院解释》第77条肯定不是针对这种情况说的。有瑕疵的证据和违法的证据是两个概念,违法取得的证据往往是指以侵犯当事人或诉讼参与人权益的手段取得的证据,违法取得的证据肯定不能作为定案依据。有瑕疵的证据指证据取得的形式、地点可能与法律规定不完全一致,但证据内容符合案件客观情况,同时没有侵害当事人合法权益的情形存在,有瑕疵的证据经过补足或解释可以使用。

涉及取证地点,现在对证人取证地点的规定有所放宽,包括现场、证人居所、单位,必要时也包括法院、检察院等。但实践中还有一种情况,外地司法机关到本地办案,通知证人到办案人员居住的地点,比如宾馆、招待所去取证,这种情况按照现在的刑诉法都不符合规定。但外地司法机关异地办案,或基于某种原因证人不愿到当地司法机关去,或由于这个案件需要保密也不宜去当地司法机关,在这种情况下,在宾馆等地取证尽管形式上不符合法律规定,但在实质上符合工作地取证原则,而且也没有侵犯当事人合法权益。这就属于《最高法院解释》,只要不侵犯当事人合法权益,取证内容没有违反取证的其他法律规定,经过补证就可以使用。

田文昌 简单地说,首先,这个解释把瑕疵证据和违法证据进行了区分,违法证据再补正、再解释说明都没有用,不能作为定案证据。其次,瑕疵证据中的询问地点肯定不包括被强制的地点。

张军 这里有一点要明确的,有一些是违法取证,但如果没有影响证明事实的客观性、公正性的,也还可以使用。就像言词性证据可以明确排除,客观性证据则是可能影响公正定案的,才不得作为证据使用,因为它是唯一一份。

田文昌　这里规定的询问地点，应该就是针对言词证据。我想通过我们的讨论，别人就知道实践中应当怎么去做了，核心问题就是要把瑕疵证据和违法证据进行区分。

五、证人出庭

田文昌　关于不出庭证人的证言问题，《最高法院解释》第78条第3款规定，经人民法院通知，证人没有正当理由拒绝出庭或者出庭后拒绝作证，法庭对其证言的真实性无法确认的，该证人证言不得作为定案的根据。这条规定很好，就是明确了对经法院通知而没有出庭的证人证言不得作为定案的根据，比刑诉法的规定更具体了。但是遗憾的是，还是不能从根本上解决证人出庭的问题。前面我们已经说到，证人不出庭的原因有很多种，除了证人不愿意出庭、不敢出庭或受条件限制不能出庭外，还有一个重要原因就是办案机关不希望证人出庭。因为证人证言的取得过程是有瑕疵的，甚至是有违法性的，所以证人出庭经不起质证。但这恰恰是个非常关键的问题，是涉及保障被告人合法权益、保护司法公正的重大原则问题。所以我坚持的观点是，应当明确：关键证人不出庭其证言不得作为定案依据。只有立法上或者在司法解释中明确规定关键证人应当出庭，不出庭其证言就不能作为定案依据，才能够有效解决证人出庭问题。现在法治发达国家都实行直接言词原则，我们能不能也实行或者有限地实行直接言词原则。我之所以一再强调和坚持这个观点，是因为这个问题太重要了。在证人不到庭的情况下，对证人证言的质证是不客观、不完整的，往往是形成冤假错案的重要原因，必须引起重视。

姜伟　证人出庭其实是个老问题，为什么这次立法没有彻底解决，因为实际情况太复杂，需要考虑三个因素：

第一个因素是从律师的角度，刚才田律师提到了，关键证人必须出庭。其实不管是否关键，证人都应当出庭，在作证问题上很难说哪个是关键证人、哪个是非关键证人。从程序公正方面讲，证人出庭维护了当事人的诉讼权益，体现庭审的公正性。

第二个因素是证人出庭，证人权益如何保障？根据中国的文化传统，证人出庭会有很多顾虑，甚至会给证人带来很多风险。如果权益没有保障到位的话，证人不敢出庭，换句话说，证人出庭后如果出现恶性事件，遭到了报复，证人权益怎么保证？尽管现在刑诉法对证人保护有一些规定，但是从法律规定到实际操作中完全保障到位还要经过一个过程。一旦出现了这种情况，会给整个证人出庭制度带来恶劣的影响。这是对证人出庭义务和权益保护的平衡。

第三个因素是从我国国情来看，原来规定是证人可以不出庭，如果一步到位，从证人不出庭到证人都出庭，可能目前尚不具备这种条件。一方面我国人口基数大、流动性强，社会治安秩序状况总体稳定但也比较脆弱，如果贸然作出大的决策，比如关键证人必须出庭，不出庭证据不能用，可能导致大量案件中的犯罪嫌疑人被无罪释放，社会的稳定能否承受如此代价？另一方面我国关于被害人的保障制度不到位，如果加害人没有受到相应的刑事处罚，被害人的民事赔偿也就丧失了相应的基础，国家在这种情况下，要不要对被害人给予救助？社会治安秩序的稳定和个人权益的保障，二者在一定情况下是互相对立的，怎么平衡二者关系是刑诉法及相关司法解释必须考虑的第三个因素。

所以，从这个角度看，我觉得我国的刑诉法和司法解释的规定综合考虑了上述三个因素，作出了符合中国实际情况的平衡性规定。

我主张，任何一项法律制度包括人权保障措施都不能超越经济社会发展的阶段，不能冒进。改革也好，法律制度的规范也好，宁可慢一点，也要稳一些。如果冒进了，可能对社会带来的冲击也很大，要付出的代价会更大。所以,我们现在的法律规定尽管没有达到最理想化的境地,但跟以前相比有了很大的进步,符合我国目前的国情,符合我们法治发展的阶段。比如我们提倡证人出庭,规定了证人的保障制度,下一步还要陆续规定刑事受害人的救助制度,等相关制度都逐步完备后,回过头来再完善证人出庭制度,那时候可能就水到渠成了。

张军 关于证人出庭的问题,1996年《刑事诉讼法》修改,增加了法庭抗辩的规范,取消了先定后审的模式。作为法官,我以为能解决问题了,今后法庭上的诉辩主张、证人出庭参加质证,抗辩会更好看些了,冲突辩驳效果会更好。实际上却远不是如此。修改后的《刑事诉讼法》和1979年《刑事诉讼法》规范下的庭审模式没有什么变化,证人出庭率仍然很低,甚至有辩护人出庭辩护的案件数量也不多。1996年《刑事诉讼法》修改虽然有一些进步,但与修改法律后社会和我们对其效果的期待有很大差距。

原因刚才两位作了些分析,比较复杂,既有当事人、证人的问题,也有司法保护的问题。就我了解的情况,更有司法机关不希望证人出庭的原因。一是作为公诉人担心证人出庭后,庭上质证得到的证言与侦查机关、公诉机关收集到的书面证言有不一致的地方,影响诉讼质量。二是作为法官,一个重要因素是怕麻烦,因为法律规定证人出庭由法官通知,而法官不像控辩双方在庭前能和证人有接触。法官对证人的情况根本不了解,证人是什么情况?在什么地方?能不能通知到?通知到以后能不能出庭?如果通知后不来,要不要开庭?来了以后庭上的质证会不会发生难以预料的情况?一系列的问题,法官心里完全没有底数,又很难真正做到只根据庭上审理的情况作出裁判。所以法官不愿意付出更多的司法资源通知证人出庭作证。尽管如此,我认为我们目前的庭审,还是达到了司法公正的目的,应该说本质上没有受到什么影响,上诉率、申诉率并没有因此更高了,一直是保持在一个相当低的水平。

　　这种情况下,这次刑诉法修改仍然对证人出庭作出了有进步意义的规定。新《刑事诉讼法》第187条第1款明确规定在什么情况下证人应当出庭,这在以前是没有规范的,即公诉人、当事人或者辩护人、诉讼代理人对证人证言有异议,且该证人证言对案件定罪量刑有重大影响,人民法院认为证人有必要出庭作证的,证人应当出庭作证。并且为确保证人能够出庭,立法又作了全新规定,在《刑事诉讼法》第188条中规定了强制出庭措施,经人民法院通知,证人没有正当理由不出庭作证的,人民法院可以强制其到庭。到庭后不作证还可拘留,即证人没有正当理由拒绝出庭或者出庭后拒绝作证的,予以训诫,情节严重的,经院长批准,处以10日以下的拘留。这是立法作出的确保证人出庭、完善庭审程序、保障审判公正的努力。

　　我想,在我们看到立法进步的同时,对这样的规定同样不能抱以太大希望。因为仍然会存在公诉人担心证人出庭后改变书面证言的情况,法官会因感到司法资源的支出和办案过程中不确定因素的增多,而十分谨慎地决定是否要通知证人出庭或采取强制措施。这会在法庭上引起新的冲突。所以,我认为解决这个问题需要控、辩、审三方更理性、更慎重地处理哪些案件在什么情况下证人应当出庭,要避免动辄提出证人一定要出庭,没必要出庭的坚持出庭,浪费司法资源。而对于确有必要出庭的,要把理由讲清楚,得到法官认可。但得到法官认可并不是说就没问题了,控方和辩方仍然要做大量工作。虽然法律规定了可以强制证人出庭,但一定要尽量避免强制出庭。因为证人跟案件事实有关联但毕竟没有刑事责任,出庭作证是他的义务,现在变成了特定情况下的强制性义务。虽然经强制出庭了,但在法庭上作证时讲与不讲,怎么讲,只有证人自己才能作出决定,强制得到的东西不一定客观真实。非法强制与依法强制都有这样的问题。总之,我的意思就是尽管法律规定可以强制证人出庭,但实务工作中要最大限度地由控方和辩方做好本方证人的工作,让他自愿出庭,不要轻易地强制其出庭。

《六机关规定》第28条规定:"人民法院依法通知证人、鉴定人出庭作证的,应当同时将证人、鉴定人出庭通知书送交控辩双方,控辩双方应当予以配合。"这一规定明确了证人出庭工作中,控辩双方"应当予以配合"的责任,即由法院通知证人出庭,但控方和辩方应该协助促进证人出庭。据此,将来实务中,我们的控辩双方一定要意识到,不是法院通知证人出庭你就没有责任了,你还要尽力去做工作,比如在吃住方面给予证人比较好的保证,提供必要的支持等,争取证人自愿出庭,尽量避免出现强制证人出庭的情况。控辩双方各自对自己的证人做工作,多数情况下证人是通情达理的。还有这次我们也强调了对证人的保护,这些问题都需要综合落实解决,逐步解决证人出庭作证的积极性问题。毫无疑问,人们观念的转变需要一个过程。

田文昌 这次刑诉法修改强调了证人出庭的重要性并强化了对证人的保护措施等,但我所担心的恰恰是当前影响证人出庭的主要原因或者我们称之为矛盾的最主要方面,并不一定是证人不敢出庭或不想出庭。我很赞同前面姜伟说的,这里面存在各方面因素的冲突平衡问题。但我们能不能作出退一步和进一步的考虑,虽然目前的法治条件下尚不能做到完全直接言词原则,但如果是参考证据,可以退一步,证人可以不出庭;如果作为定罪的主要证据或唯一证据时,关键证人不出庭就不能定案。我考虑法律上能不能在这里作出明确的规定,关键在于一个价值的取舍,到底是以防止错案保障人权为主?还是为了维护稳定而放任错案发生?

张军　其实这个问题已经解决了，《最高法院解释》第78条第3款规定："经人民法院通知，证人没有正当理由拒绝出庭或者出庭后拒绝作证，法庭对其证言的真实性无法确认的，该证人证言不得作为定案的根据。"事实上即便没有这个规定，实践中也是这样做的。

田文昌　我跟你的分歧在于，谁来约束法庭、法官呢？

张军　法律，只有法律。

田文昌　对，所以只有法律明确规定了，作为关键性证据或者作为主要定罪证据的证人证言，如果证人不出庭，就不得作为定案依据，这样才能从制度设计上真正解决证人出庭的问题，才能让人放心。因为无论法庭也好、法官也好，他都不可避免会有个人的主观认识。

张军　这个问题可能我们十年、二十年以后再修法的时候可以明确下来。

田文昌　我们所讨论的问题，其实是涉及两个不同的层面：一个是通过法庭来约束证人，即对于经法庭通知出庭而拒不出庭的证人，其证言不得作为立案的依据。这个问题在《最高法院解释》中明确了。另一个层面的问题是通过法律来约束法官。即对于关键证人的出庭要有一个明确的、刚性的规定。在我们目前法治水平还不高的状况下，这种规定更加重要。若想树立法官的权威，法官首先要受到法律的约束。

法治发达国家是完全排除传闻证据的，我们目前做不到，但至少在主要定罪证据的关键证人证言上要做到完全直接言词原则。说到底，还是价值观问题，其实我们只要想做到就能够做到。

姜伟　我再补充几句,证人出庭作证是非常必要的,能够体现程序公正,维护犯罪嫌疑人、被告人的合法权益,避免出现冤假错案。新刑诉法规定在证人出庭作证上有了很大进步,但进步得还不够,我想主要从几个方面把握:

第一,我赞同田律师的思路,对某些严重的犯罪,比如可能判处死刑、无期徒刑的重大案件,要提倡关键证人出庭。

第二,要求证人出庭但证人不出庭的,法官不要简单地就采取强制措施,应该具体分析证人不出庭的原因,如果证人怕出庭会带来风险,那应当在法律允许的范围内,采取比如改变声音的方式,尽量避免让证人直接面对嫌疑人。这样,采取保护证人身份和住所等方式,保证证人既作了证又能避免遭受打击报复陷害。

第三,在程序公正的问题上,法官不能怕麻烦。实践中可能有些证人是愿意出庭的,但法官嫌麻烦没有通过控辩双方与证人沟通。庭审涉及被告人的自由甚至生命,法官不能怕麻烦,应该积极支持证人出庭。

田文昌　在这个问题上,我们的认识是一致的。为什么我坚持提出来关键证人要出庭,实在是因为在办案中碰到由于证人不出庭作证导致证人证言出问题的情况太多了。我亲自经历的很少几个证人出庭的案子,多数人一出庭就改变了证言,经不起质证。证人证言多变、不可信,这个问题怎么解决?如果不解决,对司法审判的公正性目标会带来重大影响。

六、监所外提讯的供述能否作为定案根据

田文昌　《最高法院解释》第81条规定:"被告人供述具有下列情形之一的,不得作为定案的根据:(一)讯问笔录没有经被告人核对确认的;(二)讯问聋、哑人,应当提供通晓聋、哑手势的人员而未提供的;

（三）讯问不通晓当地通用语言、文字的被告人，应当提供翻译人员而未提供的。"关于这一条，我认为最关键的一点立法没有写，即看守所外提讯的问题。这次《刑事诉讼法》第83条第2款明确了公安机关拘留后，应当立即将被拘留人送看守所羁押，至迟不得超过24小时。第116条规定了犯罪嫌疑人被送交看守所羁押以后，侦查人员对其进行讯问，应当在看守所内进行。这些都是进步。

我担心的是，立法规定了要立即送看守所羁押，也规定了讯问应当在看守所内进行，但实践中就是违反了怎么办？我在办理案件的过程中感觉很明显，可以说刑讯逼供至少有95%都是在所外提讯时发生的，即不送看守所或者从看守所把人提出来讯问时发生的。如果立法能够明确规定所外提讯的供述不能作为定案依据就非常简单了，这个漏洞没有堵死是一个遗憾。所以我想，其一，刑诉法没有明确写出来，司法解释中是不是可以再进一步？其二，现在的规定是否应当理解为所外提讯得到的证据就不能作为证据使用？因为既然立法明确了抓到嫌疑人立即送看守所关押，一切提讯必须在看守所内进行，反过来，不在看守所讯问的就不能作为证据。

张军　肯定不能。因为公安部《关于加强看守所管理切实保障在押人员身体健康的通知》第7条第3项，也允许经批准将被拘留人带离所外办案。只要依程序批准，就可以离所讯问、辨认、指认犯罪场所等。只要符合规定取得的讯问笔录，都可以作为证据使用。

田文昌　那怎么解决合法性问题？有了这个口子，这个规定就形同虚设了，在看守所外提讯如果不导致供述不能使用，那就可以在监所外提讯。现在在看守所提讯基本可以避免刑讯了，但监所外提讯对刑讯逼供问题无法有效控制，怎么办？我认为，应当把带离所外办案与在所外提讯相区别。

张军　　在哪里提讯，本质上并不影响供述的客观公正性，只不过实践中所外提讯有可能被怀疑会有刑讯逼供的情况发生。在有些情况下，司法机关认为有必要将被拘留人从看守所中提出来，就必须有严格的程序规定，这刚才讲到了。同时，这次刑诉法修改还有一个重要规定，对可能判处无期徒刑以上刑罚的重大犯罪案件，讯问应当录音录像。

田文昌　　打断一下，这次刑诉法在这个问题上规定得很明确，对可能判处无期徒刑、死刑的案件或者其他重大犯罪案件，都应当录音录像。但监所外提讯就容易出问题了，至少很难保证录像的连续性，容易给刑讯逼供留下机会。

张军　　是的。在出所进行辨认或去另一法庭质证的情况下，办案人员可以直接讯问取得证言，关键是要保证程序上的公正、不违法。在法律明确规定重大案件要有录音录像的情况下，能够保证供述的客观公正就可以了。办案过程很复杂，不能规定太死，任何国家的法律规定都会有一个弹性。如果规定得绝对客观，没有任何弹性，实践中是没办法执行的。

田文昌　　这种弹性规定的危害后果将会非常严重。

张军　　我举个例子，《刑法》第50条规定，如果在死缓期间故意犯罪，查证属实的应当判处死刑。但我们了解的情况是，实践中在死缓期间故意犯罪的，有的并没有判处死刑，这明显是违反法律的。为什么没有判处死刑，而又没有任何一个机关、程序去追究"违法"的责任呢？因为规定得太死了。而实际情况是很复杂的，遇到死缓犯受到欺凌后，报复伤害致死的，实践中就没办法执行了。

田文昌　那是另外一个问题，从有利于被告人原则的角度出发，实践中这样去操作没有问题。但监所外提讯的口子一旦打开，后果将会很严重。

张军　现在对提出看守所办案的条件已经规定得很严格了，一是，要经过局长批准；二是，所外讯问也要合法。

田文昌　但是客观事实是，实践中大量的刑讯逼供就发生在监所外提讯过程中，怎么证明监所外提讯合法呢？公安局局长批准虽然可以把一道关，但毕竟还只是内部制约，而没有外部制约。

张军　怎么证明不了呢？重大案件要有录音录像啊！不要忘记刑诉法对此专门作了防御性修改。

田文昌　关键是这个防御的作用有限。
　　我们前面已经谈到过、录音录像的规定并不能完全落实，而且一旦监所外提讯，录音录像的连贯性就更难保证了。

姜伟　目前的立法规定，犯罪嫌疑人羁押后再讯问都要所内进行，已经很严格了，田律师只是想再追加一句，所外不能再讯问了。但这里还分两种情况：其一，为什么不写这条，因为写了很拗口；其二，到底有没有在所外讯问，谁也不敢说，就算有，也是极例外的。田律师的顾虑可以理解，但相信新刑诉法施行后，提出所外讯问需要很严格的手续，要承担很多风险，就算没有刑讯逼供，但只要这样做了，律师就可以投诉。

田文昌　当前的实际情况是，有些是推迟送交看守所的时间，抓人之后先在其他地方讯问，攻破口供以后再送看守所；有些是交看守所羁押之后,再从看守所提出来关押到别处若干天,搞刑讯逼供;还有些是以查看犯罪现场和辨认等名义提人,在所外进行短时间刑讯;更有甚者,是在看守所指使同监在押人员以折磨、虐待手段迫使其招供。我认为,首先可以针对实践中实际发生的做法作出明确的限制性规定。重要的是对违反规定的做法要有相应的处罚措施,即必须有法律后果。至于监所外提讯的口供能否使用,至少可以作出明确限制,如除非辨认现场、寻找物证等程序中的讯问笔录可作为例外,其他凡是在看守所内可以讯问的内容,只要在监所外讯问的一概视为非法取证。

姜伟　　刑事拘留后未送看守所前的讯问是必要的,没送之前必须要讯问。抓到犯罪嫌疑人后,肯定是要先讯问,后送看守所的。

田文昌　　那就把这个24小时扣除也可以。实践中发生的所外刑讯逼供绝大部分并不是在24小时之内进行的,因为多数情况下24小时之内刑讯还达不到目的。所以,即使把第一时间的24小时扣除,也可以作出限制性规定。这个争论可以保留。但我不得不强调,这是一个绝对不可忽视的重大问题,若想真正遏制刑讯逼供,必须解决监所外提讯问题。

七、非法证据排除

田文昌　　《最高法院解释》第100条第2款规定:"对证据收集合法性的调查,根据具体情况,可以在当事人及其辩护人、诉讼代理人提出排除非法证据的申请后进行,也可以在法庭调查结束前一并进行。"

"两个证据规定"的初衷很好,先排除非法证据是为了解决先入为主的问题,排除了就不能宣读了。后来"小河案"引起另外一个争论,多名被告先后提出排除非法证据的要求怎么办?有人提出,必须提出一个排除一个，有人提出，可以一个一个提出来，然后一起排除。我认为后一种一并排除的方式是可以操作的。但现在司法解释改成可以在提出申请后进行，也可以在庭审调查结束前一并进行。如果把排除程序安排在庭审调查结束前进行，就是可以先宣读完了相关证据，再开始排除非法证据的程序，就是把提出可能要排除的证据已经先质证了，再回头来进行排除程序。这样会出现先入为主的情况，非法证据排除的难度就更大了。

张军　　刑诉法对非法证据排除只是作了原则性规定，也是根据"两个证据规定"的实践经验作出来的。可以说，这是实践、司法改革推动了立法规定，第一次在法律里规定了非法证据排除的程序性规定。具体如何排除非法证据？虽然我们的做法和国际上其他国家都是一样的，都有排除程序，但实体上不一样。我们在"两个证据规定"里规定了提出排除申请就要启动非法证据排除程序，通过启动程序来确定申请的正当性。这样规定是不是真的有利于保证证据的合法性呢？经过实践，遇到很多实际问题，导致法庭审理程序不能正常地进行下去。所谓审不下去其实也不是绝对的，一个一个被告人、一个一个证据地进行非法证据排除审查，10天不行20天，20天不行就100天，只要时间允许，也可以逐一审查。但是我国和西方国家不同，我国审限是有法律规定的，西方国家没有审限规定。

还有一个问题，就是田律师讲到的，如提出申请后不及时排除，就会对有争议的可能的非法证据进行出示、质证、辩论，这就会导致先入为主。这样一个问题听上去有道理，但实际上我国的庭审设计不存在这个问题。我们与西方的控辩式庭审不同。在西方的诉讼模式下，陪审团完全不了解案情，只能根据庭审出示的证据和控辩双方对证据的交叉质证，得出他们的判断。所以应该在陪审团没接触证据前就把非法证据排除掉。还有就像日本的起诉书一本主义，法官事先不看证据,也是为了防止先入为主的问题。我们1996年修正的《刑事诉讼法》也是一本主义,但实践中做不到,案卷材料也都复印交给了法庭。在我们的法庭开庭审理之前,公诉方掌握证据不成问题了,律师在法官之前就看到了这些证据,法官在开庭前必须审查案件,包括审查事实和证据。因此,在我们庭审上不存在先入为主的问题,是在控、辩、审三方都已先了解了案情,先掌握了有利于或不利于被告人的所有证据,然后才开庭。这时开庭,无论非法证据排除是提出申请后马上进行,还是在法庭调查结束前一并进行,都不存在所谓先入为主会影响法官对事实、证据以及被告人有罪与否的认定的问题了。所以最高法的这个解释符合我们的实际情况,也符合司法实践。如果像执行"两个证据规定"中做的那样,控辩双方随时提出随时展开非法证据排除程序,就会使纳税人的钱无谓地更多投入到排除程序当中,实践甚至证明了连律师也受不了。正如之前说过的,在某地开庭的时候,庭审中对可能存在刑讯逼供的录音录像进行播放,公诉人提出播放关键部分,律师说不行,要全部播放。法官采纳了律师意见。结果一播放就是十几个小时,后来律师提出还是播放关键部分吧,这时公诉人不同意了,一定要全部播放。最后谁都没办法坚持下来,十几个被告人的律师只有两三个人坚持听下来。所以说,这个解释规定符合我国的诉讼模式,也符合在律师积极配合下的司法实践情况。因此,《六机关规定》第11条明确了进行非法证据排除的程序,"法庭调查的顺序由法庭根据案件审理情况确定"。也就是根据《最高法院解释》第100条的规定由法官结合案情具体作出安排。

姜伟　　张军讲了法庭上什么时候排除非法证据,我觉得这个问题还是由法官根据案件情况灵活处理为好,文昌的顾虑有一定的道理,但如果规定一个固定的模式,强行在出示证据之前先解决非法证据问题,可能会带来两个问题：

第一，等于开庭前先审侦查人员，法庭首先不是研究被告人是否有罪的问题，而是研究侦查人员是否存在刑讯逼供的问题。这将带来什么样的后果？庭审的实质不针对证据本身是否能用，而是侦查人员是否存在刑讯逼供问题。而这个问题往往当庭难以审理清楚，因为侦查人员往往不在法庭上，如果要审理就需要休庭，再去传唤相关侦查人员到庭，成了另一次开庭，审理另一个问题。所以，什么时候审查证据的非法性问题，应当由法官根据案情灵活处理，如果需要，再进行审理。

第二，田律师的顾虑是，如果出示非法证据会给法官带来先入为主的影响，其实这是对人的思维规律的质疑，把人的思维简单化了。如果事后证明是证据非法，在综合思维之后，也完全可以把它切割出来，然后再认定，法官的思维不会那么机械。综合国内审判来看，也不是机械地先审证据合法性，再审相关性，最后审客观性，没有固定的模式和套路，总会根据不同案件的具体情况来便宜处理。在刑诉法修改前，最高法的"两个证据规定"已经对死刑案件的非法证据排除作了一些规定，对实践经验进行了总结。所以目前的《最高法院解释》的规定应当说是在实践基础上的经验总结，是比较稳妥的。当然，随着实践的发展，目前的审理模式会不会出现新的问题，这都有待于我们在实践中去发现和总结。

田文昌 第一，法官庭前阅卷和庭审调查还是有区别的，阅卷不能代替法庭调查，庭审调查是法官进一步审视证据，两者不一样。所以先入为主的问题不能说没有，当然也不是绝对都有，至少不能排除存在的可能性。

第二，至于说浪费纳税人钱财，我倒认为这是一种相对的关系。比如说先质证完了再排除，那不是更浪费吗？排除了就不再宣读了，不是一种节约吗?

张军　这里还要说明一下。按《最高法院解释》第100条的规定,在法庭调查结束前一并进行非法证据排除,并非在此前要对已被提出排除的非法证据先进行质证,而是放下,先进行其他证据的质证。在法庭调查结束前进行排除非法证据程序后,认为是合法取得的,此时再进行质证。这个做法符合逻辑,文昌有些误解吧?

田文昌　如果这样解读,当然是可以接受的,就是对其他证据可以先行质证,但对于提出排除申请的证据,必须经过排除程序,已经证明其具有合法性之后,才能质证,而不能先行质证。但对于这种理解必须予以明确,因为实践中有些人并不是这样理解的。

按照国际惯例,非法证据是不能在庭审中出示的,都要预先排除。如果我们将排除程序安排在对该证据庭审质证之后,实在是难以防止走过场的问题。希望在将来的执行中能够与我们的解读相一致,真正能够做到先排除,后质证。

1. 录音录像随案移送问题的探讨

田文昌　法律虽然规定在排除非法证据程序中应当当庭播放录音录像,但在实践中几乎根本做不到。即使少量能播放的,也是断章取义地截取播放,根本起不到证明作用。前面我已经列举了一些情况来加以说明。这个问题如何解决,很值得进一步研究。

张军　经过十多年司法实践,这次刑诉法修改考虑得还是比较充分的,专门规定了庭前会议制度,实际上就是要解决这些问题。对有些证据意见一致,解决了就不用上法庭了。如果意见不一致,法官可以决定开庭质证前排除还是法庭辩论前排除。

姜伟 我认为田律师提出的这个问题很重要,这是一个争议问题,即讯问录像要不要随案移送,要不要提前给律师查阅。

张军 《六机关规定》里没有规定这个问题,只是规定司法机关可以调取讯问犯罪嫌疑人的录音或者录像。其实从实践看,从立法规定录音录像的目的看,应该规定随案移送。

姜伟 这个问题在研究《六机关规定》时也有过讨论,律师希望随案移送录音录像,并可以复制,最后没有规定进来,主要原因是讯问的录音录像不是证据。为什么说它不是证据,其一,录音录像是犯罪嫌疑人的讯问录像、证人的询问录像,而刑诉法规定的证据种类是嫌疑人讯问笔录、证人证言,不是录像。其二,录音录像只是证明讯问内容是否客观合法的佐证,讯问笔录才是刑诉法明确规定证据种类之一,只是在对讯问笔录是否合法提出质疑,怀疑是否存在刑讯逼供时,才有必要将录音录像拿出来予以佐证。其三,讯问本身有很多信息可能与其他案件相关,比如嫌疑人为了立功而揭发其他人的,如果都随案移送,律师都拷贝走了,可能会泄露案情。

另外,我赞同田律师说的,全程录音录像不能全看。按照新刑诉法的规定,录音录像要求,一是达到全面,凡是无期徒刑以上案件,都得录;二是全部录像,凡是讯问,都应当录像,讯问十次,十次都要录像;三是必须全程,讯问过程从始到终,需要不间断地、持续地录像,不能中断。录音录像时间都很长,内容很多,如果都随案移送,都要刻录光盘,成本很高,程序上的工作量也很大。所以我赞同田律师说的,需要的时候可以调取。虽然不移送,但法院可以向检察院调取,检察院可以向公安调取,调取后有针对性地播放,犯罪嫌疑人说出大致时间、地点和讯问人员,然后针对嫌疑人所说的进行播放。

张军 这次修改刑诉法明确规定了哪些重大案件应当录音录像。随案移送录音录像应该是自然而然的,现在有争议了,应该明确规定下来随案移送。只有随案移送,才能够使"应当录音录像"发挥它的作用,就是对于是否存在刑讯逼供和被告人对案件的事实是否承认的问题发挥澄清作用,有助于法官和检察官对案件事实的全面了解,在审查案件时有一个基本判断。刚才姜伟讲到担心,可能也是公安、检察机关主张不要随案移送的最重要理由,就是录音录像里面可能会有检举揭发其他案件的线索。如果有这种情况,可以对这一段单独封存,然后签字说明,这段内容法官可以看,律师不能看,然后明确规定录音录像不得复制,律师可以到检察机关或法院去看,必要时可以提出申请,在法庭上提出非法证据排除时由法庭去审看。可以这样操作。

田文昌 如果检举揭发的其他犯罪线索泄密了,谁泄密谁承担责任。

张军 实践中可能不敢去承担这个可能泄密的风险,但封存相关录音录像就可以了,可以由法官看,律师不可以看,任何时候都不让复制。

田文昌 会出现这种情况,就某段时间对嫌疑人实施了逼供,但就这段秘密封存了不让看。

张军 法官去看一看,就能够证明这段内容确实与案件无关了。

所以随案移送就解决了控、辩、审三方对证据审查中增加辅助性手段的要求,进一步明确自己要不要调取相关证据、要不要申请证人出庭,甚至要不要提出非法证据排除,这样就解决了很多麻烦事。

同时,录音录像应该一式两份,一份封存在侦查机关,一份随案移送。因为到了法庭上后,如果录音录像有变化,警察认为移送中出现了问题,法庭可以调取原始录音录像来解决这个问题。其他国家有规定要录音录像的,都是随案移送,我们应该借鉴。

姜伟 其他国家关于讯问录像的拷贝一般是一式三份,一份存档,一份随案,一份给当事人保存。但我们国家这次刑诉法修改没有规定进来,如果在司法解释里越权规定不妥。如果录像随案移送,又不让律师查阅,会带来很多问题。权衡利弊,不随案移送,但需要时可以由法院、检察院调取,这样更为稳妥。

张军 如果这样,真正遇到比较复杂、争议和对抗性大的案子会无限麻烦。法律规定可能判处无期徒刑以上刑罚的案件当事人才要全程录音录像,其实这个数量并不是太多,完全可以操作。

田文昌 国外的规定是一式三份,办案人一份,看守所一份,嫌疑人本人一份。既然嫌疑人本人可以保存录音录像的原版,律师复制是没有问题的。

我想结合我个人的办案经历再强调一下这个问题。

首先,我亲历的案件没有一个当庭播放全程录音录像的,一种情况是直接说没录;第二种情况是录了,但没有任何理由就是拒绝播放;第三种情况是断章取义,截取播放。

其次,怎么理解全程同步录音录像?是一次审讯的全程同步,还是全部审讯的全程同步?在法庭上我提出这个问题后,就遇到过法官、检察官一起针对我,说是某一次讯问全过程的录音录像就是全程同步,并且说我是无理取闹,使我哭笑不得。我认为,全程同步录音录像,是指整个侦查阶段的全部讯问过程的录音录像,而不是仅指某一次或几次讯问的从头到尾的全程。这是一个明确的、不容置疑的问题,但是实践中竟然有很多检察官和法官不予认同,可见这个问题的严重性。

姜伟 "全程"指某一次讯问过程不间断地同步录音录像。全部就是文昌律师讲的,每一次讯问都要同步录音录像,绝不是指只对一次讯问全程录像。按法律规定,无期徒刑以上案件的讯问都要录像,没有全程同步录音录像的犯罪嫌疑人的供述或辩解不宜作为定案依据,属于程序违法。

田文昌 怎么播是另一回事,但一定要录,要不间断地全程录制。

张军 凡是呈到法庭上的应当录音录像的被告人供述,都必须有相关录像跟上,如果没有,就是口供没有同步录音录像。

田文昌 换一种说法,就是一定要明确,对一次或某几次讯问从头到尾的录音录像不能称之为全部录音录像。

张军 第一,如果某一次的供述在法庭出示了就必须有相关录音录像;

第二,如果某一次的供述拿到法庭上却没有录音录像,或者被证明有一次供述因为没有录音录像而没有提供给法庭出示,或者某一次的供述被证明是刑讯逼供下作的有罪供述,侦查阶段的所有相关有罪供述都不能作为证据使用。

姜伟 法律规定录音录像,一个是"全部",一个是"全程"。"全部"指凡是讯问都得录像;"全程"是从头到尾无间断录像。刑诉法规定不仅要"全程",而且要"全部",而且立法表述"全部"在前,"全程"在后,所以是所有的讯问都要录,每次录都要全程不间断录像。我在黑龙江检察院工作的时候,我们检察院系统内还有一个"全面",就是要求所有的职务犯罪案件讯问都要录像,"三全"要求我们所有案件的讯问都要全程同步录音录像。

田文昌　可以说对这个问题法律规定是明确的,而且,在理解上也是不应当有分歧的。但问题的严重性就在于,实践中却有很多人硬是歪曲了全程同步录音录像的含义。所以,在司法解释中还是应当对这个问题作出具体说明。

2. 重复供述的认定

田文昌　被非法取证后的重复性供述应否排除?这又是一个非常值得重视的问题。前面我们也谈到过这个问题。实践中发生过一种情况:嫌疑人在刑讯逼供之下被迫作出了有罪供述,之后,在威胁之下因惧怕再受逼供又重复供述了在先前逼供之下所供述的相同内容。由于先前的刑讯逼供已经得到证实,所以法庭裁决将该次供述内容予以排除。但是,却认定嫌疑人此后又作出的内容一致的重复性供述为合法有效。理由是刑讯逼供行为是先前发生的,此后没有刑讯逼供。我认为这跟断章取义地播放录音录像是一个道理,如果这样的供述也能用,那么非法证据排除的规定就没有任何意义了。所以,这个问题也应当在司法解释中加以明确。

张军　在侦查阶段只要是刑讯逼供获取的口供,被告人认罪了,之后被告人所有的相关有罪供述都应该排除,这符合程序正当和违法取得的言词性证据不应当作为证据使用的立法本意。因为侦查阶段如果有了疑似刑讯逼供的情况,我们就可以认为这个嫌疑人的意志不可能自由,如果不继续作有罪供述,接下来还会受到刑讯,很难做到如实供述。但是，如果到了法庭上，被告人面对法庭还继续作有罪供述，这个证据就可以采用了，因为法庭环境不一样。如果在法庭上被告人作无罪供述，又确实有证据能够证明此前的有罪供述系刑讯逼供，庭前相关有罪供述就一律不能用。我想针对田律师讲的新情况，我们可以这样来判断和使用证据。

姜伟　　这里涉及非法证据排除的规则。如果有了一次刑讯逼供，能不能排除所有的有罪供述，刚才张军讲了，有例外，到了法庭如果仍然坚持有罪供述的不予以排除。

我们国家的刑事诉讼程序有三个环节，侦查、起诉、审判，如果有证据证明在侦查阶段有刑讯逼供，侦查机关还是把犯罪嫌疑人移送审查起诉，检察机关作为公诉机关同时又是法律监督机关，肯定要去讯问犯罪嫌疑人有没有刑讯逼供，这是必经程序。这时候，尽管还在看守所羁押，但换了承办人，换成检察院的工作环节了。如果检察人员没有刑讯逼供，而嫌疑人仍然作出有罪供述，我认为这个供述也可以用。虽然侦查机关有刑讯逼供，但在审查起诉阶段犯罪嫌疑人又自愿认罪，到法庭上如果仍然供述有罪，这时可以认为其供述是自愿的。如果说庭前的有罪供述是被迫的，而在法庭上被告人又供述有罪，这时需要法官来综合全案证据来判决。所以，我主张要根据不同的诉讼环节、环境、嫌疑人、被告人的供述情况来确定其供述是否能用。

田文昌　　我们把这个问题分析得再具体一点，仅针对重复性内容，比如某一次供述证明有刑讯逼供，后来在没有逼供的情况下作出了与逼供时相同的供述，这种情况下对重复供述要不要排除？有的观点认为不能排除。

张军　　只要有一次能够证明是刑讯逼供得到的认罪口供，以后的仍然是认罪的口供就一律不再使用了。

田文昌 这个问题我们三个的观点一致了。
第二个问题是哪个环节可以例外,在目前情况下,我也主张法庭环节是可以的,因为到了法庭上有公开辩护的机会了,但检察院审查起诉阶段还是不行。正如我前面讲过我亲历过的案件中,有很多当事人后悔万分,捶胸顿足地跟我讲:"我被逼的没办法了,侦查人员包括检察院的人跟我说,你说了没关系,说了我们就结案了,你还有机会,你到法庭上就可以说真话了。"当事人不懂法啊,很多都被忽悠了,以为到了法庭就有说话的机会,结果到法庭上一翻供,不仅不予认定,而且还被认为拒不认罪、态度恶劣。所以,法庭是唯一一次机会,可以作为一个例外存在。但我认为这也是退一步的做法,严格地讲这种例外也会有问题。

张军 检察院可以不用被逼供的证据,只要有其他证据足以证明指控事实存在,仍然可以起诉到法庭。

姜伟 我想检察官在这个问题上有裁量权,检察官可以不认可侦查机关刑讯逼供得来的证据,但通过检察机关的再次讯问得到嫌疑人自愿认罪的有罪供述,可以作为起诉的依据,上法庭后法官根据庭审情况再作裁判。

田文昌 为什么我说法庭上供述作为例外也会有问题呢?因为有些被告人的承受能力很脆弱,比如赵作海到了监狱里都承认自己有罪,就是很明显的实例。我也遇到过类似的案件,被告人庭审前在逼供之下认罪,庭审时翻供坚决否认,可是撤诉后补查再逼供只好又认罪。被告人只要在法庭上翻供,休庭后又被折磨。还有的被告人在法庭上连被刑讯的事实都不敢说,因怕被折磨硬是把苦水咽到肚子里。这种例子我们见到的并不少。所以,我认为真正合理的做法就是排除任何例外,只要有过刑讯逼供,该口供就彻底排除。对于作为言词证据的证人证言也应当采用同样的原则,因为证人证言也有这种情况。当然,目前做到彻底排除困难较大,这是一个无法回避的现实问题。

3. 排除证人非法言词证据

田文昌 排除证人的非法言词证据也有一些值得进一步解释的问题。前面我讲过一个亲身经历的案子,证人出庭作证,证明其庭前证言是在刑讯逼供的情况下说的,有录音录像。我提出播放录像,法庭同意放了,但不让证人本人在场。在法庭上我就提出来,排除非法证据就是排除证人的庭前证言,当然要证人在场。法官告诉我不可以,还称这是常识性问题,是示证不是质证。也就是说,按照法官的理解,只有播放被告人供述被告人才可以在场。我再进一步坚持,甚至受到了法官的训诫。我只好要求法庭把这个问题记录在案。

排除证人庭前证言,不要证人在场,也就是不让被证明的主体在场,这是什么道理呢?证人不在场怎么证明是否有逼供呢?排除非法言词证据时证明主体必须在场。

张军 不一定非得在场。要看排除证人庭前证言的目的,是仅仅只是排除,还是同时取得相关新的证言。

田文昌 如果证人没有提出来有刑讯的问题,可以不必他自己证明的时候,他可以不在场,但如果是证人自己提出来有刑讯逼供,并且取证过程又有录音录像,播放时证人应当在场,本人不在场,就不能有效质证。

姜伟　因为证人是证明主体,他本人提出来证言有问题,这种情况下,他应当在场。

田文昌　排除证人证言的非法性,与排除被告人口供的非法性,在原理和原则上是一致的。排除程序本身也是一种质证程序,如果背着证明主体本人仅仅由其他人在法庭上质证,是不能达到质证效果的。尤其是在证人已经出庭的情况下,还不让其在场参与质证,就更没有道理了。

张军　如果仅仅是排除证人的证言,播放录音录像能够予以证明,因而实现了排除的目的,证人在场又能起什么作用呢？只有当排除之后,还要请这位证人重新作证,这种情况下,证人应当在场。

4. 辩方证据合法性

田文昌　从我20世纪80年代初读研开始,学习到的刑诉法理论都是刑事证据的三性说,即刑事证据必须具有真实性、关联性与合法性,从来没有具体区分控辩双方在证据三性的要求上是否存在差别。通过多年的实践总结,我发现,证据的合法性要求应该是特指对定罪证据而言,而不应包括辩方证据。在法庭审理过程中,针对辩方提出的证据,有时控方提出来说辩方的证据来源不合法,要求法庭排除。从客观情况来说,辩方证据也存在不合法的可能,但不管辩方证据合法不合法,在该证据内容确实能证明被告人无罪或罪轻的情况下,是否应当排除？我认为不应当排除,即使是律师违法取证,但律师违法取证的不利后果也不应由被告人承担。换言之,任何一个法官如果明知这个证据可以证明被告人无罪,而只是由于该证据非法获得,仍然判处被告人有罪,从理念上也说不通。

姜伟　　这个理论会带来另一个问题，如果非法证据被排除，被告人不能定罪，会产生一个疑问，侦查人员非法取证为什么要让被害人承担责任？导致他被侵害的权益无法得到维护。

田文昌　　侦查人员行使的是国家的公权力，其违法取证的后果应当由国家承担，而不是由被害人承担。但我们能不能明明知道辩方证据可以证明被告人无罪，因为取证手段非法而对该证据视而不见，仍然判决他有罪？而且在这个问题上，被害人和被告人所面临的后果在性质上是不一样的。被害人所面临的只是能否平复创伤、恢复心理平衡的问题，而被告人所面临的则是被错判甚至错杀的问题。我和北京大学的陈兴良教授多年前合作办过一个投机倒把的案子，被告人倒卖汽车、摩托车。被告人说他行为合法，因为他有合法手续。但公诉人说没有手续，卷宗里也没有手续。这个案子一审判决有罪。二审期间被告人有一个朋友从公安局内部偷出了被告人所说的手续交给我们，原来是公安机关隐藏了这份重要的证据没有移交检察院。这个证据拿到法庭显而易见能够证明被告人无罪，结果二审宣告无罪了。这个案子就很典型，辩方获得证据的手段是偷窃，虽然不是律师偷的，肯定也不合法，但证据内容确实证明了被告人无罪。类似的情况实践中还有很多。所以我认为有必要提出这个问题和两位探讨一下。

　　实践中辩方证据有的是来源不清，比如是寄来的录像或书面材料，有的是不敢暴露来源，比如是通缉犯送来证据，等等。这些辩方证据经过核实，能够证明真实性，但来源说不清。我认为，无论证据来源是如何，不管什么方式，即使律师因违法取证应当受到处罚，这个不利后果也不应当由被告人承担。这就会得出一个结论，对辩方证据没有合法性要求。这可能是个大家不太好接受的结论。我曾经查证过国外的相关规定，在国外，这是一个普遍规定，排除非法证据不适用于辩方。

张军 言词证据违法取得,我们国家法律明确规定了不得作为证据使用。田律师刚才讲到的案例中,违法取证作为证据使用的都是物证、书证,不是言词性证据。关于物证、书证,在"两个证据规定"里有明确规定,后来吸收到《刑事诉讼法》里。根据《刑事诉讼法》第54条规定,只有违法取得的言词性证据以外的可能严重影响司法公正的物证、书证,应当予以补正或者作出合理解释;不能补正或者作出合理解释的,才不得作为证据使用。也就是说,控方违法取得的物证、书证也不是一律排除,只要补充、解释后不影响庭审司法公正的,都可以照用,更不用说律师违法取得的证据。

姜伟 律师取得的证据存在客观性,但取得的手段可能不合法。这种情况下,法官还是会采信证据内容。这主要针对的还是物证、书证等实物性证据。言词类证据,律师也有可能使用非法手段取得,比如律师带着黑社会去找证人取证,证人也不敢不说。比如贿买,这样的证据也不能用。所以不能说只要是律师取得的证据,就不问其合法性。

田文昌 但如果律师取得的证据内容是客观真实的呢?

张军 如果是非法取得的言词性证据,"真的"也不能用,如果以"真假"划分,刑讯逼供获取的证据95%以上可能是真的。但是,不能使用,因为这里确实有假的。

田文昌 我举例来说,假如律师通过骗也好、打也好、威胁也好,找到一个证人,证人说出来杀人者另有其人。经过调查确实是另一人所为或者就是这个证人本人所为,物证也都有了表明确实不是被指控的那人干的。律师取得的证人证言显然是违法的,这个证言能不能用?

张军 这个证言不能用。经过查证属实,其他的证明他人所为的证据可以用。

姜伟 对,这个证人证言不能用,但是由其证言派生出来的其他证据,经查证属实了可以用。

张军 举例说,你打我,我交待了这个尸体在什么地方,然后证明我杀人了,我的口供不能用,但"毒树"所结的"果"可以食用。

姜伟 律师也不能去违法取证。

田文昌 对,我也赞同律师不能违法取证,这没有问题。但我的问题是,如果律师违法取证了,获取的证据能够证明被告人无罪或罪轻,这个证据不能因为是律师违法取证,就把它排除掉。事后你可以处罚这个律师,但不利后果不能让被告人承担。

张军 "不利后果不能让被告人承担",是谁让被告人承担的?是律师违法取证的行为。所以还是要依法取证,还是要回到法律的规定上来,不要因为维护被告人的利益就可以违法取证。维护被害人的利益甚至国家利益,也不能违法进行。言词性证据,法律规定一律不能违法取得,违法取得的不能作为证据使用,这个没说主体是谁,而是只针对言词性证据,没有例外。

田文昌 如果这时只有这个证言能证明被告人是清白的,用不用?不用怎么办?

姜伟 田律师的说法混淆了两个概念，通过打证人、贿买证人或其他违法形式取得的证言不能用，但这个证言提供的线索可以用。检察官、法官可以去查证，再去取证询问的笔录可以用，而不能说律师违法取证拿来的言词证据检察官、法官可以直接用。

田文昌 那如果用这个逻辑来理解，控方逼供得来的证据不能用，但核实后就能用了吗？

张军 这种情况要区分，如果律师第一次打了，第二次、第三次没打，然后把第三次的证据拿来用，也不能用。但刚才姜伟讲的，是换了一种情况，换成了一个法官或检察官，这时候如果证人在法庭上或者在检察院讲的情况仍然和律师打出来的情况一致的，该证据就可以用。

田文昌 我们用最简单的语句来表述一下，控方证据只要证明非法了就得排除。

张军 不一定，不能这么说。应该这样表述：客观性证据有的要排除，多数不一定排除，言词性证据一律排除。

田文昌 我们不讨论客观性证据，仅仅来讨论一下言词性证据。如果控方刑讯逼供的证据，换了一个人重新核实后，能不能用？

张军 在同一个诉讼阶段不可以。在同一个阶段，第一次有刑讯逼供违法取得的过程以后，在这个阶段，证明同一事实的证据都视为违法取得。因为可以形成这样一个合理怀疑：刑讯逼供会对嫌疑人、被告人产生精神上的强制。我们得考虑到这个因素。换了一个诉讼阶段，由公安到检察院，检察院没有刑讯逼供，但如果被告人仍然说是有心理上、精神上的强制,因为害怕,继续作有罪供述,法官可以不用,但不能判定是违法取得了。怎么解决这个问题呢?到法庭上再说。

田文昌　张军说的和我说的不一样,我指的是证人始终说的是真的,没有改变,但取得证人证言的过程是违法的,那律师取得的这个结果能不能排除?如果是经过检察官、法官核实了可以用,那只能说是排除了律师违法取证的行为,没有排除这个证据的内容。但如果是控方证据,即使换了人核实也不能用。这就应当是辩方证据与控方证据在合法性要求上的重要区别。

张军　在这个问题上我和姜伟是一致的:律师违法取证,即使证明了这是一个真实客观的证言,也不能使用。律师第二次、第三次没有采取违法手段,仍然取得同样证言,也同样不能用,要排除掉。如果检察官违法取得证言,在审查起诉阶段,即使换了讯问人再予讯问,即使同样的证言,也不能使用。

田文昌　其实你们的结论和我的观点是不矛盾的,证据最终并没有被排除。

张军　不是,律师取得的证据已经被排除了,最终使用的是检察院、法院核实的证据。在这里排除的是某一个证据,而不是这个证据证明的事实,证明的事实经过检察院或者法庭的核实,可以采信。

田文昌　但是反过来就不能这样说了。对控方证据而言,控方的证据已经证明违法取证了,不能说再换个人重新核实了就可以用了。那样排除非法证据规则的作用就减弱了,因为换人询问不一定能消除证人的恐惧感。

张军 这个问题应该讲清楚了吧：同一个阶段不行，但换到下一个诉讼阶段就可以。这是跟取得证据的主体挂在一起的。如果律师作为主体有违法取证的情形，那他取得的这一类的证言都不能用了。同样的，证人到法庭上由法官问，虽然问出来的事实与律师取得的证言一致，但换了一个取证场所、主体，法庭就要采信该证言。虽然内容一样，但是是两个场所、主体取得的两份证言，性质并不一样。

田文昌 控方证据被证明是非法取得后，即使有其他方法证明它的真实性也不能用。辩方证据被证明有违法取证以后，只要证明它是真实的就不能排除。因为这是有利于被告人的原则，不能排除合理性怀疑就不能定罪，不能冤枉他。由于控方违法，放纵了真正的罪犯，这个责任由国家承担，不能违反程序公正。但对于私权来说，不能以维护程序公正为理由损害了被告人个人的权利。这两种不同的法律后果，其实涉及到一个重大的理念问题，就是有利于被告的原则。

张军 只要是违法取得的言词性证据，不管真实与否，不管是控辩审哪方取得的，都必须作为非法证据予以排除。违法取得的言词性证据不得作为定案根据。这一法律规定不以主体划分，而以是否合法来判断。

田文昌 如果因此被告人被冤枉了呢？

张军 所以才有国家赔偿的规定。

田文昌 这是价值观的问题,我查阅了国外很多法律规定。

根据英美法"救济先于权利""没有救济的权利无法实现"的理念,虽然排除规则没有被明确写在美国联邦宪法之中,但经过美国联邦最高法院判例的解释,却日益成为美国宪法权利的必要组成部分。

1921年,美国联邦最高法院在 *Buedeau v. McDowell* 一案的裁决中就对辩方证据合法性首次表明立场。该案的被告人是一家公司的经理人,公司派人以强制手段在被告人办公室获取文件,并将文件作为证据交给警方,被告人主张这些文件为失窃之赃物,法院不得将其作为证据,并要求返还。最高法院认为,本案不适用非法证据排除规则,理由是私人非法取得的证据不应被排除。"第四修正案保护公民不受非法的搜查和扣押,正如先前判例所示,这种保护适用于政府的行为。它的起源和历史清楚地表明,修正案的目的在于抑制主权行为,而非限制其他非政府机构的行为。"

去年,我还在《中国审判》上发表了一篇名为《辩方违法证据之证据能力》的文章,专门来探讨这个问题,这里我也是想借这个机会把问题提出来,与二位探讨。这是一个新问题,有争论是必然的,也希望更多的人能参与到这个问题的研究里来,深入地把它研究透彻。

八、强制措施

田文昌《最高法院解释》第115条关于强制措施问题的规定,司法解释跟立法是一样的,"应当保证被拘传人的饮食和必要的休息时间。"我在立法时提出来,这样规定有点空,应该具体点。因为"必要的饮食和休息"没法界定,比如说,就给吃半个馒头和闭眼休息十五分钟都是饮食和休息。为了保障被拘传人的合法权利,应当规定具体时间,至少不少于多少,否则被拘传人的权利还是难以保障。

张军　　类似规定只能是原则性规定，关键还是执行。如果不想严格依法办事，再明确的规定也会弃之不用。当然，能够规定得具体要好一些，不过就算规定得再具体，实际中也会有很多特殊的情形。这个问题实践中司法机关注意就行，自己吃饭、休息了就得给别人吃饭、休息。这就叫尊重人权！

姜伟　　据报道，最近美国波士顿爆炸案的嫌疑人在伤重住院后受到警方讯问，也是从前一天晚上持续讯问到次日上午。

田文昌　　问题在于，如果都能够做到合理安排就没必要由立法来规定了。既然要规定，就不能留缺口。"保证"和"必要"只是起到了一种宣示性的要求和强调的作用，难以遏制一些故意违法的做法。可以想象，实践中一定又会有分歧。要想真正做到有效控制，就必须有具体的标准。

九、当庭提交证据

田文昌　　《最高法院解释》第193条第2款规定："审判长应当告知当事人及其法定代理人、辩护人、诉讼代理人在法庭审理过程中依法享有下列诉讼权利：……（二）可以提出证据，申请通知新的证人到庭、调取新的证据，申请重新鉴定或者勘验、检查。"但在实践中，我经常遇见有的法庭不接受辩方当庭提交的证据。这混淆了刑事案件和民事案件的举证程序。刑事案件中要求辩方庭前提交证据没问题，可并不是说辩方当庭提交的证据就不能接受。现在《刑事诉讼法》及司法解释的规定是可以的，实践中这个问题应当引起关注。

姜伟　　开庭后控辩双方都有权提交新证据，也可以申请法庭调取新的证据。刑事诉讼法有规定，开庭前5日提交证据，这样规定是为了保障庭审效率。但可能在庭审前一两天突然发现新证据,法律已经赋予双方提出证据的权利,法庭不能因为其违反了开庭 5 日前提交证据这样的程序性规定而拒绝收取证据。提交新证据是实体权利,而庭前 5 日提交证据是程序性的规定。

张军 关于当庭出示证据的问题,法律已经规定得非常清晰了。《最高法院解释》第 219 条规定:"当庭出示的证据,尚未移送人民法院的,应当在质证后移交法庭。"第 221 条规定:"公诉人申请出示开庭前未移送人民法院的证据,辩护方提出异议的,审判长应当要求公诉人说明理由;理由成立并确有出示必要的,应当准许。辩护方提出需要对新的证据作辩护准备的,法庭可以宣布休庭,并确定准备辩护的时间。辩护方申请出示开庭前未提交的证据,参照适用前两款的规定。"

田文昌 规定没问题,但现实中经常发生这种事,有的法官以庭前 5 日提交证据的规定为由拒绝接受当庭提交的证据,律师只能在法庭上念法条去争取权利。有一次开庭,审判长不让当庭提交证据,无奈之下,我一边念法条一边对他讲,开庭时你自己告知权利的时候不是也宣读过这个条文吗?为什么不可以提交呢?但他仍然不允许出示。我想这种情况不应当发生,大家都应当理解立法的本意,并自觉去依法办事。更重要的是最高人民法院要有硬性规定才行。

张军 民事诉讼有证据失权的规定,是因为民事案件双方主体是平等的当事人。民事诉讼的目标是解决当事人双方的私权利纠纷,不能因为一方证据突袭影响别人的权利,所以规定了一个举证期限,要求很严格。刑事案件以司法公正为最高追求目标,控辩审任何一方在任何时间取得的证据,只要对案件事实有新的重要证明作用,都可提交出示。这个任何时间包括一审、二审,甚至包括判决生效后,只要足以证明新的事实、推翻原来的事实认定与裁判,都可使用。所以当庭提交更不成问题,对此《最高法院解释》第219条和第221条都作了明确规定。

十、如何应对破坏法庭秩序的问题

田文昌　《最高法院解释》第251条至253条规定了有关扰乱法庭秩序的问题。"担任辩护人、诉讼代理人的律师严重扰乱法庭秩序,被强行带出法庭或者被处以罚款、拘留的,人民法院应当通报司法行政机关,并可以建议依法给予相应处罚。聚众哄闹、冲击法庭或者侮辱、诽谤、威胁、殴打司法工作人员或者诉讼参与人,严重扰乱法庭秩序,构成犯罪的,应当依法追究刑事责任。辩护人严重扰乱法庭秩序,被强行带出法庭或者被处以罚款、拘留,被告人自行辩护的,庭审继续进行;被告人要求另行委托辩护人,或者被告人属于应当提供法律援助情形的,应当宣布休庭。"

对这一规定,我主张这种情况下不宜给法官太多权力。开庭审理中法官权力神圣不可侵犯,这一点无可争议。但如果法官开庭违反法律的明确规定,律师作为弱势一方怎么救济?闹法庭是不对的,但总要有客观的标准。怎么办呢?应当给律师一个救济的权利,总不能让律师也跟着去违法吧?

我为什么有这样的主张,因为我亲身经历过这样一个案子。在石家庄,法庭差点以扰乱法庭秩序为由把我抓起来。我们11位律师为8个被告人的共同犯罪案件作辩护,法庭上审判长完全不让律师说话,举手法官不理,要求发言不许说,也不问我们要说什么,反正是一律不许说。律师变成了庭审的陪衬,非常无奈。但我们几个律师都很冷静,没有任何人有任何过激行为。我最后在连举三次手都被法官呵斥不许说的情况下,站起来非常冷静地对法官说:"鉴于法庭一再剥夺辩护律师的发言权,辩护活动已经失去意义,所以辩护人要退庭。"结果我的话触怒了法官,他当即呵令法警把我带出去,语音刚落,十几个法警冲上来就要把我架出去,局面十分紧张。这期间,我只说了一句话:"如果你敢承担责任,就把我拷出去。"双方僵持一段时间后,我们自己走出了法庭。庭后我们准备写个联名的材料把情况反映给司法部和律协。但意想不到的是,我的材料还没写完,最高人民法院就有领导打电话给我了,说有人反映我带头大闹法庭,要以扰乱法庭秩序为由把我抓起来。好在这个法庭有录像,一看录像,谁是谁非一目了然。而且由于事情闹大了,最后还总算是澄清了事实,证明问题是出在法官身上。

张军　　破坏法庭秩序的情况古今中外都有,所以我国和其他国家都规定了藐视法庭、破坏法庭秩序的罪名。法庭本应当是控辩双方辩驳冲突意见的场所,但在现阶段的我国,法庭有时就变成了控、审与辩方冲突的场所,甚至是审辩双方冲突的场所。这与我们有的法官对于法官只是主持庭审、保证庭审秩序、最终作出判决的职责的理解、掌握、操作不当有关系,没有处理好庭审中法官的职能,即保证庭审中控辩双方有序发表意见、质证,导致出现审辩冲突的情况。

虽然控辩或者辩审冲突的理由、形式往往比较复杂,有些甚至很难让双方达成一致意见,但是,对于法庭上的冲突,最终的裁断权只能由一方行使。法律规定把这个权力赋予了法官。法官有无可能错误行使这一职权呢?完全有可能,如文昌律师所遭遇。即使如此,也得把这个权力赋予法官,而不能够"实事求是地"由所谓的"正确的一方"来行使这个权利。谁正确呢?公诉人?尽管公诉人同时也是法律监督机关的代表,也不能由公诉人在法庭上最终负责法庭秩序,主持、指挥庭审活动。律师更不行。即使有的法官在庭审秩序的掌控上不妥当,律师也得服从法官,法官就是法庭的掌控者。

但是检察机关对法官的行为可以进行事后监督。《刑事诉讼法》《最高法院解释》和《六机关规定》都明确了这一点。《刑事诉讼法》第 203 规定:"人民检察院发现人民法院审理案件违反法律规定的诉讼程序,有权向人民法院提出纠正意见。"何时提出意见呢?《六机关规定》第 32 条指出:"人民检察院对违反法定程序的庭审活动提出纠正意见,应当由人民检察院在庭审后提出。"一是庭审后提出,但庭审中还是要服从法官的主持、指挥;二是不是由当时出庭的公诉人提出,而是由检察机关提出,公诉人的意见转换成了检察院的意见,盖上公章转交给法院。如果能够证明法官的庭审活动有徇私枉法或者滥用权力的嫌疑,检察机关甚至可以立案追究。

姜伟　我赞同张军的观点,法庭是定分止争的场所,法官身份特殊、角色神圣。实践中个别法官可能确实在庭审中有不公之处,但为维护审判长权威,律师只能服从。权利救济放到庭后进行。公诉人在法庭上有双重职责:一是代表国家提起诉讼;二是代表检察院对庭审活动是否合法进行监督。但公诉人在法庭中对出现的不正当情况,不能当庭提出,只能庭后提出。有些公诉人问我,审判长明显违法要不要纠正?我的回答是不能,哪怕装病中止庭审,也不要当庭与审判长对抗。同样,辩护人对审判长主持庭审活动有异议,也不宜当庭提出,可考虑庭后救济。现在所有庭审活动都要录像,是非曲直会有公论,也不会出现田律师顾虑的情况。如果庭审不正当,继续审下去可能会损害被告人的利益,庭后律师可以对不正当庭审提出救济。我不主张律师当庭与审判长对抗。

张军　"两个证据规定"出台后,在适用时,控、辩、审三方都有些不熟悉,有很多意见不尽一致的地方。实践中往往是律师提出某个证据要排除,检察官提出不存在非法证据问题,法官作判断后认为不需要排除或者下一个程序再排除。这时律师往往把矛头指向审判长,这就形成了审辩之间的冲突。这一时期以来,这种冲突多存在于法庭上,有些被媒体报道了,引起社会关注。这种情况如果理性处理,毫无疑问应该服从审判长指挥,听从法庭安排。如果律师认为程序不正当影响司法公正,可以休庭后与法官交涉。如果法官没采纳,直接定案了,也可就此问题提出申诉,寻求必要救济。

田文昌　　你们两位说的我都同意,法官权威不可动摇的理念没问题,但前提首先是法官应当严格按照法律规定来组织庭审活动。难道法官在庭审中做了违背法律规定的行为,甚至骂人,律师也要无条件服从吗?而且,假如发生问题,律师有权要求法庭把冲突记录在案,起码要做到这样才比较客观。如果连法庭记录都不做,就会连救济的依据都没有。而且,也并非所有开庭都有录像。现在司法解释这几条规定给人的感觉是一面倒,律师会反感,法官会误解,甚至律师被打压的现象会更严重。

姜伟　　法庭上必须尊重审判长的权威,但在庭审中个别审判长在审判中出现程序不正当的问题时,建议控辩双方都可以要求在庭审记录中注明被剥夺了发言权利或者辩护人的诉求审判长没有支持的情况。当然,最好的方式是对庭审过程全程同步录音录像,保留庭审的原始情况,庭后控辩双方都可以通过适当程序向法院反映庭审不正当的问题。

田文昌　　哪怕在司法解释中能明确规定"必须在庭审记录中记录下来",法官也能受到一点约束。

　　关于律师与法官的冲突,本是一个不应该发生的问题。在国外没听说有这种问题发生,至少是没有成为一种严重的现象。而在我们国家,这种现象却频频发生,甚至还有愈演愈烈的趋势,这是一种极不正常的现象,确实是一个值得深思的问题。

我们有些律师和法官的素质都有待提高,这是现实问题。但还有两个重要问题我想提出来,供大家共同思考:一个问题是,不论素质高与低,律师都明白一个道理,就是不应当主动去得罪法官。所以在审辩冲突中,律师不应当是冲突的发起者,至少常规情况下是如此。另一个问题是,有些法官公然违法主持法庭怎么办?例如,不允许律师发言、无端打断律师发言、强迫律师对违法举证质证、主持庭审时公然偏袒一方甚至当庭公然用下流语言辱骂被告人,等等。

这些现象,很多律师,包括我本人,都深有体会。如果遇到这些情况律师怎么办?如果只能服从,如何能够维护司法公正?如要求记录在案,他不记录怎么办?如果消极服从下去,二审时提出来连证据都没有。而如果二审法庭出现这种情况,又该怎么办?这就涉及一个问题:律师是服从法官还是服从法律?

所以,我一直在思考这个问题,在庭审中以法官为中心,尊重和服从法官是没有问题的。但是不能将法官的权威绝对化。在法官主持庭审公然违法或直接影响司法公正性的情况下,律师至少应当要有质疑权、抗议权和退庭权,这与律师闹庭是两回事。律师可以质疑、抗议,但掌控权还在法官,但总得让律师把意见和理由说出来吧。律师退庭是无奈之举,因为他不能违背职责去做陪衬,去帮助演戏。这种做法与闹庭是不能相提并论的。所以,应当对"闹庭""扰乱法庭秩序"的表现形式作出明确表述,不能剥夺律师在法庭上的质疑权、抗议权和退庭权。法官的庭审权威不能无原则维护。

其他的"闹庭"的具体情况我不了解,就以我们11位律师在石家庄某法院退庭一事来讲,事后最高人民法院、最高人民检察院和司法部有关领导共同看过录像,证明律师没有任何问题。就在这种情况下,还差一点把我抓回去定罪,足以说明这个问题的严重性。如果没有所谓"闹庭"的标准,没有对法官的约束,没有律师寻求救济的途径,就很难维护庭审程序的正当性了。

十一、被告人委托辩护人的次数

田文昌　《最高法院解释》第 254 条第 4 款规定:"重新开庭后,被告人再次当庭拒绝辩护人辩护的,可以准许,但被告人不得再次另行委托辩护人或者要求另行指派律师,由其自行辩护。"我认为,这种情况很少,但这个规定有剥夺被告人辩护权的嫌疑。

《最高法院解释》第 255 条规定:"法庭审理过程中,辩护人拒绝为被告人辩护的,应当准许;是否继续庭审,参照适用前条的规定。"我认为,这种情况下,照理说就不应当继续开庭了,至少应当给被告人一次再次选择的权利。

《最高法院解释》第 256 条:"依照前两条规定另行委托辩护人或者指派律师的,自案件宣布休庭之日起至第十五日止,由辩护人准备辩护,但被告人及其辩护人自愿缩短时间的除外。"对这个限制而言,一般情况也可以,但也不宜如此明确表述。如我前面列举的,有 1800 多本案卷的案子,只有 10 天的准备时间肯定不够。所以,对被告人辩护权的限制应该尽量放宽。

张军　这是最大限度了。第一次拒绝辩护可以,然后另行委托或另外指派了律师,开庭后再拒绝的,也可以再次委托,但再一再二不能再三。同时规定如果是法律援助的情形,可以再一不能再二。我认为这次规定考虑得还是比较周全了。

田文昌　这个规定太过具体,反而限制了辩护权。如果碰到两个律师都很不尽责,怎么办？关键问题是,对当事人辩护权不应当作出限制性规定。事实上,这种情况是很少见的,个别情况个别处理就可以了。但是作出明确的限制性规定,就反映出法律对辩护权的限制了。

张军　　那是十万分之一的情况,只能靠律协进一步加强律师职业教育、规范律师执业活动了,除非法律规定必须有辩护人的才会例外。

姜伟　　不可否认,被告人的辩护权确实会受到影响。实践中我建议审判长在审限允许的情况下,慎重使用这条。要考量当事人拒绝律师辩护的原因是否合理,如果合理,审判期限又比较松,应适当照顾被告人。

张军　　属于应当提供法律援助的,不允许不接受指派律师辩护。其他可有可无的,被告人两次放弃自己委托的律师,必有他自己的考虑,法庭也只有尊重被告人的自主意愿了。

田文昌　　说到底,还是一个诉讼理念问题。尽管这种情况是极其少见的个别现象,但有一个基本原则,就是法律不能剥夺当事人委托律师辩护的权利。

　　按照现代的、合理的立法理念,应当是对公权力严格限制,对私权利尽量保护。可是在我们的立法中却反映出相反的倾向:对公权力的限制性规定相对抽象、灵活,而对私权利的限制却既严格又具体。这正是需要认真思考的问题,也是今后我们需要深入探讨的问题。

十二、二审开庭

田文昌　　《最高法院解释》第318条、328条和329条涉及二审开庭问题。二审不开庭对案件公正性的影响是非常严重的。这次《刑事诉讼法》修改对二审开庭有所强调,但没有彻底解决这个问题。《最高法院解释》提到了,但不太明确,力度有限。开庭应当是常态,这个问题看来还是没有解决。

张军 二审开庭问题,受到这次修法和最高法院的高度重视。从司法实践中看,法院一般情况下能依法不开庭的,就尽量不开了。第一个理由是节省司法资源。如果事实证据很清楚,只是被告人提出判重了,法官会有自己的判断,就会认为没必要开庭了。第二个理由是确实案件太多,法官人手不足,必须把有限的时间、精力用在必须开庭,不通过开庭审理、质证就没办法确保实体裁判公正的案件上。二审开庭因此会少一些,这是正常的。

2006年最高人民法院作出规定,所有的死刑案件不论是否事实清楚,证据确实、充分,也不论公诉人或辩护人是不是建议要求开庭,一律开庭审理。我们想通过这种一律性的规定,确保死刑案件万无一失,都要经过上一级法院的庭审,让被告人有话都讲出来,有证据都举出来。为了确保这样硬性规定的实施,国家给予了资源上最大限度的保证,普遍为高级法院增加了编制,增设了机构,甚至增加了法院的领导职数。实践证明,一律性的规定作出来了,也落实了,效果也比较好。

这次《刑事诉讼法》修改,对于二审案件鼓励开庭,开庭是原则,不开庭是例外的思想体现出来了,但没有作出像死刑案件必须开庭这样一律性的硬性规定,还是考虑到我国案件相对比较多、地域又比较广、经济发展不平衡,二审开庭由法官根据案件情况作出判断,更符合现阶段的国情。实践中希望各级法院能领会这次修法的立法本意和《最高法院解释》的本意,争取最大限度地多开庭,通过程序公正,赢得控方和辩方对法庭审理的信任,赢得司法公信,确保实体公正。

姜伟 我赞同张军的分析。二审开庭有助于实现程序公正和释放当事人的不满，提高司法裁判的公平性。但司法成本是设计司法程序时必须要考虑的问题，涉及人力、物力和财力的投入。二审开庭的范围近年来确实在不断扩大，但要达到全部开庭审理，一是做不到。各地经济社会发展不平衡，司法人员数量素质发展不均衡，要求一律开庭确实难做到，如果规定了却做不到，反而更损害司法的权威。二是没必要。无论民事诉讼还是刑事诉讼，从提高诉讼效率、降低司法成本来看，在审理上都应繁简分离，对于复杂重大疑难的案件适用普通程序，简单的案件在一审是简易程序，二审没必要开庭。我们目前的刑事诉讼法对二审开庭没有强制要求，我赞同对于当事人有异议提出上诉的，如果能开庭尽量开庭，有利于释放当事人对一审的不满，体现司法公正。只是程序上能否适当简化、提高效率？二审如何简化程序，最高人民法院应有简化审的规定。

田文昌 我们三人在二审开庭的必要性上认识都是一致的，我特别强调开庭，是因为在所有审判中，面对面与背靠背效果完全不一样，要有交流和交叉质证才行。如何解决你们提到的司法资源有限的问题，我认为有两个解决方案：一是一审扩大简易审范围；二是二审有针对性地开庭，如单就量刑问题上诉的可以不开庭。

司法实践中大量的事实已经一再证明，开庭审理和书面审理的效果是大有区别的。一个正常的庭审活动，首先是应当有诉讼当事人同时在场，其次是关于事实和证据的审查应当是面对面进行，共同犯罪案件有时还需要当庭对质，更不要说还有证人出庭接受质证的问题了。而对于不接触当事人和其他诉讼参加人的书面审而言，法官绝对不可能有兼听则明的直接感受。我个人对此已有深刻体会：我每一个案子都是先阅卷之后再出庭，但阅卷的感受与开庭的感受还是不同的。被告人当庭陈述、法庭讯问、举证质证、当庭对质、向证人质证、法庭辩论、被告人最后陈述，这些环节都是庭审活动不可缺少的要素。如果离开这些要素,庭审活动应当说是不完整的。

当然,法院压力大是一个实际问题。所以我一直坚持要扩大简易程序的适用范围,把绝大部分认罪案件通过简易程序解决。

十三、再审程序

1. 再审程序的提起

田文昌 再审案件,体现的是一种纠错机制,不应当以提出新证据作为立案的唯一条件。但长期以来,法院经常以没有新证据为由驳回申请、在最高法院也有这样的问题。这次《最高法院解释》中对这个问题应当有所明确。

张军 文昌律师的问题,按《最高法院解释》第375条规定,应该说已经明确了。该条规定列举了重新审判的条件。换言之,有列举的情况就应该立案。其中就包括没有新证据的,也可以立案。如该条规定的"证明案件事实的主要证据之间存在矛盾的",这就不需要新证据。"认定罪名错误的""量刑明显不当的",这些都不需要新证据,只要具备这些法定情形即可决定再审。根据这个规定,不用新证据也可证明原判有问题。

田文昌 立法和司法解释的规定本身没问题,但如不够具体,实务中就容易被误解。目前的情况是:凡申诉立案都要求有新证据。包括我在最高人民法院立案也遇到这个问题。很多法官认为,没有新证据就不能立案,立了案的也不能改。真不知道是为什么。看来这个问题还需要解决。

凡是谈到这类问题,我都感到一种无奈,就是本来规定已经比较明确的情况下,实践当中还是被曲解,还是障碍重重。当我一再要求对此类问题以更具体的规定加以明确时,甚至都觉得我是不是太啰嗦甚至强词夺理。但仔细分析起来,不得不承认这就是一种现状,一种法治环境不成熟的现状。在这种现状之下,我们只能采用一些更明确、更具体、更刚性的规范,保障司法行为的准确性。

2. 再审法院

田文昌　《最高法院解释》第 379 条的内容很好,其中规定"一般应当指令原审人民法院以外的下级人民法院审理",原审法院以外法院一般指哪个法院?

张军　一般考虑,应当就近指定。

田文昌　我认为刑诉法关于再审案件管辖问题的修改和最高法的解释都非常好,可以说对于解决再审案件公正审理的问题具有重要意义。不仅能克服再审法院自我纠错的障碍,也能避免本地区权力因素和其他案外因素的干扰。

3. 再审不加刑的把握

田文昌　《最高法院解释》第 386 条规定:"除人民检察院抗诉的以外,再审一般不得加重原审被告人的刑罚。"这个规定我认为很有意义。

前面我们已经讨论过再审案件应否加刑问题,这次《最高法院解释》中明确了一般不加刑的原则,意义确实很高大。因为,过去时常会发生这样的情况、负面影响是比较明显的。前些时候,李昌奎的案子发生后，很多媒体采访我，我都婉拒了。因为我认为这个案子要研究的不是该不该杀的问题，而是该不该就已生效的判决提起再审对被告人加重刑罚的问题。如果开了再审加重刑罚的先河，所有的在押犯，主要是重刑犯都会提心吊胆，因为随时都有可能被提起再审，被判处死刑。我国《刑法》明确规定了二审不加刑原则，审判监督程序不是更不应该加刑吗？所以，我认为《最高法院解释》386条的规定是很有意义的。其实，我认为还可以去掉"一般"二字。

姜伟 这种情况下可能是再审发现了新的犯罪事实，会加重刑罚。另外，针对田律师刚才举到的具体案例，日本也曾有相关案例，一审判无期，再审判了死刑。

田文昌 这种案例肯定是极其个别的，而且肯定是有原因的，比如原来是枉法裁判。我一直认为，再审案件中，除检察院抗诉的之外，除非查明有故意枉法裁判的情况，都不应当加重原审被告人的刑罚。

张军 再审一般不得加重被告人刑罚。作为诉讼原则，全国法院在实践中都是这样掌握的。为什么司法解释有了这样的表述？主要是针对极个别情况。再审与二审不一样。二审的提起主体，如系上诉，只能是被告人。再审是任何一个人只要符合法定条件都可提起再审。如果是被害方找到了证据，比如当时是故意杀人而不是过失致人死亡，再审肯定要加重刑罚，所以二审与再审不能相提并论。

《最高法院解释》里规定的"一般"不得加重原审被告人的刑罚，我认为体现了立法和司法解释的一个精神，就是重新审理不宜加重，特别情况可以加重，这是极个别情形。对极个别案件不能当一般问题提出，毕竟有极为特殊的情形。原则性规定司法实务部门都会严格掌握,不会发生问题。比如法院对死缓犯重新审理,包括有抗诉的,都是最大限度不加重刑罚。包括法律规定的死缓犯故意犯罪应当判处死刑,最高法院一般都经审判委员会讨论,就有决定不执行死刑的。这次修法,关于这个问题我们也建议立法部门进行修改,举出了很多实践中的判例,但立法机关没有采纳。实践中死缓故意犯罪情况非常多,死刑犯在一起打架,结果就打死一个,但又带有防卫性质。在这一点上,法律规定太死了,确实不符合实际。

田文昌　我认为有两种情况可以是例外:一是程序违法,有徇私枉法情况;二是犯罪性质变了,过失变成故意,抢夺变成抢劫了。这两种情况不影响加重刑罚。但如果是量刑问题,就不应该再加刑,应该从立法上限定一下。这又是一个司法理念问题,根据国际上立法和司法的惯例,再审案件的提起都是实行有利于被告原则,就是提起再审只能减轻处罚,而不能加重处罚。如果把所外情况在立法或司法解释上作出明确规定,体现出除此既不能加重刑罚的意见,约束性就会更强。

张军　田律师讲得是对的。实践中就是这样执行的,再审加重刑罚是极其个别的情况。再审一百件案件,加重刑罚的也就一两件。

姜伟　我赞同张军的观点,再审和二审有很大的区别。二审上诉不加刑,是对被告人上诉权的保障,因为加刑就是变相剥夺了被告人的上诉权。再审的提起主体是多方面的,包括法院自行发现、检察院抗诉或其他相关人提起,不限于被告人申诉,所以加重刑罚不是对被告人申诉权的剥夺。我赞同目前的规定,原则上不加刑,但允许有例外。

十四、庭审直播问题

张军　《最高法院解释》第249条第3项规定:"不得对庭审活动进行录音、录像、摄影,或者通过发送邮件、博客、微博客等方式传播庭审情况,但经人民法院许可的新闻记者除外。"

这一条规定是对实践经验的总结。实践中有庭审过程未经法庭许可被直播了的,有的是律师在法律和司法解释没有明确规定的情况下就播出去了,有的是旁听群众直播出去的。如果允许辩护人或旁听群众直播,他们不可能从庭审开始到结束一直直播,或许只是把自己能听到的看到的直播出去,很难保证客观全面,可能会曲解控辩双方或证人的某段发言,会在舆论上影响对庭审的公正评价。特别是律师播出去的情况。律师一边开庭一边直播,做了记者才应当专心去做的事情,在庭上怎么能够集中全部精力应对庭审?所以在制定司法解释时最高人民法院听取各方面意见,作出了这个规定。从公布后的反馈情况看,无论是专家学者,还是律师、评论员,总体是赞成的。特别提到一个理由就是,律师在法庭上的职责是辩护,向庭外发布信息与律师庭上的职责不一致,甚至影响当庭履行职责,不应该给律师这个权利。

网上有种观点认为,律师不应有此权利,但旁听群众可以有。对这个观点,我认为,法庭对整个庭审活动要有一个全局的掌控管理,无论是律师还是旁听者都要服从法庭指挥。如果法官认为这个庭审有很高的社会关注度,需要向公众直播,那可以联系电视台组织录音录像,提供给社会公众。在庭审向社会公众直播的情况下,也要让公诉人、辩护人甚至旁听者知道有直播。因为在直播的情况下,控辩审的庭审表现与平时还是会有差异的,要给予他们心理上和语言组织上等多方面的准备时间。正是因为直播庭审向社会公众公开,和法庭内审理仅对旁听群众公开有差异，因此许多国家都规定了庭审不能直播、照相或录像。

所以我认为，《最高法院解释》作出这样的规定是有意义的：一是符合实际；二是有助于公正处理案件；三是能使公众客观全面了解案件情况。

姜伟 法庭能否直播，世界各国规定确实不太一样。美国各州都不一样，不同的法官也不一样。我国一些重要庭审，考虑到社会影响也会直播。但法庭的直播与个人的微博直播性质是不一样的。法庭直播是法庭主导，全方位的、客观的直播。微博直播最大的问题是具有随意性和不完整性，评论容易情绪化，会产生舆论压力，反过来会干扰法官对案件的最终裁决。我国目前所有的庭审都要求全程录像，如果最后需要庭审公开的话，可以播放庭审录像。禁止律师或旁听者个人直播，不是庭审公开不公开和要不要接受监督的问题。我认为目前规定应该是符合情理和实际、利于公正审判的。

田文昌 大部分律师对出庭律师本人不能现场直播争议不大，提出的问题是庭审结束后律师可否把现场情况通过微博发布出来。庭审的情况按道理法院应该公开庭审记录，但法院一般不公开，律师可否事后自己公开？

张军 即使是庭审结束后，也不能由参与庭审的任何人向社会发布庭审中某个角度的照片或某段时间的录音录像。这个道理和庭审上不能由辩护人或旁听者直播或发微博是一样的。辩护人和旁听者的记录是有他自己的态度的，是主观的选择，是片断的，因此不可能全面、客观反应庭审情况。一旦公开，就容易被认为这个内容和角度在法庭上是被认可的，岂知接下来的庭审完全否定了这一段质证的意见。

可片断性的传播庭审内容实际已误导公众,形成对客观事实的扭曲判断,最后对法院的公正裁判形成不正当影响。

田文昌 如果拿出来的是对庭审全程的录音录像呢?

张军 第一,现在法律规定,未经法庭允许,不许将录音录像设备带入法庭。如果这样做了,是违法的。

第二,法庭公开审判,是面向旁听群众的公开,而不是面向社会的公开。任何一人面对采访的镜头讲话和在家里讲话,讲同样的事,语言、表情和自然程度肯定是完全不同的。在法庭参与人不知情的情况下录音录像,然后播到外面,既影响公众对案件的全面了解,也侵犯了相关当事人的合法权利。

律师要求法庭公开全部录音录像是可以的,至于法庭同不同意是法庭的权力。

田文昌 现在一个新的时代开始了,信息化程度超出预想,甚至无法控制。法庭公开审理,既然可以旁听,那么没机会来旁听的人能不能通过其他方式了解? 存不存在不应该知情的问题? 结合庭审公开的大原则和信息技术的飞跃发展,将来会怎么样? 是不是不许录音录像的规定会一直坚守下去? 而且,实践中庭审直播的做法也已经有多次尝试。所以我觉得这个问题倒是很值得深入研究一下。

姜伟 现在的法庭也不是绝对禁止直播,而是把裁量权给了法官,由法官掌握,不允许个人擅自直播。在国外,庭审后判决前,控辩双方都不宜对案件发表评论,因为都是一面之词,会误导舆论。旁听者在宣判后可以通过各种方式发表你对庭审的评论,但也不能把法庭实录发出来。我国现在对案件的新闻报道也没有明确的规则,比如重庆打黑中,媒体就先于审判宣布谁是黑社会,引发了社会热议。

田文昌 国外是把判决后的案卷向社会公开。

张军 我国处在一个"中等收入陷阱"的特殊历史阶段。经济体制深刻变革,利益格局深刻调整,社会阶层深刻变动,人们思想观念也发生了深刻变化。在此背景下,社会矛盾较多且尖锐,仇官仇权,对一切都可以挑战。普通公民同情弱者,导致对权威的不信任。不信任当然会影响判断,因此才有律师非常希望把庭审内容展示出来。这不排除有些庭审确实不公正,法官处理不妥,也不排除有的庭审上律师主张没得到法庭支持,其异常不满,有异常举动,导致在直播时不可能把法庭情形客观播出,相反只播他认为不妥当的片段,影响公众对法庭的判断,也影响法官最终对案件处理。文昌律师讲到的判后案卷公开,恐怕要附条件。否则,关于证人保护问题、未成年人犯罪记录封存问题、当事人个人隐私保护问题等的立法统统得重新审视、修改。法律文书公开是可以的,也是可行的。

十五、对速裁程序的探讨

姜伟 《刑事诉讼法》修改后扩大了简易程序的适用范围。根据国际社会的通例,为提高诉讼效率、节约司法成本,各国也规定有些案件不一定经过检察院公诉后才能提交到法院审判,可以由公安机关直接提交到法院审判,减少中间环节。比如酒驾问题,证据非常简明,如果没有造成严重危害结果,处罚也很轻。按照目前规定,经过侦查、起诉再到法院审判,审前程序周期比较长,一般要两个月。刑罚的目的是要教育、改造、挽救人,而审前羁押期间主要是等待审讯、参与庭审,没有人对其进行具有针对性的法制教育。所以我建议酒驾一类案件直接由公安机关提交法院审理,由一个速裁程序直接裁定。有些不需要羁押的,直接判处非监禁刑罚。有些需要羁押的,进入速裁程序马上转到羁押场所教育改造,避免在看守所审前等待太长时间。怎么针对酒驾人员进行专门矫治,也是需要研究的问题。

张军　法院统计的司法数据显示,醉酒危险驾驶的案件2012年接近65 000件,其中5个省份就占了近60%,其中一个省的醉驾占到17%,这样一个极不平衡的比例说明,整体酒驾刑事案件查处惩罚力度还不够均衡。因为诉讼程序设置比较复杂,导致实体处理中,侦查、检察机关不能把所有案件依法向法庭移送。比方说,有的省司法机关在可适用《刑法》第13条但书规定,不按此罪处理的情况下,不向公诉、审判机关移送案件,有的则均予移送追究刑事责任;有的省缓刑的只有一两件,有的省却占40%左右,这是极不平衡的。这必然导致一些案件本来应该依法严惩的,最后没办法追究了,有的本该从宽的,因为程序设置,先羁押时间很长又难以依法妥处。所以,刑事立法作出了这样比较新型的轻罪处罚规定,在程序上也应当有相应简化的规定来适应这一情况,使这个罪的立法意图在程序法中也有所体现。

姜伟　实际上,速裁程序不仅包括醉驾案件,还包括交通肇事等案件,后者客观证据都很充分,建议都走速裁程序。下次修改刑事诉讼法可以结合其他轻罪案件,设计一个速裁程序,可能比较好。就像美国等国家的交通肇事一律是由警察直接向法庭起诉,由法官作出裁决一样。

编 后 记

《新控辩审三人谈》历时一年半。从2011年《刑事诉讼法》开始修订之时起，2012年春节、清明节、"五一"以及2013年的春节，节假日几乎全被"三人谈"占用。可以说这是一部实实在在的谈话类原创作品。

作品策划源于十几年前《刑事诉讼法》的首次修改，当时三位作者都从事司法实务工作——最高人民法院刑事审判庭庭长、最高人民检察院公诉厅厅长、全国律协刑委会主任。三个工作职位刚好构成了刑事诉讼的三方组合，我们希望作者从控、辩、审三方主体法律地位的角度出发，结合中国刑事诉讼的理论及司法实践，在阐述各自理论的基础上，不拘泥于形式，展开思想的交锋、观点的碰撞。2001年秋，近30万字的《刑事诉讼：控、辩、审三人谈》面市，由于三位作者的身份、角色、地位与影响力，再加上这种专业作品新颖的创作方式，书籍出版后获得了业界的关注与好评，也开创了法律图书谈话类作品的先河。

十年后回顾，当时的"三人谈"在体例、结构上还存有缺陷，过分关注热点问题，使得其内容有些杂乱无章，没能充分考虑读者的感受及解决实际问题的需求。2011年，共同的创作热情与兴趣点，加上三位作者的意犹未尽，使得我们在十年后又重新聚集，谋划、创作《新控辩审三人谈》。对于新的谈话作品，主观上我们力求强调体系结构的完整及细节、技术上的日臻完善。初稿完成后，2012年初新《刑事诉讼法》出台，下半年公、检、法内容庞杂的司法解释又相继出台，为此，我们在2013年春节长假时再次相聚，就新的司法解释展开讨论，补充、更新了相关内容。

谈话类作品或许不像学术专著那样条理清晰、逻辑缜密，但它的优点是话题随意，容易切中要害并直奔主题。依稀记得十年前的创意就是源于学术会议中的争论场景，所以就直接将争论的内容搬到了桌面、纸面上来。本次"三人谈"在设计时要求强调冲突，要包含理论上的冲突，更要涉及司法实务过程的冲突。这种求同存异的设计使得一些看似不成熟的问题通过争论逐渐明朗，也留下了一些未来立法技术设计方面的话题。

谈话类作品还需要主创人员志同道合。三位作者经历、工作职责等各不相同，但他们有一个共同点就是对中国刑事诉讼事业的高度责任感以及对中国刑事司法实务的强烈关注。如果没有这种热情与兴趣，很难想象他们能历经十年还有兴趣延续同样的话题并坚持牺牲一年内几乎所有的长假来完成这次"三人谈"。作品的谈话、记录场所大都是在京郊的培训中心或是出版社的会议室。回忆起来，每天早、中、晚三段时间，除了吃饭，基本上没有太多的休息娱乐时间，也让出版社的编辑人员及现场记录人员精疲力竭。感谢北京市京都律师事务所的朱永辉律师及徐莹律师，他们几乎陪伴并服务了"三人谈"的全部过程。

转瞬十年，弹指一挥间。三位作者都已在不同程度上与原来的职位或具体工作告别。没有永恒的职务，但有永远的话题。我们的刑事诉讼谈话类作品也将告一段落。很怀念与几位作者一起合作的经历，也很享受在一起的工作时光。中国的刑事诉讼在不断进步，哪怕步伐缓慢，但进步显而易见，前景光明无限。尽管作品中还有这样那样的不足与缺陷，或许还留有一些未尽的话题以及未达成一致的观点，但我们期待作品能在出版后引起业内人士的关注与热议，如果能对当下中国刑事诉讼事业的发展有所贡献，我们也会感到一丝安慰，所付出的努力也值得品味与回忆。

蒋　浩

2013 年 12 月